最后的白玫瑰

都铎王朝的秘密之战

[英]德斯蒙德·苏华德 著 | 李家莉 译

THE LAST WHITE ROSE: THE SECRET WARS OF THE TUDORS
By DESMOND SEWARD

Copyright: © 2010 BY DESMOND SEWARD

This edition arranged with ANDREW LOWNIE LITERARY AGENT

Through BIG APPLE AGENCY, INC., LABUAN, MALAYSIA.

Simplified Chinese edition copyright:

2023 The Commercial Press, Ltd.

All rights reserved.

根据康斯特布尔出版社2011年版译出

目 录

德拉波尔家族和考特尼家族的王室血统图
波尔家族的王室血统图

概述：白玫瑰，1485—1547年························ 001

第一部分　亨利七世与白玫瑰

第1章　1485年秋：悲恸之季····················· 009
第2章　1486年复活节：洛弗尔勋爵与斯塔福德兄弟······ 018
第3章　1487年初：玛格丽特·约克················· 032
第4章　1487年夏："斯托克战役"··················· 044
第5章　1489年冬—1490年：桑特院长的良心·········· 057
第6章　1491年冬—1494年秋：塔中王子之一？········ 066
第7章　1495年1月：宫务大臣是个叛徒··············· 086
第8章　1495年夏：约克派入侵····················· 093
第9章　1495年秋—1497年夏：苏格兰人和康沃尔人···· 102
第10章　1496年3月：大团长密谋毒杀国王············ 115
第11章　1497年9月：康沃尔人为理查四世而反········ 123

第12章	1499年秋：招致诅咒	134
第13章	1499年秋：萨福克伯爵埃德蒙·德拉波尔	145
第14章	1501年夏：白玫瑰和白国王	152
第15章	1504年9月：有关将来的一场会谈	166
第16章	1505年冬—1506年：要命的风	175

第二部分　亨利八世与白玫瑰

第17章	1509年春：一位约克派都铎君主？	183
第18章	1513—1521年：水上国王	196
第19章	1519—1520年秋：白金汉公爵	210
第20章	1520年冬—1521年春："大逆贼"	220
第21章	1524年冬—1525年：白玫瑰凋落	232
第22章	1525—1535年：白玫瑰派	241
第23章	1533—1534年：叛乱？	251
第24章	1535—1536年：玛丽公主与白玫瑰	263
第25章	1535年夏：一位新白玫瑰？	271
第26章	1536年秋：求恩巡礼	281
第27章	1537年春—夏："波尔的叛逆行径"	294
第28章	1538年秋："埃克塞特阴谋"	306
第29章	1538年冬—1539年夏：红衣主教波尔的最后一搏	327
第30章	1541年5月：最后一位金雀花之死	336
第31章	1546年冬—1547年：亨利八世最后的恐惧症	353

结语···365

大事记···370
参考文献···373
注释···384
索引···408
致谢···441

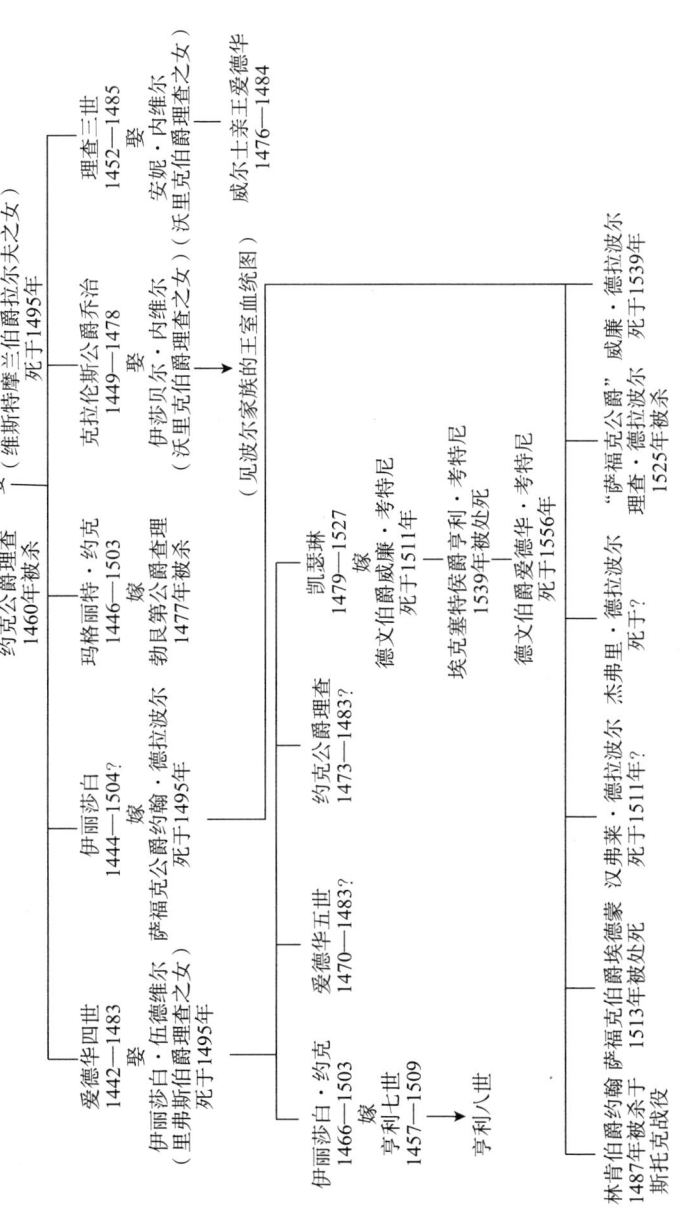

波尔家族的王室血统图

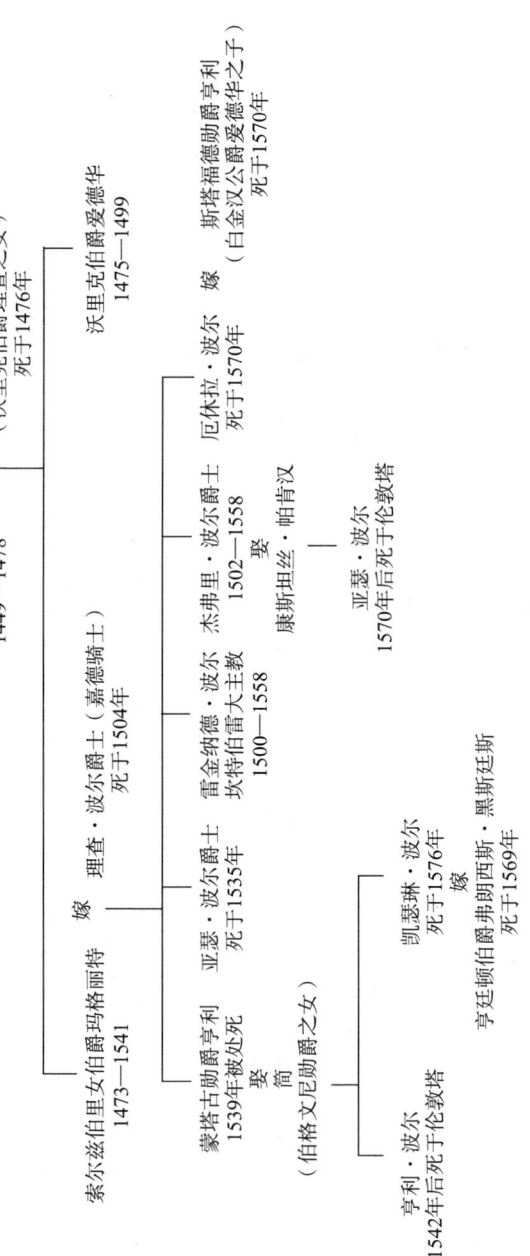

概述：白玫瑰，1485—1547年

> 最为纯正的当属白玫瑰，花园要以公正之法来管理。
> 我想我看到了纯洁的白玫瑰。
> ——《纯洁的白玫瑰》（约1500年）[1]

1485年8月22日，在博斯沃思（Bosworth）战场上，理查三世身先士卒，率领近卫骑士（Knights and Squires of the Body）向亨利·都铎（Henry Tudor）的那支弱小部队发起进攻。在杀死了对方的掌旗官后，理查一路杀向亨利——两人甚至近身肉搏了几个回合。就在这最后的紧要关头，理查三世国王的追随者威廉·斯坦利爵士（Sir William Stanley）临阵倒戈。斯坦利率3000人马疾驰杀入战场，击败了理查国王和他的王军。因为斯坦利的背叛，亨利才得以保命，并最终问鼎王位。

如莎士比亚在戏剧中虚构的场景，战斗结束之后，威廉·斯坦利爵士的哥哥斯坦利勋爵把死去的理查国王的王冠呈给亨利，并对他说："戴上它，享有它，好好利用它。"虽说亨利夺取王冠和利用王冠的本事比英格兰历任国王都厉害，但他每每回首这段经历的时候并没有享受的感觉。同时代的

史学家波利多尔·维吉尔（Polydore Vergil）指出："从一开始（亨利七世）即被新生之敌的阴谋威胁，他不得不应对敌人发动的武装反叛，而这些敌人也是他的臣民，他一直在困境中艰难求存。"[2]因此，都铎王朝的未来吉凶不定，甚至在他儿子统治时期也依旧如此。[3]

亨利的战斗本来就是一场孤注一掷的赌博。他的绝大多数追随者都是前约克派，他们被理查三世攫取王位激怒，这些人之所以支持亨利，仅仅是因为没有其他可以为他们所用的王位觊觎者。亨利·都铎对王位提出权利要求（通过他的母亲——兰开斯特家族私生子一脉的最后一位成员）的说服力远远不够，即使坎特伯雷大主教在威斯敏斯特大教堂为他正式加冕也是如此——两年前为理查三世加冕的也是这位大主教，即使议会已经通过法律承认他为国王也是如此。"尽管他对自己拥有王位的合法权利言辞凿凿，但实际上都是站不住脚的，因为根本不合乎事实。"这对亨利七世1485年的处境做了很好的描述："自此以后，亨利七世面对的绝大多数叛乱都具有相似性，都属于该由哪个家族问鼎王位的政治斗争的一部分。亨利七世的策略是尽可能多地杀掉那些可能的对手，或尽可能地使他们的王位权利无效，他的儿子在中年的时候也采用了这种策略。"[4]

博斯沃思战役之后，依然还有一位金雀花家族的继承人，而且许多英格兰人对取代一个已经统治了三百余年的王朝的巨大变故深感不安。1486年，发生了支持理查三世年幼的侄子——沃里克伯爵爱德华（Edward, Earl of Warwick）的叛乱，第二年又发生了林肯勋爵（Lord Lincoln）以沃里克伯爵名义领导的叛乱，林肯勋爵以一个名叫兰伯特·西姆内尔（Lambert Simnel）的男孩假冒沃里克伯爵爱德华。15世纪90年代，都铎王朝受到了来自珀金·沃贝克（Perkin Warbeck）的威胁，在约克派的秘密支持下，珀金·沃贝克假冒被关进伦敦塔中的其中一位约克王子，并自称"白玫瑰"（White Rose）。的的确确，反对都铎君主的阴谋如此之多，以至于有位宫廷诗人将亨利七世统治的最初12年比喻为"赫拉克勒斯之试炼"（Labours of Hercules）。

1499年初，一位占星家警告说还会有更多来自约克派的危险，亨利七世听了几近崩溃，一位西班牙使节报告说，亨利在两周内老了20岁。不久以后，亨利决定杀死金雀花家族的最后一位男嗣——沃里克伯爵爱德华。然而，亨利国王很不幸运，依照法律程序杀了沃里克却使得谣言四起，即处死沃里克给都铎家族招致了诅咒：都铎家族的男孩注定夭亡。在任何情况下，约克派都坚持这样一个信念，就是会有人比这个刚刚自封的王室家族更有权代表金雀花王朝，很快就会出现另一位白玫瑰来索取王位。

这本书的另一个题名可能应该叫"理查三世的阴影"（The Shadow of Richard III）。在亨利八世还是个孩子的时候他就知道，如果他父亲死了，他这一脉有可能绝嗣；而作为一个没有男性继承人的国王，他则深信自己的死也将意味着都铎王朝的终结。当他最终有了一个儿子，他则担心如果自己死得太早，那么他的儿子就有可能走上和爱德华五世

（Edward V）一样的路。这就是为什么任何拥有金雀花血统的人都要被处死，没有一个英格兰国王曾把如此之多的男人或者女人送上绞刑架。"这些人以及其他因此而死的人，都是亨利内心极为不安的证明，在亨利的一生中，这种不安常萦绕在其内心深处。"露西·伍丁（Lucy Wooding）评论说："这是直接从他父亲那里继承下来的。"[5]

1513年，亨利八世的不安初次表现出来。正当准备进攻法国的时候，亨利处死了埃德蒙·德拉波尔（Edmund de la Pole），目的是为了防止埃德蒙趁其离开英格兰时称王，而在后来的十年中，都铎政府的间谍多次试图刺杀理查·德拉波尔（Richard de la Pole），因为他被认作白玫瑰埃德蒙的继承人。尽管1525年理查在帕维亚（Pavia）为法国作战时被杀——他是最后一个公然挑战亨利八世王位的人，然而亨利国王对任何拥有约克血统的贵族的疑心越来越重。1534年颁布的《叛逆法》（Treason Act）宣布，任何以文字或者语言称其为"王位僭越者"的人皆为叛逆者，其心中之不安昭然若揭。

16世纪30年代早期，因为亨利八世与阿拉贡的凯瑟琳（Katherine of Aragon）离婚以及教会与罗马教廷决裂，引发英格兰举国震荡，当时也是依靠新的立法来加强王权。最不喜欢这些变化的是凯瑟琳的支持者，这批人包括当时以考特尼家族（the Courtenays）和波尔家族（the Poles）为核心的白玫瑰派（the White Rose Party）。考特尼家族的领袖埃克塞特侯爵（Marquess of Exert）是爱德华四世的外孙，波尔家族包括索尔兹伯里女伯爵（Countess of Salisbury）本人以及她的四个儿子（玛格丽特·金雀花是沃里克伯爵的姐姐，沃里克曾是理查三世的继承人），以其家族长子蒙塔古勋爵（Lord Montague）为首。他们希望以亨利的女儿玛丽取代他做英格兰国王，让雷金纳德·波尔（Reginald Pole）做这位约克派君主的丈夫，他们的盟友费舍尔主教（Bishop Fisher）恳求皇帝的使节请查理五世（Charles V）来英格兰推翻亨利八世，他说亨利八世比理查三世更不受欢迎。但是，因为这些密谋者缺少领导人，所以他们谋划的叛乱从未发生过。

1536年，林肯郡爆发了所谓的"求恩巡礼"（Pilgrimage of Grace）叛乱，接着约克郡、兰开夏郡以及坎伯兰郡也都发生了叛乱，三万人要求结束宗教改革，罢黜克伦威尔（Cromwell）和大主教克兰默（Cranmer）。国王先是骗他们解散，然后进行了残忍的报复。这是亨利八世统治时期最危险的时刻，当时若是开战的话，他可能很容易就被推翻，但此时白玫瑰家族犯下了骑墙观望、坐失良机的致命错误。

第二年，教皇保罗四世（Pope Paul IV）任命雷金纳德·波尔率团"出使"，企图迫使亨利八世把英格兰带回罗马怀抱，否则就废黜他。波尔希望恢复"求恩巡礼"，但为时过晚。1539年，波尔又一次率团出使，目的是劝查理五世入侵英格兰，也未获成功。亨利八世对此的反应是，把白玫瑰家族及其支持者斩尽杀绝，他不仅派刺客暗杀波尔，还处死了波尔的母亲索尔兹伯里女伯爵——她是当时最后一位还活着的金雀花。尽管这样，亨利八世依旧觉得不安全，他又灭了霍华德家族（Howards），因为他担心霍华德家族可能企图从他年幼的儿子手里夺取王位。

  博斯沃思战役已经过去了半个多世纪，白玫瑰不断地制造出王位觊觎者，这些人要么是公开的王位竞争者，要么是潜在的王位竞争者。这便是他们的故事，尽管这是一个被遗忘的且败局已定的故事，故事的根本主题是白玫瑰给都铎王朝前两位君主造成的恐惧。亨利七世统治时期，他就已经疑心成疾，他又把这种危险的精神遗产传给了亨利八世，而亨利八世的疑心病愈加严重和恶化，最终演变成了狂躁症。

第一部分
亨利七世与白玫瑰

第1章　1485年秋：悲恸之季

> 新王立朝，根基不稳，民怨沸腾；国王既难施展抱负，更难名至实归。约克家族的势力根深蒂固，遍及全国。
>
> ——弗朗西斯·培根：《亨利七世统治史》[1]

1485年8月23日，军士约翰·斯波纳（John Sponer）手执钉头锤，一路疾驰进入约克城。这位受信任的官员原本是被该城派去加入王军以帮助国王镇压叛军的，现在他带来了令人震惊的消息，约克城市政会议手册如是记载了该消息："就在昨天，宅心仁厚的理查国王及众多北方领主和贵族惨遭杀害，这对于我约克城来说是何其惨痛的消息！"惊悸之余，市政议员们给北方实力最强大的贵族诺森伯兰伯爵（Earl of Northumberland）写了一封信寻求建议——"在这悲恸之季"，他们该何去何从？[2]

该事件反映出当时举国混乱和彷徨的局面。尽管理查三世的统治一直被阴谋和叛乱困扰，他废黜年幼侄儿的行径也遭人厌恶，但毕竟他的头像已被铸在硬币上，是已经为绝大多数人承认的国王。作为一名富有经验的指挥官，理查率领的是一支装备精良且包括了国内主要大贵族的大军，而与之对阵的却是当时名不见经传的亨利·都铎麾下的一小撮叛军，战胜这伙叛军本当易如反掌，现在理查战死的消息一定让广大民众极为震惊。

与英格兰的其他民众一样，约克的市政议员已经看过理查三世最近发布的讨伐王位觊觎者亨利·都铎的公告："他无德无能，名不正，言不顺。众所周知，不论是从父系还是母系，他皆系私出。"而在支持亨利的叛军和反叛者中也增加了这样的檄文："那些行谋杀、通奸、敲诈勒索之徒的罪行终将昭然天下……每个真正的英格兰人都应靠自己的双手谋取安全和幸福。"[3] 然而，叛军最终获胜了。

理查国王战败之后，除了少数主要的亲信之外，他的那些幸存的追随者只是策马离开战场，全身返家了。在其他地方，还有一些理查三世的追随者拒绝接受新政权，这包括驻守在加莱要塞中的托马斯·戴维（Thomas David）及其麾下的两百多名士兵，他们向"勃艮第"地区进军——当时称弗兰德斯（Flanders），加入哈布斯堡的军队（直至下一个世纪，加莱地区还有大量的约克派）。与他们一样的还有戍守泽西（Jersey）的一小队驻军，他们在泽西总督理查·哈尔斯顿爵士（Sir Richard Harleston，曾是掌管爱德华四世国王寝室的仆从）的率领下，拒绝归顺亨利·都铎。

尽管如此，虽然人们仍感震惊，但大多数英格兰人还是对这位他们虽不曾听闻但如今确是"不可置疑且至高无上的君主"做出欢迎之势。亨利七世于1485年9月3日抵达伦敦，伦敦市长、市政议员及70个行会的代表们在肖迪奇（Shoreditch）迎接他，那些行会代表从布商、食品商、制衣商、鱼商、杂货商到制帽人和纸袋匠，其中有435人身着猩红色和亮紫红色长袍，更不用说市长身边那50名武装护卫和郡长的20名全副武装的亲兵了，他们每人身着褐色长袍，此外还有奏乐欢迎的号手们。[4]所有人都亲吻了这位新国王的手。随后，亨利·都铎在众人的护送下前往圣保罗大教堂向圣乔治（St George）、卡德瓦拉德红龙（Red Dragon of Cadwallader）、褐色母牛（Dun Cow）献祭。一场盛大的感恩弥撒紧接着举行，衣着华丽的牧师们面带喜色地在祭坛上吟诵《感恩赞》（Te Deum）。伦敦的主干道上举行了盛大的游行，一切都宛如迎贺理查三世登基时的场景。

不幸的是，一场致命的汗热病（sweating sickness）随之爆发，是亨利·都铎的军队将这种新病毒从法国带入英格兰的。伦敦市长以及其继任者皆因此丧命。这种汗热病是极其致命的，一个健康人如果白天染上了此病，那么到晚上他就可能性命不保。波利多尔·维吉尔（他自己也感染了此疫病）认为，汗热病的爆发是不祥之兆，"亨利治下，内忧外患，国步艰难……此为例证"。[5]统治之初即逢厄运，新国王的加冕礼只能推迟。直到1485年10月30日，亨利·都铎才在威斯敏斯特大教堂正式加冕，为他加冕的是坎特伯雷大主教、红衣主教鲍彻（Cardinal Bourchier），就在两年前，他也为理查三世主持了加冕仪式。11月7日，亨利七世召开了他治下的第一届议会。

在下议院议员和贵族的热情支持下，下议院议长力促新国王娶爱德华四世的长女伊丽莎白·约克（Elizabeth of York）为王后。因为伊丽莎白的继承权对王朝具有重要意义，前任国王理查三世也曾想娶她为后，尽管伊丽莎白是他的侄女。亨利·都铎欣然同意，婚礼于1486年1月23日举行。亨利是兰开斯特家族的继承人，现在又娶了约克家族继承人伊丽莎白，由此从法理上，亨利就有了对王位的双重继承权。没过多久，宫廷诗人便开始创作赞颂红、白玫瑰家族合并的诗歌；设计装帧的人将兰开斯特家族的红玫瑰与约克家族的白玫瑰徽章合二为一，绘制出美丽的双色都铎玫瑰（Tudor Rose）来装饰他们的手稿；与此同时，编年史家也在史著中极力颂扬，这次联姻让英格兰古老的君主政体得以延续。

议会通过一项议案，宣布王位应"为我们最至高无上的现任君主亨利七世及其子嗣所有"。[6] 然而，所有人都知道，这些年来议会总是会在前任君主被推翻后，赋予新君统治以合法性——1461年爱德华四世即位、1470年亨利六世复辟、1471年爱德华四世复位以及1483年理查三世即位，议会都是如此。议会又会在多久之后赋予下一位胜利者合法性呢？可能亨利·都铎比任何人更能意识到这种可能性。

绝大部分英格兰人对何以促成王位嬗变不甚明了，因为理查三世一直强调他的对手仅仅是个身世普通、父亲都不知所出的威尔士人，他根本就没有把亨利·都铎放在眼里，事实也确实如此。亨利·都铎声称是兰开斯特王朝继承人就很牵强。毫无疑问，从其母系论，亨利是博福特家族

（Beaufort family）历代萨默塞特公爵（Dukes of Somerset）的继承人——他们是冈特的约翰（John of Gaunt）和其情妇凯瑟琳·斯温福德（Catherine Swynford）的后代，即便亨利没有承袭他们的头衔。然而，萨默塞特一系对王位的继承权已经通过议会被明确否认了。

至于从亨利父系论，其家族就是刚刚崛起的新贵。亨利的曾祖父是私生子，曾做过班格尔主教的管家。都铎家族进入统治阶层只是新近的事情，这还得从新国王亨利七世的祖父欧文·都铎（Owain Tudor）说起。欧文·都铎娶了亨利五世的遗孀——法兰西的凯瑟琳，他曾受雇在她的锦衣库工作。如果从二分之一的博福特家族血统和四分之一的罗亚尔家族血统来论，那么亨利的确是拥有些许珍贵的"古老的英格兰王室血统"。

迎娶约克家族的伊丽莎白并不能帮助亨利七世自身赢得更多的头衔，只是他们的子嗣可通过伊丽莎白的金雀花血统而获益。几年前，议会曾出台过关于伊丽莎白为私生子的法案，但1485年11月亨利七世上台后就立即废除了该法案。只要伊丽莎白可能是爱德华国王的女儿，那她就是为数不多的能够传承宝贵的金雀花血脉的女继承人之一。

然而，新王朝也有其巨大的优势，那就是亨利七世本人的能力。很少有人能像亨利那样能够说服三教九流、不同出身的人加入他1485年孤注一掷的远征，他把那些人团结起来，向博斯沃思进军。即使亨利七世没有爱德华四世那样的英俊相貌和出色的人格魅力，但他也是相当有魅力的。编年史家波利多尔·维吉尔曾见过四十几岁的亨利，他是这样描述亨利的："他相貌英俊，面带笑意，谈吐之间更显神情愉悦。"[7]我们能看到的、印象最深的亨利形象当属彼埃特罗·托利贾尼（Pietro Torrigiano）在1508—1509年为亨利七世雕刻的半身像，现藏于维多利亚和阿尔伯特博物馆，尽管我们承认该塑像是刻意奉承之作，然而亨利的这个形象也曾被铸在他1489年发行的新先令上，以显示他是真正的王者之尊。亨利机智果决、性格刚毅，他是天生的政治家，在选贤任能方面很少犯错误（除去一次重大失误外）。亨利即位后，他的外交政策和对内政策一样获得成功，赢得了欧洲其他君主的认可和称赞。

尽管如此，在即位的第一年，亨利·都铎的统治却是极其艰难的。从孩童时代开始，亨利就被追杀，四处流亡，作为兰开斯特家族最后的继承人，约克家族一直想方设法除之而后快。由于一直流亡海外，直到28岁时，亨利七世仍对英格兰及英格兰人知之甚少。有着四分之一威尔士血统的亨利在威尔士长大（他施洗的名字是欧文，但他母亲坚持给他改了名字），自14岁后他就一直流亡于布列塔尼（Brittany），他的身边没有英格兰朋友或仆人，因此他的第一语言自然是法语。自1483年以来，一些来自英格兰的流亡者开始加入他的队伍，亨利才逐渐对英格兰有了更多的了解。从一开始，亨利就不信任那些英格兰上层贵族，因为他们实力太过强大，亨利在他们中间发展不起自己的势力，他们令他感到恐惧。于是，亨利便去依靠那些在他流亡期间支持过他的谋士们，这些人除了牛津伯爵外都是非贵族出身。这些谋士包括大主教莫顿（Cardinal Morton）、主教福克斯（Bishop Fox）、雷金纳德·布雷爵士（Sir Reginald Bray）、多布尼勋爵（Lord Daubeney）和威洛比·德布罗克勋爵（Lord Willoughby de Broke），最后这两位被亨利擢升为贵族。亨利从未消除对大贵族的恐惧，他担心他们或许有一天会决定支持他的约克派对手，与他反戈相向。

背地里，亨利比谁都缺乏安全感。亨利自然也知道他之所以登上王位是基于博斯沃思战役的胜利，而非基于合法继承权。被他推翻的金雀花家族自1154年就已经统治英格兰了，因此亨利只能寄希望于为自己不合法理的登位进行粉饰，即变成"合法的僭越者"。因为不管怎样，除了少数人外，亨利并不为多少人所知。

很多人确实比他更有权利戴上王冠，最为引人瞩目的是10岁的沃里克伯爵爱德华·金雀花，他是爱德华四世的弟弟克拉伦斯公爵（Duke of Clarence）的儿子。在1484年自己的儿子去世后，理查三世曾在一段时期内承认爱德华·金雀花为自己的继承人，但后来因为偏爱另一位外甥，很快便把他抛在一边。此人便是林肯伯爵约翰·德拉波尔（John de la Pole, Earl of Lincoln），1485年他大约22岁，是理查三世的姐姐萨福克公爵夫人（Duchess of Suffolk）的儿子。虽然没有直接的文献记载，但几乎可以肯定，林肯伯爵被公开承认为王位的继承人。

在博斯沃思战役结束的当天，亨利就派了一位可靠的随从把年幼的沃里克伯爵从谢里夫哈顿城堡带出来，然后把他带到伦敦，监禁在伦敦塔里，就像他的表兄爱德华五世曾经历的那样。至于林肯伯爵，亨利国王甘愿冒有备之险，让他自由生活（尽管他曾经在博斯沃思为理查三世而战），而林肯伯爵也承认亨利为自己的君主，在亨利国王加冕的时候，林肯伯爵骑马行进在游行恭贺的队伍中。但是新国王绝不会给沃里克伯爵机会：如果他设法逃到弗兰德斯他姑姑那里，那么约克王朝复辟就有一手好牌可打了。在西部他家族广大的领地上，有很多曾效忠其父后来又效忠他的人，这些人为了他的大业可以在全国召集人马。[8]尽管被关在伦敦塔中，日夜都受到严密监视，但这个男孩对约克派来讲就是一块磁石。

毋庸置疑，亨利国王拥有一两位杰出的大臣，如雷金纳德·布雷、大主教莫顿和主教理查·福克斯，"他们高度警惕，严守秘密，时刻守护他，实时监视一切"。[9]此外还有他的宫务大臣威廉·斯坦利，就是他的临阵倒戈，亨利才取得了博斯沃思战役的胜利，得以问鼎王位。此外，还有许多能力虽不算出众但可信任之人，如新近擢升的多布尼勋爵。

同时，也有很多表面上支持他，但不可信任之人。那些心怀不满的约克派是因为痛恨前国王理查才为亨利作战的。与此同时，亨利的胜利意味着一大批理查的拥护者会被剥夺获利丰厚的职位，甚至归还领地，例如那些曾被理查以南方的土地和职位赏赐的北方人。很快，他们就在约克郡以"雷德斯戴尔的罗宾"（Robin of Redesdale）、"稻草杰克"（Jack Straw）、"汤姆·林恩"（Tom a'Linn）、"匡正一切的马斯特"（Master Amend-All）等假名表明了意图——勾结苏格兰入侵者发动叛乱。即使叛乱被扑灭后，不满依然存在。纵观整个英格兰，特别是在北部郡，即使那里的人们还没有准备叛乱，也和约克郡的人有同样的感受。

第2章 1486年复活节：洛弗尔勋爵与斯塔福德兄弟

> 在那些乡村的旧日情怀中，有关理查国王的记忆如此深刻，就如同沉淀于心底的陈渣滥滓；只要心绪被拨动，它们即可重新泛起。
>
> ——弗朗西斯·培根：《亨利七世统治史》[1]

设置王廷卫队（Yeomen of the Guard）是亨利七世不安全感的鲜活写照。1485年10月，他先是抽调了50名优秀的弓箭手在加冕典礼上保护他的安全，很快又将这些人变成披甲骑士（men-at-arms），而且将人数增加至200人。卫队精锐全部是从那些随亨利国王从法国过来并参加过博斯沃思战役的老兵中招募的，他们的主要工作就是每天组织卫队巡逻，防止有人暗杀国王——传统骑士与扈从已经被认为不足以胜任这项任务，然而因为缺少常备军，王廷卫士也要像精英部队一样作战，很快就表明亨利非常需要他们。

就在议会刚刚召开之后，在一封日期注明为12月18日的信中，托马斯·贝塔森（Thomas Betason）向罗伯特·

普兰普顿爵士（Sir Robert Plumpton）报告了伦敦的不安气氛。理查国王的坚定支持者——许多约克派贵族、乡绅及其他们的家人，如萨里伯爵（Earl of Surrey）、洛弗尔勋爵（Lord Lovell）和朱什勋爵（Lord Zouche）等人，已经被一项法案判处褫夺公权，成为罪人，他们的地产被抄没。尽管有不少议员反对这项法案，但国王坚持通过。人们都在谈论城里将要再次爆发战争：没人说得清究竟谁会先动手，但是人们一般都认为要么是北方人，要么是威尔士人。贝塔森补充道："贵族中有很多争斗，但是没人知道是为什么，据说他们之间的关系并不好。"[2]

亨利最危险的对手是弗朗西斯·洛弗尔子爵（Francis, Viscount Lovell），他是前国王理查三世最坚定的支持者之一。根据亨利在博斯沃思战役后所写的一封信可知，此役失败后，洛弗尔已经设法逃走，正在寻求避难。洛弗尔是格洛斯特公爵（Duke of Gloucester）儿时的伙伴，理查统治时期，他担任宫务大臣，实际上是王国的二号重要人物。直至现在，洛弗尔依然是一位巨头，他不仅拥有高贵的出身和古老的血统——他是第七代洛弗尔勋爵和第二代子爵，而且还拥有巨大的财富，即使是在没有得到前国王理查的大量赏赐之前。至于他究竟有多富有，只要绕着位于牛津郡洛弗尔大教堂他那美丽宅邸的遗址走一圈就知道了，该宅邸位于温德拉什河河畔的林地里，他已故的君主（理查三世）曾不止一次到访这里。

博斯沃思战役后，洛弗尔逃到东盎格利亚，希望能够从这里逃往海外。由于没有找到船，他只好先躲进科尔切斯特的本尼迪克特修道院寻求避难，"圣所避难权"（Sanctuary rights）可以保他在40天内免于逮捕，但此后他必须设法离开英格兰。在近期发生的许多战争中，很多人通过这种方式保住了性命，尽管有时候也有被拖出来处死的，1471年的图克斯伯里战役（Battle of Tewkesbury）失败后，兰开斯特家族的领袖就经历过这类事情，亨利的几个表兄弟都因此丧命。由于仍记得当时这种对法律恶意违背而引起的极其强烈的普遍反感，因此即使已经过去了40天，亨利国王还是没有冲进教堂将洛弗尔抓出来。

在修道院避难的还有两个前国王的拥趸——汉弗莱·斯塔福德爵士（Sir Humphrey Stafford）和他的弟弟托马斯，他们都参加了博斯沃思战役。汉弗莱是他所在郡大名鼎鼎的人物，伍斯特郡富庶的格拉夫顿庄园（靠近图克斯伯里和塞汶河）是他的地产，除此之外，他还有其他大地产，包括北安普顿郡的布拉瑟维克。1485年12月，他和洛弗尔勋爵被褫夺公权。[3] 尽管已经59岁，但他依然老当益壮，曾任伍斯特郡议员、郡治安官以及沃里克郡议员。就汉弗莱的大半生而言，其行为表现与其说他是个约克派，不如说他是哈考特家族（Harcourts）的敌人，该家族是他在北安普顿郡的邻居，一个强大的兰开斯特家族。1448年，理查·哈考特爵士（Sir Richard Harcourt）杀害了汉弗莱的父亲，反过来在一次械斗中，汉弗莱的同父异母兄弟——格拉夫顿的私生子（the Bastard of Grafton）又杀了理查·哈考特。在1483年白金汉公爵（Duke of Buckingham）叛乱期间，汉弗莱爵士据守在河水暴涨的塞汶河畔，击退了白金汉公爵的军队，赢得了理查国王的感激之情。

在当地，汉弗莱因总是违反法律而获得了残忍恶棍的骂名。在一份提交给1485年11月召开的议会的陈情书里，一些斯塔福德的表兄弟们控诉他是如何用"全副武装的大队人马"夺走他们的领地并据为己有的，因为他曾经"得宠于已故的、事实上统治但非合法的英格兰国王理查，非常狂妄自负"。亨利同意了他们的陈情，他们提出那些领地不应包括在汉弗莱被抄没的财产里。[4]

这三个逃亡者知道，以沃里克伯爵取代亨利是他们命运反转的一个机遇。于是他们决定在1486年春天，趁着亨利国王巡行约克之际，洛弗尔从避难所逃出来，集合一小股武装力量杀死亨利，毕竟在曾经支持理查的城市中找几个帮手很容易。接下来，洛弗尔宣布沃里克为国王，并在约克郡集结支持者。与此同时，斯塔福德兄弟在英格兰中部地区召集约克派的支持者——沃里克在那里有庞大的领地，然后他们率队伍向北驰援洛弗尔。尽管一切都要取决于杀死亨利，但这个计划至少有出其不意的优势——没人会料到一场政变是三个被困在避难所中的人发起的。[5]

接近3月中旬，亨利七世离开伦敦，向北方行进，途经沃尔瑟姆、剑桥、亨廷顿和林肯。亨利在林肯度过了圣周（Holy week），在那里的大教堂里，他为29位穷人洗了脚，因为他刚好29岁。也就是在那里，雷金纳德·布雷爵士警告他：

洛弗尔将要离开避难所，准备密谋起事。亨利立刻传唤布雷的线人休·康韦（Hugh Conway），他跟随亨利在博斯沃思战斗过，但是亨利并不相信他所说的。康韦后来回忆说："我确定我说的都是实情，就像我提到的朋友所告知我的那样，但国王说不可能。"[6]当康韦拒绝透露他朋友的名字时，亨利大怒，说要把他"野马分尸"。当亨利一行还在林肯时，有消息传来，说洛弗尔和斯塔福德兄弟已经从科尔切斯特修道院逃走了，但没人知道他们去了哪里。但当时亨利并未太在意，继续骑马向诺丁汉行进。

但是当他们刚一到约克，亨利国王就听到了北雷丁发生叛乱的传言。一位身份不明的约克派打着"雷德斯戴尔的罗宾"之名在里彭和米德尔赫姆附近聚众叛乱，那里曾是与理查三世联系密切的地方。接着又传来了洛弗尔勋爵正在向约克进军的报告，传言被证实了。维吉尔记载，亨利国王"大惊失色"，因为没有军队随行，他的卫队也没有武器装备，而且在这个以对理查国王忠诚而闻名的城市里召集一支足够的军队似乎也是不大可能的。

亨利意识到他必须在洛弗尔的队伍进一步壮大起来之前快速采取行动，一方面他派装备不良的卫队去阻击敌人，包括近卫骑士和王廷卫队，这些人由他的叔叔贝德福德公爵贾斯珀·都铎（Jasper Tudor）率领。据维吉尔记载，他们大多数"以皮革作为铠甲装备自己"，这意味着他们从当地人的手中买了一些装有衬垫的鹿皮制坎肩（这一般是下等兵士所使用的护甲）。另一方面，亨利又派出传令官发布赦免令，许诺除了领导者外，任何叛乱者只要放下武器，皆赦免无罪。传令官争取过来很多人，洛弗尔惶恐不安，连夜逃走。[7]然而，他仍然幻想找机会伏击国王，因此他逃走的时候带上了一群可靠的支持者。

与此同时，有关亨利国王处于危险中的消息传遍了整个约克郡，当地的地主们纷纷赶来支援国王。鉴于他们昔日对理查三世的忠诚和拥戴，多少有点不真实。据说这个北方首府以巨大的热情和精心排练的表演来欢迎亨利，人们激动地喊着："亨利国王！亨利国王！愿上帝保佑我们的国王永享欢愉。"

即使情况如此，洛弗尔勋爵还是重新恢复了勇气。4月23日圣乔治节，当国王正在约克郡庆祝圣乔治节时，他差一点就成功刺杀了国王。虽然关于此事的确切记载没有被保存下来，但这次袭击要么是发生在大教堂的大弥撒仪式上（High Mass），要么是之后国王在大主教的大厅和他的大臣们一起吃晚餐的时候发生的，那些大臣包括林肯伯爵，里弗斯伯爵（Earl of Rivers）和威尔特伯爵（Earl of Wiltshire）。看来国王似乎是绝处逢生，根据一份史料记载，是诺森伯兰伯爵本人救了亨利，这意味着有人试图刺杀国王。[8]许多人被牵扯了进来，因为诺森伯兰伯爵逮捕了好几个人，而且当场吊死了他们。[9]这是自博斯沃思战役以来第一次有人想要亨利的命。

然而亨利国王并未太惊慌。用弗朗西斯·培根的话说（他重述维吉尔的话），"亨利认为这次叛乱不过是博斯沃思战役的余孽而已，与约克家族的主要成员并无关联"。维吉尔和培根都强调说，亨利对这些个别的叛乱者并不太担心，他担心的是，如果该地真的发生了严重的叛乱，他能否在英格兰北部召集起一支可靠的军队，"因为即使处在自己的核心人物中间，他也怀疑这些人对他的忠心"。[10] 很难估量这次事件到底激起了多少支持约克派的情感。

睿智的赦免承诺使得约克郡各地叛乱都土崩瓦解了。洛弗尔勋爵也放弃了希望，他连夜越过奔宁山脉潜逃，然后沿海岸逃往北兰开夏郡——今天的坎布里亚避难。他在那里找到了临时避难所，就是托马斯·布劳顿爵士（Sir Thomas Broughton）的布劳顿塔，它建在布劳顿-弗内斯的丘陵上，是为了抵御苏格兰人袭击而建造的塔楼。1484年，理查国王将那些从德文郡和康沃尔郡抄没的地产赐给了托马斯·布劳顿爵士，但是在新君亨利的强迫下，这些地产又归还给从前的主人。托马斯·布劳顿爵士也是一位顽固的约克派，他依然忠诚于前国王理查，而且他与他坎伯兰郡的邻居约翰爵士都参与了最近的叛乱活动，并坚持了一段时间。

在此期间，汉弗莱爵士也已经在伍斯特郡开始行动了。他通过宣称亨利国王已经赦免了他，解决了近期议会宣布他为逃犯的问题，他还伪造了一份关于取消对他褫夺公权的"特权书"。显然，汉弗莱爵士在伍斯特郡有许多朋友，例如理查·奥赛尼（Richard Oseney），汉弗莱派人给奥赛尼送信，让他到该郡西北的基德明斯特和自己会面，而且可能还让他全副武装。汉弗莱爵士的另一位朋友是拉尔夫·鲍特里（Ralph Botery），在后来对他的起诉书里指控的各种罪名中，有一项罪名是，送给斯塔福德一对雉鸡，以表达对他的倾慕和支持。汉弗莱爵士的私生子约翰·斯塔福德也热情满满地参加了叛乱，他还从距离国王很近的塞汶河畔的厄普顿偷了一匹马。

汉弗莱聚集了几百人马，他带着队伍横冲直撞冲入伍斯特，高呼"沃里克！沃里克！"并迅速占领了这个城市。后来，市政府被控告没有在城门安排专门的卫兵，这意味着他们可能是有意疏忽。斯塔福德很快发布了煽动性的谣言，称亨利·都铎在约克郡被洛弗尔勋爵俘虏了，而沃里克伯爵已经从被关押的格恩西岛逃脱，到了英格兰，现在正赶往北方与洛弗尔会合。叛乱很快遍及邻近的沃里克郡和赫里福德郡，在沃里克和伯明翰的一些小镇子上，斯塔福德的支持者们走街串巷，高呼"沃里克！"显然，在中西部地区，广大民众是支持沃里克伯爵的。

在此期间，伦敦也爆发了叛乱，以5月5日威斯敏斯特的集会为顶点。大部分叛乱者的旗帜上都是以犁、车、鞋以及羊毛袋为标志，但也有一队叛乱者的旗帜上是沃里克的徽章——熊和锯齿状的权杖。这些叛乱者拿着武器向伊斯灵顿的海布里进军，他们要在那里与派来阻击他们的"王军"一决高下。[11]尽管他们声明是为了支持伦敦塔里的金雀花，也是在洛弗尔勋爵和斯塔福德叛乱消息的激励下造反的，但没人因此被定为叛逆罪，因为没有重要人物卷入，而且亨利对广大民众也采取了宽和的政策，因为冒险屠杀普通民众只会加剧他政权的不稳定性。

然而，当洛弗尔失败的消息传来，伍斯特郡的叛乱很快瓦解，斯塔福德兄弟只得逃命而去。他们最初藏身在比尤德利附近的一片茂密森林里，但很快就被由国王任命逮捕他们的托马斯·科克塞（Thomas Cokesey）所带领的400人包围了。然而，尽管他们对林地进行了彻底的搜查，却也不得不向国王报告，"既没有抓到他们，也没听说他们去了哪里"。事实上，斯塔福德兄弟在科克塞到来前就收到了来自邻居理查·伯德特爵士（Sir Richard Burdett）的警告，他后来因帮助他们逃跑而受审判罪。

尽管亨利表面上装作不太在意，但据这一时期消息最灵通的编年史家波利多尔·维吉尔的记载，他听闻亨利被吓惨了。在处理中部地区叛乱的时候，亨利经过深思熟虑，有意采用了宽仁的政策，当20个人在沃里克和伯明翰被审判定罪后，他甚至在一定程度上干预了司法程序。

伍斯特郡费克纳姆的约翰·科拉德（John Colard of Feckenham）被指控叛逆罪，他的土地、财产皆被授予控告者托马斯·托尔霍特（Thomas Tolhoth）。5月14日，在请求国王宽赦的陈情书里，科拉德说，在集市日那天他去布罗姆斯格罗夫的时候，偶然碰见了"您的反叛者汉弗莱·斯塔福德，很久以前他就不是一个好领主，也没人对他心怀好感"，而且有传言说斯塔福德已经获得了国王的赦免令，在他回家前与斯塔福德寒暄"更多是出于恐惧而非喜欢"，况且其他人也都那样做了。尽管看起来无可指责，他还是被某些心怀恶意的人指控为叛逆罪。亨利国王批准了科拉德的陈情，尽管托尔霍特提出抗议,"不遗余力"地试图说服政府相信科拉德是有罪的。[12]

正如培根所提到的那样,在与托马斯·布劳顿爵士潜伏了一段时间后,5月,洛弗尔开始向南逃跑。作为一个被追捕的逃犯,为了避免引起注意,洛弗尔不得不沿着偏僻的小路骑行,而且经常是昼伏夜行,不敢在城镇露面。再一次,这位前宫务大臣希望找到一条船渡海。1486年5月19日,牛津伯爵夫人——亨利一位股肱大臣的妻子写信提醒帕斯顿(Paston):"我得到可靠消息,弗朗西斯,即前洛弗尔勋爵正躲在伊利岛上,他有可能正想方设法找一条船通过你那里的海岸,要不然他就是要再度寻求宗教庇护。"[13]

为了搜查和抓捕洛弗尔,都铎政府一定提出了高额悬赏,但是依然没能找到他。他们没想到洛弗尔已经从剑桥郡逃往萨福克,几乎可以肯定,是德拉波尔家族(the de la Poles)收留了他。该家族领袖萨福克公爵娶了理查三世的姐姐伊丽莎白·金雀花(Elizabeth Plantagenet),他们非常同情这个逃亡者。

但斯塔福德兄弟就没那么幸运了。为了避免被抓,他们从伍斯特郡逃到了伯克郡的卡勒姆,躲进位于牛津和阿宾顿之间一个非常隐蔽的避难所里。[14]这里的阿宾顿修道院(Abingdon Abbey)距离北方只有两英里,拥有历史悠久的圣所避难权。为什么斯塔福德他们选择这个特殊的地方避难,直到很久以后才真相大白。5月11日他们就到了那里,但国王不管怎样都找不到抓他们的机会,于是两天后,约翰·萨维奇爵士（Sir John Savage）带领60名全副武装的士兵强行把他们从修道院抓走。毫无疑问，他们此举受到了该修道院修士们的抗议，而且，修道院院长一得知消息，就立刻给政府写了封信，对侵犯修道院古老特权的残暴行径提出抗议。

6月20日，汉弗莱爵士出现在王座法庭上，他辩称他有充分的权利返回避难所。相应地，法庭也为他指定了辩护律师，更让国王不满的是，为了传唤阿宾顿修道院院长丹·约翰·桑特（Dan John Sant，那时多以"Dan"指称修道士）出庭作证，审判被迫休庭八天。在审判重新开始之前，亨利试图让法官就斯塔福德案的结果发表意见，但他们都拒绝了。"对我们而言，在依法判决前讨论和发表意见都是不好的"，他们这样回答国王。国王如此看重此案，以至于首席法官赫西（Chief Justice Hussey）不得不亲自到国王面前恳求宽恕。既然这样，亨利除了等待，别无他法。[15]

当此案再度开庭审判时，修道院院长桑特坚称应该将犯人送回卡勒姆。他援引8世纪麦西亚国王授予修道院的特许状，提出该修道院圣所避难权的法律依据，因为特许状从司法上给予了来修道院寻求避难的逃亡者以不可剥夺的权利。尽管事实上这些特许状都是13世纪伪造的，但它们被当时的法学家公认为是真实的。

然而，不顾桑特院长所提出的法律依据，法官们判决圣所避难权不可再作为叛逆罪的抗辩依据，7月5日，汉弗莱爵士以叛逆罪被判处死刑。三天后对他施以绞刑，但在将死之时，他又被从绞索上放下来，活着受阉割之刑，然后是开膛剖腹，取出的内脏在他面前焚烧，最后才被斩首分尸。汉弗莱的头颅被涂了焦油，插在伦敦桥的尖桩上，他的肢体也是"同样的遭遇"，被涂了焦油后在那些他生前闻名的城镇示众，想来应该是在中西部地区。鉴于托马斯·斯塔福德是受了他哥哥的影响而误入歧途，他最后得到了赦免，但他失去了大部分财产。这一切距博斯沃思战役还不到一年。

然而，即使在亨利采取了相应对策以后，托马斯·布劳顿爵士、米勒姆的约翰·赫德尔斯顿爵士（Sir John Huddleston of Millom）以及那些曾在博斯沃思战役中支持理查的人依然在北方坚持战斗。托马斯·布劳顿尤其具有危险性，他不仅拥有广阔的领地，而且他在整个兰开夏郡和坎伯兰郡都有广泛的影响力，他有许多重要的朋友可以依靠。他可以以兰开斯特公爵领独立的司法管辖权为掩护，而控制和管理该公爵领的正好是那些对他颇有好感的邻居，因此都铎政府很难监视他。

1486年7月，亨利国王通过颁布一则公告解决了这一法律难题，公告谴责托马斯·布劳顿以及其他一些北方乡绅和自耕农，称他们"以重大叛乱和严重犯罪……对抗至高无上的君主亨利七世"，他们藏匿在一些秘密的地方，无视国王的诸多书信和命令。公告命令那些被点名的人在四十天内面见国王，否则将判处他们为"十恶不赦的叛乱者、敌人及叛徒，可由君主任意剥夺其生命、土地和财产"。[16] 他们都屈服了，在规定的时间内面见国王，并宣誓效忠，然后收到了赦免信。然而不论是屈服还是宣誓效忠都并不意味着他们与新政权和解。

公告将五个人排除在赦免之外：杰弗里·弗兰克（Geoffrey Franke）、爱德华·弗兰克（或埃德蒙·弗兰克，Edward Franke or Edmund Franke）、约翰·沃德（John Ward）、托马斯·奥特尔（Thomas Oter）以及理查·米迪尔顿（Richard Middylton）（也被称作戴克·米迪尔顿），他们都在博斯沃思战役中为理查国王而战。被排除在赦免之外，意味着他们被国王视为势不两立的顽固分子。

还有一位兰开夏郡人的忠诚也非常令人怀疑，他就是霍恩比城堡的詹姆斯·哈林顿爵士（Sir James Harrington）。但是暂时并不清楚他的桀骜不驯是由于他的约克派信念，还是因为斯坦利家族觊觎他的领地而发生的长期家族仇斗。其亲属的数量让他更具有危险性，庞大的哈林顿家族遍布全郡。

正如托马斯·贝塔森在给罗伯特·普兰普顿爵士的一封信中所预测的那样，尽管还没有端倪浮现，但威尔士早晚也会爆发约克派叛乱。无论如何，我们知道亨利已经在1486年2月派贝德福德公爵贾斯帕·都铎前往威尔士，可能就是为了防止叛乱。另一个证据是，10月份，托马斯·亨特雷（Thomas Hunteley）"因支持威尔士叛军"被没收了赫里福德郡的大量财产，这些财产被赐给了托马斯·阿克顿（Thomas Acton）。[17]

1487年1月，洛弗尔勋爵终于找到了一艘船，船长准备载他秘密地渡过北海，毫无疑问，该船是德拉波尔家族提供的。当时并不是一年中最安全的航行时间，但他还是成功地到达了勃艮第。在勃艮第的梅赫伦（Malines），作为前国王最忠诚的朋友，他受到了理查三世的姐姐勃艮第公爵夫人（Dowager Duchess of Burgundy）的热烈欢迎。作为亨利·都铎的宿敌，当玛格丽特·约克（Margaret of York）通过洛弗尔得知在英格兰和威尔士的大部分地区还有许多反对新政权的人时，她感到非常高兴。毫无疑问，洛弗尔告诉玛格丽特要推翻篡位者就一定要联合所有的约克派。

结果，亨利发现某些事对他的威胁远比复活节那场临时的阴谋更为严重。1486年11月29日，一直非常善于从各种谣言中捕捉真相的托马斯·贝塔森从伦敦给罗伯特·普兰普顿爵士写了一封信，信中说："虽然现在人们很少提到沃里克伯爵，但是圣诞节过后，将会有更多的人提起他。"[18]他的表述谨慎得令人恼火，但他似乎是想让罗伯特爵士去体会他字里行间的意思。不知以什么方式，他一定听闻了更糟的事情即将发生，并且将是自博斯沃思战役以来亨利面临的最严峻考验。

第3章　1487年初：玛格丽特·约克

> 玛格丽特夫人……谋划和实施了所有她能想到的危害和伤害英格兰国王的行动。而且，随着愤怒与疯狂的加剧……她采用了一切可能的复仇方式，要吸干他的血，最终把他彻底毁灭。
>
> ——爱德华·霍尔：《两个高贵显赫的贵族家族——兰开斯特和约克家族的联合》（1548年）[1]

约克家族曾有七名男性成员，但在不到十年的时间里，现在活下来的只有沃里克一人。勃艮第公爵夫人对此的怨恨超过了任何人。用波利多尔·维吉尔的话说：

> 玛格丽特清楚地知道，约克家族已经毁于她的弟弟理查之手，然而……她对亨利七世的仇恨已经到了无以复加的地步，胸中一直燃烧着难以熄灭的疯怒之火，让她不能拒绝任何能够危害她仇家亨利七世的阴谋和手段。可以预见，即使她认识到他们的计划不可能赢得很多支持（后来也证明确实如此），但每当有要实施密谋反叛亨利的组织与她联系的时候，她不仅对其代表承诺会帮助

他们，而且还会不遗余力地促成他们与那些心怀不满的英格兰贵族之间的联系。[2]

洛弗尔勋爵到达勃艮第之后，他使得玛格丽特比以往更加渴望推翻亨利·都铎的统治。公爵夫人和洛弗尔的希望都寄托在一位年轻人身上，此人就是林肯伯爵约翰·德拉波尔，理查三世在自己的独生子去世后曾正式承认他为王位继承人。150年前，约翰的直系祖先还是一位被称为阿特·波尔（Atte Pool，后来为了显得高雅，改为德拉波尔）的赫尔商人（Hull Merchant），但他的祖父成了萨福克公爵，林肯伯爵的父亲娶了约克公爵的女儿、理查国王的姐姐伊丽莎白·金雀花。

林肯伯爵的父亲萨福克公爵约翰（John, Duke of Suffolk）一直待在自己的封地，并不参与政治，因而在政治领域内无足轻重。他唯一的目标就是保持他的社会等级和地位，他与他那血统高贵的妻子先后生了七个儿子。至少，他最后总算没有死于三十年的动荡中。在萨福克郡温菲尔德壮丽辉煌的教堂里依然能够看见约翰与其夫人的殡葬雕像，教堂旁边是他的城堡，一座14世纪防卫森严的庄园宅邸。德拉波尔家族是英格兰最富有的豪贵家族之一，他们的土地遍布整个东盎格利亚并纵贯泰晤士河流域，自从靠近瓦林福德的艾维尔米（Ewelme）宅邸被毁后，这块长形的地域就成了他们的主要居住地。在伦敦，他们也有家族"住宅"或城镇宅邸，位于普尔特尼的圣劳伦斯教区。

萨福克公爵的父亲通过与艾维尔米的女继承人，也就是乔叟的孙女结婚，让德拉波尔家族在1434年获得了该领地。在诸多强大的姻亲关系中，通过将德拉波尔家的女孩嫁过去，该家族还与强大的法国富瓦家族（Foix）——纳瓦拉（Navarre）的国王和安道尔（Andorra）的共治者建立了紧密联系。富瓦家族在英格兰是肯德尔伯爵，法语里称之为康达尔（Candale）。在不久之后，与富瓦-康达尔的联姻关系救了被都铎王朝追捕的德拉波尔一命。[3]

林肯伯爵约翰·德拉波尔生于1462年（与其父同名）。关于他，我们所知不多，但通过他短暂的一生可以清楚地知道，他是一个坚韧不屈、诡计多端且自控力很强的人，他时刻不忘自己的金雀花血统。1475年，他与他的表弟威尔士亲王和约克公爵——即后来的"塔中王子"（Princes in the Tower）一起被册封为巴斯骑士（the Knight of Bath）。1476年，他在福泽林盖参加了为他的外祖父约克公爵[*]举行的复葬仪式，那是一个权贵云集、耀目生辉的场合，吊唁的人包括爱德华四世、克拉伦斯公爵和格洛斯特公爵。1478年，他参加了年轻的约克公爵与诺福克公爵莫布雷（Mowbray, Dukes of Norfolk）女儿的婚礼，1480年，他在埃尔特姆宫主持了爱德华国王的小女儿布丽奇特的洗礼仪式。他还时常与妻子玛格丽特·菲茨艾伦（Margaret FitzAlan）出入约克宫廷，他的妻子是阿伦德尔伯爵的继承人马尔特拉瓦斯勋爵（Lord

---

[*] 1460年玫瑰战争中战死的约克公爵理查。——译者

Maltravers）的女儿。[4]

1483年，在威斯敏斯特大教堂理查三世的加冕典礼上，林肯伯爵和他的父亲都扮演了主要角色，萨福克公爵执权杖，而林肯伯爵则拿着象征王权的宝球。他们不遗余力地公开宣示他们对新王的拥护与支持。在加冕礼之后，约翰与国王的关系又更进了一步，后来因他在平定白金汉公爵叛乱时表现卓越，理查又将抄没所得的大量土地赐给了他。在1484年理查的独子去世后，理查国王不仅将约翰，也就是林肯伯爵，指定为他的王位继承人，而且还任命他为爱尔兰总督以及北方委员会主席。虽然身为鳏夫的理查三世也想通过再婚生一个儿子继承王位，但同时他又将林肯视为自己政权的支柱之一。显然，他完全信任这个与他一起度过大量时光的年轻外甥。

起初，人们曾以为林肯伯爵和理查三世一样死在了博斯沃思战场。然而他成功地活了下来，而且还很快就与夺了他继承权的人达成了和解，尽管被剥夺了很多重要的职位，他还是参加了亨利七世的加冕礼，骑着马行进在王室队伍中；1486年3月9日，亨利国王离开伦敦去往北方，他也随驾同行。因此，在4月底洛弗尔刺杀亨利失败这一期间，他一直待在约克。

尽管表现得很忠诚，但林肯暗中帮助斯塔福德和洛弗尔从科尔切斯特逃走。当他在约克的时候，来自米德尔赫姆的反叛者曾到他的住所与他会面，在判定洛弗尔孤注一掷的行动注定失败前，他甚至一度想过要加入他们。[5]他继续掩饰着，与王室队伍一起骑马向南行进返回伦敦。因为林肯伯爵对王位有继承权，所以亨利把他看得很紧，但由于他恭顺的姿态，亨利又很愿意相信他的忠诚。1486年9月20日，林肯出席了亨利的长子亚瑟王子（Prince Arthur）的洗礼，接着在11月初又前往格林威治过万圣节。此后，他离开宫廷返回自己的封地，在那里度过了降临节和12天的圣诞节。[6]

林肯伯爵很有可能早就与洛弗尔联系过，而且他应该很多年前就认识洛弗尔。1471年沃里克伯爵去世之后，洛弗尔就做了他父亲的护卫，因此林肯在理查的宫廷里不可能没见过洛弗尔。此外，林肯伯爵可能与勃艮第的玛格丽特也取得了联系。

林肯伯爵返回首都参加亨利在希恩王宫紧急召集的枢密会议。1487年2月2日会议召开时，据说发现了由高层贵族支持的重大阴谋，并且即将发动叛乱。林肯伯爵镇静地坐在那里参与讨论，没有表露出他与此有什么瓜葛。

有人认为可能是林肯的母亲鼓励他参与叛乱，以收回自己的继承权。除了当时法律文件中零散提到一些，还有温菲尔德教堂里那冰冷的大理石雕像外，我们对林肯的母亲萨福克公爵夫人一无所知。然而，续写《克罗伊兰德编年史》（Croyland Chronicle）的第三位匿名作者特别提到过，爱德华国王的妹妹伊丽莎白非常希望颠覆亨利七世的统治，而且参与了密谋，但没有更详细的记载。[7]当然对于像公爵夫人这样的金雀花家族的人来说，憎恨都铎新贵应该是情理之中的事，但我们没有其他有关她参与其中的资料。

第3章 1487年初：玛格丽特·约克

第一个有关叛乱的事实依据出现在1487年2月8日颁布的法令中，该法令是关于逮捕亨利·博德鲁根（Henry Bodrugan）、奈特（Knight）、约翰·博蒙特（John Beaumont）以及其他躲在德文郡和康沃尔郡一些隐蔽地方煽动叛乱的人。结果，接到命令的德文郡郡长理查·埃奇库姆爵士（Sir Richard Edgecombe）几乎不费吹灰之力就平定了当地的叛乱。然而，博德鲁根和博蒙特躲过了抓捕他们的天罗地网，没人知道他们的下落。

这个令人不安的消息在爱尔兰引起了麻烦，那里的人对约克家族记忆犹新。大约在1486年末或1487年初，一位来自牛津的年轻教士理查·西蒙斯（Richard Simonds）到达都柏林。陪他同行的是一个名叫兰伯特·西姆内尔的小男孩，该男孩是牛津一位木匠（也可能是一位风琴匠人）的儿子，西蒙斯从其父母那里拐来这个孩子，想让他冒充沃里克伯爵。[8]《霍斯之书》（The Book of Howth）中写道："这个狡猾敏锐的教士以王子的行为、礼仪以及文学来培养他的门徒，并对这个孩子宣称他出自什么谱系什么血脉。"[9]爱尔兰帕莱的贵族们完全相信了，把这个孩子当成了真正的沃里克伯爵。

亨利国王迅速反击。在得到消息的第二天，当时是星期天，德比勋爵将真正的沃里克伯爵从伦敦塔里带出来，带着他在大街上游行，然后又将他带进了圣保罗大教堂，在那里他被带到一个大型集会上，与会人员包括全体教士会议的成员、大法官和大主教莫顿、市长和市政人员。在伦敦兰贝斯宫坎特伯雷大主教官邸与莫顿大主教待了一夜后，沃里克又被人护送到希恩，他在那里又待了好几天，林肯伯爵每天和他谈话，表现出他能够证明他是真的沃里克伯爵的样子，接着，守卫又把他带回伦敦塔。这可能是沃里克最后一次走出监狱。尽管精心安排了一系列的活动让沃里克出现在公众面前，但并非全然奏效，因为亨利的对手也能佯称这个男孩只不过是某个假冒伯爵的人而已。

尽管在进行着反宣传战役，但国王的情报人员很快就向他报告，尽管洛弗尔勋爵仍在弗兰德斯，但他与爱尔兰贵族联系密切。这使亨利不得不接受一个重大的阴谋即将发生的事实，这也解释了为什么他转而以残暴的手段打击他的岳母。爱德华四世的遗孀伊丽莎白·伍德维尔（Elizabeth Woodville）是一个悲剧性人物，因为那些大贵族，甚至是因为一些女人，她在玫瑰战争期间一直过着险象环生的日子。据说她为了诱惑爱德华国王娶她，拒绝与他同床做他的情妇，即使他拿着匕首抵着她的喉咙也不管用，然而后来理查三世的议会通过了一项法案，指控伊丽莎白和她的母亲是通过"巫术和魔法"促成了这桩婚姻。伊丽莎白·伍德维尔的父亲里弗斯伯爵在1469年被砍头，她的弟弟，第二任里弗斯伯爵在1483年被砍头。她的儿子爱德华五世因为被判为私生子而遭废黜，接着他就与他的弟弟约克公爵一起消失了。伊丽莎白·伍德维尔似乎要开始过上平静的生活了，不管怎样，当她的女儿伊丽莎白·约克嫁给亨利七世后，她也被慷慨地归还了价值不菲的寡妇遗产。

然而就伊丽莎白·伍德维尔那让人讨厌的机会主义者一

面来说,她被怀疑也在情理之中。她曾经与谋杀了她儿子的理查三世和解,而且在1485年她又试图说服她和前夫生的儿子多塞特侯爵(Marquess of Dorset)抛弃亨利·都铎,支持理查三世。亨利国王一定认为他的岳母参与了复辟阴谋,由此他没收了她的全部遗产,并把它们赐给她的女儿伊丽莎白·约克。伊丽莎白·伍德维尔被打发走了,她依靠微薄的年金在柏蒙西女修道院过着悲苦的退隐生活,五年后死在了那里。[10]

已经确证,年迈的巴斯和威尔斯主教罗伯特·斯蒂林顿(Robert Stillington)参与了阴谋,他一直支持理查国王,博斯沃思战役之后,他被关押起来。尽管他因年迈、体弱、多病而获赦免,而且还主持了亨利的加冕典礼,但他从来都不承认都铎王朝。或许他就是这次叛乱阴谋的幕后策划者,当听说王太后被幽禁了,他就躲进牛津大学避难。3月7日,亨利给牛津大学写信,要求交出斯蒂林顿,牛津大学曾一度拒绝,说这违背了他们的特权,但几周后他们还是把他交出去了。因为神职人员的特权,不能对斯蒂林顿严刑拷问,所以他几乎没有透露有关这次阴谋的信息。然而他还是被关在温莎城堡,不过没过多久,他就于1491年去世了。[11]

咨议会的召开以及对他岳母的怀疑,更不必说还有斯蒂林顿主教的逃走,无不加剧了亨利的不安感。洛弗尔勋爵和斯塔福德是公开的约克派,但暗中的敌人亟待辨别,他们到底有多少呢?尽管他的情报人员一定给他呈上了令人担忧的报告,但亨利无法确定自己不受欢迎的程度。几年前,他曾经拒绝相信休·康韦有关洛弗尔的警告,现在他已经吸取了教训。然而，他很快就得到了更为震惊的消息。

尽管有人已经告知了危险，林肯伯爵约翰·德拉波尔却依然很镇静，他一直待到议会完全结束。当约翰·德拉波尔3月9日离开希恩时，他告知王廷，他要回萨福克，但是一到那里，他就立即乘船驶向弗兰德斯。他航行的时间恰好合适，因此没有被发现。

在德拉波尔离开后不久，亨利的密探发现伯爵的仆人正伪装成商人与北方进行秘密交易。3月25日，一位名叫詹姆斯·泰特（James Tait）的密探在唐卡斯特（Doncaster）发现了他们，之所以能够认出他们，是因为他们中的一个人骑着一头引人注目的灰马，泰特记得在前年国王到访约克郡的时候，他在林肯伯爵家里见过这匹马。泰特还发现，他们的鞍囊里装满了金银钱币，但他不知道是为什么。他能够确定的是，他们在去往赫尔的路上，可能要去阿勒顿的莫莱弗拉拜访托马斯·莫莱弗拉爵士（Sir Thomas Mauleverer，他最近被要求退还理查三世赏赐他的德文郡土地），然后再去约克，他们将在那里的野猪客栈会见泰恩茅斯修道院院长。事实上，他们都是被招募来准备发动叛乱的。3月31日，泰特派人送出一份关于他们与约克派可疑行为的报告，报告当天就被转交给了国王。[12]

后来议会通过的《褫夺公权法案》（Act of Attainder）提到了一份丢失的文件，文件记述的是3月19日林肯伯爵与一些人在弗兰德斯召开的一次会议，此次会议距他离开希恩仅十天。那些人包括洛弗尔勋爵、勃艮第的玛格丽特、神圣罗马帝国皇帝马克西米连的代表——玛格丽特继女的丈夫。会议讨论的是消灭亨利·都铎的方式。那些代表决定要充分利用爱尔兰帕莱地区对约克派的同情,他们是通过来自都柏林的信使才了解到这一情况的。

帕莱（Pale）是爱尔兰说英语的地域,它位于邓多克和都柏林之间,是长60英里宽40英里的内陆,该地拥有诸多英国机构,如法庭、市政机构以及颇具独立性的议会。爱尔兰的真正统治者（那时候还不是王国）是爱尔兰总督基尔代尔伯爵加勒特·莫尔·菲茨杰拉德（Garret Mór FitzGerald, Earl of Kildare）,他在帕莱内外拥有大片土地。像其他的爱尔兰人一样,基尔代尔伯爵也觉得很难接受非金雀花家族人的统治。直至现在,帕莱人都认为伦敦塔里的那个男孩是冒充的,因为玛格丽特·约克已经承认西姆内尔是她的侄子。基尔代尔伯爵和爱尔兰贵族以及首席御前大臣拉卡的托马斯·菲茨杰拉德爵士（Sir Thomas FitzGerald of Lackagh,他是基尔代尔伯爵的弟弟）、都柏林大主教、米斯郡主教、基尔代尔主教、首席大法官、凯勒梅堡修道院院长——爱尔兰圣约翰骑士团（Knight of St John）团长都承认他是真正的沃里克伯爵。

5月5日,林肯伯爵和洛弗尔抵达爱尔兰,与他们同来的还有一支2000人的雇佣兵（landsknechts）,由斯瓦比亚人和瑞士人组成,他们都穿着饰有条纹的制服,雇佣他们的钱是林肯伯爵向玛格丽特借的。这支雇佣兵由著名的马丁·施瓦茨（Martin Schwartz）上校率领,施瓦茨最初是一位来自纽伦堡的鞋匠,因战功卓著被马克西米连封爵。施瓦茨的大部分士兵都是步兵,他们手执18英尺的长矛,尽管有些士兵拿着巨大的双手剑（一种用来砍倒对方骑兵或在长矛丛中砍杀前行的双手剑），只有大约八分之一的士兵是弓弩手或火绳枪兵。[13] 这支西欧最职业化的军队的出现毫无疑问大大增强了约克派领袖们的信心。

在都柏林欢迎林肯和洛弗尔的英格兰支持者有亨利·博德鲁根、约翰·博德鲁根和来自康沃尔的约翰·博蒙特、曾任格恩西总督的理查·哈尔斯顿爵士、前加莱要塞镇守官托马斯·戴维，他们都有丰富的军事经验。

尽管和玛格丽特公爵夫人一样，两个英格兰的约克派领袖都知道西姆内尔是个冒牌货，但是他们都假戏真做，让人们相信他就是真的沃里克伯爵。5月24日圣灵降临节，在克赖斯特彻奇大教堂（Christchurch Cathedral），米斯郡主教在布道中宣布西姆内尔为爱德华六世国王，接着他们又为西姆内尔加冕，把从达姆门（Dame Gate）附近圣玛丽教堂圣母玛利亚雕像上取下的一个环当作王冠，戴在他头上。林肯和洛弗尔都曾参加过两次国王加冕典礼，毫无疑问，他们就如何做这件事提出了建议。有一个重要人物拒绝参加加冕礼和送上祝福，他就是阿尔马的意大利大主教，他从莫顿的一封信中得知，西姆内尔是个骗子，林肯伯爵非常恼火，强忍怒火没把他打翻在地。其后，为了让民众都能够见到这个男孩，一个叫"普拉滕的大块头达西"的大个子将西姆内尔扛在肩上，走过从大教堂到都柏林城堡的各条街道。

显然，林肯和洛弗尔都打算继续假称兰伯特·西姆内尔就是沃里克伯爵——"爱德华六世"，直至击败亨利。没人知道之后他们作何打算。如果他们赢了，这个男孩的王位有可能被真正的沃里克取代，但也有可能是林肯伯爵约翰·德拉波尔承继大统，根据《加莱编年史》(Chronicle of Calais)的记载，玛格丽特·约克"想让他做英格兰国王",[14] 称约翰二世。这也是波利多尔·维吉尔从消息灵通人士那里听到的。[15]

他们应该用什么策略呢？一个可能是，诱使亨利越过爱尔兰边境向他们进攻。但如果这样，他们要在爱尔兰待好长时间，他们的钱会花光，那就没钱给雇佣兵付酬金了。因此，他们最好的机会是立刻侵袭英格兰。令人鼓舞的是，爱尔兰已经招募了四五千人的远征军。除了少数手中挥舞着战斧的扈从，其他都是半裸的轻武器步兵，仅佩戴投枪和长刀，但是他们都是基尔代尔的人，基于对部族的忠诚，他们对基尔代尔和他的兄弟——也是他们的指挥官——拉卡的托马斯·菲茨杰拉德爵士非常忠心。

入侵英格兰更为主要的原因是，他们已经为雇佣军预支了经费，勃艮第的玛格丽特惦记着她的投资回报。她现在又给了林肯一大笔钱，让他雇船入侵英格兰。根据后来约克派远征所花费的她的钱来判断，勃艮第的玛格丽特借给林肯伯爵的钱可能有100万金克朗。众所周知，她是一个对钱非常在乎的吝啬女人，她坚持每一笔钱都要签订债务契约，以确保林肯伯爵一征服英格兰就能够如数归还她。[35]

林肯伯爵和洛弗尔估计还会有大量的英格兰北方人加入他们。毕竟，他们现在推翻亨利七世的机会远比当年亨利·都铎击败理查国王的机会要大得多。

第4章　1487年夏："斯托克战役"

> 约翰、前林肯伯爵……正在继续实施他那恶毒的叛逆行动，在去年的6月8日，他带领大规模海军在兰开夏郡的弗内斯登陆，与他一同登陆的还有大量全副武装的陌生人，他们带着剑、长矛、莫里斯矛、弓箭、火绳枪以及许多其他的武器，而且身着铠甲或锁子甲等甲胄。
>
> ——《褫夺公权法案》（1487年11月）[1]

亨利七世的常备军仅仅由新组建的王廷卫队、近卫骑士和扈从构成。卫戍部队（加莱地区有600—700人的部队，此外在贝里克郡和泽西地区还有两支小部队）因距离太远而帮不上忙。对于即将到来的入侵，亨利不得不依靠那些拥有武装扈从的大贵族和重要的乡绅。

亨利不知道他的敌人会在何时何地到达。4月初，亨利认为他们会在东盎格利亚登陆，大概是在德拉波尔乡村附近弗兰德斯对岸的某个地方。然而，林肯伯爵和洛弗尔已经到达爱尔兰的消息让人更多猜测他们会在西海岸的某处登陆，因为这样才更符合逻辑，5月8日，亨利入驻沃里克郡的肯纳尔沃思城堡，在那里等待消息。

亨利只能猜测有多少暗中支持者会加入约克派的军队。萨福克公爵会带着他的扈从和来自东盎格利亚及泰晤士河流域的众多亲信们驰援自己的儿子么？所有那些被迫交出他们南方地产的北方乡绅会怎么样呢？那些地产都是理查三世赏赐给他们的。约克城会发生叛乱么？诺森伯兰郡伯爵会带着他的大量扈从倒戈吗？国王非常紧张，以至于当臭名远扬的"墙头草"多塞特侯爵来向他投诚时，他命人将他抓起来关进伦敦塔，并且声称如果多塞特真是朋友的话，也不介意受这点委屈。亨利担心约克派会在各地现身。1487年6月3日，他向各大城市发布了公告，命令市政委员会将所有散布谣言的人逮捕——"包括捏造、虚构、编造谎言和消息的人"。[2] 违法者全都要被戴上颈手枷。

6月4日，入侵英格兰的舰队在莫克姆湾（Morecambe Bay）的一个荒凉的小岛上登陆，莫克姆湾就是现在的坎布里亚海岸，靠近弗内斯半岛的南端。这是一个临时选择的地方，因为它处于皮尔城堡的守卫下，这是防卫苏格兰人入侵的堡垒，但幸运的是它现在没有设防。这里也可能是一部分入侵者在遭受暴风雨袭击后，一直在寻找的第一个避难港。舰队继续航行，将更多的军队和马匹运往弗内斯丘陵，在那里他们受到了托马斯·布劳顿爵士的欢迎，布劳顿带来了他的扈从和他的兰开夏郡朋友，如来自皮尔金顿的托马斯·皮尔金顿爵士（Sir Thomas Pilkington）。

林肯伯爵没有浪费片刻时间，他立即越过奔宁山脉向约克郡进军。作为前北方委员会主席，林肯对这个地方非常熟悉。当他的军队在四天后到达马沙姆时，林肯以"国王爱德华六世"的名义给约克市长和市政委员会写了一封信。信中写道，他的军队因"跨海穿陆"疲惫不堪，"如果能让他们在此修整并补充给养"，他将感激不尽，"他会为此支付相应报酬"。[3] 然而，尽管在约克城有很多他的支持者，但是市政府由于太害怕而不敢接纳他。

有几位约克郡地主加入了林肯伯爵的队伍，如纳帕的托马斯·梅特卡夫（Thomas Metcalfe）和奈顿的爱德华·弗兰克。最重要的人是博尔顿的斯克罗普勋爵（Lord Scrope of Bolton）和马沙姆的斯克罗普勋爵（Lord Scrope of Masham），他们后来辩称是被自己的手下逼着加入叛军的。此外还有斯科顿的罗伯特·珀西爵士（Sir Robert Percy，他的父亲为理查国王战死于博斯沃思战场）、雷德斯代尔-弗里顿的拉尔夫·阿什顿爵士（Sir Ralph Ashton），以及来自皮克林的埃德蒙·黑斯廷斯爵士（Sir Edmund Hastings）。在某种程度上，熙笃会杰维斯大修道院院长威廉·哈斯林顿（William Haslington）也被牵扯进来——或许是由于他派遣了武装的仆从，尽管他后来请求宽恕。约克派的军队现在已经发展到8000—10000人，但是林肯伯爵与洛弗尔即使不愿意承认，他们也知道手头的这点人马远远不够解决问题。不过即使这样，他们也没有丧失信心。

6月10日夜，在塔德卡斯特附近的巴尔姆汉姆沼泽地（Bramham Moor），洛弗尔勋爵和他的2000人马击溃了克利福德勋爵（Lord Clifford）率领的400人的都铎军队。两天后，两位斯克罗普勋爵又对约克的一个城门——布撒姆门发动了突袭，但是由于人手不够，未能得手。在向北进发前，他们可能期望过约克城里那些他们认识的人——理查国王从前的心腹会打开城门，他们每一个人都有数量庞大的随从。诺森伯兰伯爵认为城内的情况更加危险，因此他率大队人马驻守在约克城附近，时刻留意着斯克罗普和约克派的动向，没有向南驰援亨利。

对林肯伯爵而言，非常不幸的是，约克城内的大多数乡绅同情者都没打算在他取得一场胜仗前就冒着掉脑袋的危险加入他的队伍。如果林肯伯爵打赢了，他们会热情地支持他。他们的谨慎后来被证明是林肯伯爵事业失败的致命原因，尽管显而易见，他和洛弗尔希望北方的大部分地区都起来反叛，支持他们。正如培根所指出的："雪球没有越滚越大"。[4] 为什么那么多约克派没有加入反叛队伍，其中一个原因可能源于那些外表奇异的爱尔兰步兵，他们野蛮粗鲁而且光着腿，是林肯伯爵军队的主力。

根据《伦敦大编年史》(*Great Chronicle of London*)的记载："马丁·施瓦茨被骗了，因为当林肯伯爵要求他参与远征英格兰时，曾安慰他并许诺说，在他们登陆后会有大量的当地人马来投奔自己。"

但是当进入英格兰腹地后，他根本没看见林肯伯爵所说的聚众投奔的人，然后他清楚地意识到自己被骗了，为此他对伯爵说道："伯爵大人，我现在发现你们不仅骗了我，而且你们还在自欺欺人，但是无论如何，我会履行我对公爵夫人玛格丽特的所有承诺，并奉劝你们也如此。"为此，他还激励林肯伯爵等人要像拥有两万多人马那样，士气高昂地尽快投入战斗。[5]

林肯伯爵认为他唯一的机会就是沿奔宁山脉东侧尽快地向南进军，在亨利聚集起全部兵力前捉住他。林肯伯爵只有几百名全副武装的骑兵，但是施瓦茨的雇佣兵骑着马，而爱尔兰步兵小跑起来也像马一样快，因此他五天内就赶完了200英里。林肯伯爵的进军路线途经罗瑟拉姆、曼斯菲尔德、索斯韦尔，而且还穿越了陶顿战役的战场——1461年，这里曾见证了约克家族的伟大胜利。尽管人数较少，但林肯伯爵率领的是一支实力强大的军队。

在唐卡斯特城外，林肯的军队与斯凯尔斯勋爵（Lord Scales）率领的长矛兵相遇，在舍伍德丛林附近经过三天的小规模交战后，斯凯尔斯的残部慌乱地撤往诺丁汉。在胜利的鼓舞下，林肯和他的部队继续向前挺进，他们在距纽瓦克城不远的费斯克顿渡过特伦托河，然后在东斯托克小村庄附近的一个陡坡上扎营过夜。然而，斯凯尔斯严重地拖延了他的进军速度，从而为亨利援军的到达赢得了时间。

亨利刚一到肯纳尔沃思，就接到了林肯军队登陆的消息，他立刻以同样的速度向北进军，试图截击林肯，亨利途经考文垂、莱斯特和拉夫伯勒，每到一处都像往常一样征兵征税。维吉尔认为，亨利反应如此迅速，是因为他担心任何拖延都可能使得林肯"聚集起更大的力量"。[6]但是在快到诺丁汉时，亨利国王一行迷路了，因为寻路无望，亨利和他的军队不得不在丛林中度过了6月12日的夜晚。无论是他的先遣部队还是大部队，都无法在第二天到达城市，他们只能漫无目的地游荡。亨利还算幸运，因为他在偏僻的拉德克利夫村给自己找到了一张床。林肯的支持者散布亨利失败的谣言，阻止别人加入亨利的队伍。根据《伦敦大编年史》记载：

> 许多臣民准备前往战场支持国王，但一些人被提前安排在他们去往战场的必经之地，这些人以巧妙的方式告诉他们，国王已经战败逃走了。通过这种巧妙地报道前线战事的方式，使得许多真正忠诚国王的人又返回去了，还有一些人躲入避难所，在那里静待进一步的消息。[7]

据一份勃艮第的史料记载，那些弃亨利而去的人中就有韦尔斯勋爵（Lord Welles），他将那些消息带到伦敦，使人们在一定程度上相信事情的经过是这样的：暗中埋伏的约克派突然杀出，袭杀和洗劫了王室官员以及那些知名的亨利支持者，他们还呼喊着："沃里克万岁！爱德华国王！"[8]

然而，事态却向着有利于国王的方向发展。6月14日，亨利和他的王军终于到达诺丁汉，他们在郊外扎营。从规模上来讲，德比伯爵（Earl of Derby）的部队人马是亨利的两倍，他那装备精良的6000人部队由他的儿子斯特兰奇勋爵（Lord Strange）指挥。而亨利的援兵不仅包括牛津伯爵、施鲁斯伯里伯爵（Earl of Shrewsbury）和德文伯爵（Earl of Devon）带来的人马，而且还有他叔叔贝德福德公爵贾斯帕·都铎带来的人马。

6月15日清晨，都铎军队沿着特伦托河进军，前往斯托克迎战约克派人马。两军都派出了侦察兵去确定敌人的位置，毫无疑问，亨利的密探做得更好。根据亨利八世时期的编年史家爱德华·霍尔（Edward Hall）的记述，他们使得亨利如同"林肯伯爵"肚子里的蛔虫，知道他每一个小时都在干什么。[9] 关于随后的战役，没有详细的报道。唯一保有的记录是由都铎王廷的消息发布官所做的有关伤亡人数的粗略统计，还有一些细节来自一位不可信的勃艮第编年史家以及维吉尔20年后的所见所闻。然而，这些记录都经过了不少粉饰。下面就是这场战役的大致情况。[10]

6月16日早上9点，两军正式开战。林肯的约克派军队不足9000人，但是他们在东斯托克西南的一个小山坡上占据了有利的防守位置，他们的背后和一方侧翼有特伦托河做屏障。林肯军的长矛兵全部下马，组成了通常的方阵。然而，尽管处于有利位置，但林肯伯爵突然放弃了高地，尽可能快地冲下去与王军决战，因为此时亨利1.2万人的主力大军还没有摆好阵势。国王更是在一英里开外，没参加战斗。其实，经过博斯沃思的搏命之战后，亨利已经不想再拿自己的生命冒险，因为他死的结果就意味着他的幼子很快被杀，那么都铎王朝也就于顷刻间消亡。

亨利6000人的前锋军队独自对阵约克派军队，他们都是经过精挑细选之人，由亨利最信赖的指挥官牛津伯爵率领。由于意识到这支部队与王军余部的分离，林肯希望在亨利大军全部到来之前歼灭他们。由于缺乏弓箭手，在开战之前林肯先让他的德国弓弩手连发几波弩箭，然后他才以全部力量发动攻击。施瓦茨率领的穿着俗丽制服的长矛兵在震耳欲聋的鼓声中大步跑着冲向山下，那些狂野的爱尔兰步兵在他们旁边跟着奔跑，嘴里喊着菲茨杰拉德的战斗口号："血战到底，绝不屈服！"与此同时，林肯的重装骑兵也发起了进攻。

因为之前从未见过18英尺的德国长矛、双手握的长剑和爱尔兰的标枪，亨利的前锋部队不免动摇。相当多的人被冲散，大喊着战败了。余下的前锋部队也是这般，很可能是潜伏在都铎军队中的约克派支持者要转而攻击亨利国王。一时之间，胜负悬于一线。

尽管遭受了巨大损失，但是大部分前锋部队还是成功地抵住了约克派军队的首次冲锋，坚守在他们的阵地，与敌人进行着搏杀。同时，经验丰富、意志坚强的牛津伯爵充分发挥了弓箭手的优势。这对于那些外国军队而言，也是首次经历。经过两个多小时的残酷肉搏战，胜利的天平开始向亨利的前锋部队倾斜。

不像那些配备着钢盔与护胸甲的德国长矛兵，爱尔兰士兵除了起绒的外套，就再没有什么保护性的装备了，然而他们的对手即使没穿盔甲，也穿着鹿皮制成的厚层"夹克"。无论如何，爱尔兰士兵的短剑与长柄斧子都比不上王军的剑、矛与战斧，就更别说弓箭了。爱尔兰步兵如同苍蝇一样纷纷倒在箭下，伤亡不计其数，这就打击了他们的德国伙伴的士气。

三个小时后，爱尔兰军队开始溃败，最后德国军队也开始逃跑，但他们都没能逃脱。他们沿着一条通向特伦托河的狭窄峡谷逃窜，然而大部分人还未到达河边就被杀死了，那里也因此变成了有名的"血沟"（Red Gutter）。据说这个峡谷是被一辆翻了的四轮马车或者是运载枪支的货运马车给挡住了。[11] 其他的人则被淹死在特伦托河里。林肯伯爵、拉卡的托马斯·菲茨杰拉德爵士、马丁·施瓦茨、罗伯特·珀西爵士以及四千多名士兵全都被杀——人数几乎达到了他们军队的一半。尽管如此，经过极其猛烈的战斗，他们也至少杀死了牛津伯爵前锋部队的一半人马。战争结束已是中午。有这样一个传统：那些约克派首领被埋葬时，都被绿柳木棒刺穿了心脏。

逃掉的约克派首领只有洛弗尔勋爵和托马斯·布劳顿爵士。有人看到洛弗尔拼力骑马，游过了特伦托河，也有人说他被淹死了，因为河岸太陡峭了，他这个等级的人所穿的沉重盔甲帮了他的倒忙。还有人怀疑他安全逃走后，藏在温德拉什他的大庄园里。培根在一则传奇故事中写道："他在一个洞穴或地下室活了很久。"[12] 大约在1700年，洛弗尔大教堂被拆毁了一部分（至少是在培根写这段故事的80年后），人们在地下室发现了一具穿着华贵的骷髅，就坐在桌子旁边，这印证了那个可怕的故事，洛弗尔为了藏匿而被锁在地下室里，后来被活活饿死了。

事实是，洛弗尔和布劳顿都成功地逃到了苏格兰，在那里他们得到了詹姆斯三世（James III）的庇护，第二年，詹姆斯四世继位，他授予他们安全保证书。[13]在这之后，这两个人就完全消失了，再没有参与约克派后来的密谋活动。[14]令人难以置信的是，在约克派拥护者的掩护下，弗朗西斯·洛弗尔竟然返回了英格兰，死在了他藏身的那所漂亮房子里。由于他与理查三世的友谊以及他的神秘结局，他留下了阴险狡诈的名声，但没人能否认他的勇气与忠诚。他的臂膀上戴着的那块珐琅铜牌（上面的徽饰是一条忠实的狗）今天仍然挂在温莎的圣乔治教堂里。自从1484年理查国王授予他嘉德骑士之后，那块铜牌就一直挂在那里了。

战斗结束后，亨利七世和剩下的部队开始往回返。已经没有重要的囚犯需要被斩首，而且他也表现出了适度的克制和宽和。一些逃走的兰开夏郡和约克郡的乡绅，如托马斯·梅特卡夫、理查·米德尔顿（Richard Middleton）以及罗兰·罗宾逊（Rowland Robison），他们或被褫夺公权，或被罚款。埃德蒙·黑斯廷斯爵士得到了赦免。两位斯克罗普勋爵被关押了一段时间并被罚款，但是他们的大部分地产仍然得以保留。被释放后，亨利既不准他们前往特伦托河以北的地方，也不准他们返回家乡。

尽管国王在林肯郡绞死了一批不太重要的犯人，那些散播他战败谣言的人也被处死，但是他还是坚持宽和怀柔的政策，他不想因为反应过激而激起英格兰北部的叛乱，就像理查三世当年对白金汉公爵叛乱那样反应过激，结果激起了英格兰南部的叛乱。令人震惊的是，当他在约克郡和达勒姆郡继续行进的时候，非常多的人前来问他讨要赦免书，而且他们大多数没怎么太费事就得到了。如果他们没加入林肯伯爵的军队作战，那么显然他们可能是因为这样或那样的原因卷入了叛乱——这些人一部分是斯克罗普的随从，一部分是原打算占领约克城的人。亨利的仁慈显示出他心底的不安。

因为教士身份，那个曾经训练兰伯特·西姆内尔假扮沃里克的牛津教士理查·西蒙斯没有被处死，但被判了终身监禁。亨利对那个男孩更加仁慈。波里多尔·维吉尔在20年后写道："兰伯特直到今天还活着，他原来一直在王廷厨房做烧烤工，负责转动烤叉和一些琐碎的杂事，现在职位提升了，专门负责为国王饲养和训练猎鹰。"[15]这种有意的宽宏大度是为了表现亨利对自己统治的自信，然而事实上他的内心感受远非如此。

尽管亨利国王赢了斯托克战役，但对他来讲更像是输了一样。他的军队只有一小部分参加了战斗，就像在博斯沃思战役中一样，军队的首领都静观结局。根据维吉尔记载，亨利非常遗憾没有活捉林肯伯爵，因为他想从他口中获知此次阴谋的全部内容。在战斗打响之前，他注意到了约克派所表现出来的自信，他怀疑他们一定与王军中的某些人勾结，而且可能早给那些后来被生擒活捉的伯爵们发过了指令。不过维吉尔后来听说他们并没有遵从指令，因为有些亨利这边的人担心林肯会连累他们。

国王意识到，林肯伯爵可能已经找到了更多的支持者，因为他在整个英格兰北方获得了日益高涨的支持。令他非常担忧的是，距博斯沃思战役还不到两年，新的挑战就来了。而让亨利更加不安的是，当有关他失败的谣言在伦敦城内流传时，在威斯敏斯特教堂避难的约克派都出来了，街上到处是骚乱的民众，他们喊着那个最让他害怕的名字："沃里克！沃里克！"

尽管人们几乎没想到亨利会制定议会法案，但11月通过的《褫夺公权法案》就是理查三世得知白金汉公爵反叛时那种怒不可遏的重演和再现。法案控诉道：

> 尽管国王陛下无论何时都对前（林肯）伯爵表现出了巨大和高尚的仁慈之心，但是与陛下的仁慈、宽厚、信任和忠诚截然相反的是，他密谋对国王实施了最令人痛心的谋杀和毁灭行为。[16]

亨利准备在11月25日召开议会的时候为他的妻子伊丽莎白·约克举行王后加冕礼。这是一种内心不安的表现，他是想提醒英格兰人，他的王后拥有金雀花血统。然而不幸的是，不仅沃里克伯爵有金雀花血统，其他人也同样有金雀花血统，这些人包括伊丽莎白的妹妹们，还有林肯伯爵的兄弟们。

在这些人中，最具威胁性的是勃艮第的玛格丽特公爵夫人。一位为亨利服务的法国学者伯纳德·安德烈（Bernard André）认为，国王认为林肯之所以敢于反叛，其根本原因在于得到了玛格丽特的支持。在最近的战役期间，亨利对他的朝臣们这样描述玛格丽特："这个厚颜无耻的蠢女人,她明明清楚地知道她的家族是毁于她的兄弟理查之手,却怨恨我的家人,还故意无视我亲爱的妻子是她侄女的事实,执意要毁灭我和我的孩子们。"[17]这个与亨利势不两立的仇敌煽动起另一场危险的阴谋只是时间问题。

培根认为,亨利感到非常不安,以至于他连自己的妻子伊丽莎白都不信任:"他对她没有表现出一个丈夫的宠爱,尽管她那么漂亮、温柔,而且还很能生育……他对约克家族的厌恶主导和支配了他的内心,因而这种厌恶之情不仅在他的战场上和会议里存在,甚至在他的寝室和床上也都无所不在。"[18]

第5章 1489年冬—1490年：桑特院长的良心

> 阿宾顿修道院院长是圣本尼迪克修士团最虔诚的修士。
>
> ——波利多尔·维吉尔：《英格兰史》[1]

如果亨利七世奢望那些王位要求者不再带来什么麻烦的话，那他就大错特错了。对于新生的都铎政权而言，叛乱似乎已经成为一种反复发作、久治不愈的顽疾。用培根简短而有力的话描述就是：国王遭到"敌人的持续攻击和破坏"。[2]

1488年6月，由于无力惩罚爱尔兰的领主们，亨利便派理查·埃奇库姆爵士渡过圣乔治海峡，让那些爱尔兰领主们发誓效忠。但当埃奇库姆爵士到达梅努斯拜访总督基尔代尔伯爵时，他受到了冷落。毫无疑问，亨利对爱尔兰实际上处于谁人统治之下无比清楚：相比于对他们的行为进行约束，他更应该变更基尔代尔和其他领主们的效忠誓言，像约束那些生活在帕莱以外荒野之地的爱尔兰人——他们威胁说要"做爱尔兰人"——一样。领主们仍然倾向于支持约克派，伯爵甚至干脆拒绝了让他们访问英格兰的王命。

1488年末，为了保持布列塔尼独立，亨利国王对法国宣战，并派遣一支军队进驻布列塔尼。为了支付军费，他又不得不催征新税，尽管议会极其不情愿，但还是表决通过。接踵而至的民众的不满鼓励了约克派，1489年3月，威廉·帕斯顿（William Paston）写信告诉他的兄弟威廉爵士（Sir William），多弗的爱德华·赫克斯托尔（Edward Hextall）是如何因为"诸多疑点"被指控为叛逆罪的。起初国王和他的大臣们都不相信这个指控，但是后来赫克斯托尔自己认罪了，"而且还供出了更多别的事情"。结果他被关进伦敦塔，等待死刑。除了一些关于他谋划释放沃里克伯爵的资料，没有更多关于他"叛逆罪"的详细资料。[3]

上一年的收成很差，但北方的税赋格外沉重，这激起了民愤，因为北方边地各郡本来是被免除了税收的（以抵偿防御苏格兰不断入侵的费用）。4月，一群暴民在托克里夫（Topcliffe）杀死了诺森伯兰伯爵，约克郡和达勒姆郡也发生了叛乱，"他们说再也不会出一分钱"。[4]在著名的惹是生非者约翰·艾格蒙特爵士（Sir John Egremont）的率领下，叛乱者向约克城发动进攻。叛乱很快被镇压下去，萨里伯爵在距离北方首都（约克城）不远的地方击溃了叛乱队伍。紧接着就是大规模的执行死刑，约克城专门搭建了一座两层楼高的、令人极其震撼的绞刑架，艾格蒙特的主要同谋约翰·尚布尔（John Chambre）被吊在绞刑架的顶层，以示区别。

国王将这次叛乱与赫克斯托尔案联系在一起，他怀疑这又是约克派的一个阴谋，毫无疑问，杀死诺森伯兰郡伯爵的动机之一是因为他在博斯沃思背叛了理查三世。[5] 50年后霍尔听闻："各种说法证实了，北方人反对诺森伯兰伯爵是为了发泄压抑已久的对理查国王之死的仇恨和不满，因为理查是他们非常爱戴和支持的国王。"[6] 当亨利国王听说艾格蒙特逃到玛格丽特·约克那里寻求避难后，他更加担心了。尽管亨利的眼线被安插在弗兰德斯、英格兰北方以及爱尔兰，但接下来的阴谋出现在南方，而且还是来自一位最令人意想不到的人物。

作为戴主教冠并在上议院拥有席位的修道院院长，丹·约翰·桑特和当时的许多世俗贵族一样拥有财富和权势。阿宾顿修道院是英格兰最古老、最富有的修道院之一，它位于伯克郡北部一片浩瀚草地中的一个漂亮小镇上。最近在流经那里的泰晤士河上修建了一座精美的桥，在大斋节期间，修道院的厨师向任何从桥下经过的船只征收100条鱼的税。修道院的土地从恩舍姆（Eynsham）延伸至多尔切斯特，边远的地产向南最远延伸至兰伯恩河谷的韦尔福德（Welford）。

"三十人团"（the thirty）或者阿宾顿的"黑衣修士"（black monks，此称谓源于他们的习惯性颜色）生活在一个对本尼迪克会规解释非常宽松的环境中。他们不住集体宿舍，每位修士都有一间独立的小卧室，至少在80天的宗教节日里，他们每餐都能喝到葡萄酒。和其他的大型修道院一样，他们也雇佣一些人员，至少有一百多个仆役（也就是通常所称的"修道院傻大个"）照料他们的生活。与大教堂同牛津大学的结合相类似，这个大修道院也早已成为这个小镇上独一无二的景观。修道院满是珍宝——镶嵌着宝石的圣物盒、珠宝缀饰的法衣以及金银器皿等，它还有一座很不错的图书馆。尽管这个雄伟壮观的修道院和绝大多数建筑都在宗教改革解散修道院的时候被拆毁了，但它的门楼（桑特任修道院院长时修建的）直至今天依然矗立在那里，它让我们能够想象到这个地方曾经的宏伟壮丽。

桑特院长与那些伯克郡上层乡绅和商人交往密切，他在他那富丽堂皇的宅邸招待他们，他房子的墙壁上镶有装饰的木板，窗子安着彩色玻璃。很可能他经常招待林肯伯爵和洛弗尔勋爵，因为他们都是阿宾顿圣十字兄弟会的成员，而且洛弗尔教堂和艾维尔米相距不到一天的骑程。作为一位上院议员，他经常住在伦敦，而且与威斯敏斯特的黑衣修士们关系很好，他在黑衣修士修道院附近，也就是国王街的莫特（Mote）有一所大房子。威廉·卡克斯顿（William Caxton）最近在威斯敏斯特宫开了一家店，也离修道院不远，1476年，桑特委托他制作英国的第一份印刷文件——教皇赎罪券，用以鼓励信徒们继续发动对土耳其的十字军东征。

阿宾顿修道院院长一定非常熟悉最新的政治传闻。他经常与亨利七世会面，因为国王在去肯纳尔沃思和回温莎的途中都要在他的修道院停留（1488年7月就有两次）。[7]国王十分信任他，把一些重要的外交使命委托给他：1488年，桑特作为使节之一被派往法国与查理八世（Charles VIII）谈判。他也是英格兰、威尔士和爱尔兰的教皇特使。维吉尔一提到桑特就会满是赞许，[8]也可能是不知道他后来的行为。

在人们的印象里，这个性情温和、能言善道而且又很世故的教士对新政权的忠诚似乎是毋庸置疑的。然而，斯塔福德兄弟在阿宾顿的一个属地避难可能引起了亨利国王的怀疑，桑特对侵犯卡勒姆圣所避难权所表现出来的愤怒可能进一步加深了国王的怀疑：1486年5月21日，斯塔福德兄弟被抓八天后，桑特被迫以800英镑的巨款具结保证。然而，自那以后，似乎桑特院长把自己完全开脱出来了——很可能是国王在阿宾顿停留的时候，他和国王深入交谈过，或是在讨论他出使法国的主要事宜时与国王深入交谈过。

桑特在1468年被阿宾顿修道院的修士们选为院长，其主要原因是他拥有经营修道院地产所必需的经营管理能力。因此，在爱德华四世第二次统治英格兰期间，即约克王朝最鼎盛的时期，他度过了他一生中最美好的时光，拥有高贵的地位；可能更为重要的是，他是主持爱德华四世葬礼的两位修道院院长之一。对于亨利·都铎宣称自己是兰开斯特家族继承人的牵强依据，他一直不予承认。私下里，他认为英格兰王位属于金雀花家族，沃里克伯爵被剥夺了继承权，因此他打算帮助任何准备赶鸠出雀巢的人。

我们仅仅是通过一份日期为1490年1月的叛逆罪控告书才对有时候被称为（当然是有失公正的）"桑特院长阴谋"的事件有些许了解。可能是被告密者出卖，阿宾顿某个叫约翰·梅恩（John Mayne）的人被逮捕并受到"审问"——审讯者用拷问台拉扯他的肢体，用火灼烧他的脚。他承认在三年前，他和同城镇的"约曼农"（yeoman）克里斯托夫·斯旺尼（Christopher Swanne）会面，"图谋叛逆，密谋策划杀死国王"。

他们已经从约克派支持者中募集了钱款，用以资助林肯伯爵远征。（有趣的是，控告书上写的是桑特院长"给了约翰·梅恩一笔钱"，时间是梅恩与斯旺尼会面的日子，具体为1487年1月1日，这表明林肯伯爵早在出逃前就一直在谋划叛乱。）毫无疑问，他们筹集到了大笔钱款，因为他在那里有很多朋友。那份仅有的关于桑特的阴谋的文件表明，伯克郡的约克派仅仅是几位修士，他们与牛津大学一两位志趣相投的教士有联系，但是它的作者并没有意识到德拉波尔家族是这样大的地方领主，也没有意识到阿宾顿镇许多居民都有可能见过伯爵。[9]

没有因林肯的失败而气馁，1489年12月1日，约翰·梅恩与伦敦一位名叫托马斯·罗斯韦尔（也可能是叫托马斯·埃文，Thomas Rothwell or Even）的教士在伦敦见面，密谋营救沃里克伯爵，其目标是发动一场"反对国王陛下的战争，把最忠诚于国王的人消灭掉，让整个国家陷入完全混乱之中。"接着他们去了亨利·戴维（Henry Davy）的住所，他们不仅在那里找到了戴维，还找到了爱德华·弗兰克。

弗兰克是一位与亨利势不两立的资深约克派，他于斯托克战役后被捕，被关入伦敦塔，但是后来他成功地逃了出来，他对约克王朝的忠诚坚定不移。亨利·戴维和弗兰克一样都是乡绅，他也是理查三世的铁杆支持者，他对记忆中那个让

第5章 1489年冬—1490年：桑特院长的良心

他做了首席裁缝的国王非常忠心。而且他和弗兰克一样，都在博斯沃思战役之后失去了一切。

这些密谋者制定了一项计划，或至少是一项大概的计划。他们决定向阿宾顿修道院院长桑特寻求建议。他们之所以这样做，表明他们相信修道院院长是一个同情他们的倾听者。弗兰克可能早就认识桑特院长，因为他在1484年高升——被选为牛津郡和伯克郡的治安官，当时他在伯克郡经营布雷和库克汉姆庄园。显然，他们都相信桑特院长是一位可信赖之人，他不会向都铎政府出卖他们，甚至还有可能考虑加入他们。

接着梅恩就去了阿宾顿，他给桑特院长讲了他们的大概计划，还说罗斯韦尔很快就会到这里，届时他会向桑特院长更详细地解释这一计划。"这位院长非常高兴，他问约翰·梅恩想喝什么酒"，在他的印象里，桑特是指着一个15世纪的酒柜问的。同时，桑特院长还警告梅恩要绝对小心行事。他还建议在把沃里克伯爵救出来后，一定要故意把一封写给伯爵的信件丢下，而且还要让"他的某位好朋友"捡到。这封信会告诉沃里克伯爵到科尔切斯特与密谋者会合，这可能是为了在伯爵逃离伦敦塔后转移追捕者的视线。

但是当托马斯·罗斯韦尔到达阿宾顿后，桑特院长的热情锐减，因为他意识到这个人有点半疯——"弱智"。即使这样，桑特还是想要提早实施这一计划，他答应在下次去伦敦时会与爱德华·弗兰克讨论此事。12月20日，梅恩、罗斯韦尔和克里斯托夫·斯旺尼在阿宾顿会面，进一步讨论这一计划，而弗兰克留在伦敦。（斯旺尼不仅仅是一位约曼农，他还是该镇的地方长官——相当于镇长，是一位举足轻重的人物。）阿宾顿修道院的修士丹·迈尔斯·萨利（Dan Myles Salley）从桑特那里给这三个人带来了一笔钱，以资助他们实施这一计划。[10]然而，这个计划并未取得进展。因为在几天内，所有的共谋者，包括修道院院长在内都被逮捕，并被指控为叛逆罪。

人们对于亨利七世的"情报机构"知之甚少，但它取得了成功，扑灭阿宾顿阴谋就是其中之一。似乎许多情报人员都是教会人士。尽管有一两份报告被保存了下来，但没有可以证明的档案记录，这并不难理解，显然都铎政府给了告密者大量的钱，有时候甚至是定期给付：都铎政权有那么多暗中潜藏的敌人，若是没有他们这些告密者，都铎政权可能都存在不下去。许多无法解释的逮捕只能归因于他们的行动。正是这类密探让约翰·梅恩引起了政府的注意。[11]

约翰·梅恩很快受审并被定罪。爱德华·弗兰克的案子不需要审判，他很快就被抓获归案：因为在斯托克战役之后他已经被褫夺公权，所以他是一位早该丧命的叛逆罪人。根据当时一位传令官的描述，在几天之内，四个人因叛逆罪在塔丘被处死，他们是梅恩、弗兰克、戴维和一位不知名的人。[12]修道士迈尔斯·萨利因为把桑特院长的钱带给那些密谋者也被判有罪，但最后被赦免了，和他一样被赦免的还有阿宾顿的地方长官克里斯托夫·斯旺尼。

约翰·桑特也被判有罪，但是因为他是一名教会人员，所以免于死刑。他似乎在监狱里一直被关到1490年9月，具结保证后才被释放，都铎政府要求他支付1000英镑的巨额罚金，让他分期缴付，另外还没收了他的全部土地和财产，但后来在1493年又把那些土地财产等归还给他。因为不管怎样，那些土地是伯克郡和牛津郡地产的组成部分，属于阿宾顿修道院。同年，桑特又将他的所有动产，即他的私人财产馈赠给亨利国王，"作为他绝对忠诚国王的表示……并祈祷上帝保佑国王的地产得以很好地延续"。[13] 桑特继续担任阿宾顿修道院院长，直至1496年去世。

显而易见，桑特院长并非是一个愚蠢的人。但有趣的是，他和他在阿宾顿镇的朋友都相信，救出沃里克并让他取代亨利当国王的计划大有希望，会赢得广泛支持，他们甚至自信到甘愿拿自己的生命去冒险。

有一些证据显示，亨利对这次阴谋非常之警觉。1492年春，在阿宾顿商人们发动暴乱后，许多人被逮捕，但亨利停止诉讼程序，命令将他们全都释放——似乎他一直密切留意着这个地方，渴望获得当地人的支持。1494年1月的事绝非巧合，当出现了支持珀金·沃贝克叛乱的明显可能性时，国王在整个伯克郡取得了进展。

第6章　1491年冬—1494年秋：塔中王子之一？

> 此时，国王又开始被鬼魂附身困扰，它是由玛格丽特夫人施展魔法和奇思妙想招来的，她施法让国王爱德华四世的小儿子理查·约克公爵的鬼魂来折磨亨利国王。
> ——弗朗西斯·培根：《亨利七世统治史》[1]

珀金·沃贝克的出现让亨利极为震惊，起初他也怀疑他是否真的是塔中王子之一，即爱德华四世的儿子、起死回生的约克公爵。对于他的早年经历，珀金说的似乎非常令人信服。援引那些曾经见过他的人所说的话，编年史家霍尔记载道："他相貌高贵并富有能以假乱真的王室威严，以至于所有人都坚信，他就是出身于高贵的约克公爵家族。"[2] 若这一切是真的，那么无疑他比沃里克伯爵更加危险——而且亨利非常清楚地意识到，他的绝大部分臣民都希望这是真的。

1490年，约克派希望借助对法战争来解救沃里克的阴谋再次流产。在2月份，国王收到了一份来自达勒姆主教的信，信中报告他们在哈特普尔逮捕了罗伯特·张伯伦爵士（Sir

Robert Chamberlain，理查三世从前的贴身侍卫）、他的两个儿子以及一群朋友，他们曾试图从英格兰逃往法国。亨利命令将"这些叛乱分子和叛逆者"立刻押送到他面前。[3]

1491年10月，一项《褫夺公权法案》解释了为什么国王如此急于抓住他们。张伯伦和一位来自诺福克的乡绅理查·怀特（Richard White）曾谋划杀死国王并发动内战："国王陛下的宿敌"法国国王查理八世为他们提供资金。他们阴谋的核心内容是以沃里克取代亨利。[4] 1490年8月23日，怀特被指控从事这一阴谋活动，1491年1月17日，张伯伦也被控告，这意味着他们俩已经被严密监视一段时间了。罗伯特爵士被抓后不到一个月就在塔丘被砍头，但是当怀特站到绞刑台上被刽子手套上绳索时，他被戏剧性地赦免了。这种戏剧性的缓刑是15世纪典型的司法特征之一，目的是为了彰显国王秉性仁慈。

为了支持沃里克，法国决定派一支远征军前往爱尔兰。他背后的智囊是约克派流亡者——"长者"约翰·泰勒（John Taylor），如他所称的那样，泰勒是一位中年布商，曾做过德文海关的官员。1491年9月15日，泰勒从鲁昂给约翰·海耶斯（John Hayes）写信："最近，德文的蒂弗顿（Tiverton）"，他似乎在不久前的一次秘密拜访中见过海耶斯。作为一名教士官员，海耶斯曾经为克拉伦斯公爵效力，但现在他是一名收租人，在埃克塞特和达特茅斯为许多西部郡的大地主收取地租，海耶斯曾向泰勒透漏，他私下里一直忠诚于克拉伦斯的儿子沃里克。

也许是被流亡者的离乡之愁感染，泰勒的信让海耶斯想起了"他们在埃克塞特圣彼得教堂一起说过的话，以及与黑衣修士共进早餐的时光"。在告诉他如何取得联系时，泰勒向他推荐了达特茅斯的托马斯·盖尔（Thomas Gale）：

你和他谈话就用我和他在斯托克汉公园谈论你主人儿子的事情时所用的暗号，当时约翰·哈利威尔爵士（Sir John Halliwell）在那打猎。你不用担心向他表露你的全部想法，他很可靠……你我之间的暗号就是我向你伸出拇指你也以拇指回应。

盖尔也是一位坚定忠实的约克派。他曾经是理查国王船上的一名职员，因为都铎新政权的建立，他丢了工作。他现在住在达特茅斯，曾经担任过下院议员和市长，他是协助武装入侵的理想人选。

泰勒这封信里的真正信息是，在咨议会的建议下，查理八世准备帮助"你主人的儿子"沃里克。如果伯爵和他的支持者能到达法国，查理国王将会为他们提供军队、船只和资金。那些到了法国身无分文的人，"如果他们在这场战斗中以真勇士扬名"，也会获得经济上的支持，泰勒还补充到，英格兰之外的两个地方也会提供支持，他指的是弗兰德斯和爱尔兰。他希望招募他的老朋友加入，可能是因为他预测约克派的远征军将会在西部郡登陆并夺取埃克塞特。

11月26日，海耶斯收到了这封信，在读完这封极其危险的信件后，他把信扔进了火里，但是被人捡了出来并送到政府手里，于是他被逮捕了。在1492年他作为叛逆罪人被褫夺公权的法令中，信被重新复制，这是该信得以幸存的唯一原因。[5]当亨利国王读这封信的时候，尤其是读到这句话时一定会面露冷笑："法王和他的咨议会说他们将不求回报，但……亨利作为英格兰国王所行的不义之举要予以弥补。"老约翰·泰勒也将为他写这封信而悔恨不已。

法国军队没有在英格兰西部郡登陆，而是在爱尔兰登陆，军队仅有120人，分乘两艘小船。他们假扮成英格兰人，穿着镶着圣乔治十字架的外套，挥动着英格兰旗帜，他们是1491年11月末在科克（Cork）附近的某个地方登陆的。泰勒和他们一起，他很快意识到在经过兰伯特·西姆内尔那件悲惨的事件后，人们很少再有热情为沃里克拿起武器，因为所有人都知道他被关在伦敦塔里。

即使这样，约翰·泰勒在科克城的手下还是尽全力寻找支持者，而且他还受到了憎恶都铎政府的、讲英语的爱尔兰人的鼓舞。他的这个手下叫约翰·阿特沃特（John Atwater），是一位非常受人尊敬的商人，曾两度担任该城的市长。他与泰勒见面，提出了一个令人震惊的建议：以塔中王子的小王子约克公爵取代沃里克成为王位要求者。因为，如同遇到奇迹一般，阿特沃特发现了一个与小王子约克公爵相貌极其相似的人。

1491年10月或11月，一些科克的市民看到一位十八九岁、金发华服的英俊少年沿着海滨走来，他刚刚从布列塔尼

61 商人皮根特·米诺（Pregent Meno）的船上上岸，身上穿着他主人的衣服。这位少年看起来非同凡响，以至于人们都问他是不是克拉伦斯公爵的儿子沃里克伯爵。他似乎很害怕，站在科克市长面前以福音书和圣十字架发誓说："我不是你们所说的公爵的儿子，而且也和他没有任何关系，我说的句句都是实话。"很久以后这位年轻人讲道："后来来了一个叫斯蒂文·波特隆（Steven Poytron）的英格兰人，还有一个叫约翰·阿特沃特的人，他们赌咒发誓对我说，我是理查国王的私生子，我也赌咒发誓地回答他们说，我不是。"

在让他相信他就是金雀花家族的人后，阿特沃特和波特隆告诉他不要害怕。如果他想为自己的权利而斗争，他们都会全力帮助他。如果这意味着能够向英格兰国王复仇的话，他们确信德斯蒙德伯爵和基尔代尔伯爵也都会这么做。"他们强迫我学习英语，而且教我怎么说话、怎么做事。之后他们又说我是爱德华国王的次子约克公爵，因为理查国王的私生子在英格兰国王手中。"[6]

这些全部来自珀金·沃贝克在几年后的供述。尽管它听起来足以令人信服，不过不要忘记他是在拼命为自己开脱，尽可能地让自己免责，但仅凭这一点无法排除阿特沃特和泰勒将他带到爱尔兰让他假冒公爵的可能性。

泰勒给德斯蒙德伯爵莫里斯·菲茨杰拉德（Maurice FritzGerald, Earl of Desmond）写信，请求他帮助"公爵"恢复王位，得到了伯爵的热情回应。因此，珀金、泰勒以及法国远征军——现在是他的"随从"——在爱尔兰待了好几个月。几乎可以肯定他们住在德斯蒙德诸多城堡中的一个城堡里,德斯蒙德是科克地区的大领主,统治着爱尔兰西南部广阔的狭长地带,他的头衔就源于他统治的地区。因为腿瘸,德斯蒙德被科恩武士(the kern,指"盖尔语武士",尤指中世纪爱尔兰的轻装步兵。)称为"跛子",他到任何地方都要乘四轮马车或者坐担架,他掌握着人民的生杀大权,而且也经常使用自己的权力。珀金与伯爵在一起可能非常紧张。(在黑水河的斯特兰凯利城堡,德斯蒙德曾以宴会的名义邀请他的敌人前来,却把他们活活饿死在地牢里,然后又通过在岩石里挖的一个"杀人洞"把他们的尸体丢进河里。)[7]

泰勒和德斯蒙德伯爵可能在提高这位美少年英语水平和灌输他"王室"童年背景上花费了一段时间。珀金是一个非常聪明的学生。尽管更多是根据想象而非文献资料,培根的记载让人们重温了他的非凡的魅力:"他有一种狡黠且迷人的风度。无论是激起人怜悯还是使人信任,对那些见过他和听说过他的人来讲,他就像有魔力一样。"[8]

基尔代尔可能也鼓励过珀金。两位菲茨杰拉德伯爵都欢迎这个冒牌货,无论真假,只要他能给亨利七世制造麻烦就行。与这个男孩接触过的绝大多数爱尔兰人也是一样,因为在帕莱和一些爱尔兰的港口城市,以及许多与英格兰毗邻的地方,几乎所有人都忠诚约克家族。苏格兰人也同样高兴:在1492年3月2日詹姆斯四世的账目记录里,有一条记载的是:给付"爱德华国王的儿子和德斯蒙德伯爵"送信人的报酬。[9]然而在另一方面,爱尔兰领主们不愿入侵英格兰——他们还记得托马斯·菲茨杰拉德和他的克恩武士在斯托克战役中的下场。

这位约克公爵刚一在爱尔兰现身,亨利的密探很快就向他报告了。尽管那时还没意识到这个公爵有多危险,但是亨利国王还是做出了反应,他于1491年12月派一支小部队前往都柏林以为警告,并且解除他的爱尔兰臣民对总督基尔代尔的效忠。[10] 珀金主要的爱尔兰顾问约翰·阿特沃特意识到"约克公爵"在爱尔兰的前途不是十分光明。

泰勒改变了计划,他通知法国政府,这里正好有一位他们需要的年轻人,查理国王派了一支小舰队前往爱尔兰将他们接到法国。艾蒂安·弗隆(Etienne Fyron)也在船上,他是法国人,最近才担任亨利七世的秘书。根据亨利的御用诗人伯纳德·安德烈的记载,爱德华四世时期曾担任大臣的弗隆花了几个月的时间去辅导珀金,为他提供关于从前约克王廷和约克王室家族的一切细节,直至他把每一位爱德华国王家族成员的姓名烂熟于心,"就好像他还是个小孩的时候就已经认识了他们一样"。[11]

"公爵"在法国王廷受到了充分的王室礼遇,法王给了他一队随从,还有一支仪仗队,由一位移居法国的苏格兰人威廉·莫尼彭尼·孔克雷索尔先生(William Monypeny, Sieur de Concressault)统领,他是法王查理的一位至交。大约有一百多位约克派加入公爵的小朝廷。其中最受人尊敬的是乔治·内维尔爵士(Sir George Neville),他曾经担任过理查三世的护卫骑士,后来在斯托克战场上被亨利·都铎封爵,此

第6章　1491年冬—1494年秋：塔中王子之一？

外还有一名坎伯兰郡的在逃乡绅，名叫爱德华·斯凯尔顿（Edward Skelton），他在斯托克战役中为林肯伯爵而战。这个小朝廷的全体成员都被告知要全力做好入侵英格兰的准备。

当法国人承认了珀金·沃贝克后，天机终于泄露了。本世纪最大的迷案——伦敦塔里小王子们的命运曾激发了每个人的想象力，而今有关他们中的一个还活着的传闻激起了广泛的热情。维吉尔告诉我们，不仅所有英格兰普通民众相信这个故事，而且很多统治阶层的人也相信这个故事。旧日的忠诚在那些表面上看起来似乎已经接受了新政权的英格兰人中渐渐苏醒。1485年，人们冒着失去一切的危险为爱德华四世的儿子报仇，正如他们反叛理查国王一样，他们也可能为了相同的原因反叛亨利国王。

在霍尔那富于想象力的散文里，"万木争荣、繁花似锦，然而在这一年中最为宜人的季节里，平静不再，四方躁动"。[12]维吉尔以散文的风格继续叙述道："大量的阴谋开始出现，许多贵族都参与其中，有些纯粹是出于匹夫之勇。"他强调人们自从认识到它将带来的后果之后，阴谋就开始出现了，因为如果这个公爵是真的，那么国王对王位的权利就会受到质疑。[13]

亨利很快意识到他陷入了比博斯沃思战役更大的险境之中，在博斯沃思战场上理查三世曾向他迎头杀来。根据维吉尔的记载，亨利国王的密探曾报告说："有关约克公爵理查复活的谣言已经将整个英格兰分裂成许多派系，人们的心里要么是充满希望，要么是充满恐惧，因为没有人能对这样爆炸性的新闻充耳不闻。根据他的独特气质,所有人都认为这一切要么是以他的灭亡结束,要么是以他的胜利结束。"[14] 亨利知道除非他能够平息或化解这种局面,否则将会掀起一场可能毁灭他的激变。

亨利拥有一个巨大的优势,那就是他的臣民们特别害怕被褫夺公权。他们一次又一次地目睹了这位新国王是如何使用这一可怕武器的。一个人被褫夺公权意味着被排除在法律保护之外,即从他所在的社会中被放逐了——直到死的那天他都将一直面临着被追杀的危险。当时流行一首民谣《疯女仆布朗之歌》(The Ballad of the Nut Brown Maid),据说在这个时代唱遍了伦敦,它为我们描述了被褫夺公权意味着什么。

> 死亡是我的归宿,
> 我想是耻辱地死去,
> 否则就是逃亡:这是必选之路。
> 除此之外,我知道无他路可走。
> 但是作为一个逃犯离开,
> 那就要乘船出海……
> 因为我必须往绿林深处逃遁,
> 做一个孤独的流亡者……
>
> 这就是对逃亡者的法律,
> 一旦人们捉住他,就把他捆绑起来,
> 毫不怜悯地绞死他,

任他的身体在风中摇摆。

值得注意的是，这首民谣把上层归于英雄，男英雄应该是伯爵的后代，而女英雄至少也是男爵的女儿。但即使是那些最顽固的约克派在参加叛乱时也有所保留，因为其结果可能就是被褫夺公权。[15]

然而从一开始，亨利七世就怀疑"约克公爵"可能是个冒牌货。想到那个与他不共戴天、一直不放过他的仇敌玛格丽特，亨利认为在这个男孩去爱尔兰之前，她一定训练过他，维吉尔和培根也都重述过这个误解（其实是泰勒等人训练他的）。即便如此，长达数月之久，亨利必须要面对那种足以毁灭他的可能性，即这个男孩可能真的就是塔中王子之一。

对亨利国王而言，幸运地是，法国对约克派的支持取决于它的外交政策。尽管查理八世欢迎珀金，将他作为对英格兰战争的马前卒，但当他想要缔结一个可以让他放手入侵意大利的和平协定时，他的态度就变了，因为他要确保英格兰军队不会趁他离开时进攻法国。作为1492年11月3日签署的《埃塔普勒条约》（Treaty of Étaples）的一部分，查理八世承诺不再支持任何反叛亨利七世的人。前一年11月约翰·泰勒在他信中所承诺的入侵英格兰的计划也取消了，冒牌公爵被迫离开法国。

珀金辗转到了弗兰德斯，勃艮第的玛格丽特非常欢迎这个英俊、举止优雅的年轻人，并相信他就是自己的侄子，尽管她从未见过真正的约克公爵。维吉尔说："她欣喜若狂，高兴得难以自抑。""她渴望每个人都看到她是多么的欣喜，她不断地在公共场合祝贺她侄子的大难不死，而且还不断让他讲述他是如何通过计策死里逃生并流浪了几个国家的故事。"[16] 1493年8月，玛格丽特在给卡斯提尔的伊莎贝拉（Isabella of Castile）的一封信中写道，通过明显的标记，她已经认出他就是她哥哥的儿子，通过让他回答有关他童年的问题，他的身份已经被确认。"当意识到在经历了如此多的磨难与不幸后，如今他是我们家族唯一的幸存者，我非常地感动……已经将他视为唯一的儿子、唯一的孙子。"[17] 培根声称玛格丽特提升了珀金的礼仪，给了他"英格兰白玫瑰这一雅致的称谓"，还给了他一支由30名戟兵组成的贴身卫队，他们穿着深紫红色和蓝色相间的条纹制服。[18]

约克派认为王朝复辟只是时间问题，因此他们派使者去见玛格丽特，想了解"理查公爵"计划何时到达英格兰，以便他们能提前做好反叛准备以支持公爵。这位使者就是罗伯特·克利福德爵士（Sir Robert Clifford），1493年6月，他和他的岳父——来自哈特福郡的乡绅威廉·巴利（William Barley）来到弗兰德斯。到了梅赫伦之后，克利福德向玛格丽特讲了国内的那些同谋者都正在计划什么。玛格丽特公爵夫人欣喜若狂，她把克利福德和巴利引荐给气质独特、行为做派都神似理查王子的珀金，在见到珀金之后，罗伯特·克利福德向英格兰的约克派领导人报告说，这个年轻人就是爱德华四世的儿子。

维吉尔提到的最重要的"同谋"是国王的宫务大臣威廉·

斯坦利、王廷管家菲茨沃尔特勋爵（Lord Fitzwalter）、国王的近卫骑士吉尔伯特·德贝汉爵士（Sir Gilbert Debenham）以及斯坦利的内兄汉弗莱·萨维奇爵士（Sir Humphrey Savage）。在1493年1月中旬至3月中旬，克利福德就已经开始实施计划，他招募了这四个人，他们构成了复兴约克派的核心。他们的计划就是等待入侵，然后发动叛乱，他们还想刺杀亨利。与此同时，为了鼓励人们为了约克派的大业团结起来，他们在整个英格兰到处散布那位在梅赫伦的年轻人就是约克公爵理查的消息，不过因为太过谨慎，没有哪个听到这些谣言的人能够获悉消息的来源。[19]

尽管情报人员警告亨利国王，叛乱可能迫在眉睫，但他们找不出幕后操纵者，也不知道他们的计划是什么，亨利自己也感觉到他的朝臣里有一些叛徒，但他不能确定到底是谁。预料到爱尔兰会有新麻烦，亨利再次向都柏林派了军队。这表明，1493年夏天他就已经预料到英格兰将会被入侵，其规模至少不小于林肯的军事入侵。亨利在肯纳尔沃思设立了指挥部，并派舰队在北海巡逻。

罗伯特·克利福德爵士是托马斯·克利福德勋爵（Lord Thomas Clifford，兰开斯特派，1461年在第二次圣奥尔本斯战役中被杀。）的小儿子，他曾经是爱德华四世的忠实追随者。他也曾反叛理查三世，在斯托克战役中为亨利七世而战，并在战场上被封爵。克利福德和吉尔伯特·德贝汉爵士一起出现在梅赫伦，德贝汉爵士从诺福克来，先他一步到达玛格丽特公爵夫人的宫廷，这意味着在英格兰有"公爵"坚实的支持力量，但是如果玛格丽特和她的"侄子"要是知道克利福德曾经为了得到理查国王的宽赦而做过间谍的话，那他们可能就不会那么热情地欢迎他了。

在白玫瑰的小朝廷一站住脚，罗伯特·克利福德爵士很快就与"公爵"背后的关键人物建立了联系并与他们打成了一片。这其中当然有约翰·泰勒，另外一个是"公爵"的财务官罗兰·罗宾逊，他是约克郡人，出身较低，曾在斯托克战役中为林肯伯爵而战，后来逃到了梅赫伦，从此为玛格丽特服务。

在英格兰，亨利七世变得越发紧张不安。波利多尔·维吉尔告诉我们，亨利曾派可靠的人去守卫海岸和港口，就像他之前的理查国王所做的那样。除了命令这些人阻止一切可疑的人进入或者离开英格兰之外，他还授予他们阻止船只航行的权利。临海的一切大路小道都尽可能地派人巡逻，地方政府也接到命令，让他们密切注意武装人员的集会，以防他们图谋叛乱。

无论是国内还是国外，国王的情报网都加强了监视力度。维吉尔告诉我们："在这一时期，国王派密探进入弗兰德斯，一些人得到指示，假装从英格兰逃出来，投奔那位起死回生的约克公爵，然后想办法弄清阴谋者的姓名以及他们的计划。另一些人去劝说罗伯特·克利福德和威廉·巴利，说国王会宽恕他们的罪行。"这些密探到了那里后，应该得到了亨利所雇佣的弗兰德斯密探的帮助，他们早就在梅赫伦从事秘密间谍活动，有些人甚至是从玛格丽特的廷臣中招募过来的。

与此同时，亨利安插在弗兰德斯的密探也一直在努力打探他的王位竞争者到底是不是一个冒牌货，如果是，就要查出他的真正来历。到了1493年暮夏，他们获知了真相，但是这距离他们的说法被普遍接受还有很长的一段时间，尽管国王尽可能广泛地散布这一说法。最近，这个故事也遭到了安·沃诺（Anne Wroe）的质疑。[20] 7月20日，在写给吉尔伯特·塔尔博特爵士（Sir Gilbert Talbot）的信中，国王提到"那个假冒的家伙叫珀金·沃贝克，出生于图尔奈（Tournay）"。

亨利的密探已经查明那个所谓公爵的真实姓名是皮埃尔奎辛·维尔贝克（Pierrequin Werbecque），是说法语的瓦隆人（Wallon），来自海诺特（Hainault）——在今天的比利时东南部地区，大约在1474年出生于图尔奈，他的父亲是斯凯尔特河上一位富裕的驳船船员。（这是一份报酬相当高的职业，船员们将谷物运到海岸出口，然后从勃艮第运回红酒，那位公爵的宫廷非常喜欢喝那些酒。）1483年或1484年"圣诞节至复活节期间"，他在米德尔堡的一位英国商人约翰·斯特里威（John Strewe）的家里做工，并学会了英语。后来，他又为一位葡萄牙的犹太人爱德华·普兰敦爵士（Sir Edward Brampton）服务，普兰敦已经皈依了基督教，而且后来还做了格恩西岛总督，但是在博斯沃思战役后他逃到了弗兰德斯。1487年，珀金陪着普兰敦的妻子从米德尔堡乘船到葡萄牙，了解到了很多非常有用的有关约克王廷的详情。[21] 离开普兰敦一家后，他又在里斯本待了一年，为一位名叫佩德罗瓦兹·德科尼亚（Pedro Vaez de Cogna）的独眼葡萄牙骑士服务。后来，因为他想去其他国家看看，于是就投奔了布列塔尼商人皮根特·米诺。

许多人都怀疑关于这位年轻人来历的"官方版本"仅仅是一场出于政治目的的诽谤战。他的支持者们说他拥有无可置疑的王者气度。而在那段时间，英格兰政府尽可能宣传有关他出身的貌似极其真实的版本，以掩盖他是塔中王子之一的说法，但一些历史学家认为这有可能是真的。这一说法的概要内容可见于他在1493年9月8日写给西班牙女王伊莎贝拉的信，要点如下：

> 他的哥哥、爱德华国王的儿子威尔士亲王已经被人杀害，他自己也被交给一位奉命杀他的绅士。但是这位绅士可怜他还是一个小孩子，就放过了他，而且让他以圣礼发誓从此隐姓埋名，隐瞒出身和血统等。后来，那位绅士把他送走，让两个人来照顾他，这两个人是监狱看守。接下来他过了将近八年危险、痛苦、颠沛流离的生活，在这期间，监狱看守带着他在世界各地到处躲藏，直到最后他们中的一个去世，另一个回国。因此，当他还是个孩子时就独自一个人生活了。在葡萄牙待了一段时间后，他去了爱尔兰，结果在那里他被人们认了出来。[22]

一封国王写给塔尔博特的信表明，紧张焦虑已经开始困扰着亨利。尽管他轻蔑地称他的竞争对手不过是个"小毛孩子",但每个人都知道,在同样的年纪,爱德华四世已经掌握了足够的领导权,并打赢了残酷的陶顿战役——当时英格兰土地上发生的规模最大的战役。亨利的焦虑不安显而易见,他生气地指出,"勃艮第的玛格丽特一直对我们怀有极大的恶意。"他还提到,"某些外国人,一些异邦的首领"即将入侵英格兰。他命令塔尔博特尽可能地召集起一支大部队,"为即将到来的战争做好准备"。[23]

7月,亨利派两位非常有才干的谈判代表——爱德华·波宁斯爵士(Sir Edward Poynings)和威廉·沃勒姆博士(Dr William Warham)出使弗兰德斯,后者是卷档总管(Master of the Rolls)和未来的坎特伯雷大主教。他们向勃艮第大公菲利普(Philip, Archduke of Burgundy,当时他只有15岁)和他的咨议会提出正式抗议,抗议他们支持珀金·沃贝克,沃勒姆博士在那里发表了演说,他含沙射影地辱骂了玛格丽特·约克。然而大公的咨议会只是平淡地表示,勃艮第政府无权以任何方式干涉玛格丽特公爵夫人的事,她可以在她的嫁妆领做任何她乐意做的事情。显而易见,弗兰德斯政府之所以想尽可能地帮助沃贝克,不是真的把他当成英格兰国王,而是受到了玛格丽特的压力和菲利普的父亲马克西米连国王的压力。

亨利对此的反应是火冒三丈。1493年,他将"商业冒险家的主产品市场"(Merchant Adventurers' Staple,英格兰货物的专营市场,主要是衣服。)从安特卫普转移到了加莱,禁止英格兰人与弗兰德斯人做生意,而且还把弗兰德斯人驱逐出境：弗兰德斯人被驱逐，他们的商品也被查封没收。除了没有全面开战，亨利能做的都做了。弗兰德斯也以禁止英格兰货物入境作为报复，而亨利再度加强了他的禁令。这对弗兰德斯经济造成了严重的打击，其结果是1496年弗兰德斯最终屈服，双方签署了《大协约》(Intercursus Magnus)，给予在弗兰德斯经商的英格兰人以特权。

与此同时，沃贝克也在积极寻找国际支持。前文已经提到了他在1493年9月给伊莎贝拉女王写信，但没有结果，于是他又把目光投向别处。我们通过一份关于英国圣约翰修道院院长的秘密报告[24]了解到，1493年，一位不知名的报信人告知修道院院长，当发现不能在弗兰德斯把他的货物卖到想要的价格时，这位"红宝石商人"决定去"罗马人的国王"(King of Romans)的宫廷看看是否能卖上更好的价格——这是意指沃贝克没能从玛格丽特那里获得足够用以入侵英格兰的钱。尽管玛格丽特非常热心，但她已经为资助林肯伯爵花费太多了。

接下来，珀金被引荐给麦森的阿尔布雷特公爵（Duke Albrect of Messien），即罗马人的国王的内兄和主要副手萨克森公爵（Duke of Saxony）。1493年11月，阿尔布雷特带珀金来到维也纳的哈布斯堡王廷。12月6日，珀金在那里参加了神圣罗马帝国皇帝腓特烈三世（Frederick III）的葬礼，他被引荐给腓特烈的儿子罗马人的国王，即未来的皇帝马克西米连一世。国王非常欢迎这位年轻人，并在为他父亲送葬的行列里给他留了一个位置。

第6章 1491年冬—1494年秋：塔中王子之一？

马克西米连对亨利与法国议和以及终止英格兰与勃艮第长久以来的联盟关系非常气愤。他确信他的客人说的都是实情，因为这个年轻人告诉他，自己身上有三个胎记，任何认识孩童时期约克公爵的人都能辨认出来，这些胎记甚至可以让亨利·都铎相信他就是约克公爵。这个贫穷的国王尽力在提洛尔（Tyrol）——他域内唯一处于他直接统治的地区——为沃贝克筹钱，以便让他能够装备一支入侵英格兰的舰队，但是精明的提洛尔人拒绝了，因为他们认为这笔投资看起来太冒险了。

1494年仲夏，马克西米连带着这位年轻人到了弗兰德斯，他宣布这才是真正的英格兰国王。亨利做出的反应是派嘉德纹章官去告诉马克西米连和玛格丽特，他们庇护的是一个图尔奈商人的儿子。但国王和公爵夫人无视他的说法，嘉德纹章官就到梅赫伦的大街上高喊，他的主人有证据证明"约克公爵"是个冒牌货。然而反响极小，因为听众们认为这只不过是像亨利这样诡诈多端的人所耍的阴谋诡计而已。马克西米连对"公爵"的好印象也没受到影响，因为考虑到要入侵英格兰，他命人调查英格兰人是怎么看待这位白玫瑰的。

马克西米连可能爱炫耀、轻浮不可靠，甚至一贫如洗，但他毕竟已当选神圣罗马帝国皇帝。即使他没有多少实权，但他作为理论上的基督教王国的世俗代理人，在整个西欧都享有巨大的威望。（据说在每个基督教国家，所有教堂的耶稣受难日弥撒都包含为神圣罗马帝国皇帝祝祷的内容。）他承认"约克公爵"是英格兰国王，这让约克派深受鼓舞，但让亨利七世惊恐不安。

马克西米连抓住每个机会向世人展示他完全信任这位"公爵"。8月末,马克西米连和他的儿子让珀金·沃贝克和他们一起骑马去梅赫伦的天主教教堂望弥撒。10月,珀金又被邀请出席菲利普大公(Archduke Philip)在安特卫普天主教堂授封布拉班特公爵的宣誓仪式,菲利普大公现在已经到龄了。珀金被安置在安特卫普雄伟壮观的英格兰大客栈(直至近代这里一直都是英格兰主产品的大本营),不论他去哪里,都由一支英格兰人组成的近身卫队和20名弓箭手护卫,他们都佩戴着约克家族的白玫瑰徽章。客栈门上挂着一枚盾形的王室徽章,上面刻着:"神佑英格兰和法国国王、爱尔兰领主、爱德华四世的儿子及继承人、威尔士亲王、约克公爵理查之徽章"。这招致了两个英格兰人(可能是亨利的密探)的愤然回应,他们朝着盾形徽章扔了一个夜壶,他们在前面跑,愤怒的人群在后面追,一个看热闹的无辜英格兰人在骚乱中被杀。

查理八世无视他官方上与英格兰保持和平的事实,秘密借给约克派一支小型舰队,以便让珀金能够从弗兰德斯入侵英格兰。在外交上,亨利假装不知道这件事,8月,他派纹章官里士满(Richmond)给查理八世送去了一封非常礼貌的信,试图劝阻他不要帮助珀金。在控诉完勃艮第公爵的遗孀玛格丽特雇佣马丁·施瓦茨对他发动战争之后,亨利又写道,众所周知"那个蠢小子与已故的爱德华国王绝无任何关联,他不过是出生于图尔奈的一个船夫的儿子而已",因为他已经从那些自小就认识该男孩的人以及该男孩的一些老朋友那里获知了可靠信息。亨利国王还非常气愤地谴责马克西米连帮珀金的明确目的是为了入侵英格兰。[25]

在诸圣节那天（11月1日），因为亨利对他的王位竞争对手所使用的头衔非常气愤，于是就晋封自己的次子为约克公爵。这就是后来的亨利八世，当时他只有3岁，他和其他20个比他年长、富有抱负的人被授予巴斯骑士称号。威斯敏斯特举行了为期两个星期的盛大庆祝活动，参加马上比武大赛的宫廷侍从穿着从前约克家族的蓝色和深紫红色条纹制服，他们的战马也覆以黑色天鹅绒的马衣，上面绣着红白玫瑰——这是向世人宣示都铎君主是约克王朝的继承人。[26]

在8月与查理八世磋商期间，亨利国王宣称英格兰现在正处于人们记忆中最美好、最和平的时期，但他很快就会知道他所说的远非事实。

第7章　1495年1月：宫务大臣是个叛徒

尽管他是一位性格阴郁、极其多疑的君主，而且在他统治期间也充满了密谋和麻烦，可在他24年的统治时期，他从未贬低或羞辱过自己的辅臣或身边的仆人，但宫务大臣斯坦利是个例外。

——弗朗西斯·培根：《亨利七世统治史》[1]

一位编年史家为这场交锋设定了场景，他错误地认为这件事完全出乎亨利七世的意料：

国王在格林威治度过圣诞节，他来到关押威廉·斯坦利的伦敦塔，召见了这位宫务大臣。与此同时，曾经逃离英格兰并和国王的敌人待在弗兰德斯的罗伯特·克利福德爵士也来到这里，而且得到了宽赦。[2]

基于维吉尔的描述，爱德华·霍尔回忆了约克公爵依然活着这一消息对民众舆论造成的影响。"人们将它当作确定无疑的事实和真实的消息来接受，不仅普通民众信以为真，各等级贵族和那些身份尊贵的人也相信，而且还为数不少。"[3]

第7章 1495年1月：宫务大臣是个叛徒

在这些人当中，不管怎么看，斯坦利都属于英格兰最有权势的人物。斯坦利是国王继父德比伯爵的哥哥，他在博斯沃思战役向理查三世发起决定性的进攻，拯救了亨利·都铎，决定了战争的胜负。作为宫务大臣，他总管王廷，还安排"访客"，即决定谁能见国王，谁不能见国王。

正如人们所见，根据波利多尔·维吉尔的记载，1494年末，亨利向弗兰德斯新派遣了一组情报人员，让他们去探查约克派的计划，并以完全赦免为条件让他们劝说罗伯特·克利福德和威廉·巴利返回英格兰。他们在克利福德身上大获成功。现在克利福德知道珀金不是约克公爵，他还知道英格兰的约克派领导人是谁。根据那些情报人员的建议，克利福德在几周之后突然逃往加莱，然后从那里被带回英格兰。而巴利在那位"假公爵"身边又待了两年，但很可能是充当卧底。

为了避免引起怀疑，在克利福德离开后，与此事有关的情报人员也相继离开了弗兰德斯。他们的发现让亨利七世感到极为震惊，可能这些消息大部分来自克利福德，因为他深得珀金·沃贝克的信任。伴随着约克派的入侵和武装叛乱，一起谋杀亨利的阴谋计划正在实施。在支持这一计划的英格兰人中，地位高和有影响力者的人数之众令人非常吃惊。在11月底被逮捕并以叛逆罪受审的17个人中有菲茨沃尔特勋爵、沃里克郡科尔斯希尔的大地主西蒙·蒙特福德爵士（Sir Simon Mountford）、萨里郡巴恩斯的托马斯·思韦茨爵士（Sir Thomas Thwaites，理查三世时期的加莱财务官）、罗伯特·拉特克利夫（Robert Ratcliff，从前的加莱守门官）、威廉·多布尼（William Daubeney，曾任理查三世的珍库主管），此外还有其他同属乡绅等级的人。

四位重要的教会人士也被关押：他们是圣保罗修道院院长威廉·沃斯利（William Worsley）、圣史蒂文沃尔布鲁克教堂的威廉·萨顿博士（Dr William Sutton），萨顿是一位著名的牧师；另外还有两位多明我会的修士，他们是威廉·里奇福德（William Richford）和托马斯·波伊思（Thomas Powys），威廉·里奇福德来自英格兰一个偏僻地区的修会，托马斯·波伊思来自赫特福德郡的金斯兰利修会。后来，又发现了其他一些高级教士也参与了阴谋。身为教士人员，他们并不能从约克派复辟中获得什么好处，所以他们涉身其中不是为了贪图利益，而是出于良知，因为他们真的相信珀金·沃贝克就是爱德华四世的儿子。

1495年1月27日，西蒙·蒙特福德、罗伯特·拉特克里夫和威廉·多布尼在塔丘被砍头，1月29日和30日，更多的人在这里被处死，其中的两位同案犯托马斯·克雷西内尔（Thomas Cressyner，菲茨沃尔特的管家）和托马斯·阿斯特伍德（Thomas Astwood，约克郡马顿修道院的管事）在吊上绞刑架的最后一刻被取消行刑，"许多人都为他们高兴，因为他们还很年轻"。[4] 囚禁在加莱的菲茨沃尔特试图买通看守逃跑，最终被砍头。托马斯·思韦茨获得了赦免，而那些教士则凭借神职人员特权得以免于死刑。

在大多数阴谋者被捕和判罪后，那些最具戏剧性和出人意料的内幕得以揭晓。在主显节之后的那天（第十二夜），即1月7日，亨利国王从格林威治前往伦敦塔的宫室。他来这里的原因是塔中那些小房间能让他秘密召见几天前刚刚返回英格兰的罗伯特·克利福德。国王在召见他时只有几个信任的大臣在场。克利福德跪在亨利脚下乞求宽恕，他承认1493年3月他和威廉·斯坦利爵士约定去梅赫伦并和珀金·沃贝克建立了联系。

但是国王已经知道了威廉·斯坦利的罪行。很久以前，他就下令审问了斯坦利的仆人和他柴郡的扈从，其中的一些人被监禁，但后来他们没有一人被指控叛逆罪，这表明他们已经告发了自己的主人。宫务大臣的私生子托马斯已经被监禁在伦敦塔一年多了，他可能也被秘密审讯过。要么是柴郡的扈从，要么是托马斯供认说威廉·斯坦利的主要宅邸里藏有几千英镑，这些钱足以支持一次大规模叛乱。

尽管威廉·斯坦利已经处于严密的监视之下，但亨利国王做出不愿相信这些指控的样子，他命令罗伯特·克利福德一遍一遍地重复供述。最后，他下令逮捕斯坦利，在审问之前一直把他软禁在他自己的房间里，亨利也许是试图骗斯坦利相信，他的所有计划细节都已暴露。但是斯坦利一直很镇定，他假装对所有的事情和盘托出，承认他只是与沃贝克联系过，因为他不愿意同约克家族作战。培根评论说："他是想通过供认这些来减轻自己的罪行，他认为供认这些就足以定罪了。"[5] 然而，国王知道斯坦利策划推翻他、谋害他已经有很长一段时间了。

79　　斯坦利从亨利国王那里获得的赏赐非常丰厚。除了被晋封为嘉德骑士之外，他还是英格兰最富有的下院议员，他的领地遍布英格兰各地，在伦敦的查令十字街附近还有一处宅邸。领地和官职每年能为他带来3000英镑的收入，在他的登比郡霍尔特城堡中发现了为发动叛乱而准备的资金，多达"4万"马克（将近2.7万英镑），其中有1万英镑的金币都是一袋袋装好的。尽管如此，根据波多利尔·维吉尔的记载，斯坦利一直认为他没有得到应有的回报。他的绝大多数领地在兰开夏郡、柴郡和威尔士边地，因此他想要切斯特伯爵爵位，而这是不可能的，因为该爵位应该属于威尔士亲王。这个请求被拒绝后，斯坦利便怀恨在心：正如霍尔所记载的，"斯坦利的胃口不断膨胀，最终成为他的祸患之源。"[6]在意识到斯坦利的不满后，国王就已经猜到他在谋划，但是亨利按兵不动，继续让他担任宫务大臣，希望借此挖出他的支持者。这是一场预料之中的危险，因为威廉·斯坦利拥有足够的资源，可以把约克派的叛乱演变成对王位的严重威胁。

在史书记载中，斯坦利是个大叛徒，但是在某种程度上他的行为是出于忠诚——对约克家族的忠诚。与他的哥哥不同，斯坦利始终忠诚于爱德华四世，这也许是他在博斯沃思战役背叛理查三世的原因之一。除了让克利福德联络珀金·沃贝克外，他还曾对克利福德说，如果他确定那个年轻人就是爱德华国王的儿子，他将永远不会和他武力相向。[7]

尽管没有意识到自己已经被监视，但似乎威廉·斯坦利还是比较克制，没有告诉克利福德他自己为叛乱计划所做的准备，他希望能以此保命。1月30日—31日，王座法庭在威斯敏斯特宫对斯坦利进行了审判，他否认对他的指控，但由"各等级骑士和尊贵的绅士"组成的陪审团还是判他罪名成立，他被判绞刑和开膛分尸之刑。[8]但是据一位编年史家记载，"2月16日星期一，国王赦免了宫务大臣威廉·斯坦利的绞刑和开膛分尸之刑，据说在当天中午的11点至12点，斯坦利从伦敦塔被带往塔丘砍头，他后来被埋在圣邓斯坦教堂。"[9]为了使威廉·斯坦利尽可能死得没有痛苦，亨利给了刽子手10英镑，因为他不能忘了威廉·斯坦利在博斯沃思战役的功绩。

人们到处传言说，宫务大臣被判刑仅仅是因为他承诺，如果他确定珀金·沃贝克真是爱德华国王的儿子，他就不会和他开战。此外他被判刑还因为他认为约克家族比都铎家族更有资格坐上王位。其实许多人私下也都是这样认为的，只不过威廉·斯坦利因为筹谋反叛被送上了断头台。然而这个传闻正中亨利下怀，自斯坦利被杀后，每个人都害怕被控告为约克派，所以不敢再提那位"公爵"。

尽管并非像很多人认为的那样，是罗伯特·克利福德毁了斯坦利，但是他的消息避免了一场极其危险的阴谋，而这场阴谋可能会终结都铎王朝。1495年1月20日，罗伯特·克利福德获得了500英镑的奖赏，这在当时是一笔巨款，比一个普通乡绅五年的收入还多。以他的贡献，获得这些奖赏是当之无愧的。因为克利福德的告密，约克派失去了他们在英格兰的领导者。此外，克利福德说那个所谓的"公爵"是勃艮第的玛格丽特的私生子，他言称是从玛格丽特的忏悔牧师康布雷主教（Bishop of Cambrai）那里获知的消息。但这个诽谤性的故事并不完全合国王的心意，因为这不仅意味着克利福德相信这个年轻人出生于和约克家族相似的家族——他已见过该家族的许多成员，而且还意味着他不认可这个年轻人的真名是珀金·沃贝克的官方说法。

据培根的记载，自从回到英格兰后，克利福德就再没有得到过国王的其他恩惠，这不足为奇。他已经背叛过理查三世和亨利七世，而且每次都是见风使舵，背叛自己的同谋，这是一个不值得信任和尊敬的人。尽管如此，克利福德还是平安终老，死于1508年。他所在的乡村阿斯彭登的教堂里有一扇那个时代的彩色玻璃窗，上面是一幅清晰的人物肖像，即使画像已显得粗糙斑驳，但依然能看得出来这是一张傲慢自负的面孔。下面的劣质铜饰告诉我们，他曾经是"亨利七世的宫廷侍卫和军械主管"。

我们永远都不知道亨利七世从1494年冬天至1495年所揭露的真相中得出了什么结论，但我们可以猜到应该是令他极其不安的结论。亨利不能依赖自己最信任的朝臣，连虔诚的教士都反对他的统治。虽然他铲除了很多重要的约克派人士，但勃艮第的玛格丽特和马克西米连国王依旧鼓励"约克公爵"继续入侵英格兰。那么当他的对手登陆英格兰时，他能获得广泛的支持吗？最近的阴谋已经表明，许多有影响力的英格兰人都认为他就是爱德华国王的儿子。这给亨利七世敲响了警钟，大多数在博斯沃思为他而战的人是因为反对理查三世，而不是因为他们不再是约克派。

第8章 1495年夏：约克派入侵

然而珀金依然不想放弃希望，他那疯狂的脑袋里一直幻想并坚信他能够得到英格兰王位和王国，因此他集结了一支庞大的队伍，那些勇敢的指挥者来自各个国家，士兵由破产者、小偷、强盗和流浪汉构成，这些人不愿靠劳动为生，只想以抢劫和掠夺为生计，于是他们集结到珀金的麾下，做他的士兵和仆人。

——爱德华·霍尔：《两个高贵显赫的贵族家族——兰开斯特和约克家族的联合》（1548年）[1]

出生于1497年的爱德华·霍尔不仅回忆了这个传闻，而且还回忆了那些年人们谈论这个传闻的语气口吻。显然，他认为玛格丽特·约克见过珀金，"他确实是一位相貌俊美的年轻人，不仅仪态端庄优雅，而且机智敏锐、智慧过人、耐人寻味。"霍尔认为玛格丽特"是个一手握恶魔之尾，一手够上帝之足的人"。[2] 这位孀居的公爵夫人或许对假冒者的判断力不够，但她懂得金钱的价值。

因为确信她的"侄子"将登上王位，复辟约克王朝，1494年12月10日，玛格丽特让珀金签署了一份文件，让他承诺在登上王位后偿还她所提供的一切金钱资助，其中包括她亡夫留给她的八万多金克朗遗产，以及她的兄长爱德华四世曾经授予她的一系列利润丰厚的关税特权，此外还有她为林肯伯爵远征所提供的资金。她还希望得到汉斯顿庄园，连同斯卡伯勒城和城堡，该地对约克家族有特殊的重要意义，理查三世曾使其成为拥有自治权的独立城市。文件的见证人是罗伯特·克利福德爵士，当时他是"理查公爵"的首席大臣，然而在那些不安的消息传来之前，他已经逃回了英格兰。[3]

在12月23日签署的第二份文件中，珀金答应到时候偿还他"姑姑"80万克朗，以及为他复辟所花的其他费用。公爵夫人很可能是为即将进行的入侵提前预付了资金。[4] 但她不仅把珀金看作自己的侄儿，而且还把他看作一项不错的投资；就林肯伯爵的失败来看，玛格丽特表现的有点像个投机者。

克利福德以及她母国那些重要的约克派人士的背叛都没有让玛格丽特丧失信心。1495年5月，她给罗马教皇亚历山大六世（Pope Alexander VI）寄去一封慷慨激昂的呼吁信，信的字里行间充满了她对金雀花王朝被一个暴发户窃夺的愤怒。玛格丽特请求教皇将英格兰从亨利的专制统治中拯救出来。"以武力非法统治英格兰的亨利，也称里士满的亨利、松布雷塞特家族的亨利（原文即如此），他自称兰开斯特家族的后裔，但众所周知他的父母皆非合法婚姻的后代。"玛格丽特乞求教皇亚历山大帮助"已故国王爱德华的儿子、他的合法婚生子和王位继承人、杰出显赫的理查"。至于她是否收到了教皇的回复，我们不甚清楚。[5]

就是这一次，马克西米连下决心资助约克派远征。因为长期缺钱，远征的巨额费用让他感到害怕，这也使他不得不推迟去奥格斯堡正式访问和参加帝国议会，但是他和玛格丽特一样乐观。[6] 让这位罗马人的国王和公爵夫人如此自信的是，"公爵"现在得到了那些到了梅赫伦的约克派的支持，尽管曾经被都铎间谍出卖过，但事实上还有很多英格兰的重要人物支持珀金·沃贝克的事业。因此，他们相信只要金雀花旗帜在英格兰土地上升起，成千上万的人就会倒向爱德华四世的儿子。

尽管克利福德的背叛以及斯坦利被处死是一次沉重的打击，但马克西米连和玛格丽特的信任以及英格兰人对约克家族的忠诚最终让珀金鼓足勇气，于是发动了已经不能再耽搁的军事入侵。1495年6月底，远征军从弗兰德斯起航，一共有14艘小型战船，其中有些船是苏格兰提供的，诸如那艘名字非常有特色、被称为"瞭望号"的侦查船。尽管珀金的支持者抱怨花费巨大，但整个军队人数最多也就1000人，据一些目击者估计，人数只有800人。[7] 远征军总指挥是罗德里格·德拉莱（Rodrigue de Lalaing），他是勃艮第公爵的朝臣，也是一位经验丰富的军人。

英格兰政府假称约克派的军队就是一群外国人组成的乌合之众，包括荷兰人、弗兰德斯人、德国人、西班牙人、法国人，他们中仅有的英格兰人要么是雇佣兵，要么是在逃犯。一个世纪之后的编年史家爱德华·霍尔将他们描述为"一支庞大的军队，那些勇敢的指挥者来自各个国家，士兵由破产者、假称避难的英格兰人、小偷、强盗和流浪汉构成，这些人不愿靠劳动为生，只想以抢劫和掠夺为生计，于是他们集结到珀金的麾下，做他的士兵和仆人……他们就是一群乌合之众。"而维吉尔则轻蔑地称他们是"一群人渣"。[8]

实际上，这支远征军中有一支相当大的英格兰队伍，大多数指挥官都是英格兰人，他们是科比特、贝尔特、怀特和马雷沃利（也可能叫莫莱沃利）。远征军中甚至还有许多英格兰乡绅，如乔治·内维尔爵士，他的指挥权可能仅次于罗德里格·德拉莱；爱德华·斯凯尔顿，他来自坎伯兰郡一个非常著名的乡绅家族；托马斯·蒙特福德（Thomas Mountford），他是最近被处死的西蒙·蒙特福德的儿子和继承人；此外，还有威廉·巴利。最为著名的是罗德岛骑士团（Knight of Rhodes，亦称圣约翰骑士团）骑士法拉·詹姆斯·基廷（Fra' James Keating），他曾担任爱尔兰修道院的院长，因支持白玫瑰家族被骑士团罢职。

亨利国王海军小舰队的几艘战船在与弗兰德斯相对的北海海滨巡逻，密切监视海上。从理论上讲，他们巡逻的地点是合适的，因为入侵的首要目标可能是东盎格利亚，那里似乎有很多约克派的支持者，据说他们已经准备好了欢迎会，就等着远征军到来。后来，远征军的一个成员说当时他们是想入侵雅茅斯的，但约克派船队因为大风偏离了原来的航向，进入了英吉利海峡。

7月3日，远征军船队驶入一个叫迪尔（Deal）的小港湾，这个小港湾比一个村庄还小，位于肯特海岸。几百人组成的先头部队登上陆地，似乎他们全都是英格兰人，他们希望得到当地约克派的支持。他们计划攻取附近的桑威奇城，那是当时的一个重要港口。据驻都铎王廷的西班牙使者说，肯特郡人已经听说了有关珀金真实身份的传言——国王已经广泛散布了这一消息，他们开玩笑说，他应该回法国的家去找他的父母去。[9]但据维吉尔记载，当肯特郡人看到珀金船队的时候，他们对是否加入他的队伍举棋不定，但是想到他们从前的反叛大多都结局很惨，于是他们决定继续效忠亨利七世，伏击"这位冒牌公爵"。[10]

他们先是对入侵者做出了友好表示，在沙滩上放了几桶酒，诱惑他们上岸——尽管他们没能引诱多疑的珀金和他的队伍一起上岸，接着，桑威奇市长率领一群武装的农夫朝着接近他们的约克派军队射了一通箭，在发起近距离攻击之前，他们就射死了150人，射伤的人数则更多。[11]受伤较轻的人想奋力逃回船上，但绝大多数的人被砍杀，还有一些人被淹死了。另外有150多人被俘，包括大多数英格兰指挥官，尽管内维尔、巴利和爱尔兰人基廷拼力逃到船上。"在遭此痛击之后，那些叛军狼狈不堪地逃到船上，他们扯起风帆，向西航行而去"，一位当时的编年史家这样记载到。他后来记述了有关这次战斗的一些情况。[12]

7月11日，一位名叫罗伯特·阿尔本（Robert Albon）的诺福克郡人返回他在雅茅斯的家，他向市政府汇报了他在坎特伯雷与被俘的"反叛国王的英格兰指挥官"的对话。其中有个叫贝尔特的人对他说，在他知道自己是"将死之人"时，他的朋友们"要么攻下了雅茅斯，要么为此而死了"。阿尔本提醒市政府要立即做好防御准备，叛军的船队在当天晚上或最迟第二天就会到达这里。[13]

第二天，一位雅茅斯信差给约翰·帕斯顿爵士送来了消息，海军上将的巡逻船拦截了一艘驰离诺曼底的船，这是一艘来自多德雷赫特的大平底船，船上载有八匹马以及马鞍和马缰绳，正是为叛军准备的。该船的荷兰船员已经被监禁，但八九个英格兰人乘小船上岸，逃入乡村了。据写信人说，在此期间，一旦他们看到可疑的船，帕斯顿就会立即通过雅茅斯市政给他传递消息。[14]

远征军出发不久，马克西米连就收到了一份报告，报告说他们已经在英格兰登陆，并有大群的约克派支持者加入其中。马克西米连大喜过望，在沃尔姆斯的一次正式会见中，他告诉威尼斯大使，他非常确信，在夺回自己的王国后，约克公爵将会向法王发动攻击。"公爵已经为此向我们承诺，这是确定无疑的"。[15] 一周后，马克西米连又收到一份不真实的报告，所以他依旧信心满满。公爵和他的船队已经到达了伦敦附近，但是首都周围的民众非常不友好，阻止他向篡位者的军队发起进攻，因此公爵决定带着他的军队到一个更受欢迎的地方去，马克西米连这样解释到。他强调公爵渴望向敌人发起进攻，而且从他指挥战役的情况来看，他会抓住任何赢得绝对性胜利的机会，直至推翻亨利·都铎。[16]

与此同时，肯特郡守把在迪尔小规模伏击战中抓获的俘俘虏押送伦敦,他们被绑在马车上或用粗绳子拴在马车后面拖拽着前行。英格兰人被投进伦敦塔的地牢,外国人被关进纽盖特监狱。审判从7月16日持续到24日。[17]"国王认为惩罚少数人以儆效尤是绅士的做法,但他要削弱珀金的队伍,使他们沦为乌合之众",弗朗西斯·培根这样解释。于是就发生了后来的事情——"为了震慑他们,他把所有人都绞死了。"[18]这些俘虏沿着肯特、苏塞克斯、埃塞克斯和诺福克的海岸被处死,他们的尸体被吊在高高的绞刑架上,从海上很容易就能看到,而那些指挥官的头则被插在伦敦桥上示众。亨利此前从未如此残忍过,但他遭遇了一场巨大的恐怖威胁。若约克派的船队没有因大风偏离预定航向,他们就很可能在一个更受拥戴的地点登陆,那么就会引发一场极其危险的叛乱。

这次叛军入侵的恐慌持续了大约三周,在此期间一直搞不清楚约克派舰队的去向。实际上,舰队已经到了爱尔兰,珀金向他昔日的良师益友德斯蒙德伯爵寻求避难,继巴黎、梅赫伦、维也纳那些高雅的宫廷之后,珀金在德斯蒙德的宫室也应该能得到令其深省的经验。可在培根的笔下,"除了那些野蛮率直的民众的狂暴情感外,那里并没有给珀金留下什么。"[19]然而政治形势已经发生了变化,德斯蒙德被孤立了。因为爱尔兰有了新总督,就是亨利国王的得力心腹爱德华·波宁斯,他率700人的军队抵达爱尔兰,逮捕了他的前任——集各种权力于一身的基尔代尔伯爵,并派人把他押至伦敦,囚禁在伦敦塔中。尽管如此,德斯蒙德并未在意波宁斯,他心里一直怨恨的是亨利。

在1492年珀金离开爱尔兰之后，亨利国王就恢复了德斯蒙德伯爵的利默里克治安官职位，以此来收买他，他与亨利和解了。然而现在他因为自己的表亲和内弟基尔代尔伯爵被抓而震怒，因为这关系到菲茨杰拉德家族对爱尔兰的统治权。不管怎样，作为老牌的约克派，德斯蒙德对这位年轻人返回爱尔兰非常高兴，他一直把珀金视作约克公爵——而且毫无疑问也视他为英格兰国王和爱尔兰的领主。对德斯蒙德而言，珀金的出现似乎就是天意。显然，如同在西姆内尔时期那样，德斯蒙德希望勃艮第的精锐增援部队能够赶至爱尔兰，如此一来，他就能够把他们用于他与他一直痛恨的巴特勒家族（Butlers）之间那无休止的斗争中去，巴特勒家族是亨利国王忠实的支持者，也是他最强劲的对手。[20]

"约克公爵"的到来不仅为对抗波宁斯的战争增添了法律根据，还带来了11艘战船。而且，他很快又增加了另一艘战船，这是一艘英格兰战船——普利茅斯的克里斯托弗号，当该船到达由德斯蒙德控制的位于科克郡的小港口约尔时，公爵的士兵登上甲板，截获了这只船。就伯爵方面来说，他拥有大约400人的轻装骑兵（骑着不配鞍的马）、3000名配备刀和标枪的步兵、500名配备长柄战斧的近卫兵，此外还有60—80名配备弩箭或老式火绳枪的士兵。[21]

德斯蒙德伯爵和这位公爵决定一起攻下港口城市沃特福德（Waterford），它一直是德斯蒙德的眼中钉、肉中刺。作为英格兰统治爱尔兰的坚实堡垒，它是1487年这个王国唯一拒绝承认兰伯特·西姆内尔的地方。1495年7月23日，伯爵和珀金分别从陆路和水路进攻这座城市。沃特福德人对这类入侵已经司空见惯了，而且还备有他们会使用的榴弹炮，再加上他们知道爱德华·波宁斯正在增援的路上，所以他们以最大的决心迎战，一次又一次地出击。尽管如此，当德斯蒙德那些野蛮的步兵攻击城墙、珀金的船队同时攻入海港时，沃特福德几乎一度就要沦陷。然而，当一艘船被雷金纳德塔楼所发射的炮火击沉时，其他船匆忙撤往海上。接着波宁斯的船队也出现了。8月3日，进攻者被迫停止围攻，四散逃离，有几只船被俘获。

德斯蒙德伯爵撤到一处偏僻的要塞，无法通行的沼泽和森林为他提供了保护屏障，但是珀金不能弃他的舰队和追随者不顾。珀金曾在科克的港口抛锚上岸，这里的市长——他的老盟友约翰·阿特沃特悄悄把他带进城里并热情款待了他。然而，一位瞭望者发现波宁斯的船队和沃特福德的船队正向港口驰来，于是，"约克公爵"和他的舰队又急忙撤回海上。尽管许多爱尔兰人有根深蒂固的约克情节，但爱尔兰海域还是太危险，他不能再待下去了。

回想起来，1495年约克派入侵英格兰确实有点虎头蛇尾，令人扫兴。它没能煽动起广泛性的叛乱，这是都铎国王近三年来一直害怕和担心的事情，同时令人生畏的爱德华·波宁斯也避免了爱尔兰出现更大的麻烦。但这次入侵让亨利七世有些时候甚为焦虑，即使在得知敌人离开沃特福德后也依然如此，他一定很想知道那个公爵现在到底在什么地方，因为有那么几天，约克派舰队的行踪完全成了谜。

第9章 1495年秋—1497年夏:苏格兰人和康沃尔人

当亨利国王得知[康沃尔人叛乱]的消息时,他彻底惊呆了,并陷入极度恐慌之中,因为他发现自己是腹背受敌——外来入侵和内战。这两方面的战争都极具威胁性,有时候他都不知道应该先应付哪一个。

——波利多尔·维吉尔:《英格兰史》[1]

15世纪时,英格兰人和苏格兰人互相仇视。英格兰人难以理解这些北方人的语言,不论是口语还是书面语,而且整个边界线也不明确,所以战争从未停止过,双方经常发生暴力袭击和骇人听闻的暴行。尽管在重大战斗中苏格兰总是被打败——直至1482年英格兰才占领爱丁堡,但苏格兰在边境战争中打完就跑的战术也非常残忍和有效。另外,双方的海上争斗也一直不断,斯卡伯勒或利斯的私掠船之间也长期存在着斗争,他们把俘虏的对方船员从甲板上扔进大海。这两个王国的王室成员之间从未有过联姻,而且一百多年来苏格兰军队经常为法国作战。

第9章 1495年秋—1497年夏：苏格兰人和康沃尔人

苏格兰国王詹姆斯四世（James IV）生于1473年，与维也纳的江湖骗子或巴黎的畸形矮子迥然不同，他是欧洲最有风度的君主。詹姆斯四世英俊迷人，尽管童年时光并不愉快，他还在童年时就被苏格兰贵族当作人质，用来威胁他那无能的父亲詹姆斯三世（在他15岁时，詹姆斯三世被谋杀），但他成了一位能力非凡的统治者，不仅受贵族欢迎，而且还深受贫民爱戴。据说他曾装扮成乞丐四处游历。一幅他年轻时的画像显示，他长着一张神采奕奕、含笑俊朗的面孔，这在中世纪的肖像画里是极其罕见的。

根据西班牙使者唐佩德罗·德阿亚拉（Don Pedro de Ayala）的描述，他在1498年见过詹姆斯四世，当时他留着胡须和从未剪过的长发，"这些都极其适合他"。除了苏格兰语外，詹姆斯还会说六种语言，包括西班牙语以及"生活在苏格兰某些地方的未开化人的语言"。他喜欢打仗但不是一位好军人，因为他非常鲁莽轻率。"没有战事时他就在山中打猎"。他非常仁慈友善，不对别人的过错斤斤计较，因此深受臣民爱戴。[2]他的致命劣势是他的王国非常贫穷，可以说是西欧最穷的王国，人口比英格兰少三分之二，苏格兰王廷每年的岁入最多只有3万英镑。

根据勃艮第的玛格丽特和约克派的日常通信可以看出，詹姆斯国王和为珀金·沃贝克舰队提供补给的人也有联系，因为在迪尔惨败之前，苏格兰就已经通过提供军队和提供资金的方式支持珀金入侵英格兰。[3]现在，詹姆斯又邀请珀金来苏格兰。1496年11月27日，在苏格兰贵族的簇拥下，詹姆斯四世在斯特灵宫会见了珀金，当时可能是在新议会大厅。在苏格兰仪仗队以及他自己那些比较受人尊敬的追随者——可能包括乔治·内维尔、他的忏悔牧师威廉·卢德（William Lounde）和破产的伦敦商人约翰·赫伦（John Heron）——的陪护下，"公爵"被邀请前来陈述他的王位合法性。

珀金·沃贝克催人泪下的慷慨陈述恰到好处，既能激起别人的同情，又不至于太有戏剧性，维吉尔、霍尔和培根后来都复述过他的话。他一开始说道："请听听你们面前这位金雀花的悲惨遭遇吧，他从儿时就被带到避难所，又从避难所被送进可怕的监狱，落入残忍的折磨者手中"。接着珀金沃贝克描述了他如何死里逃生，如何在四处漂泊的日子里做粗活谋生。他说所有诽谤他的谣言都是"自称为英格兰国王"的亨利·都铎编造的，亨利·都铎花重金让原本友好的宫廷转而反对他，贿赂他的仆人毒害他，而且还劝诱他的辅臣，诸如罗伯特·克利福德等人背叛他。

然而"勃艮第公爵的遗孀、我最亲爱的姑姑认可我的英格兰王位权利，她鼎力支持我。但不幸的是，除了遗产之外，她再没有别的资金来源，所以无法资助我对英格兰实施大规模远征，以讨伐伦敦的那个僭位者，这就是我来斯特灵宫寻求援助的原因"。珀金提醒他的听众，苏格兰曾为亨利六世提供庇护，最后他以恳请苏格兰国王帮助他夺回"他的继承权"来结束陈述。他还说，如果詹姆斯国王肯伸出援助之手，他就可以得到他永久的感激和友谊。[4]

珀金精湛的表演使詹姆斯国王相信他就是爱德华四世的

儿子,尽管一些比较固执的朝臣仍然心存怀疑,但詹姆斯还是决定尽其所能地帮助这个迷人、端庄高贵的年轻人,珀金和詹姆斯还正好同岁。从那时起,詹姆斯不仅把这位冒险家看作约克公爵,更把他视为兄弟,他送给珀金一套昂贵的符合他身份的衣服。公爵的新衣服包括为度过苏格兰寒冷冬天而准备的厚大衣,一套用白色和紫色锦缎做成的骑士服,甚至还有一套他婚礼上穿的"结婚礼服"。[5]

12月,詹姆斯国王为"英格兰王子理查"赐婚,新娘凯瑟琳·戈登小姐(Lady Katharine Gordon)是亨特利伯爵(Earl of Huntley)的女儿,据说她是一位美丽、兼具才华和果敢的年轻女子,作为詹姆斯一世(James I)的曾孙女,她拥有苏格兰王室血统。没有什么比这更能体现苏格兰国王对珀金的信任了。

有一封据说是那位公爵写给凯瑟琳的信,如果这的确是他写的,那么证明他已坠入爱河。在某种程度上,这封信件也展现了他的魅力。他这样写道,她的"脸恬静明朗,能照亮阴云密布的天空,她的眼眸如星般明亮,可使人忘却痛苦,转忧为喜。无论谁见到她都会情不自禁地倾慕她,无法自拔地爱上她,心甘情愿地服从她"。对他而言,凯瑟琳似乎"不是出生人间,而是仙女下凡"。[6]

通过自己的密探,亨利七世很快就知道了那位公爵在斯特灵宫的演讲以及詹姆斯国王的反应。没有比这更令亨利七世头疼的消息了。这意味着他为维持与苏格兰和平关系所做的一切努力都付诸东流了。亨利七世费尽千辛万苦才在1493

95年7月和苏格兰签订了为期七年的停战协定,其主要原因就是害怕詹姆斯和约克派联合。珀金·沃贝克出现在苏格兰,由此造成的影响令人担忧:这意味着北海再不是阻挡约克派入侵的屏障,而仅仅是一条边界;约克派的基地也不再是梅赫伦,而是爱丁堡。

亨利七世在北方边地的主要情报人员之一是那位诗人的父亲亨利·怀亚特(Henry Wyatt)。在那些与怀亚特密切合作的人中,有两位苏格兰贵族,一位是曾经的博斯维尔伯爵詹姆斯·拉姆塞爵士(Sir James Ramsay),另一位是巴肯伯爵詹姆斯·斯图尔特(James Stewart, Earl of Buchan),他俩人为都铎王廷服务多年,并以此获得报酬。他们曾是苏格兰国王詹姆斯三世的宠臣,詹姆斯三世去世后,他们逃到英格兰王廷避难,在此期间被都铎政府招募并获重用,后来他们返回了苏格兰。不论从哪方面讲,拉姆塞都是一个叛徒,他阴险狡诈,心怀怨恨。他曾谋划劫持国王(詹姆斯四世)和他的弟弟罗斯公爵(Duke of Ross),把他们卖给英格兰,但计划没有实现。尽管最初的动机是他想为被谋害的主人(詹姆斯三世)报仇,但到后来就只是为了从亨利七世那里获得报酬。

亨利七世假装无视那位约克公爵在苏格兰王廷出现的事,因为他要避免苏格兰入侵,所以尽其所能地维持和平协定。与此同时,经过一番秘密交涉和讨价还价,詹姆斯四世决定将军事行动推迟几个月,他要看看通过外交能从英格兰捞到什么好处。无奈之下,亨利七世决定把6岁的女儿玛格丽特许

第9章 1495年秋—1497年夏：苏格兰人和康沃尔人

配给詹姆斯四世。

毫无疑问，亨利认为自己能从国际局势获益。意大利各城市国家已经结成了抵抗法国的神圣同盟（Holy League），其成员不仅有西班牙，还有马克西米连以及他的儿子菲利普大公，双方都想拉拢英格兰。因此，在珀金·沃贝克入侵失败后，除了勃艮第的玛格丽特外，旧日盟友弗兰德斯转而反对约克派，尽管这违背了马克西米连的意愿。查理八世派人给英格兰国王亨利送去一份文件，该文件有助于证明"约克公爵"是法国人，是一位理发匠的儿子，查理八世还承诺要把他的父母送到英格兰，这逐渐弱化了都铎王廷广泛散布的关于他的父亲是一个弗兰德斯船员的说法。

1496年秋末，苏格兰国王在进行战事准备。在怀亚特的指示下，拉姆塞和巴肯伯爵商讨了绑架那位公爵的可行性。9月，拉姆塞给亨利写了一封信：

> 国王陛下：怀亚特大人让我做的事，我未有丝毫懈怠，已经做了安排，巴肯大人具体实施这项计划，如有可能，最好现在就在他的营帐内动手，因为除了（詹姆斯）国王派的人，他再没有其他护卫。[7]

同时，拉姆塞还提醒亨利国王，英格兰暗地里支持约克派的人已经和那位公爵取得了联系，有来自坎伯兰郡的人，如戴克勋爵（Lord Dacre）的弟弟，还有诺森伯兰郡的人，其中包括爱德华·斯凯尔顿的哥哥迈克尔·斯凯尔顿（Michael

Skelton）。

9月8日，刚离开苏格兰宫廷的拉姆塞在贝里克郡给亨利国王写了一份更详细的报告，告诉国王尽管他和他的朋友极力劝说詹姆斯国王不要帮助那个"冒牌小子"，但还是有一小支苏格兰军队将于9月15日在柯克的埃拉姆集结，那里距离边界10英里，两天后将会侵袭英格兰。拉姆塞接着写道，包括约克派在内，这支军队大约有1400人，"来自不同的国家"，他希望詹姆斯四世彻底惨败，为同意谋杀自己父亲受到应有的惩罚。他还补充说，"珀金"已经签订条约，承诺在他复辟两年后支付苏格兰五万马克，并归还贝里克郡。至于国王詹姆斯四世，拉姆塞说"他每天都和那个小子密谈商讨"。

拉姆塞还报告说，乔治·内维尔爵士和一些人已经失去信心，想改变立场。内维尔说要是苏格兰国王和亨利国王达成协议，他愿意"摆脱珀金"。和拉姆塞一样，内维尔也意识到，詹姆斯已经处于破产边缘，用这位间谍的话说，詹姆斯已经"穷得连100镑都没有了，尽管他已经用他的金链子、金盘子和橱柜铸造货币了，而且民众对詹姆斯统治的不满已经达到了顶点"。

在这份冗长而详细的报告中，拉姆塞还提供了两条重要情报，暴露出他无耻的通敌行径。一条是增援那位公爵的部队已经从弗兰德斯出发，队伍中有罗德里格·德拉莱，两艘小船载着320名德国长矛兵，"还有为这些人马准备的杂七杂八的作战必需品"。他带他们过来有困难，因为勃艮第近来对约克派怀有敌意。第二条是对爱丁堡城堡中火炮配备不足的详细说明，而且还标出了那些容易遭受攻击的薄弱地方。最后，拉姆塞还提出了一个经过周密考虑的计策，可以让亨利国王在即将到来的战争中伏击他的同胞们。[8]

亨利七世可能害怕外敌入侵会和普遍性的叛乱同时发生。佛罗伦萨人梅塞尔·奥多布兰迪尼（Messer Aidobrandini）在去布鲁日之前曾在伦敦度过复活节，他对一位米兰的熟人抱怨说，亨利遭人憎恨是因为他的贪婪。这位佛罗伦萨人说："毫无疑问，对于与钱有关的地方，国王的掌控是非常强有力的，但是如果时运让有王室血统的贵族反叛成功的话，因为他的贪婪，亨利的下场会很惨，他的臣民会抛弃他。他们会像对待理查国王那样对待他，人们抛弃理查加入另一方，是因为他杀死了他本该坐上王位的侄子。"[9] 奥多布兰迪尼可能是在重述他在弗兰德斯时从玛格丽特公爵夫人的朋友那里听来的传闻，不过还有其他关于亨利不得人心的证据。亨利国王清楚地意识到了这一点，因为那些密探一直向他报告他们所知道的一切不满迹象，他心里当然是惴惴不安。

值得注意的是，维吉尔说国王听说苏格兰人要入侵时确实非常害怕。"他不仅害怕敌人，而且也害怕自己的臣民，他害怕那些地方的乡绅会相信珀金·沃贝克就是理查公爵，或者是被珀金收买而倒向他。"[10]

正如拉姆塞所警告的那样，1496年9月17日，在詹姆斯国王的指挥下，"旗幡招展"的苏格兰入侵者越过了边界。根据这些"掠夺者"的一贯做法，詹姆斯的军队在乡村"大摇大摆"地蹂躏劫掠，尽管除了那些通常的暴行外，他们造成的实质性危害仅仅是烧毁了两三个小塔楼。苏格兰军队规模太小了，因为苏格兰国王没有资金组建规模更大的军队。9月21日，当詹姆斯听说有一支4000人的英格兰大军正前来截击他时，他匆忙撤退到特威德河对岸，他的军队仅仅越过南部边界四英里。[11] 也许詹姆斯四世有雄狮般的勇猛——如他在弗洛登战役（Flodden Field）所证明的那样，但是作为军事指挥官他真的太差了。这是一次虎头蛇尾的入侵。

在这次短暂的军事行动中，苏格兰人的烧、杀、抢掠让珀金极为震惊，诺森伯兰"到处充斥着嘶吼、哭喊和哀嚎"。这次军事入侵不是为了让他登上王位，而是被美化了的边境掠夺。[12] 他向詹姆斯抱怨苏格兰军队对待他"臣民"的方式，却被挖苦说，就算他视英格兰为自己的王国，但也没有迹象表明英格兰人会接受他的统治。就算有些英格兰北方人不喜欢都铎王朝，对约克王朝有怀旧情结，但他们都极其憎恨苏格兰人，自然也连同他这个苏格兰人的朋友一起憎恨了。

尽管很多时候詹姆斯依然相信他的这位客人就是约克公爵，但他的政治地位已经急剧下降。苏格兰已经是支持珀金·沃贝克的最后的外国势力了，但是苏格兰入侵惨败，而诺森伯兰郡人又非常不愿接受他们的合法君主，显然，珀金对他的东道主们所承诺的约克派起义将永远不会实现了。亨利七世对詹姆斯的做法十分愤怒，他准备在1497年春天进攻他的北方邻居。

在英格兰军队出发前，康沃尔人出人意料地发动了叛乱，他们是为了反对亨利为与苏格兰作战所征收的税赋，叛乱者向伦敦进军。他们的领导人是铁匠迈克尔·约瑟夫（Gof Michael Joseph，"Gof"在康沃尔语中是铁匠的意思）和来自博德明的律师托马斯·弗拉曼克（Thomas Flamank）。关于这次叛乱所发生的事，没有人比培根描述得更精彩了，他重述了维吉尔的话：

> 康沃尔人是个体格健硕、性格彪悍的种族，他们在那片贫瘠的土地上极其艰难地生活着，他们对自己所遭受的苦难十分怨怒，苏格兰人入侵的那点不安很快就被淡忘，而他们要被那些税赋敲骨吸髓地榨干，他们说已经付出太多，因此生活懒惰。但他们就应该吃到自己辛勤劳作而挣来的面包，谁也不能从他们手里夺走它。[13]

这次叛乱是康沃尔人对不公平税收所做出的不顾一切的反应，他们想要罢免国王咨议会中那些负责此事的成员。他们以"弓箭、钩枪以及乡下人所用的其他粗笨武器"武装起来，[14] 蜂拥向伦敦进发，当奥德利勋爵（Lord Audley）在韦尔斯加入起义队伍并成为他们的指挥官时，康沃尔人备受鼓舞，并没有意识到他只是为了躲避债主追债才加入他们的。

伦敦人被康沃尔人进攻的消息吓坏了。该城的一位编年史家评论说："这只是他们的表面反应"，这指的是他们对新税的不满。"至于他们内心的真正意图，只有上帝知道。"这位编年史家又补充说，如果叛乱成功，他们会效仿稻草杰克、杰克·凯德（Jack Cade）或其他人。英国农民大起义和凯德起义从未被忘记过。[15]

然而，憎恨新王朝无疑只是部分原因。在这期间，用康沃尔语写成的神迹剧《比昂纳斯·美利亚塞克》（*Beununs Meriasek*）里的英雄人物康沃尔公爵就自称这片土地的皇帝"泰达"（Teudar）。毫无疑问，康沃尔人的叛乱行为带有明显的约克因素。16世纪西班牙编年史家祖里塔（Zurita）曾记载（在他的《阿拉贡列王纪》中（*Anales de la Corona de Aragon*），康沃尔人曾给在苏格兰的约克公爵写信，说要帮他夺取王位，叛乱平息后颁布的《褫夺公权法案》表明，他们还不止写了一次信。但是珀金·沃贝克已经离开苏格兰去了爱尔兰，因此就算他收到康沃尔人的信，也是在叛乱失败之后了。显然，康沃尔叛乱有许多秘密支持者，他们想看亨利七世垮台，因为在叛乱队伍经过英格兰南部时，有人为他们提供大量的食物和住处。然而，富人不愿参加叛乱，因为队伍中几乎没有乡绅阶层的人。

即使这样，当被召来让他参加王军时，伯格文尼勋爵乔治·内维尔（George Neville, Lord Burgavenny）却想加入康沃尔人的队伍。他问萨福克伯爵说："如果一个人想要做他该做的，那么此时此刻你要做什么呢？"他是在说如果想推翻亨利，现在正是时候。但萨福克伯爵心里不是这样想的，因此在骑马上战场为国王作战之前，萨福克伯爵把内维尔的鞋子藏了起来，让他无法出门。可能当时还有一些贵族也有和伯格文尼一样的想法。[16]

第9章 1495年秋—1497年夏：苏格兰人和康沃尔人

亨利国王处境极其险恶。既要和苏格兰展开大规模战争，又受到那些潜藏的约克派的威胁，他发现自己正面临着一次始料未及的全面挑战，而且是来自于决心推翻他统治的一支大军。亨利国王匆忙取消了入侵苏格兰的计划，与其重修旧好，并且以最快的速度把他在北方召集起来的军队调往南方。

尽管以桀骜不驯而闻名的肯特郡人没加入叛乱，这让康沃尔人很失望，但叛乱队伍依旧继续向前进军，直到6月17日在布莱克希思（Blackheath）与王军遭遇。在这里，因为多布尼勋爵的指挥太过轻率鲁莽，以致后来自己被俘，险些让国王吃了败仗，好在他的军队把他营救了出来。尽管指挥糟糕、武装很差，也没有骑兵和炮兵，但康沃尔人依旧作战凶猛，他们几乎一度就要获胜。然而，在2000名士兵被杀以及首领被俘后，康沃尔人最终被迫投降。

如果珀金去康沃尔领导他们，他们就有可能得到重要支持而战胜王军。亨利国王真是很幸运，詹姆斯四世也没有抓住机会为自己挽回脸面。亨利因这次起义而警醒，他赦免了绝大多数康沃尔俘虏——只处死三个人，他们是奥德利勋爵、弗拉曼克和那位铁匠，他还取消了同苏格兰开战的准备。因为他意识到，康沃尔"民情沸腾，依然不安宁，最好不要再激怒那些边远地区的民众"。[17]

康沃尔叛乱如他所期望的那样被镇压之后，亨利国王派使臣和詹姆斯四世商谈和平协定。他的第一个要求就是必须将"约克公爵"交给他。为避免争议，他安抚苏格兰国王不必感到为难，因为这个年轻人是个冒牌货。然而，在苏格兰没有交出公爵的情况下，双方还是于1497年9月在艾尔顿（Ayrton）签订了七年的停战协定。

双方谈判期间，珀金离开了苏格兰，7月，他和他的妻儿乘詹姆斯四世提供的船从埃尔港起航。这艘船有个令人啼笑皆非的名字——傻瓜号，属于布列塔尼商人盖伊·福卡特（Guy Foulcart），詹姆斯国王租用了它。尽管最后知道了珀金是个冒牌货，但詹姆斯好像一如既往地喜欢这位年轻人。他无视将珀金作为谈判筹码的价值以及交出他将可能得到的外交和金钱方面的高回报。依照詹姆斯国王的指令，珀金的船在苏格兰两位最令人生畏的私掠船船长安德鲁·巴顿和罗伯特·巴顿（Andrew and Robert Barton）的护送下出港。[18]

亨利很快就接到了密探的报告，傻瓜号从埃尔港起航了。然而拦截这艘船是不可能的，因为没人知道它的去向。它的目的地会是康沃尔吗？那里的人有很多理由厌恶亨利国王。这位"公爵"再一次让他的对手陷入了困惑。

第10章　1496年3月：大团长密谋毒杀国王

> 上述所及的圣约翰骑士团团长、约翰·汤奇爵士以及副主教赫西，他们三人在罗马……寻求可致英格兰国王死亡的方法和手段。
> ——贝尔纳特·德维诺尔的证词（1496年3月）[1]

英格兰圣约翰骑士团或罗德岛骑士团大团长（Grand Prior）是英格兰王国的核心人物。他是一位发过宗教誓约的僧侣骑士、议会上院议员，位列英格兰最重要的贵族之列，被称为"圣约翰骑士团的大人"（My Lord of St John's）。他那位于克勒肯维尔的修道院是伦敦最富丽堂皇的修道院之一，他还坐拥伦敦城外一些很值钱的地产（包括圣约翰·伍德和汉普顿宫苑），这些地产年收入多达2300英镑。

作为基督教王国的前线军队，罗德岛骑士享有崇高的威望，他们要对抗东地中海和爱琴海地区土耳其人永无休止的威胁。在1480年最重要的罗德岛保卫战中，尽管人数远少于敌军，他们还是击退了那些意志坚决、指挥有力的围岛军队，赢得了整个欧洲的赞誉。一些英格兰修会也加入了罗德岛骑士团。因为修道院所辖地产的租金要为这项伟大的事业提供资金——这些修道院也因此而出名,所以基本没人嫉妒他们经营有方的雄厚地产。这些修道院常由一位指挥官和一位专职教士主持和管理,是罗德岛骑士的征募中心。

当时的大团长是约翰·肯德尔爵士(Sir John Kendal),或者像他的骑士团一样称他为法拉·约翰(Fra' John),人们称他为"他那代人中杰出的英格兰骑士"。[2]我们通过一尊意大利的半身雕塑看到了他的长相,雕塑显示出他是一位性格坚毅、表情深沉的中年男子,留着一头那个时代的贵族长发,但人们对他的出身所知甚少,除了根据徽章推断他是威斯特摩兰郡人,出生于距肯德尔不远的一个等级较低的贵族家庭。关于他的早期生涯人们一无所知。[3]根据推断,在15世纪60年代,尚且年轻的他加入了罗德岛骑士团,立誓成为修士,他先是为罗德岛骑士团特定的海上"商队"服役,这些"商队"乘罗德岛骑士团的大帆船在地中海和爱琴海航行,沿途劫掠希腊或安纳托利亚近海的村庄。海上商队服役一结束,他就成了合格的骑士团骑士。

作为"土耳其雇佣兵指挥"(Turcopolier,领导土耳其雇佣兵或当时军队的军官),他在罗德岛待的时间要远多于大多数修士兄弟。尽管1480年罗德岛被围攻他没有出现在战场上,他当时正在欧洲各地奔走寻求援军。四年后,他作为骑士团特使被派往罗马,在那里他掌握了意大利语,他能流畅地说和写,尽管不太符合语法。1489年,他成为英格兰大团长并回到母国,此后他还到过弗兰德斯、法国和意大利的许多地方,有时是为了他的骑士团事务,有时是为了国王的事务,因为他是国王咨议会成员之一。他也曾被派往苏格兰执行外交使命,这项任务让他在边境城市贝里克待了很长一段时间。

大团长雇了一位名叫贝尔纳特·德维诺尔(Bernart de Vignolles)的仆从,当法拉·约翰去弗兰德斯和菲利普大公谈判时,这位仆人得以休假,他说他想去诺曼底看望他的哥哥。1496年3月14日,在鲁昂,贝尔纳特面对法国律师做了一份冗长而又杂乱无章的证词——毫无疑问他是要提醒政府提高警惕,后来他把证词寄给了亨利的一位情报人员。这份文件里有许多对他主人的指控,内容令人非常震惊。

最严重的指控是,大团长肯德尔长期以来一直密谋要杀害亨利国王。参与其中的有大团长的侄子约翰·汤奇爵士(Sir John Tonge,他是约克郡里布斯通的指挥官)、伦敦副主教约翰·赫西博士(Dr John Hussey)以及他的侄子和一个叫利利(Lilly)、另一个叫约翰·阿特沃特的人(John Atwater,勿要将此人与珀金的支持者约翰·阿特沃特混淆),此外还有大团长的秘书约翰·约尔顿(John Yolton)。贝尔纳特声称所有这些人都参与了该阴谋,他们的目的是要置国王、国王的孩子、国王的母亲玛格丽特·博福特(Margaret Beaufort)以及所有与国王亲近的人,尤其是他的咨议会成员于死地。

据贝尔纳特所说,几年前大团长肯德尔、汤奇和赫西都在罗马时,他们问过一位名叫梅斯特雷·吉安('mestre Jehan')的西班牙占星家,占星家说如果他们给他报酬,他就可以让他们得偿所愿。据说为了证明自己的能力,占星家杀死了巴耶济德苏丹(Sultan Bayezid)的弟弟杰姆的一个土耳其仆人，杰姆当时是教皇的囚犯。这三个阴谋家返回英格兰，大团长的一位来自撒丁岛的仆人斯特凡诺·马拉内乔（Stefano Maranecho）留下来作他们的代表，他给了占星家一大笔钱，然而这个占星家没完没了地要钱，什么也不做。

两年后，他们三人决定派贝尔纳特·德维诺尔去罗马杀死这个占星家，因为他对全罗马城的人宣扬说他们要谋杀英格兰国王。但是贝尔纳特抵达罗马后没去杀这个占星家，而是找了另一位占星家，那位占星家提议说要经圣地亚哥前往英格兰，伪装成托钵修士实施谋杀亨利的计划。因为贝尔纳特没钱支付这个行程所需的费用，那位占星家就调制了一种致命的毒药。这是一种药膏，装在一个小木头盒子里，他在信中告诉大团长，如果把药膏涂抹在国王通行的门道里，就能保证把经过那里的人变成想要谋杀国王的凶手。

回到住所打开盒子后，贝尔纳特看到"一团又脏又臭的东西"，他厌恶地把它扔掉了。但在返回英格兰的途中，他在奥尔良的一位药剂师那里买了一个相似的木头盒子，把泥土、水银、烟囱的烟灰混合在一起装了进去。回到伦敦后，他把那个盒子交给大团长并提醒他说，如果那个盒子放在屋内超过22小时，他就会非常危险，所以一定要把它放在室外。法拉·约翰很害怕，告诉他说把这东西能扔多远就扔多远，扔到没人能找到的地方。

三四周后，贝尔纳特病得很重，大团长肯德尔来到他床边提出给他一匹马和一笔钱，让他离开英格兰。贝尔纳特说自己身体太虚弱没法出行，他的病已经持续六个月了，但大团长一直力劝他去国外，似乎担心贝尔纳特被逮捕，受审时会指控他和他的朋友们。当贝尔纳特请求离开回法国时，大团长非常高兴。

人们该如何理解这个离奇的故事呢？那个时代的罗马充斥着阴险的毒杀谣言，以此来解释让医生都困惑的许多显贵的死——尽管他们绝大多数都是自然死亡。当时可做毒药用的仅仅是颠茄草、乌头毒草以及一些其他的毒草，但没有一种是毒性非常强的，此外还有砒霜，但它能引起人体剧痛所以容易被发现。然而即使是受过教育的人也相信专业投毒者有能力毒杀任何他想毒死的人，而且在1491年前肯德尔通常都是待在罗马，他是圣托马斯医院的总管，赫西就是这个医院的人。[4] 当然这只是可能，也仅仅是基于大团长既残忍又轻信他人的假设下，贝尔纳特说的才是事实。

贝尔纳特证词的后半部分貌似更合理。他宣称肯德尔和珀金·沃贝克身边的人有接触，他说当珀金初次到达弗兰德斯时，他的一个随从曾数次写信给"圣约翰骑士团的大人"。贝尔纳特看过一些信件，尽管没有看过全部。这些信件写的是"红宝石商人"（珀金）如何发现他的商品在弗兰德斯卖不到好价钱，正设法把他们卖给罗马人的国王（马克西米连）。贝尔纳特解释说，这意思是说在弗兰德斯，珀金没能为他入侵英格兰找到足够的资金或士兵。写信人是圣约翰骑士团的军士法拉·吉莱明·德诺维昂（Fra' Guillemin de Novion），直至最近，他都在大团长的家中服务。

108　　贝尔纳特还说，在属于法拉·约翰的位于贝德福德郡墨尔本（Melchbourn）的修士团驻地，储藏着绣着红玫瑰的侍从制服，但该驻地的一些人又穿着绣着白玫瑰的制服。他补充说，吉莱明·德诺维昂的仆人皮特斯曾交给大团长一些信件，这些信是用来误导亨利国王对珀金的登陆位置做出正确判断的。"圣约翰骑士团的大人"不断收到来自弗兰德斯的消息，他总是把信的内容转告温切斯特主教托马斯·兰顿（Thomas Langton）、约翰·赫西、托马斯·蒂雷尔爵士（Sir Thomas Tyrell）以及领班神父赫西（Archdeacon Hussey），尽管他没有把信寄给他们。

　　贝尔纳特叙述到，每年有两三次，有时是在圣诞节之后，"圣约翰骑士团的大人"都会去托马斯·蒂雷尔爵士在汉普郡埃文·蒂雷尔（Avon Tyrell）的宅邸做客。有一次，大团长说他听闻已故国王爱德华曾经数次来过这里，托马斯爵士说他说得很对，而且爱德华国王总是"宴飨尽饮"——他希望上帝保佑，有一天爱德华国王的儿子也能同样宴飨尽饮。托马斯还说当前的王室家族是在法国的金钱支持下确立统治的，那么另一个家族也同样有希望回归原位。在他们谈论这番话的时候，贝尔纳特和约翰·汤奇爵士都在场。在证词的结尾，贝尔纳特再度重复到，所有他提到的人都与谋杀亨利国王的阴谋有关。

　　这份告发大团长的证词之所以能够保存下来是因为它到了亨利手中。亨利亲手在背面写上了"贝尔纳特·德维诺尔的证词"（*La Confession de Bernart de Vignolles*）这几个字。

在看证词时，亨利很可能认为毒杀他的阴谋是恶意捏造的，但是他特别重视证词的后半部分。在贝尔纳特将证词呈递上去不久，官方突袭搜查了克勒肯维尔，没收了大团长肯德尔的私人信件。他们没收了五封信，都写于1496年4月，无疑是因为有三封信是写给证词中所提到的人——两封写给吉莱明·德诺维昂，一封写给斯特凡诺·马拉内乔，信件内容表达的意思含糊不清，好像是故意为之。但是并没有确凿证据证明大团长有罪，而且国王一般也不愿轻易采取行动，除非他掌握了确凿证据。亨利国王没有逮捕证词中所指控的任何人。即便如此，在这种情形下，7月1日，亨利宣布赦免肯德尔于6月17日之前所犯的一切罪行就显得颇具意味了。[5]

尽管大团长不可能是约克派组织的核心人物，但对他的指控可能也有一些事实根据，在那位年轻人（珀金·沃贝克）最初到弗兰德斯的那段时间，大团长曾和他周围的人接触过。[6] 如果是这样，就像威廉·斯坦利一样，大团长和他的朋友可能是要两面下注，为了给自己留好退路，以防珀金真是爱德华四世的儿子以及约克派复辟，但在他的真实身份被揭穿后，他们改变了想法。这些人的名字似乎没有出现在罗伯特·克利福德爵士呈报给亨利的名单中。

在评价法拉·约翰·肯德尔以及他的朋友与约克派秘密联系这件事上，宗教因素可能被忽略了。大团长对他所发的誓约时刻不忘。他总是在信中对他的修士团成员说要做"基督教中最挚爱、最高贵、最虔诚的兄弟"。像这次事件中所提到的那些教会人士，诸如主教兰顿、领班神父赫西以及许多其他教士一样，可能肯德尔对玛格丽特宫廷那位年轻人的态度在一定程度上是出于良心的驱使，他迫不及待地想查明他的身份是否真如他自己所说的那样。若肯德尔确信他就是约克公爵，他很可能已经为他而战了。

在这次事件中，亨利七世没有针对法拉·约翰采取行动，他继续担任国王的咨议会成员。如此可靠的大臣太有用了，所以不能失去。大团长从未发觉贝尔纳特·德维诺尔是个背信弃义之徒，此人后来依旧为他服务，可能是为国王暗中监视他。作为大团长的肯德尔一直待在克勒肯维尔，大约在五年后去世。然而，如果贝尔纳特更早揭发他的话，他的职业生涯结局可能就截然不同了。

然而，当亨利国王知道如大团长法拉·约翰这般受人敬重的人也曾一度认为珀金可能就是约克公爵时，他心里一定焦虑不安。1496年查获的大团长信件表明，尽管约克派的入侵失败了，但都铎政府怀疑珀金仍然被人们当成真的约克公爵。到底有多少英格兰人忠诚这位白玫瑰呢？

第11章　1497年9月：康沃尔人为理查四世而反

> 8000名农民立即拿起武器为他而战。
>
> ——雷蒙多·松奇诺致米兰公爵：
> 《1385—1618年米兰公文和手稿纪事》[1]

1497年9月，威尼斯大使安德里亚·特雷维萨诺（Andrea Trevisano）发出一份报告，报告里描述了他在伍德斯托克王宫觐见亨利七世的场景。亨利国王坐在高高的王座上，身着金色衬里的紫色长袍，衣领上镶缀着宝石，帽子上有一颗大大的钻石和一颗漂亮的珍珠。年少的亚瑟王子和白金汉公爵站在国王的两边，在大使呈递国书时，亨利一直站着。之后，国王单独会见大使两个小时。根据特雷维萨诺认真思考得出的认识，亨利是一个"亲切、严肃、气度不凡"的人。[2]然而尽管亨利国王表面平静，但实际上他肯定是个非常焦虑的人。他清楚约克派马上会再次发动叛乱，而且他也没有忘记1485年他是如何在机会渺茫的情况下一击成功、问鼎王位的。

大使觐见后没几天，在一封日期为1497年9月12日的信中，亨利告诉吉尔伯特·塔尔博特爵士："最近，珀金·沃贝克和他的妻子被苏格兰国王匆匆送出海。"[3]当珀金从埃尔港起航时，这位白玫瑰的大业前景很快就暗淡下来，然而他还是不死心，他相信爱尔兰人依然坚定地忠诚约克家族。奥蒙德的詹姆斯爵士（Sir James of Ormond）邀请珀金回爱尔兰，詹姆斯是巴特勒家族的一位私生子，当时正以武力对抗他的家族首领，因此他希望"公爵"能让他取代自己的堂兄成为奥蒙德伯爵。

但是在1497年7月9日，詹姆斯爵士遭到他的族人，也是他的老对手皮尔斯·鲁阿兹·巴特勒爵士（Sir Piers Ruadh Butler）的伏击，被杀死在基尔肯尼附近。皮尔斯立刻写信告诉奥蒙德伯爵：这个"大反贼、老叛徒"已邀请"珀金·沃贝克来这里，他即将到来，就是为了毁灭大人您在这里的属民和财产"。[4]詹姆斯爵士的死终结了爱尔兰支持"公爵"的任何希望。珀金还不知道这一灾难性的挫折，在环绕苏格兰北部海域逆风航行了两周后，他于7月25日在爱尔兰的凯里或科克港西部登陆。在给吉尔伯特·塔尔博特爵士的信中，亨利国王告诉他珀金可能在"爱尔兰某个荒凉的地方"登陆。

珀金的船驶入科克港，他一直待在傻瓜号上。这时候，他才知道他的盟友詹姆斯爵士被杀，他也发现这是一个遍地饥荒的地方，而两位菲茨杰拉德伯爵也远没有欢迎他的意思。亨利已经再次任命基尔代尔为爱尔兰总督，因为他是能统治这个国家并能抑制这里对都铎王朝不满的唯一人选，与此同时，亨利还以西南港口的关税特权换取了德斯蒙德的忠诚。在写给塔尔博特的信中，国王说珀金"可能会被我的表亲基尔代尔伯爵和德斯蒙德伯爵抓获，如果他和他的妻子没悄悄溜掉的话"。[5]

当珀金的两艘船以及那艘布列塔尼大舢板船，即傻瓜号驶入科克港时，约翰·阿特沃特提醒他危险，于是珀金丢弃他的小舰队逃走了。有人说他正逃往康沃尔，8月1日，沃特福德的市民写信给亨利国王报警，仅四天后，这封信就被送至身在伍德斯托克的国王手里。

亨利国王立即回信，承诺给抓捕逃犯者以丰厚的赏赐，但是四艘追捕珀金的沃特福德大船都没能抓住他。珀金已经从科克港到了金塞尔附近的一座岛上，忠诚的阿特沃特为他带路，并租了来自圣塞巴斯蒂安的巴斯克人（Basque）的商船把他送到了安全的地方。尽管沃特福德人不久后登上了这艘船，珀金还是设法躲过了搜捕：他藏在一个桶里，船上的人咬定从来没听说过此人，而他的敌人也没有认出他的妻子和朋友。接下来发生的事情不甚明了，但是似乎不知怎的，巴斯克人又把珀金带回到他自己的船上，原来是趁着沃特福德人按照错误的线索忙着四处追捕时，他的一两艘船偷偷驶出了科克港。

在给吉尔伯特·塔尔博特的信中，亨利国王解释说珀金·沃贝克应该还在去康沃尔的途中，因此他已经派多布尼勋爵组织一个接收委员会，同时已派威洛比·德布罗克勋爵

"和我们的军队一起守在海上……如果珀金再次回到海上就抓捕他"。国王非常重视这次的威胁,他说如有必要,他将亲自前去镇压叛乱,"愿上帝怜悯"。他的言辞之中流露出明显的焦虑。不仅康沃尔人让亨利深感恐惧,而且他的情报人员还报告说西部郡有大量的约克派支持者。

约克派的船于五天前,即9月7日就已经在白沙湾登陆,那里离兰兹角只有1英里。珀金带着大约300个支持者上岸了。有人说他们来自不同的国家,有80个"野蛮残暴的爱尔兰人",但可能绝大多数都是英格兰人。亨利在9月20日写给巴斯和维尔斯主教的信中承认"我们的康沃尔百姓支持他",但他断言两天前他们的队伍中"没有一个乡绅"。[6]然而,这并非完全是事实。后来被指控邀请珀金去康沃尔的人——赫兰的汉弗莱·卡尔沃德利、圣哥伦布的约翰·南凯维尔和沃尔特·特里科尼都是乡绅。

一周之内,珀金就召集起了3000人的军队,临时营地扎在离博德明不远的凯诺克城堡。曾促使康沃尔人起来反抗的税收一点都没有减少,他们对此非常愤慨,而且也想为布莱克希思战役的失败雪耻,他们大多数人都参加了那场战役。[7]他们的武器很差,维吉尔说大多数人只有刀,他大概指的康沃尔长刀。[8]除了上面提到的三个乡绅,其他人都没有受过军事训练,而且也没有本地的领导人。交流一定也很困难,因为大多数人只会说康沃尔语。

如果珀金6月来到康沃尔,他或许还有成功的机会。但现在,他来得太迟了。后来,珀金也承认在他登陆时就已经料到会失败，但他不能丢下支持者逃跑。外国观察者也认同这一说法。驻伦敦的米兰大使于9月16日报告说：

> 所有人都清楚这次康沃尔人最终会被打败，而公爵也最终会失败……因为所有的事情都对国王有利，特别是他那取之不尽的金库，贵族们都很清楚国王有多精明，他们要么被他吓怕了，要么是真心喜欢他，因此没有一个贵族加入公爵这边。[9]

即便如此，伦敦城中仍然充满不安和担忧的气氛，一时间谣言四起。那份米兰大使的报告还提到，"伦敦的人说约克公爵离伦敦城越来越近，而且举着三面旗，第一面旗上画着从子宫出来的小男孩，第二面旗上画着从狼嘴里逃脱的小男孩，第三面旗上画着一头红狮子。"这些都象征着合法继承人起死回生，返回英格兰。

当康沃尔人拥戴他为国王时，珀金又找回了勇气。康沃尔郡长试图袭击凯诺克城堡的军营，但他的军队弃他而去，加入了叛军队伍，此时珀金的军队已经达到了8000人。当德文伯爵率领由西部郡乡绅组成的一支小部队到达后，才发现自己面对的是一支大部队，他吓坏了，急忙撤退到埃克塞特。

珀金后来发布了宣言，言辞特别富有感染力，这说明他至少有一位才能卓越的顾问。这位"天佑英格兰国王理查"解释了"年幼的我们是如何在上帝的护佑下逃出伦敦塔并被秘密送到海外的"，趁我不在英格兰之际，"威尔士欧文·都铎那出身卑微的孙子"亨利篡夺了王位。亨利还散布谎言说我冒充理查,"给我们取外号",而且还极力劝我的支持者背叛我,"其中有些人谋杀了我的人",还有些人背叛了我们,尤其是罗伯特·克利福德。但是,"借助我们最亲爱的兄弟苏格兰国王"的援助,我现在"进入了我们的英格兰王国"。

该宣言提到了所有失去性命以及被追捕的约克派领导者,"其中有些贵族现在还在避难所"。宣言为被囚禁的沃里克伯爵鸣不平,惋惜金雀花王朝的公主被迫下嫁"出身低微"的都铎家族男子,感叹"卑鄙小人"被任命为朝廷重臣。总而言之,"我们大仇敌"的税收让民众难以承受,"他对人们习以为常的掠夺……非法征敛和沉重的苛捐杂税"让整个王国陷入贫困。为理查四世国王而战的人将会得到丰厚的奖赏。[10]

珀金的咨议会成员约翰·赫伦、爱德华·斯凯尔顿、尼古拉斯·阿斯特利、威廉·卢德竭力主张他夺取埃克塞特。就算他没有火炮,但他有一支大部队,而且攻下该城就会吸引整个西部郡的人加入他的军队。在圣布莱恩(St Buryan)的一个小村庄,珀金告别自己的妻子,开始第三次入侵英格兰。

9月17日星期天下午1点,叛军到达埃克塞特,康沃尔人全力猛攻北城门和东城门。但是,城中早有防御,而且还得到了德文伯爵和当地乡绅如考特尼家族(Courtenays)、埃德库姆家族(Edgecumbes)、卡鲁家族(Carews)和富尔福德家族(Fulfords)的增援,他们明白只要坚持几天,王军就会来解围。但围攻者也毫不气馁,他们设法靠梯子爬上城墙,而且还烧毁了一座城门。在晚上这轮围攻结束时,有200名围攻

第11章 1497年9月：康沃尔人为理查四世而反

者死于火炮和弓箭。

据一位伦敦编年史作者记载："星期一，珀金和他的军队重新对该城发动新一轮进攻，再次遭到顽强的抵抗，因为损失惨重不得不停止。尽管他们烧毁了城门，而且在第二次进攻中，德文伯爵的胳膊也中箭了。"[11]但这位编年史作者没有告诉我们的是，康沃尔人成功地攻破了东城门，他们显然是趁着黎明前守城军队睡着的时候发动进攻的，大概是用攻城槌撞破的城门，叛军占领了主要商业街。最终，德文伯爵击退了叛军的两次猛烈进攻，将他们赶出城，尽管他和他的军队曾几度险些就被打败。

双方都精疲力竭，伯爵与他们商谈停战协议。康沃尔人同意停止围攻和离开，而德文伯爵则承诺不追究他们。[12]接下来康沃尔人开始恐慌不安。珀金的咨议会想尽一切办法消除他们的疑虑，说有教皇的诏书证明他就是约克公爵，"英格兰王国的一些贵族"将会加入起义，以"理查国王"名义发行的货币也正在铸造，很快就会分发给大家。因为德文伯爵承诺放下武器就能获得赦免，所以在多布尼的先头部队到来之前，一些康沃尔人已经散去。[13] 9月21日午夜刚过，珀金和60名属下骑马逃走，等其他的康沃尔人醒来后，发现他们的领导人已经弃他们而去，于是他们也趁着黎明到来前逃跑了。约克派的叛乱到此结束。

据猜测，德文伯爵已经俘获了珀金留在康沃尔的船，那些逃亡者向北方的萨默塞特海滨疾驰，希望能在那里找到一条船。后来他们分散逃跑，教士威廉·卢德带领的一队人马奔向伦敦，去威斯敏斯特大教堂或圣马丁教堂寻求避难，那里可以为他们提供免于逮捕的豁免权。

珀金去了新福里斯特的比利修道院，该修道院临近索伦特海峡，在那或许可以找到送他们去法国的船只。随行的赫伦、阿斯特利和斯凯尔顿是该修道院院长的朋友，院长应该会同情约克派，因为修道院在伯克郡有一些庄园，而那里是白玫瑰的故乡。珀金一行人到达后，朋友们在世俗修士餐厅接待了他们。珀金隐瞒了自己的身份，但修道院院长猜到了他是谁，于是向在伍德斯托克的亨利国王报信。很快，修道院就被多布尼派来的几百名武装士兵包围，与此同时，一艘划桨巡逻船也在索伦特海峡巡逻，以防逃犯从海上潜逃。然而，这些人逃走的可能性已经不大了，因为他们这些人只剩下了"10克朗"。

与卡勒姆不一样，该修道院的避难权拥有充分的法律根据，必须要尊重。因此，亨利派罗杰·马查多（Roger Machado）、里士满·赫勒尔德（Richmond Herald）劝珀金投降。原伦敦商人约翰·赫伦是这些避难者的发言人，双方达成的协议是，赫伦去面见国王谈条件，如果谈判失败，他还可以再度返回修道院避难。于是，赫伦去了陶顿，在告知亨利国王他一直相信珀金就是爱德华四世的儿子后——当然说的不是实话，他就被送回比利修道院，他告诉他的首领珀金，只有面见国王才能得到宽恕。

身着金色衣服的珀金走出避难所，在一支小卫队的护卫下被里士满·赫勒尔德押到陶顿。一位报信者对米兰大使说：

第11章 1497年9月：康沃尔人为理查四世而反

"那个年轻人并没有那么英俊，实际上他的左眼缺乏光泽，但是他确实聪明而且能言善道。"珀金跪在亨利国王跟前，乞求宽恕。国王让他站起来，问他："我们听说你自称爱德华国王的儿子理查，这个屋子有几个人曾是爱德华国王的朝臣，你看看能否认出他们。"珀金回答说他一个也不认识，而且他也不是约克公爵。他解释说是一些英格兰人和爱尔兰人劝他假扮约克公爵的，他还为此学了英语，他还说最近两年他已经不想再扮演这个角色了，但找不到脱身的机会。[14]

赫伦、阿斯特利和斯凯尔顿立刻被卫兵押走。后两位最终得到赦免，约翰·赫伦因为谎称自己相信珀金是约克公爵而一直被关在监狱里，其实他自始至终都知道珀金是个冒牌货。之后，国王带着珀金前往埃克塞特，他让重兵押着珀金，部分原因也是为了珀金的生命安全，因为康沃尔人要杀了这个骗他们以生命冒险的"出身低贱的外国人"。

亨利国王在埃克塞特待了一个月，就是为了惩治"这起大叛乱"——这是他在10月17日给沃特福德市民的信中对这次叛乱的称谓。亨利说那些被抓的叛乱分子每天都会出现在他面前乞求宽恕，他们只穿着衬衣，脖子上套着绳索。[15]许多在叛乱中充当领导人的都被吊在城墙外的绞刑架上被处以绞刑和开膛分尸之刑，其他叛乱分子则被关入西部郡各城镇的监狱里，那里塞满了人。

当珀金的妻子凯瑟琳从圣布莱恩被带到亨利国王面前时，他非常高兴。凯瑟琳穿着黑色衣服，可能是为了哀悼他们死去的孩子，关于那个孩子再没有什么可以了解的了。在知道凯瑟琳没有怀孕后，亨利便放心了，因为他不希望珀金有子嗣，他赐给她昂贵的衣服和一队侍女，然后派卫兵把她带到希恩宫交给王后。

失明的桂冠诗人伯纳德·安德烈的诗作《亨利七世的生活和事迹》（Life and Deeds of Henry VII）描述了凯瑟琳被送往伦敦前，亨利这位恩主和这对夫妻在西部郡会面的场景。在亨利告诉珀金饶他一命后，凯瑟琳走进房间，她长得极其美丽。亨利国王称她为"非凡的女士"，并对她被一个一无是处的人牵连而落得如此惨境表示惋惜和同情，他承诺他的王后会照顾她。凯瑟琳哭着抱怨珀金拖累她，声称她一切听凭国王处置。[16]安德烈还说亨利称赞凯瑟琳的高贵出身和她的尊贵身份，说她配得上一位上层贵族。亨利似乎已经被她迷得神魂颠倒了。16世纪40年代，爱德华·霍尔在记述此事时欣然写道，国王"开始对她有些想入非非了"。[17]而与他差不多同时代的波利多尔·维吉尔则记述了"当国王看到这个女人的美貌时，他瞬间觉得她这个俘虏能抵得上一位伟大的将军"。[18]

尽管最终抓到了"白玫瑰"，康沃尔人也被镇压，但亨利七世还是没有安全感。正如维吉尔告诉我们的，因为国王知道"所有邻郡的民众都特别愿意给康沃尔人提供食物和住所，不仅在他们对国王作战时这样做，而且在他们被打败逃亡的时候，那些民众也想方设法把他们带回自己的家里"。[19]这些邻郡的非康沃尔人只能用这样的方式来表达他们对都铎王朝的仇恨，或是对约克派的同情。

1498年9月，国王派一个调查委员会前往德文郡和康沃尔郡，对所有支持或帮助康沃尔叛乱的人征收罚款。1500年3月，第二个委员会被派往汉普郡、维尔特郡、萨默塞特郡和多塞特郡。1500年8月，又一个委员会被派往这些郡。被罚款的有4500人之多，这表明了这次叛乱的程度。这些被罚款的人中包括福特修道院院长和穆切尔尼修道院院长，但依然忠诚约克家族的高级教士远不止这两位。在德文郡和萨默塞特郡，各个地区的货物和财产都被查封和强占，致使民众生活陷入贫困不堪的境地，而国王亲自签署罚款名单。国王建立调查委员会的目的通常被认为是纯粹出于对金钱的贪婪。[20] 但如果贪婪只是部分原因的话，那么不安全感可能才是主要原因：因为被压榨至贫的人不太可能购买武器和组织叛乱。另外一个因素就是亨利自己痴迷于挖出谁是约克派。

11月底，直到确定西部郡的危险都消除了之后，亨利才离开埃克塞特返回伦敦，他一路上都带着珀金。在写于1497年的著作中，培根描述了亨利国王听到"白玫瑰"正在围攻埃克塞特消息时的反应，他评论说，国王大喜过望，因为终于有了出手对付他的机会。现在国王应该"治愈了那些隐秘的伤痛，长期以来它们一直折磨得他心神不安，很多时候他都会从睡梦中惊醒，无法安睡"。[21] 然而，亨利国王错了。尽管抓住了珀金，但他依然要承受夜不能寐的痛苦。

第12章　1499年秋：招致诅咒

约克家族的悲惨命运必定导致爱德华伯爵惨死，为的是绝对确保约克家族没有男性继承人活着。

——波利多尔·维吉尔:《英格兰史》[1]

1497年10月21日，伦敦市长、市议会议员和平民在威斯敏斯特宫欢迎亨利七世返回都城。令他们非常吃惊的是，珀金竟然没有被关在牢里，而是和国王在一起。接下来的几周内，珀金被严加看守，定期在伦敦的主街道上骑马游街，每当他路过，围观的人群就会唾骂他。[2] 依据米兰大使松奇诺的报告，"所有人都把他当笑话看，他每天都要被守卫带到伦敦的街上游街。"[3]

11月28日，珀金和他的一个支持者一同被押入伦敦塔。此人曾是为国王供货的皮毛商，尽管他伪装成修士，但还是被抓住了。几天后，这位皮毛商和另一位反叛者（曾做过王后的仆从）受审并被判处死刑，前者在泰伯恩刑场被处以绞刑和开膛分尸之刑，而后者只是被施以绞刑，似乎背叛王后的罪行没有背叛亨利国王的那样深重。

不久之后，这位昔日的白玫瑰在一份供词上签字画押，承认了自己的真实身份,并描述了他是如何被说服假扮约克公爵的。珀金的供词被印刷出来广为散发。[4] 他也写信给居住在图尔奈的母亲,信中写道:"英格兰国王逮捕了我,我已经对所有事实供认不讳,最为谦卑地乞求他宽恕我对他造成的伤害。"这封信也同样被广为散发,可能是和供词一起散发的。[5]

尽管珀金制造了所有麻烦,但是当时对他的惩罚仅仅是嘲弄。威尼斯大使报告说,他看见珀金和他的妻子"在国王宫殿的一个房间里",而且他还说亨利对待这对夫妇真的够好,但就是不让他们在一起睡。[6] 珀金从不被允许出现在国王面前,但国王偶尔会通过窗户暗中偷看他。

亨利这样做的一个原因是他想让这位白玫瑰成为被嘲弄的对象,以此作为回击他对王位权利要求的最好方式。另一个原因就是,珀金的确是爱德华四世的儿子,所以立即处死他让亨利感到担忧:一些约克派仍然认为他就是白玫瑰,他是被迫在假供词上签字的。但还有一种比较隐晦的可能性,那就是在斯托克战役胜利之后,国王后悔没能审问前萨福克伯爵,没有完全查清楚他的阴谋。他想通过让珀金游街示众,吸引约克派的支持者来营救他,好让他们自己暴露出来。

八个月后,珀金·沃贝克精神崩溃了。大概是在1498年6月9日星期六的午夜,他说服了看守他的两名宫廷侍卫,他们把钥匙给了他。根据一位伦敦编年史作者的记载,"他偷偷溜出了宫廷,而国王当时正在威斯敏斯特。"[7] 没跑出多远,珀金就意识到自己正遭到追捕而且各条道路都被设卡检查,于是他没有按预想的那样逃向海岸，而是沿着泰晤士河朝内陆逃跑——也有人说他藏在芦苇丛中，一直逃到希恩（里士满），他把所有希望都寄托在加尔都西会（Carthusian）修道院院长的身上。修道院院长面见亨利，求他饶这位年轻人一命，国王答应了。6月15日星期五，珀金被押回伦敦，被关进威斯敏斯特宫，他戴着足枷，待在一堆空的红酒桶上。到了星期一，他带着足枷再次被带到王头客栈对面的齐普塞大街的绞刑台上示众，然后被关进伦敦塔。

西班牙大使向斐迪南和伊莎贝拉报告："在抓到珀金的同时，英格兰国王派他的一位寝宫侍从向我转达消息。"[8] 亨利国王想为他的长子亚瑟求娶西班牙公主，所以他急于想让西班牙相信他的王位是稳固的，让西班牙不要有任何顾虑：因为他们不会为一个有可能被推翻的王朝浪费一个女儿。这件事证明了亨利和国际舆论是多么重视珀金，尽管亨利装出认为珀金荒唐可笑的样子。在珀金逃跑的短短的几天里，亨利国王派人给南方沿海的所有港口都送了信，命令他们搜捕逃犯，实际上他心里是非常焦急的。

珀金再次被关进伦敦塔的牢房，戴上了颈枷和脚枷。两个月后，西班牙大使德普埃布拉（De Puebla）见到了珀金，当时他被带到宫廷向康布雷主教（菲利普大公的大使）承认他不是爱德华四世的儿子，说他欺骗了所有人，包括绝大多数欧洲君主。德普埃布拉写道："他被严密关押在暗无天日的伦敦塔中，他的变化如此之大，以至于我和这里的每一个人都认为他命不久矣，他将为他所做的一切付出代价。"[9]

波利多尔·维吉尔告诉我们："珀金被关进伦敦塔后，这个王国曾一度好像彻底安宁了。""尽管有很多人希望发生变化，但没有人准备采取行动，直到奥古斯丁修士团一个叫帕特里克的小托钵修士说服一位年轻男子假冒沃里克伯爵。"[10]

一位伦敦编年史作者这样描述不幸的拉尔夫·威尔福德（Ralph Wilford）："一个19岁的年轻小伙子，是一位鞋匠的儿子，住在主教门大街的公牛巷。"[11] 1499年初，威尔福德还是剑桥大学的在读学生，他显然是疯了，自欺欺人地认为自己就是沃里克，于是在他导师帕特里克修士的怂恿下，他在诺福克和萨福克边界四处游荡，请求人们帮助他们的合法国王。牛津伯爵逮捕了威尔福德以及他的导师，并把他们押到伦敦，2月12日，威尔福德被吊在泰晤士河边的绞刑架上，他只穿着一件衬衫，一直吊了好几天，那位托钵修士被判终身监禁。但是这一事件提醒了国王：沃里克仍然是个威胁。

这样想的不止亨利一个人。"只要这位伯爵活着，西班牙国王斐迪南就不会明确答复亚瑟王子和他女儿凯瑟琳的婚事，也不会送她来英格兰"，这是编年史家霍尔告诉我们的。"因为他认为只要有任何一位沃里克伯爵活着，英格兰就永远不会安宁，内战和阴谋叛乱也永远不会停止，在其他地方，沃里克的名字也引起了如此程度的恐惧和嫉妒。"[12]

根据1499年3月西班牙大使写给斐迪南和伊莎贝拉的报告可知，持续不断的压力给亨利七世造成了严重的影响。"几天前，亨利国王让一位教士告诉他，他自己最后的结局如何？这位教士曾经预言了爱德华国王的死和理查国王的结局。"大使报告说,"根据普遍的传闻,这位教士告诉国王,在这一整年里他的生命将会遭遇极大危险,除了很多其他烦心的事外,英格兰王国还存在两个信仰不同的派别。"

这位教士是意大利占星家古列尔莫·帕龙(Guglielmo Parron),这一时期他很受亨利信任,亨利经常让他预测未来。[13]这位作者继续写道,这位教士轻率地把这个秘密透露给自己的一些朋友,其中一位朋友很快就被关起来了,以防他传播谣言,但其他人没被逮捕。

然而荒谬的是,威尔福德事件之后,占星家的预言以及它可能变得人尽皆知这一事实让国王陷入深深的恐惧之中。这位西班牙大使报告说"在最近两周内,亨利一下子变老了许多,他看上去像老了20岁",这位大使总体来说是一位客观的观察者。非常重要的是,维吉尔认为,即使没有明确的王位觊觎者,但很多英格兰人仍然想要换一个国王。亨利很清楚这一点,他被折磨得彻底崩溃了。

自1498年以来,法国和英格兰关系比较亲近,法国同意驱逐所有约克派逃亡者。1499年7月,他们交出约翰·泰勒。米兰大使认为,他就是"珀金最初宣称自己是爱德华国王儿子时,为其策划远征爱尔兰"的人,米兰大使猜测亨利为了把约翰·泰勒抓回来,花了"不少于10万克朗",这对他这个以贪婪而著称的人来说真是一大笔钱。[14]泰勒被押回英格兰后直接关进了伦敦塔,他在那里度过了余生。直到1509年,他还在伦敦塔里。令人惊奇的是,这位危险的约克派竟然没有被判处死刑。仔细想来,这也没什么不可思议的,根据接下来发生的事情来看，泰勒是通过告密才免于一死的。

西班牙国王斐迪南坚持除掉沃里克伯爵的意见被采纳。根据沃里克伯爵的外甥红衣主教波尔（Cardinal Pole）的说法，西班牙国王告诉亨利，他认为如果沃里克活着，都铎王朝就不会长久，因此他不会让自己的女儿卷入可能会危及生命的婚姻。波尔还提到，"那个时期发生的一些骚乱，是因为人们从心里支持和同情我母亲的弟弟沃里克伯爵"，但遗憾的是，波尔并没有详细叙述。[15] 该时期的其他史料也证实了西班牙国王斐迪南介入这一事件的传闻。

亨利决定处死沃里克。尽管没有确凿的证据，但看起来确实是亨利利用珀金来除掉沃里克的。国王意识到珀金一定会想办法逃跑，所以他静观其变，直到如他所希望的那样，出现了一个把沃里克伯爵牵扯进去的阴谋。用培根的话说，"缠绕在金雀花上的这根常春藤注定将杀死这棵真正的大树"。[16]

其实从一开始，这个阴谋就已经围绕沃里克展开了。他的教育被刻意忽视，因此在几年的严密监禁后，他头脑简单得让人可怜。根据编年史家霍尔的记载，沃里克对伦敦塔外的世界几乎一无所知，甚至鸡鹅不分。最主要的鼓动者是两位穷困潦倒的乡绅，伯爵的仆人约翰·克利蒙德（John Cleymond），还有托马斯·阿斯沃德（Thomas Astwode）。1495年，托马斯因支持珀金被送上绞刑架，但最终被赦免，现在他为伦敦塔治安官西蒙·迪格比爵士（Sir Simon Digby）服务。如果记述正确，这起阴谋的真正策划者正是阿斯沃德，而在整个过程中克利蒙德都在怂恿和鼓动他。几乎可以肯定，克利蒙德是国王雇佣的双面间谍。很快，阿斯沃德就成功招揽了二十多位同谋。

其中一些是约克派的长期支持者，如托马斯·沃德（Thomas Warde），他曾为理查三世服务，还有托马斯·马斯伯勒（Thomas Masborough），他曾是爱德华国王的制弓匠。其他人都是"约克公爵"从前的追随者，如教士威廉·卢德，他从避难所派人给他的主人送去一枚达克特（ducat）金币，上面有齿痕，这是他们之间的识别记号。据推测，伦敦塔治安官的六个仆从也被阿斯沃德招募进来，其中包括四个看守珀金的狱卒。此外还有约翰·芬奇（John Fynche），他是奥赫罗教区蜂蜜巷的杂货商，他已经因为倾向约克派而惹了麻烦。还有一位占星家，他预言伦敦城内很快就会听到"熊"挣裂枷锁的咔咔声响，而历代沃里克伯爵的徽章就是熊。

阿斯沃德的计划是杀死治安官，占领伦敦塔，然后将沃里克和珀金偷偷带到一艘运输毛纺布料的商船上，这样就可以把他们送到西欧大陆。珀金的房间就在沃里克伯爵房间的下面，因此他俩可以在地板上钻个孔对话。显然沃里克同意帮助珀金夺回王位，要是他真的是约克公爵的话。如果不是，伯爵会为自己夺取王位。

很有可能是珀金提出了如此富有创造力的附加计划：具体就是偷拿王室金库的钱和珠宝，炸掉金库的一部分以分散王廷的注意力，然后趁乱将钱和珠宝转移到停在泰晤士河码头附近的船上。只要安全到达国外，他们就可以用从王室金库偷来的资金组织叛乱。毫无疑问，珀金慷慨奖赏的承诺吸引了他们，除了阿斯沃德外，迪格比的三位仆人沃尔特·布鲁特（Walter Bluet）、托马斯·斯特里韦舍（Thomas Strangwysshe）和"长腿罗杰"（Long Roger）答应晚上帮阿斯沃德杀死治安官并偷取他的钥匙。

令人惊奇的是，这个涉及同一个王位的两位权利诉求者的不成熟计划居然能得到他们所需要的任何支持。尽管如此，自10岁就成为囚犯，长期生活在随时都可能被处死恐惧之中的可怜的小沃里克伯爵对这一计划的前景极度兴奋。狡诈的克利蒙德安慰他说："大人，你很清楚你处于什么样的危险之中，你一直在这里忍受悲伤和监禁的痛苦，但是你一定要自己救自己。我将带你脱离所有危险。"然后为了让他安心，克利蒙德给了沃里克伯爵一把短刀——这可能是沃里克拥有的第一件武器。

8月3日这天，有人向西蒙·迪格比爵士泄露了这一阴谋，但不清楚是谁泄露的。有传言说告密者是失去了勇气的珀金，但更有可能是克利蒙德。尽管亨利和他的咨议会知道了这一阴谋，但持续了三周都没有采取任何逮捕阴谋者的行动，这表明从一开始这个阴谋就处于秘密监视之下。像以往一样，国王极力想引出所有敌人，这就可以解释他为什么等这么长时间才下令逮捕他们，他决定一网打尽。从起诉书中的名字数量来看，他成功了。[17]

11月16日，在威斯敏斯特的怀特霍尔宫，珀金第一个受审，和他同时受审的有约翰·泰勒（从前的科克市长）、约翰·阿特沃特以及他的儿子菲利普·阿特沃特（Philip Atwater）。他们四人都被判有罪并被处以极刑："他们被囚车拖着从伦敦塔穿过伦敦城来到泰伯恩刑场，然后他们被施以绞刑，（将死之时）活着砍下四肢*，挖出内脏焚烧，砍掉头颅，再把尸体砍成四段。"[18]将珀金·沃贝克和他最初的支持者一起审判是有一定逻辑性的。

11月16日后，大多数囚犯在市政厅受审。几乎所有人被定为叛逆罪并被判处死刑，但是只有阿斯沃德、约翰·芬奇以及另外两个人上了绞刑架。约翰·泰勒的判决被改为终身监禁，而其他人或被剥夺权利或在监狱里被关上一段时间，但最终都获得赦免。尽管国王一向对背弃君主的人惩罚的尤为严厉，但是制弓匠马斯伯勒没有被关进伦敦塔。最值得注意的是，约翰·克利蒙德甚至都没有受到审判。

11月21日，在英格兰上议院特别刑事审判长牛津伯爵主持下，一个由22位贵族组成的大陪审团在威斯敏斯特宫审判沃里克伯爵，他被指控犯有叛逆罪，陪审团贵族有圣约翰骑士团团长约翰·肯德尔（他曾动过支持约克派复辟的念头）。沃里克被指控和珀金一起密谋造反推翻国王。这个小男孩惊慌失措，甚至未做任何辩解就承认了对他的指控，而且表示自己一切听凭国王处置，至此，统治英格兰三个世纪之久的王朝的最后一位男性继承人以叛逆罪被处以死刑。但是作为

---

*　在绞刑至罪犯快死的时候将其放下绞刑架，再活着施以其他刑罚，以增加罪犯死亡的痛苦。——译者

第一位遭此不幸的金雀花家族后裔,自博斯沃思战役后,他一定经常预想到他的命运就是这样的结局。

11月23日星期六,珀金和约翰·阿特沃特脖子上套着绞索,他们被拖拽着穿过泥泞的道路来到泰伯恩刑场,那里已经搭建好了一个小型绞刑架,周围聚集了大量的民众。人们似乎很同情珀金,这也许是他为什么免于阉割和开膛剖腹之刑的原因。[19] 在绞刑台上,珀金告诉民众,正如他已经供认的,他生来就是一个外国人,更不是什么爱德华四世的次子,是约翰·阿特沃特强迫他冒充约克公爵的,最后他乞求上帝和亨利国王宽恕他的罪行,说完他就被绞死了。然后约翰·阿特沃特也上了绞刑台,他对围观的人说,珀金说的都是事实。他们的尸体被埋在奥斯丁修士教堂,头被挂在伦敦桥上。

有些人仍然相信这个年轻人就是约克公爵,认为"珀金·沃贝克"是强加给他的假身份,而且他的"供词"也是伪造的。这样想的人有萨福克伯爵和他的管家托马斯·基林沃思。1508年,托马斯写信给他的主人:"亨利国王辱骂约克公爵,说他是假冒的",并坚称他自己才是"英格兰的合法国王"。[20] 然而,持怀疑态度的人只占少数。

培根评论说:"这是一个小鸡身蛇尾怪(Cockatrice)故事的结局",他还指出,珀金的阴谋应该是"记忆中这类剧中最长的一部了"。但是他认为如果珀金面对的不是亨利七世这个如此厉害的对手,这出戏的结局也许会截然不同。[21]

在接下来一周的星期四下午两点到三点之间,沃里克伯爵被两个人从伦敦塔带往塔丘砍头。与其他叛逆罪人不同,他的头没有被挂在伦敦桥上，而是和他的尸体一起装进棺材被带回伦敦塔。伦敦编年史作者记述说："在下一次潮汐到来的时候，他的尸体被船运到了比沙姆（修道院），这是他的祖先创建的一处宗教圣地，他的尸体被埋在那里。"[22] 此时此境，亨利国王的行为要尽可能表现得庄重得体。

虽然亨利国王通过杀死沃里克巩固了都铎王朝的统治，但他自己因此大失民心。有传言说，他利用珀金给沃里克伯爵设了陷阱。维吉尔说："所有人都对这位英俊少年的死深感哀痛。"通常被认为是亨利忠实党羽的他又补充说："这个不幸的男孩之所以被投进监狱仅仅是因为他的家族，他自己没有任何过错，那为什么他被囚禁了这么长时间？他在监狱里到底做了什么给自己招致了杀身之祸？人们觉得这些事情难以理解。"[23]

人们都知道沃里克伯爵头脑单纯，还仅仅是个孩子，英格兰任何一个有点见识的人都认为他没有参与反叛国王的阴谋，他是无辜的。想起爱德华四世的儿子们，人们通常把沃里克看作伦敦塔里的第三位王子。许多人认为，因为谋杀了沃里克——事实也是如此，亨利国王给自己的家族招致了诅咒。

第13章　1499年秋：萨福克伯爵埃德蒙·德拉波尔

> 萨福克伯爵埃德蒙·德拉波尔是萨福克公爵约翰和爱德华四世的妹妹伊丽莎白的儿子，他身体健硕、胆量过人、轻率鲁莽，因为盛怒之下杀死了一个刻薄小人被指控谋杀，而后在国王不给他任何自由及安全通行权的情况下逃到了弗兰德斯他的姨母玛格丽特那里。
>
> ——爱德华·霍尔：《两个高贵显赫的贵族家族——兰开斯特和约克家族的联合》（1548年）[1]

如果说杀害沃里克招致了诅咒的话，那这个诅咒立马就应验了，亨利七世很快遭受了一系列丧亲之痛。1500年，他的三儿子，还不满一周岁的贝德福德公爵埃德蒙夭折了。1502年，他年仅17岁的长子威尔士亲王亚瑟也死了，于是次子亨利王子成了除国王之外都铎家族唯一的男性。1503年，亨利的王后伊丽莎白·约克死于生育。

托马斯·莫尔（Thomas More）创作了题为《沉痛哀悼伊丽莎白王后之死》（*A Rueful Lamentation on the Death of*

Queen Elizabeth）的诗作，同时代的人认为，其中的两行字里隐藏着深层含义。

"难道我不是出生于古老的高贵血统吗？
难道我的母亲不是王后，我的父亲不是国王吗？"[2]

目前尚未有证据表明莫尔是一个约克派，但不管怎样，人人皆知亨利·都铎并非出生于"古老的高贵血统"。

都铎王朝被诅咒的故事并没有被淡化的趋势。数年后，培根听说当亨利八世宣布和凯瑟琳王后离婚时，他宣称这是神的旨意，因为她的第一次婚姻"就是在血腥中缔结的，这指得就是沃里克伯爵的死"。在亨利八世统治期间，许多人认为都铎王朝男性继承人诡异的夭折现象就是因为这个诅咒。

亨利七世自己的身体也垮掉了，他可能患的是肺结核，1508年，有传言说他已经快不行了。反正不管是什么原因，他在四十多岁的时候就变成了一个老头。没有文字资料显示他的衰老，但是我们可以通过1505年波罗的海画家迈克尔·西托（Michael Sittow）给他画的肖像画（现收藏于伦敦英国国家肖像馆）看出许多。这幅画是受马克西米连皇帝手下的委托而作的，因为皇帝想要把这幅画像送给他寡居的女儿玛格丽特，他想让她嫁给亨利七世。难以相信画中这个双目无神、嘴唇干瘪、面部枯槁衰老、斜视远方的人和二十年前画像中那位年轻英俊的青年是同一个人。彼埃特罗·托利贾尼大约在同时期制作的亨利半身塑像则展现出了一张非常不同的脸，不过他的作品是刻意的阿谀奉承之作。然而，一些画家会画出他们所见人物的真实样子，西托似乎就是这样的人，也许正因为他作画的写实主义，他才会受托画亨利的肖像。西托画的其他肖像画也是完全可以相信的，诸如他画的阿拉贡的凯瑟琳青年时期的画像。

尽管亨利所遭受的磨难没有消磨掉他的治国才能，但击垮了他的精神。这也难怪，他变得更加猜忌贵族，而且一直生活在对白玫瑰的恐惧之中。就他处理萨福克伯爵的方式来看，有强烈的迹象表明他的精神错乱了。

西班牙大使1500年1月的报告写道："英格兰从来没有像现在这么安定和服从过，以前有王位觊觎者，但是现在珀金和克拉伦斯公爵的儿子都被处死了，任何疑似王室血统的血脉都没能留下来，唯一的王室血统就是亨利国王的正统血脉。"[3] 他认为能对亨利七世王位构成威胁的人都无一幸存，可能国王自己也是这么认为的，不过如果是，也只是短期内的。

亨利的占星家警告他，王国内存在两个派系，其中一个会对他的王位合法性提出质疑，这一预言已经得到印证。大约于1500年开始流传的歌谣《白玫瑰》（可能是作为三部曲的颂歌来吟唱的）表明，当时人们对约克家族的怀旧之情依然浓厚。英格兰人仍然认为亨利·都铎是篡位者，人们对沃里克伯爵被处死愤怒不已。沃里克和珀金是死了，但是白玫瑰依然绽放，它的新化身就是萨福克伯爵埃德蒙·德拉波尔。很多人一定会想起十多年前，林肯伯爵约翰·德拉波尔曾被理查三世指定为王位继承人（林肯伯爵后来死于斯托克战役）。在珀金·沃贝克和沃里克死后，作为理查三世较年长的外甥，林肯伯爵的弟弟萨福克显而易见就成了约克家族的权利代言人。

埃德蒙大约生于1473年，他最初并没有表现出不满，一直在礼仪庆典场合扮演重要角色，而且因为马背长矛比武的高超技艺而倍受赞扬，这是当时盛大的观赏性体育运动。一位消息发布官的描述让我们对1494年在威斯敏斯特骑士比武大会上的他有了深入的了解，这次比武大会是为庆祝亨利王子授封约克公爵而举办的。埃德蒙率参赛者骑马从威斯敏斯特教堂出来，他的红色绸旗上绣着他的座右铭"为成就功名"，扇形头盔上的徽饰是一头金色的狮子。在这次比武大赛上，来自自治市镇的选手爱德华爵士（Sir Edward）的进攻"极其凶猛有力"，埃德蒙的剑被折断了，但他的攻击同样勇猛有效，折断了对手的长矛。晚宴后，亨利七世的长女，5岁的玛格丽特公主奖赏"这位高贵的萨福克大人"一枚镶着钻石的金戒指。

比赛进行了几天后，萨福克伯爵再次给了"来自自治市镇的爱德华爵士极其猛烈的一击，爱德华的剑险些脱手，臂铠也开裂了"。他对手的马也受惊失控，因此许多人认为爱德华爵士肯定无法获胜，但他恢复了状态并设法以剑轻轻击中萨福克的头盔。这次是爱德华爵士赢得比武大赛，所获奖赏也是一枚钻石戒指。当时萨福克伯爵年仅21岁，而其他参赛者都是身经百战的老手。[4]

第13章 1499年秋：萨福克伯爵埃德蒙·德拉波尔

在1492年的对法战争中，萨福克伯爵参加了围攻布伦（Boulogne）的战役，在这之后他被晋封为嘉德骑士。1495年9月，国王给予他最高的皇家问候——到访他位于牛津郡的艾维尔米宅邸。

但是萨福克最大的敌人就是他自己。他傲慢自大、非常不理智，"是一位轻率易怒、性情暴躁"的贵族，控制不了自己的脾气，维吉尔也说他"鲁莽、冲动、易怒"。[5]从保存下来的萨福克所写的几封信件判断，尽管他在牛津接受过教育，但他可能没什么文化。而且这些信件表明，萨福克和他的大表姐伊丽莎白王后很亲近，这也是他这么多年来一直忠诚她丈夫亨利七世的原因。[6]但是除了频繁出入宫廷之外，也再没有什么可表明他对这位王后表姐的亲近了。实际上，他一直心存不满。1491年他的父亲萨福克公爵去世后，德拉波尔家族的领地因林肯伯爵的叛逆罪被国王罚没。亨利国王允许埃德蒙继承，但他必须要支付（分期给付）5000英镑，这迫使他抵押了自己的很大一部分遗产。结果，他被亨利以财产减少和生活困窘无法支撑公爵排场为借口降至伯爵等级。

如此一来，埃德蒙不仅深陷债务，而且还因"等级下降"而颜面尽失。同时，他非常清楚自己的王室血统，爱德华四世和理查三世都把他看作自己的近亲。珀金·沃贝克和沃里克在世的时候，亨利没有理由怀疑他觊觎王位，但考虑到他的王室家族背景和他哥哥林肯伯爵的反叛，亨利自然要盯紧他。

1499年秋季是萨福克伯爵忠诚的转折点。他和他的亲戚威廉·考特尼以及其他朋友在伦敦聚餐，后来在盛怒之下，他在伦敦塔附近杀死了一个"刻薄小人"托马斯·克鲁（Thomas Crue）。萨福克被指控犯了谋杀罪，在未获得亨利七世赦免以前，他不得不在法庭上"申辩"，身为"拥有王室血统的贵族"，他对在法庭受审感到非常不满。因为被害人还是国王咨议会正在调查的一个案子的原告，这让萨福克害怕自己会再次被控告。1499年7月1日，萨福克逃到国外，出逃日期表明他与从伦敦塔营救沃贝克和沃里克的阴谋有牵连，由此我们确信他认为珀金·沃贝克真的是爱德华四世的儿子。

当听到埃德蒙和从前他哥哥林肯伯爵一样秘密逃离英格兰的消息时，国王认为他去投奔勃艮第的玛格丽特了。尽管几年前她已经对自己所做的错事写信向亨利道歉，但是亨利认为只要萨福克伯爵到达梅赫伦，她就会让自己的外甥索要王位——要是他还没这么做的话。就在沃贝克-沃里克图谋王位遭遇覆灭的时候，一个新的威胁又出现了。

8月20日，亨利将令状发给肯特、诺福克、萨福克和埃塞克斯的治安官，也发给五港同盟（Cinque Ports）的监狱长，命令他们阻止任何未经国王允许的人离开英格兰，以防他们加入萨福克伯爵一边。都铎王朝的主要支持者东盎格利亚的牛津伯爵坚决执行王室的命令，在接到命令的当天，他就让约翰·帕斯顿爵士查出与萨福克伯爵一起离开英格兰的人，并且让帕斯顿逮捕护送萨福克到海岸但没有和他一起离开的人，以及所有知道他乘船逃走的人。信函中笨拙的语句使得这一复杂安全措施的核心内容显得晦暗不明——应该是搜集

第13章　1499年秋：萨福克伯爵埃德蒙·德拉波尔

信息，通过富有经验的情报人员构成的间谍网络密切监视这一区域，并对嫌疑分子进行全面审问。

埃德蒙没有像亨利国王所预想的那样投奔他的姨母玛格丽特，而是去了吉斯内斯城堡——卫成加莱的两座城堡之一，成为城堡镇守官詹姆斯·蒂雷尔爵士（Sir James Tyrell）的座上宾，此人曾经是约克家族的忠实支持者。埃德蒙很快离开英格兰所辖地域，穿过勃艮第的阿图瓦边境前往圣奥默（St. Omer），请求那里的统治者为他提供庇护。亨利国王派王廷管家理查·吉尔福德爵士（Sir Richard Guildford）和富有经验的外交官理查·哈顿（Richard Hatton）前往布鲁塞尔面见勃艮第公爵菲利普大公。他们明确告诉菲利普大公，如果他不帮助亨利，就将会有一场大规模的贸易战，之后他们去圣奥默面见萨福克。

他们告诉萨福克，所有欧洲君主都与英格兰签订了遣返反叛者的协定，如果他充当雇佣兵为其他国家打仗，将以叛逆罪论处，而且再也别想见到英格兰了。但如果他现在回头，他的潜逃罪将被赦免。萨福克屈服了，他回到英格兰，[7]而且还为他的行为想出了一个很有说服力的理由，国王最终宽恕了他。[8]

尽管如此，埃德蒙还是被处以1000英镑的罚金。在他看来，还有更大的损失，那就是亨利国王恢复了霍华德家族的地位和名誉（该家族自1485年以来一直失宠），并以牺牲德拉波尔家族为代价帮助该家族在东盎格利亚确立了权势。埃德蒙不再受国王信任，他的生活日渐贫困，失去了在当地的影响力，而且社会等级也越来越低。

第14章　1501年夏：白玫瑰和白国王

> 在年老、满腔仇恨、蛇蝎心肠的勃艮第公爵夫人——她一直是反叛英格兰国王的煽动者和叛乱发起者——的恳求、诱惑和煽动下，或许也是嫉妒心作祟……（埃德蒙）和他的弟弟理查再次潜逃。
>
> ——爱德华·霍尔：《两个高贵显赫的贵族家族——兰开斯特和约克家族的联合》（1548年）[1]

1501年，一位为马克西米连皇帝效力的英格兰朝臣告诉他，英格兰厌倦了亨利七世的"滥杀和暴政"，他提到了珀金·沃贝克和沃里克，也提到了埃德蒙对英格兰王位的权利。马克西米连说他愿意帮助"爱德华国王的这位至亲"重登英格兰王位，并准备用一整年的税赋去做这件事。这位朝臣是萨福克的朋友，他立刻写信给萨福克告诉他这个消息。[2]

这位朝臣就是罗伯特·柯曾爵士（Sir Robert Curzon），这个人物可能只在中世纪晚期存在过，他是一名职业军人，马上长枪比武英雄，并自诩为游侠骑士。当柯曾任哈姆斯城堡——该城堡是守卫加莱的要塞之一——的镇守官时，尽管有要务在身，但他还是经常出现在都铎宫廷，和萨福克一起参加了为庆祝亨利王子授封约克公爵所举行的比武大赛。维吉尔说他出身低微，被国王授予爵位，才由此开始了他的职业生涯，但事实上他属于无可指摘的上层社会血统，即凯德尔斯顿的柯曾家族。在多次请求之后，亨利国王准许他辞去镇守官的职务参加十字军，他投到马克西米连的麾下，在巴尔干半岛对抗土耳其人，因为作战勇敢，他被封为"帝国男爵"（*Reichsfreiherr*），在英格兰经常被称为"柯曾大人"。

正值亚瑟王子和阿拉贡的凯瑟琳的婚期临近之际，萨福克伯爵收到了柯曾的来信。无疑，他知道自己要在这场约定俗成的婚礼比赛中承担重要角色，当然这也会牵涉经费问题和更多的财务麻烦。现在他已经对亨利充满恨意。维吉尔说逃脱沉重的债务是埃德蒙做此决定的一个原因，但他也明确表示"派系情感"才是关键因素。这意味着萨福克伯爵与顽固的约克派人士有过联系，而且还不只是几个人。[3] 1501年7月或8月，在这场王室婚礼即将举办之际，萨福克伯爵和他的弟弟理查·德拉波尔秘密乘船离开英格兰。这一次，埃德蒙决定夺取英格兰王位。约克派的复辟大业又一次出现了一位领导人，他比亨利·都铎更有权利继承王位，而且还拥有一些统兵打仗的经验。

据后来了解，在出逃的前一个星期，埃德蒙在伦敦"设宴"款待多塞特侯爵、埃塞克斯伯爵、威廉·考特尼勋爵，这些人后来都被纳入嫌疑范围。这不是一场正式的宴会，而是在豪华舒适的环境中享用精挑细选的异国风味甜食，因此与其说是吃饭，不如说是举行庆祝会。后来还得知，埃德蒙在起航前还曾与考特尼一起用餐，这位考特尼是德文伯爵的儿子和继承人，他从"约克公爵"手中救了埃克塞特，甚至有人怀疑是考特尼建议埃德蒙，让他发动入侵时从西部郡登陆。[4]

不管编年史家霍尔是怎么记载的，勃艮第的玛格丽特与埃德蒙的反叛都毫无瓜葛。尽管一开始亨利国王认为她是幕后推手，因为长期以来她一直支持白玫瑰家族复辟，而且她也痛恨都铎家族，因此很可能埃德蒙曾设法和她联系过。然而玛格丽特可能对他出逃的消息很高兴，但她并没有努力帮他。现在她已经是一位幻想破灭的老妇，放弃了目睹自己的甥侄登上英格兰王位的一切希望。

埃德蒙称自己为"白玫瑰萨福克公爵"，他没有去梅赫伦，而是去了提洛尔的伊姆斯特（Imst），到了马克西米连的宫廷。这位皇帝的长相令人印象深刻：鹰钩鼻子，灯笼下巴。马克西米连不光因为亨利在外交事务上多次耍手段胜过自己而讨厌他，而且他认为都铎家族就是一个暴发户：和许多其他的欧洲君主一样，他也对沃里克伯爵和沃贝克被处死感到震惊，他仍然倾向于把沃贝克视作伦敦塔中的小王子。埃德蒙采用了沃贝克曾经用过的"白玫瑰"称谓，这对马克西米连这位罗马人的国王很有吸引力，埃德蒙有时还自称为"白国王"。埃德蒙谴责亨利七世是凶手，说国王想要杀死他和他弟弟。然后，他宣称自己是正统的英格兰国王，请求马克西米连帮他推翻都铎篡位者。埃德蒙得到了罗伯特·柯曾爵士的支持，此人要么是和他一起出逃的，要么是和他在伊姆斯特会合的。

第14章 1501年夏：白玫瑰和白国王

皇帝把埃德蒙当作"亲戚"来欢迎，这意味着他承认埃德蒙是与他同等地位的君主，他解释目前他没法对埃德蒙提供援助是因为他的儿子与英格兰签订了和约。即便如此，皇帝给予埃德蒙可以去往帝国任何地方的安全通行权，而且承诺会想办法帮他。他邀请萨福克伯爵暂住伊姆斯特，六个星期后，他给埃德蒙写了一封信，信中说将为他提供一支5000人的军队，由一位德国指挥官率领，而且还要帮他们找船。

萨福克伯爵发现自己成了国际舞台上的一个角色，他被看作一位流亡他乡的国王。马克西米连送他去了亚琛，而且还给该城的市政参议员写了引荐信，并向萨福克伯爵承诺所需船只可以在丹麦租到。似乎又出现了约克派入侵英格兰的大好机会，尤其是当萨福克伯爵找到了另一位支持者，那就是丹麦、挪威和瑞典国王约翰（John, King of Denmark, Norway and Sweden）。

萨福克伯爵的管家托马斯·基林沃思前往提洛尔的布鲁内克（Brunecken），他告诉皇帝阿德克伯爵海因里希（Heinrich, Count of Ardek）已经找到了军队，并由海因里希的儿子担任指挥官，而且还筹集到了所需的资金，1502年圣乔治节（4月23日）那天资金可以到位，约翰国王为他们准备了船，届时军队将前往丹麦，乘坐约翰国王提供的船只起航。[5]然而皇帝决定插手此事，作为欧洲最无能的军人之一，他的插手极其令人恼火，以至于阿德克伯爵收回了他所提供的一切，致使即将开始的约克派入侵不了了之。

具有讽刺意味的是，马克西米连是约克家族显而易见的盟友。从表面上看，他似乎和勃艮第的玛格丽特一样强大和可怕，尽管他没有痛恨亨利的家族动机。但是萨福克伯爵并没有摸清他这位新朋友的实力。马克西米连鲁莽冲动，喜欢浮夸，他一直觉得他的版图太小，难以承载他的雄心壮志：他仅统治着奥地利、低地国家、弗朗什-孔泰地区以及几处德国的偏隅之地，但他梦想成为统治整个基督教世界的神圣罗马帝国皇帝。而帮助约克派复辟成功则可以满足一下他这方面的虚荣心，但整个欧洲都知道，他是"没有几个便士的人"，显然没有足够的钱去资助一支入侵英格兰的军队。

亨利对约克派再次挑战的疯狂反应表明，他和萨福克一样，都没有认清马克西米连空洞的承诺。据《灰衣修士编年史》（Chronicle of the Grey Friars）记载，"大斋节的第二个星期天（1502年2月22日），在圣保罗十字教堂的午前布道仪式上，埃德蒙·德拉波尔被宣布受诅咒。"[6]以后在每年的2月，这个逐出教会的仪式都会在圣保罗十字教堂重复举行，而且达数年之久，这表明了亨利愤怒和恐惧的程度。

经过针对性的详细调查，一个在牛津伯爵和威洛比·德布洛克勋爵（Lord Willoughby de Broke）领导下的办事高效的调查委员会肃清了东盎格利亚的约克派，他们不光动用了通常的逮捕或监视机构，而且还往该地区派驻了大量的密探。另一个调查委员会也肃清了与伯克郡和牛津郡相邻的各个郡区。萨福克的扈从、佃户以及他的朋友和邻居——包括一位骑士、24位绅士、15位从骑士和许多自耕农都被强行拖拽到地方法庭，让他们具结保证维持治安，以此防止他们采用任何方式支持萨福克伯爵。事实表明，在接下来的几个月里，没有人被剥夺财产和权利，这表明了具结保证的效力，因为一旦违背就意味着破产。

除了小土地所有者之外，东部郡和泰晤士河谷的一些等级较高的地主也被逮捕。一位伦敦编年史作者告诉我们："此后（1502年2月底）不久，德文郡的威廉勋爵、詹姆斯·蒂雷尔爵士及其长子，还有他的仆人韦尔斯本全都被抓起来，他们要具结保证不支持萨福克一派。"[7] 埃德蒙最小的弟弟威廉·德拉波尔（William de la Pole）也被囚禁在伦敦塔，直至16世纪30年代后期死于塔中。据维吉尔记载，与此同时，英格兰各地的许多"普通百姓"也遭到逮捕。[8]

威廉·考特尼娶了爱德华四世的小女儿，他支持约克派复辟是可以理解的。至于詹姆斯·蒂雷尔爵士，作为理查三世最信任的心腹，他可能一直是一位坚定的约克派（这解释了为什么埃德蒙第一次出逃时会到他那里避难），即使现在他已经得到了国王的完全信任。他的背叛给了亨利国王重重的一击。本来需要整个加莱守军发动一次围攻才能把蒂雷尔父子从吉斯内斯城堡里抓出来，但詹姆斯·蒂雷尔为了谈判安全通行权条款自己出现了，亨利的官员逮捕了他并立即突入城堡。

在1502年5月的第一个星期，伦敦市政厅举行了大规模的审判，由一个委员会实施审判，其成员包括伦敦市长、白金汉公爵、牛津伯爵以及其他贵族，此外还有若干名法官和一些地位尊贵的骑士。詹姆斯·蒂雷尔爵士和约翰·温德姆爵士（Sir John Wyndham）被判处死刑，同样被判处死刑的还有国王从前的一位仆从、一位消息散布人、一位伦敦理发师、一位水手以及其他一些人。蒂雷尔和温德姆在塔丘被砍头，而其他人则遭受了叛逆罪应当承受的残酷惩罚。[9]还有一位约克派支持者，就是波特切斯特城堡的守卫查尔斯·里彭（Charles Ryppon），他是在温切斯特被砍头的。

人们普遍相信了蒂雷尔死前所承认的，是他杀了伦敦塔里的王子们。他这样做可能是为了得到仁慈一点的刑罚，即砍头，因为这样可以死的快，可以少很多痛苦。波利多尔·维吉尔和托马斯·莫尔记载了供词的详细内容，但现代历史学家对它的真实性提出质疑，认为这是亨利七世伪造的，目的是让世人相信伦敦塔里的王子们确实死了，这样"约克公爵"也就不会再出现了。然而，鉴于1499年他杀死了沃里克，国王似乎不太可能还想让他的臣民们想起那些王子。

亨利国王办事一向有条不紊，他不仅利用间谍，而且还利用一个专门的档案系统来辨识潜在敌人。他仔细整理更新的名单包括从前那些涉嫌叛乱的人（其中有被罚款的、被缓刑或被赦免的）和那些被处死的人，因为他们的亲族可能会心怀敌意。根据维吉尔的说法，看来亨利彻底肃清了埃德蒙的主要支持者，致使伯爵陷入绝望，被迫放弃了入侵英格兰的计划。[10]即便如此，萨福克伯爵在神圣罗马帝国的那些年，亨利国王为使马克西米连保持中立花费了大量的金钱，从这可以明显地看出他有多么害怕萨福克重新发起约克派挑战，这些钱在名义上是作为资助皇帝抵抗土耳其人的十字

第14章 1501年夏：白玫瑰和白国王

军的补助金。

直到1503年，萨福克一直待在亚琛，等着皇帝为他提供军队，而马克西米连也写信热情地鼓励他这位"最亲爱的和最挚爱的兄弟"。1502年6月，皇帝曾告诉"柯曾大人"，尽管他与亨利七世签订了条约，但他还是会尽其所能地秘密帮助萨福克。但是到了后来，马克西米连承认自己根本没有能力帮助萨福克，他建议柯曾找法国国王寻求帮助。当柯曾问他："在这期间我们如何存活"时，马克西米连说，他相信勃艮第的玛格丽特会帮助他们。

可以想象，在1502年4月威尔士亲王亚瑟去世时，萨福克伯爵是多么的欢欣鼓舞。这似乎是天赐良机，5月，埃德蒙告诉他的管家托马斯·基林沃思，要是国王的次子也死了，那么他对英格兰王位的权利要求就是毋庸置疑的。[11]除了那些顽固的约克派，其他人也开始对萨福克认真起来，于是亨利七世越来越把他视为更大的威胁。就在同一天，伯爵写信给他的管家基林沃思，说他已经告诉皇帝："我知道亨利国王肯定正在收买所有能用金钱收买的人，正想尽一切办法置我于死地。"[12]他指的是他会遭到英格兰间谍的暗杀。正如艾莉森·哈纳姆（Alison Hanham）所指出的，埃德蒙此时已不再相信马克西米连的承诺，也放弃了入侵英格兰的想法。但他相信，他只需等到体弱多病的国王死了，他就能返回英格兰登位加冕。他信心满满地告诉基林沃思，一个11岁大的都铎男孩绝不是威胁。[13]他可能想安排让亨利小王子消失。

马克西米连越来越依赖亨利七世的补助金，他对埃德蒙的承诺由帮他登上英格兰王位变成会尽其所能帮他恢复公爵领和财产。[14] 1503年2月，马克西米连对由托马斯·布兰登爵士（Sir Thomas Brandon）率领的英格兰使团说，他想让国王亨利赦免萨福克。当使节们请他将萨福克伯爵驱逐出境时，他开了一句玩笑，他们没有听明白，但是逗得朝臣们哄堂大笑，而且"笑声极大"。虽然如此，这些使节们还是对皇帝给予亚琛的英格兰"反叛者"以"帮助、安慰和救济"抱怨不已。[15] 西班牙大使也主张皇帝应该将萨福克驱逐出境。

1504年，亨利让议会通过了给予汉萨同盟城市特别贸易优惠的法案，这给英格兰商人造成很多不利。实施该法案的唯一条件是，这些城市一定不能为萨福克提供住所，也不能对他提供任何帮助。这个有损英格兰商业利益的异乎寻常的举措是因马克西米连的不合作而采取的措施。这再次说明亨利国王有多么害怕萨福克。[16]

如人们所见，当圣保罗十字教堂举行诅咒埃德蒙的仪式时，和他一起受诅咒的还有罗伯特·柯曾。但是这位游侠骑士是个叛徒。霍尔指出，柯曾为亨利国王效劳已经有一段时间了，"他像一只狡猾的狐狸"，他的名字在受诅咒之列是为了让伯爵相信他的忠诚。[17] 维吉尔也认为，当柯曾还在埃德蒙身边时，他给亨利写信，向他报告了约克派领导人的名字：埃德蒙的弟弟威廉、考特尼、蒂雷尔和约翰·温德姆爵士。[18] 他可能还把伯格文尼勋爵和托马斯·格林爵士（Sir Thomas Green）也牵扯进去了，他们都被逮捕，但是因为没有证据，后来又被释放了。"之后不久，柯曾看准时机返回英格兰并得到了国王的信任和喜爱，但是民众非常讨厌他"，这是出自弗朗西斯·培根的记载。"因为他返回英格兰，萨福克伯爵感到非常沮丧，一下子觉得自己希望全无，而勃艮第的玛格丽特现在也因时间的推移和从前的失败，对这些尝试变得心灰意冷了。"[19]

维吉尔、霍尔和培根都认为，自始至终罗伯特·柯曾爵士都是一名双面间谍，但是在圣保罗十字教堂遭受公众诅咒又使这件事显得不太可能——除非霍尔的说法是正确的。事实上他也活该遭受诅咒，那些以大量钱财具结保证他品行良好的人最终都丧失了他们的钱财。更有可能的是，亨利的间谍与柯曾接触，用巨资贿赂他改变了立场。人们不清楚柯曾离开萨福克的具体日期，但确定应该是在1504年之后，国王在1506年给了他一大笔年金，直到下一任国王执政时期，他还经常待在宫廷里。

在亚琛以萨福克伯爵为中心的约克派小团体中，至少还有一位通风报信的人，而且目前他几乎处于忍饥挨饿的状态。根据留存下来的来自亨利的一位情报人员的报告——时间是1503年前后，此人大概是理查·吉尔福德手下的一名间谍，国王命他密切监视萨福克等人，但他似乎特别蠢笨。尽管他宣称他对咨询占星家很在行，但他找不到任何一位占星家计算出萨福克的星运，因为他不知道萨福克的出生日期。他也不明白萨福克伯爵期望什么样的援助或者从哪里获得援助，他也不清楚船只的细节以及伯爵在英格兰登陆时谁会召集人马支持他。但是，这个间谍声称他极力劝阻埃德蒙不要入侵英格兰，告诉他在得到可靠支持以前不要轻举妄动。"不要信任平民百姓，因为他们没有自己的领袖，所以他们也绝不会坚定不移。"[20]

1503年夏，马克西米连让格尔德斯（Guelders）的亨特大团长（Master of the Hunt）通知亚琛政要，他不再支持萨福克伯爵推翻英格兰国王。他还说无论如何，皇帝都不能为萨福克的债务负责，但是因为他同情伯爵的悲惨处境，还因为是他给伯爵写了引荐信把他送到亚琛的，所以他要拿出3000莱茵地区的弗罗林币（florins）来安顿他们。[21]但不幸的是，皇帝的金库连这样一笔钱都拿不出来。

1503年，亨利国王给一位密探下达了书面指令——某种程度上也可能是他口授的，他让这位密探联系一位"查尔斯先生"并告诉他，国王一直为萨福克伯爵的事苦恼不已。这位密探就是加莱财务总管约翰·威尔特爵士（Sir John Wiltshire）。他所接到的指令是用法语写的，这样他就可以把它们拿给"查尔斯先生"看，查尔斯现在受雇于亨利。约翰·威尔特的第一个任务是通过查尔斯的眼线了解"谋反者"的计划。他要弄清楚所有谋反者的名字，这样就能要求马克西米连将他们驱逐出境：如果他得知乔治·内维尔还没有被驱逐出马斯特里赫特，他会尽快促成此事。他还收买埃德蒙·德拉波尔的扈从、仆从告发他们的主人。"如果任何一位埃德蒙·德拉波尔的扈从和仆人想得到赦免和宽恕，只要他们把所知道的事情全部说出来，国王愿意给他们留条命。"[22]国王很有可能还命令威尔特安排暗杀伯爵。

第14章 1501年夏：白玫瑰和白国王

在此期间，那些依然活跃在英格兰的约克派遭到了全面追捕。5月，包括两名水手在内的四位约克派在伦敦市政厅受审，然后在泰伯恩刑场被处死。但是亨利七世仍然感觉不安全，尽管现在他已经不怎么害怕那位白玫瑰了。

因为遭到德国债主和英格兰刺客的追捕，萨福克逃离亚琛，留下自己的弟弟理查作他的债务保证人。1504年复活节，萨福克穿过帝国边境，去往沿海地区，向萨克森公爵乔治（George, Duke of Saxony）寻求庇护。当他途经格尔德兰时，被格尔德斯公爵查尔斯（Charles, Duke of Guelders）逮捕并被囚禁在哈特姆岛（Hattem Isel），格尔德斯公爵查尔斯想拿他和亨利七世做交易，但是因为他要价太高，所以没有谈成。

埃德蒙本来心怀推翻都铎王朝的宏图大志，现在却过着肮脏污秽、食不果腹的乞丐般或囚徒般的生活。他知道亨利一直在锲而不舍地追捕他，而且还有两股强大的势力，即西班牙和法国也在尽力帮亨利抓捕他。但是到了这个时候，他能留在格尔德兰或低地国家似乎才是安全的，即使1505年7月，菲利普大公的军队攻占哈特姆，他成为大公的囚犯时亦是如此。8月，一位威尼斯大使从安特卫普写信向政府报告，弗兰德斯人认为，菲利普会利用萨福克"给亨利的嘴里戴上个马嚼子"。[23]

除了几个仆人之外，埃德蒙的小朝廷只剩下他的专职牧师沃尔特·布拉塞特爵士（Sir Walter Blasset）、管家托马斯·基林沃思和扈从托马斯·格里菲思（Thomas Griffiths）。唯一一位有身份有地位的人是顽固的约克派乔治·内维尔爵士（亨利国王曾三次赦免他），他自称为"内维尔勋爵"。他们一定对柯曾的背叛感到非常震惊。他们陷入了财政危机，面临因债务被逮捕的危险。他们住在兹沃勒的一家客栈里，但没钱付账。萨福克伯爵写信给他的管家："没有一个朋友愿意帮我一便士。"[24] 到目前为止，尽管他已经被迫典当了自己的印章戒指，但他和"内维尔勋爵"依然是破衣烂衫。

然而到了1505年夏天，萨福克又有了一线希望。7月，我们发现他给保罗·扎克勒文特（Paul Zachtlevant）写信，称其为"我最信任的朋友"，扎克勒文特是波罗的海城市阿姆斯特丹的富商，他的生意主要在丹麦。1495年，珀金·沃贝克入侵英格兰失败，扎克勒文特是那次入侵的主要资助人之一。他决定收回他的钱财，他打算给亨利国王呈上一份沃贝克署名的文件，不然就劝说波美拉尼亚公爵（Duke of Pomerania）和丹麦国王扣押英格兰的货船：现在他想让萨福克证明文件是真实的。他还威胁说，如果亨利不给他钱，他就资助萨福克伯爵的事业。

尽管萨福克穷困潦倒，但他特别骄傲，不愿屈尊向扎克勒文特请求现款支援。与之相反，他的管家基林沃思建议"保罗先生"先帮他主人付账单，以恢复他主人的信誉。基林沃思还筹钱为他的主人添置新衣，大概在1505年下半年——具体日期不甚清楚，这位管家给萨福克伯爵写了一封信，描述了他设法从保罗先生那里筹到的东西，包括做紧身上衣的绸缎和够做两条紧身裤的布料，还有做长袍的丝绒——保罗先生已经承诺了。他还为内维尔准备了一顶帽子。但是，信里没有提到解决兹沃勒客栈账单的事——"要是您坦率地对他说了的话，可能就会不一样了，因为他是一位非常善良和友好的人"。

遗憾的是，这位"保罗先生"并没有给他们带来更多的希望。至于菲利普大公，埃德蒙于1505年11月末写信这样说："他是一位很好的君主，而且愿意为我做很多事，但是我没有重视。""我待在这里既痛苦又惭愧，只能花我从朋友那弄到的钱，除了说恭维话，别的我什么都做不了。"[25]

然而尽管萨福克处境悲惨，但驻阿姆斯特丹的维也纳大使文森佐·奎里尼（Vincenzo Quirini）依然把他当成英格兰王位要求者来认真对待。1505年12月，大使报告说他听说（大概是听伦敦的维也纳商人说的）："英格兰人爱戴他，盼望他。"奎里尼认为，即使是现在，埃德蒙也能够给视他为"眼中钉"并千方百计抓捕他的亨利国王以沉重打击。[26]

第15章 1504年9月：有关将来的一场会谈

> 他说，但是没有人提及王子殿下。
> ——约翰·弗拉曼克给亨利七世的报告[1]

一些研究都铎时期的专家认为，埃德蒙·德拉波尔只不过是这段历史的一个脚注，是一个没有任何实际政治意义的人物——确切地说，亨利七世也希望他的臣民这样看待这位伯爵。然而，埃德蒙在德国和低地国家的悲惨境遇表明，不少外国君主承认他是真正的英格兰王位权利人。而且从1504年秋收到的来自加莱的情报人员的报告中，亨利得知许多英格兰人也认可萨福克的王位权利。报告还表明，一些他最信任的朝臣也认为这位白玫瑰可能会成为他们的下一任君主。

16世纪早期，若英吉利海峡阴晴不定的天气正值晴好，海潮涨退也估算正确，那么航程只要几个小时，但总体而言，从多佛横渡海峡到加莱的航程令人恐惧，因为横渡海峡常常会变成一次耗时长而又可怕的航行。笨拙的小船——桶状，装配着重重叠叠"齿轮"的木壳船——来回逆风航行，很容易连续数天偏离航向，因为害怕风暴骤起，船长不敢升起太多风帆。惊涛骇浪之中，小船剧烈地颠簸起伏、倾斜摇摆，极其恐怖,海浪打湿了船上的每一个人,淹没了位于船头船尾的"楼船"下面的简陋船舱。一旦登陆,乘客和全体船员都是感天谢地。

在加莱上岸,他们发现自己来到了英格兰的土地上,这是一个兴旺发达的英格兰小镇,英格兰主要产品的商户们都聚集在这里,他们结成一个紧密的共同体,一定程度上还互相通婚。他们控制着英格兰的羊毛出口,将大部分的羊毛卖到弗兰德斯,那里的纺织业非常的兴盛繁荣。因此,加莱(当时加莱的发音事实上是卡利斯"Calis")就是一个财富汇入点,大多数通过贸易赚来的国外金银货币经此流入英格兰,因此在它的街道两旁,奢华的商店和售卖最上乘酒的豪华酒馆鳞次栉比。当地商人居住的宅邸构造美观,房子安着大玻璃窗,屋顶竖立着高高的烟囱,屋内家具昂贵奢华。这个城镇就是镶嵌在英王王冠上的一颗明珠,亨利七世曾两次巡视这里,第二次是1500年,他是受菲利普大公之邀进行国事访问时来到这里的,菲利普大公同时也是勃艮第公爵。

然而,加莱的生活有些幽闭恐怖。当地居民感觉他们处于危险的孤立之中,波涛汹涌的大海使他们与家乡隔海相望,他们还长期害怕遭遇围攻,这是可以理解的,因为法国人对英格兰人占领这个城市非常愤怒。但是加莱强大的防御工事看起来固若金汤(尽管已经年代久远),环绕城市的陆地,即加莱边地(Marches of Calais)由两座特别坚固的城堡——哈姆斯城堡和吉斯内斯城堡防御。一个巨大的秘密情报网络从这里一直延伸到巴黎,情报人员一直密切监视着法国政府,一旦发现对方有进攻的迹象，他们即刻向加莱卫戍部队发出警报。

然而对亨利七世而言，"加莱和加莱边地"不只是跨过海峡的军事战略要地和商业桥头堡，这里的卫戍部队还是他拥有的离他最近的常备军。在英格兰他只有一支由200名约曼农组成的王廷卫队，但是在加莱他拥有一支700—800人的常备军，由武装骑兵、弓箭手和炮手组成。如有需要，吉斯内斯和哈姆斯还可以作为关押国家囚犯的最大监狱。

但是，约克派的支持力量多年以来也扎根于加莱。尽管许多约克派强硬分子已经被逮捕、处死或被驱逐，但是在一些商人家族甚至军队中，对这个古老的王室家族的忠诚依然根深蒂固。所以在选拔卫戍部队的官员时，亨利国王极其谨慎小心。加莱官员由中尉（lieutenant）、副中尉（deputy lieutenant）、总督（governor）、副总督（deputy governor）、财务官（treasurer）、镇守官（captain）以及守门官（gentleman porter）构成，亨利只让自己了解和信任的朝臣担任这些职位。如果连他们都靠不住，那就没有人能靠得住了。不用说，亨利会通过密探彻查他那些官员的忠诚。其中一个可以确定的密探就是副总督的女婿约翰·弗拉曼克（John Flamank），他也是因参加1497年康沃尔叛乱而被处死的律师托马斯·弗拉曼克的弟弟。

看了1504年弗拉曼克的一份秘报，国王一定深感不安。该报告洞察到很多有身份有地位的英格兰人对王位继承问题非常担忧，甚至那些对国王最忠诚的人也是如此。它也表明亨利七世的大多数臣民从心里厌恶他们的君主。即使到现在，都铎王朝都还没有站稳脚跟，而且事实上，一些重要的人把埃德蒙·德拉波尔看得非常重要。

这份报告涉及加莱举行的一次会议。出席会议的有财务官休·康韦，他在博斯沃思战役中为亨利而战，后来还曾做过爱尔兰的财务官。另外到会的还有副总督理查·南凡爵士（Sir Richard Nanfan），他来自康沃尔的特雷威尔，是弗拉曼克的岳父。南凡是"一位德高望重的老骑士"，[2] 他生于1445年，也曾参加博斯沃思战役并为亨利而战，他还多次率使团去西班牙执行重要的外交使命。他雇佣了一名专职牧师，是一位非常聪明的年轻人，名叫托马斯·沃尔西（Thomas Wolsey）。与会者还有守门官辛普森·诺顿爵士（Sir Sampson Norton），他还曾经担任过条例官（Master of the Ordinance），此外还有威廉·南凡（William Nanfan），他可能是理查·南凡的弟弟，再就是弗拉曼克本人。休·康韦让他们发誓不对参会者以外的任何人透露他们会议的讨论内容，除了"如有必要，可以让国王陛下知道之外"。

会议一开始，休·康韦警告理查·南凡他曾处在巨大的危险之中，他应该感谢上帝让他逃脱险境，康韦还说他知道派去行刺副总督的人是谁，而且也知道他们背后的人是谁。理查·南凡自然想立刻知道他们是谁，但康韦说以后再告诉他。他解释说每一位与会者在加莱都有敌人，尤其是那些凭借宫务大臣多布尼大人的影响力获得职位的人。"和你们不同的是，我和守门官大人与他无关。"他能想到的唯一可能树敌的原因是他做事忠心耿耿——是"我们遵从国王的意愿"。

然后康韦说，多布尼大人对朝廷的忠诚可能不可信，"如果上帝突然让世事变更，很难清楚人们是怎么想的。"理查·南凡打断他的话，说他可以以圣礼发誓，宫务大臣（多布尼在博斯沃思战役也为亨利而战）和其他活下来的人一样忠诚国王。辛普森·诺顿认同理查·南凡的看法。但是南凡承认贾尔斯·多布尼（Giles Daubeney）至少有一次"曾懈怠过"，就是1499年康沃尔人叛乱的时候，多布尼没能在叛乱者到达肯特之前驱散他们，这一失误令亨利国王非常生气。

进一步讨论之后，休·康韦被迫收回他所说的话并承认"宫务大臣大人……和其他活下来的人一样爱戴国王。"但是，他也说"我们要明白，世事变化，人心就会变化。"也许他是担心自己会被多布尼的门客取代。

他真正想要谈论的是更为重要的事情。他接下来提醒大家"国王陛下体弱多病，不可能活太长时间"，特别是最近国王在萨里郡的温斯特庄园病得很重。那时候，休·康韦发现他"身处许多大人物中间"，正在讨论如果亨利国王去世了将会发生什么。弗拉曼克报告说："他们中的一些人说白金汉大人是一位尊贵的人，可能会成为国王"，他没有说出他们的名字，但他回忆了那些人是怎么说的。"在场的其他人也同样提到了叛徒埃德蒙·德拉波尔，但是没有人提及我们的王子殿下。"

显然，财务官所说的那些"大人物们"都非常清楚地记得12岁的爱德华五世是如何失去王位以及被谋杀的。虽然二十年过去了，但格洛斯特公爵理查的政变依然留下了很深的阴影。1504年，新的王位继承人约克公爵，即未来的亨利八世还是个孩子，他只有13岁。他的弟弟埃德蒙不久前夭折，因此除了他鳏居的父亲之外，他是唯一幸存的王室成员，因此人们很容易认为都铎王朝有绝嗣的危险。

当辛普森问他是否已经报告国王，休·康韦请求允许他说完。他继续说，自从他来到加莱之后，他反复对吉斯内斯城堡中尉尼古拉斯·沃克斯爵士（Sir Nicholas Vaux）和加莱城堡中尉安东尼·布朗爵士（Sir Anthony Browne）说过这些话。两人都给出了相同的回答：他们在城堡中感觉足够安全，"而且不论世事如何变化，也一定会确保和平"。之后，所有参加会议的人都强烈要求休·康韦应该告诉国王。

休·康韦回答说："如果你像我一样了解我们的主人亨利国王，你向他透漏任何此类事情都会小心谨慎，因为他会认为你所说的是出于嫉妒、恶意和怨念。"然后他解释了从前这类事情给他带来的麻烦。1486年，一位朋友偷偷告诉他，理查三世从前的亲信洛弗尔勋爵在科尔切斯特的避难所里密谋策划叛乱，他立即将这一消息告诉了雷金纳德·布雷爵士，布雷将他带到国王面前。亨利问康韦是谁提供的消息，他没说，因为他已经发誓要为提供消息者保密，结果就是他向国王报警反而惹怒了国王。

理查·南凡也无奈地承认亨利国王确实有对预警报告刨根问底的倾向。南凡讲述了他和辛普森曾报告，他们怀疑詹姆斯·蒂雷尔——杀死塔中王子的凶手——作为德拉波尔的支持者前不久被处死，但咨议会不相信他们，说他们恶意中伤。理查·南凡曾写信报告国王，罗伯特·克利福德在加莱到处宣称珀金·沃贝克是爱德华四世的儿子。南凡说："没有什么话比他们说的更让我心寒了"——亨利要求理查出示证据，他让克利福德在城镇警长面前重复这些话，"否则我就得陷入巨大的麻烦"——南凡指的是他有可能被绞死。结果，会议被迫同意休·康韦的意见，即需要为他的指控搜集更为可靠的证据。

休·康韦说，每一位参会人员都处于极度危险之中。因为他们没有用以避难的堡垒（不像沃克斯或布朗他们），而他们在加莱有太多的敌人，他们"想要把我们全毁灭，把我们全杀了"。而且，还有人写预言书，宣称亨利不会比爱德华四世统治的时间长，爱德华只统治二十二年多一点，但康韦没有详细说明情报的来源。

因为担心谈话会报告给国王，休·康韦的听众们都气愤地拒绝相信预言书，表示他们忠诚于亨利七世和都铎王朝。诺顿建议休·康韦烧毁那本预言书，并且说他希望作者不得善终。理查·南凡说："请你不要再谈论有关国王的预言了。"他说休·康韦所说的事他本人从未听说过。"我祈祷我能先国王而去，也祈祷他的儿子可以统治英格兰王国。"

为了回应众人，休·康韦强调说，他只是为了国王和他的孩子们着想才提这些事的，同时也是为了加莱的安全着想。如果不敢开心扉来谈这些事情，就什么也解决不了。只要在城堡中，这里就不会安全。"因为城堡是加莱城的核心所在，若有人有异心的话，他可以趁我们熟睡之际，让他的人一夜之间灭掉我们所有人。"伊丽莎白·露西（Elizabeth Lucy），即"露西夫人"是加莱城堡中尉安东尼·布朗的妻子。作为已故立王者沃里克（Warwick, the Kingmaker）的侄女（其父蒙塔古侯爵死于1471年的巴内特战役），她对王位继承有自己的想法。休·康韦继续说到，一旦亨利国王去世，"她在这个城堡中，而她的表亲埃德蒙·德拉波尔有王位继承权……她将尽其所能帮助埃德蒙……到时候让他从城堡的后门进城，毁灭我们所有的人。"

休·康韦说即使现在距博斯沃思战役结束已经近二十年了，但加莱仍然有与都铎政府势不两立的约克派。他和他的同僚们必须时刻保持高度警惕，以防国王突然去世。他还说加莱正对着海峡对岸的肯特，他知道在肯特有萨福克的强大支持者，如理查·吉尔福德。

理查·南凡假惺惺地声称——根据会议记录确定无疑已经是第三次了，他乞求上帝不要让他活着看到国王离世，但是无论发生什么，他们一定会确保加莱掌握在"我们的君主"手中。上帝会保佑他们"摧毁所有心存恶念和有异心的首领和头目"。如此一来，其他人就应该容易掌控了。

弗拉曼克对他迄今所报告的一切做了总结，同时他坚持认为，南凡和诺顿应该将这次会议谈论的内容详细汇报给国王。然而，他接下来所报告的事情减损了这份报告的可信度，他说他听诺顿和威廉·南凡提到，休·康韦曾数次说过现任教皇之后罗马不会再有教皇，而且亨利七世之后爱尔兰也不会再有国王。最后，他的报告记述了他与财务官的一次谈话，财务官告诉他，他已经向理查·南凡和诺顿提了一个好建议：因为弄清英格兰正在发生的事太过困难，所以雇一个可靠的人，把他"安插在宫廷……他可以随时向我们发送消息，让我们知道发生了什么事情"。但休·康韦准备只支付一半的费用，"因为只有上帝知道会突然发生什么"。

毫无疑问，这份报告明显体现了对休·康韦的偏见，大概是弗拉曼克和诺顿想让他被罢职。休·康韦被描述成极度绝望、心神不安，而且已经到了歇斯底里的程度，报告还提到他不喜欢多布尼大人，这可能是有意制造嫌隙。可以确定的是，理查·南凡才是这份文件的真正作者，尽管不是他亲自写的，因为他所做的忠诚表白全都被仔细地记录下来了。

让这份报告体现出说服力的是，一年前，有位密探告发理查·吉尔福德准备迎接萨福克。作为宫廷前管家的吉尔福德在布列塔尼时就跟随亨利，而且在博斯沃思也为他而战。尽管可能没有什么事实根据，但如此严重的指控，只要有一点实质性的东西就足以让他负债累累甚至死亡。尽管国王暂且信任吉尔福德，但在1505年以吉尔福德担任军械主管（Master of the Ordnance）时对账目保管不善为由将他逮捕，关进弗利特监狱。吉尔福德的职业生涯结束了。第二年，他去耶路撒冷朝圣，后来死在那里。吉尔福德的垮台很可能与国王怀疑他的忠诚有关。

国王连吉尔福德这样核心支持者的忠诚都怀疑，那他害怕萨福克也就不足为怪了。

第16章　1505年冬—1506年：要命的风

之后国王和勃艮第公爵达成协议，遣送埃德蒙·德拉波尔回国，于是他就被遣送回来了。

——《伦敦灰衣修士编年史》[1]

既使在亨利七世身体状况恶化之前，人们就已经察觉出他的精神有些失常。正如已经提到过的，其中一个症状就是陷入对埃德蒙·德拉波尔的狂热仇恨中不能自拔。亨利的密探已经和这位白玫瑰进行了接触，尽最大的努力劝埃德蒙回国。毫无疑问，他们用尽各种劝诱手段，并承诺他所做的一切都会得到宽恕。埃德蒙处境悲惨，所以说服自己相信这些是有可能的。毕竟，皇帝马克西米连也提过这样的建议，而且还向他保证会设法促成这一结果。1506年1月底，埃德蒙决定和国王谈判。信件中的傲慢措辞表明，他认为自己是谈判的主导方，因此可以谈条件。

1月28日，如埃德蒙所称，"正统的杰出的王公埃德蒙阁下、萨福克公爵"郑重委托他信任和挚爱的仆人，即他的管家托马斯·基林沃思和约翰·格里菲思向亨利国王转达他们主人的意愿。他父亲的公爵领、所有财产以及爱德华四世强制他家族出租给温莎教士的莱顿巴泽德城镇都应归还给他，恢复他妻子、女儿以及他弟弟理查的一切合法权利，恢复他弟弟威廉·德拉波尔以及所有因他被捕入狱的人的自由。乔治·内维尔爵士的土地应予以归还。埃德蒙还提出让亨利帮他恢复自由，如果菲利普大公一直强行囚禁他的话。然而，在埃德蒙写信的时候，他没有察觉到他的狱卒菲利普大公身上所发生的事。[2]

这个月月初，菲利普大公乘船前往西班牙。作为哈普斯堡皇室领地和神圣罗马帝国的继承人、作为勃艮第公爵——低地国家的君主，菲利普大公已经娶了乔安娜公主（Princess Juanna），乔安娜是阿拉贡的凯瑟琳的姐姐，也是西班牙王位的女继承人。自从岳母伊莎贝拉女王去世后，菲利普大公就自称卡斯提尔国王，这让他的岳父阿拉贡的斐迪南非常恼火。然而，大公还是决定访问这个国家并收回他妻子所继承的权利。他的舰队浩浩荡荡地从西兰岛起航，当天晚上渡过加莱海峡时，熊熊燃烧的火把将船照的亮如白昼，他们还鸣枪吹号以示炫耀。然而，海峡刮起了猛烈的风暴，风力越来越强劲，菲利普的舰队被风吹得偏离了航向。在风暴面前，每条船都只能各自顾命。

在英格兰，这场记忆中最强劲的暴风雨开始于1506年1月15日下午，"可怕的风暴忽大忽小，一直持续了11天"。[3]在伦敦，风暴掀翻了屋顶上的瓦片，毁坏了所有的房屋而且还刮落了古老的圣保罗大教堂尖塔上的风信标。海上的风暴更为猛烈，尽管大炮被扔下了船，但菲利普的船舷还是一度没入水面，而且他被一股巨浪击倒，只得拼力抓住绳索。他的船终于驶进了多塞特的梅坎贝里杰斯（Melcombe Regis），就在韦茅斯的对面。菲利普大公幸免于难。作为一名初次乘船者就经历了如此险境，所以他坚持上岸休整，尽管他的朝臣提醒他很危险。

根据波利多尔·维吉尔的记载，亨利七世听到菲利普到达的消息后非常欣喜。"当他意识到这是天赐良机，可以借此机会抓住几年前的阴谋集团领导人萨福克伯爵埃德蒙·德拉波尔时，他几乎不相信自己竟然会有这么好的运气。"[4]

亨利立刻派阿伦德尔伯爵（Earl of Arundel）率300名士兵把菲利普带到伦敦，这些士兵一路拿着火把护卫，因为当时正值严冬，路面上都是积雪。菲利普大公本是亨利国王的囚犯，但他受到热情款待并被封为嘉德骑士。亨利本是欧洲出了名的讨价还价高手，菲利普最终在盟约上签了字，由此结束了近来英格兰和弗兰德斯之间的商业纠纷。该条约让英格兰占尽了便宜，因此低地国家将该条约视为邪恶条约（Evil Treaty）。总而言之，大公很不情愿地同意交出埃德蒙·德拉波尔。

亨利七世远不止同意饶恕埃德蒙。艾德里安·德拉科伊（Adrian de la Croy）（菲利普大公的一位朝臣）告诉皇帝，亨利已经给了他主人一份"盖着本人印章的"书面承诺书，里面说无条件赦免萨福克伯爵，并归还他的财产。[5]威尼斯的史料也证实了这一点。但这份承诺书在委托给一个人后碰巧丢失了，那个被委托人似乎是在弗兰德斯时被斐迪南国王的大使投毒了，所以此事应与亨利无关。

毫无疑问，只有移交萨福克，菲利普大公才被允许离开英格兰。菲利普的官员以最快的速度去了幽禁萨福克的梅赫伦，3月16日这天把他带到加莱。据维吉尔说，埃德蒙倒是没有特别担心，因为他相信菲利普很快会劝亨利宽恕他并归还他财产。一个星期后，这位白玫瑰在约翰·威尔特爵士和加莱卫戍部队六名士兵的护送下，穿过海峡，到达多佛，然后被立即带往伦敦。等到了伦敦，埃德蒙的一切幻想都破灭了。尽管亨利承诺要宽恕他，尽管维吉尔将这描述为"体面的监禁"，但他还是被囚禁在伦敦塔的牢房里，可能还戴上了枷锁。[6]

国王下令审问埃德蒙，而且暗示如果他不配合就严刑拷打。在审问中，埃德蒙详细交代了他的所有追随者以及他们为了他的大业所采取的一切行动。他说出的人有伯格文尼勋爵和北安普顿郡格林诺顿的托马斯·格林爵士，他们被逮捕并被带到伦敦塔受审。但是没有什么确凿的证据，因为埃德蒙只说他们是他的支持者，而没有指控他们参与阴谋。伯格文尼很快被释放，但托马斯爵士生病了，他死在了伦敦塔。维吉尔评论说亨利国王怀疑萨福克伯爵没有说实话，可能伯爵是为了报复才说了这两个名字，但更有可能的是，他这样做是为了留下配合审问的好印象，好让自己免于酷刑。[7]

萨福克牵涉出来的另外两个人却遭受了酷刑，这意味着有证据表明他们曾准备为他起来谋反。《加莱编年史》让我们知道了多塞特侯爵和威廉·考特尼身上发生的事情："他们都是已故王后伊丽莎白的族亲，和王后属于同一血统"，他们在伦敦塔被囚禁了很长时间。1507年10月，这俩人被押送到海

第16章 1505年冬—1506年：要命的风

峡对岸，"他们被囚禁在加莱城堡直至亨利七世去世，如果亨利七世活得时间再长一点，他们很有可能就被处死了。"[8]

实际上那个时候，国王的身体非常虚弱。在去世前的三年，亨利每年春天都会生病，身体健康状况急剧下降的同时还伴随着精神状态的明显衰退。早在1502年，维吉尔就注意到，亨利对臣民更加严酷，所以维吉尔说亨利是想通过恐吓让他们忠诚。[9]

尽管因为现在白玫瑰被严密关押，亨利的统治明显地稳固了，但他仍然没有安全感。有迹象表明，在用了几十年的时间一次又一次击败约克派王位觊觎者后，亨利的妄想症变得愈加严重，他甚至将自己的儿子和继承人也视为潜在的竞争者。最具讽刺意味的是，"都铎王朝的希冀"也需要被严密监视，秘密看守，以至于他（未来的亨利八世）也几乎处于严密关押状态。若不考虑性格问题，可能他的父亲认为自己的儿子是个非常危险的年轻人。

亨利七世统治末期不仅对国王自身，甚至对英格兰来说都是一个非常不幸的时期。在愈演愈烈的贪欲驱使下，亨利以具结保证的方式威慑潜在的反叛者（因为毁灭性的罚款就悬在他们的头上），压榨他们的财物。现在，他的主要大臣是两位残酷无情的、年轻且野心勃勃的人，他们是理查·恩普森爵士（Sir Richard Empson）和埃德蒙·达德利（Edmund Dudley），这两位都是残忍的勒索者。培根评论说："恩普森和埃德蒙的压榨要比以往任何时候压榨得都厉害，因此就出现了一个奇怪的事情，那就是看着灿灿黄金如雨般倾泻到国王的金库里。可能亨利七世想给自己的儿子留下一个王国以及大量的财富,因此他一定会选择最得力的人。"[10]

不管这种财富带有什么样的政治色彩,但无可非议的是,那些拥有大量财产的小乡绅和富裕的市政议员成了最具吸引力的目标,而且有迹象表明,那些与约克派有长期联系的人都是被作为目标专门挑出来的。亨利七世去世后,达德利等待处决,他写了一份"陈情书",提到了那些遭前国王勒索的受害者。在这些人中有诺森伯兰伯爵——他父亲的忠诚也曾屡遭怀疑,还有托马斯·布劳顿的朋友和邻居弗内斯修道院的院长,此外还有北安普顿的威廉·凯茨比(William Catesby),他的父亲是理查三世的亲信。[11]

在此期间,约克派的王位觊觎者白玫瑰埃德蒙的命运可能更加不幸。他随时可能被带出伦敦塔以叛逆罪处死,而且都不需要审判,因为他在流亡期间就被判处死刑了。1507年,他那忠实的管家基林沃思派人给马克西米连皇帝送去了一个"纪念物",他说如果英格兰国王去世,"埃德蒙公爵大人将陷入极其危险的境地。"[12]整个欧洲都知道亨利七世的健康是被吓垮的。

1509年4月21日,亨利七世去世。他通过坚持不懈的警惕成功地保住了王位,因为有来自白玫瑰的威胁,他一刻也没有放松或享受过他所赢得的一切。不过,亨利七世在弥留之际告诉他的儿子,自己在统治期间曾做了一些不公正的事,他对此深感内疚,尤其是对沃里克伯爵的死,他嘱咐他的儿子恢复沃里克的姐姐玛格丽特的财产继承权。[13]

第二部分
亨利八世与白玫瑰

第17章 1509年春：一位约克派都铎君主？

> 一朵玫瑰，红白叠色，合二为一，吐艳芬芳。
> ——约翰·斯凯尔顿：《礼颂我们至高无上的国王》
> （1509年）[1]

在一首颂扬亨利八世加冕的诗中，托马斯·莫尔说他是新弥赛亚降世，这或许有些夸大。然而，自1422年亨利六世登基以来，还没有哪位英格兰君主以如此平静的方式登上王位。新君宣称自己是约克家族的继承人，大多数英格兰人也认为确实如此，这比都铎家族假称代表兰开斯特家族的依据更令人信服。约翰·斯凯尔顿（John Skelton）在他的《礼颂国王》中明确写道："国王的血统及最正统的权利确凿无疑。"爱德华·霍尔称亨利八世国王"是承袭两个家族的正统继承人"，以此强调他同时拥有白玫瑰和红玫瑰家族的血统。[2]

亨利甚至长得有点像他的外祖父爱德华国王，英俊高大，身高超过六英尺——在那个时代大多数人的身高都不足五英尺，亨利精力充沛且体格健壮，和他外祖父一样风度翩翩、魅力十足。他有着细长的脖颈，一张如女孩般精致漂亮又感性的面孔，浓密的红褐色长发拂在脸庞上，当时的人说这是属于漂亮女子的面相。1513年的一幅很普通的肖像画也同样展现了亨利非同寻常、引人瞩目的英俊外表，这幅肖像画为一位不甚知名的宫廷艺术家所画，更有可能是一位法国画家。然而，也有人说亨利的眼睛看起来有些小，就像鸟的眼睛，此外，他的嘴长得也有点怪，几乎和两个鼻翼之间的距离一样宽，晚年的亨利抿紧嘴唇的时候确实是这个样子。

1509年6月，在他登基两周前，亨利与他哥哥的遗孀阿拉贡的凯瑟琳结婚。尽管王后比亨利年长七岁，但也只不过24岁而已。王后高贵典雅、漂亮聪慧、善解人意、怜恤民生，而且对这个她嫁入的国家有一种本能的理解。大多数英格兰人都很热爱这对年轻的夫妇，他们所主政的朝廷极具感召力。国王还未满18岁，非常热衷于享乐，凯瑟琳王后还记得她刚结婚的那段时间，宫廷不断举办大型宴会。

爱德华·霍尔是亨利八世忠诚的编年史官，他的作品充分反映了亨利统治初期宫廷的恬静与祥和。

> 即位的第二年，国王便不再懒散，而是充满朝气和活力。国王清晨很早起床，去折五月花或者绿树枝。他精力充沛、衣饰华丽，身着白色绸衣的骑士、扈从和近身侍卫环绕在他身旁。
>
> ……他们携带弓箭陪同国王去林中打猎，而后前往宫廷休憩，每个人的帽子上都插着一根绿树枝。在归途中，许多听说国王要进行五朔节庆祝的人们都想观看他

"理查四世"——珀金·沃贝克

很多人认为他是约克公爵（塔中王子中的小王子）。（照片，作者采集）

圣约翰骑士团大团长法拉·约翰·肯德尔

他的秘书背地里指控他与珀金·沃贝克联系并图谋杀害亨利七世。

（照片，作者采集）

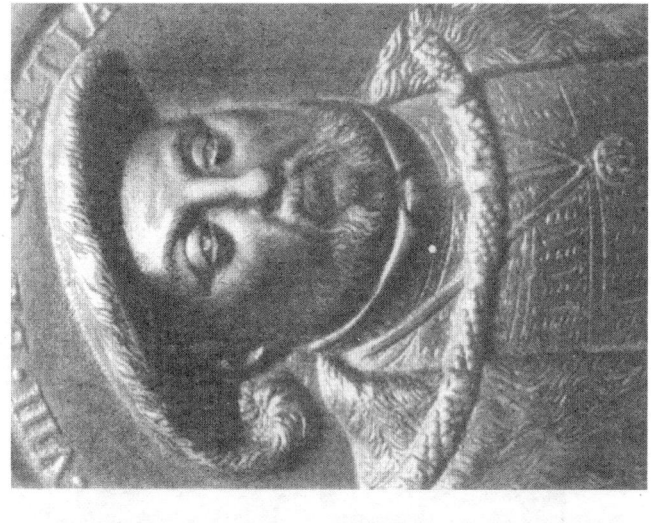

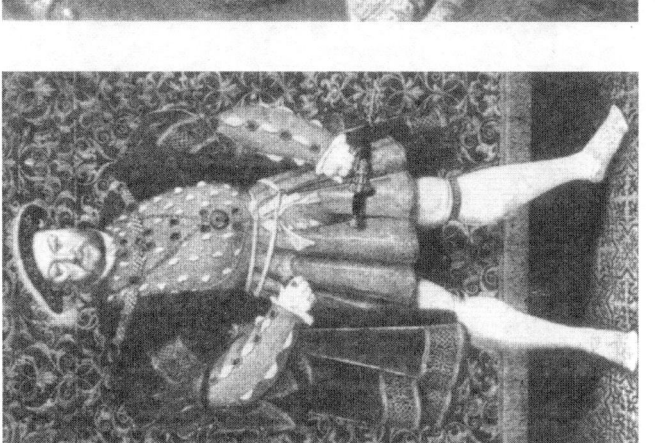

盛年时期的亨利八世

查茨沃斯的霍尔拜因所画的肖像画的复制品,怀特霍尔宫中的壁画,已遗失。(照片,作者未集)

年老多病而又残忍的亨利八世,16世纪40年代,史蒂文·范·赫里克制作的肖像勋章。(照片,作者未集)

托马斯·克伦威尔，亨利八世的首席大臣，他对白玫瑰家族的巨大威胁性深信不疑，1538年他通过捏造所谓的"埃克塞特阴谋"摧毁了他们。霍尔拜因所画的肖像，此为17世纪的复制品，出自英国国家肖像艺术馆。

（照片，作者采集）

约翰·费舍尔主教，他因为拒绝接受亨利八世与罗马教廷决裂于1535年被砍头。他支持玛丽和一位约克派女王丈夫取代亨利国王的计划。

（照片，作者采集）

雷金纳德·波尔（1500—1558年），克拉伦斯公爵的外孙

16世纪30年代，约克派希望他成为玛丽·都铎的丈夫。亨利八世将波尔视为危险的王位竞争者，曾派杀手前往意大利暗杀他。

（照片，作者采集）

萨里伯爵亨利·霍华德（1517—1547年）

因为被怀疑图谋夺取王位，他被亨利八世砍头，而唯一的"证据"是，他将一位英国撒克逊国王的盾徽添加到体现其家族英雄业绩的徽章里。
（照片，作者采集）

的狩猎成果,当时国王射箭的强劲和精准不输于他的任何一名侍卫。

从那时起,整个王廷迁至温莎。此后亨利国王每日习练射箭、唱歌、跳舞、格斗、棒球、竖笛、长笛、维金纳琴,谱写歌词和民谣,技艺日益精进。国王谱写了两首优美的赞美诗,每首由五部分构成,国王的小教堂和其他许多地方经常唱诵它们。国王还常常前往经常举行骑士竞技比武大赛的沃金,以狩猎、司鹰和射箭来消磨闲暇时光。[3]

此外还有意大利时尚的宴会和化妆舞会,它们刚刚出现在英格兰。

不过,亨利八世还爱好学问。伊拉斯谟(Erasmus,不久后成为欧洲最有名的学者,曾受邀到亨利的宫廷)曾对一位朋友说道:"你很可能会说他是一个全才,他不忘学习,无论何时,只要国事闲暇,他就会阅读或讨论,他喜欢讨论,而且极其礼貌和蔼。他更像是一位朋友而非国王。"[4]如同人文主义者迷恋古希腊和罗马一样,亨利喜欢神学,他最爱阅读托马斯·阿奎那的著作。

尽管处处是欢乐祥和的景象,但有些人仍然视新国王为僭越者,虽然他有约克家族的血统。因为史料缺乏,我们无法就都铎家族如何攫取王位进行清楚的解释,但是人人都知道他们是新贵。1541年,科尔切斯特的一位裁缝讲述了欧文·都铎引诱亨利五世的遗孀以及创建家族财富的猥亵故事。[5]不管怎样,王廷的老臣们都没有忘记爱德华四世和理查三世。王位合法性的疑云仍旧笼罩着都铎王朝。

亨利八世从一开始就意识到了这一点,即使是在他与臣民关系和睦的时期也是如此。历史学家有时候称埃德蒙·德拉波尔为约克家族最后的王位索求者,然而亨利从不这么认为。尽管亨利看起来是一位理想的人文主义者,有文化、有教养,但对王位竞争者的恐惧——无论是想象中的还是真实的恐惧——一直困扰着他,直至他去世。当他还是个孩子的时候,他是否已经意识到自己王位权利的脆弱性?他读过弗拉曼克的报告或其他类似的报告么?

亨利的不安和担忧很快就表现出来了。尽管年轻时候的亨利八世与中年时期恶魔般的亨利八世有明显不同,但他们都是同一个亨利八世——神经敏感、喜怒无常、疑神疑鬼。亨利八世在很多方面非常像爱德华四世,这位国王将自己的弟弟克拉伦斯公爵溺死在马姆齐甜酒桶中,将自己的妹夫埃克塞特公爵(Duke of Exeter)从船上扔入大海,还命人谋杀了亨利六世国王。不可否认,新国王是在当政很长时间之后才性情大发的,他变成了英格兰的"恐怖伊凡"。两位为他父亲征收税赋、令人憎恨的官员达德利、恩普森成了替罪羊,他们被指控叛逆罪,而且是基于伪证受审和定罪,最终被处死,尽管依法他们并未犯罪——这是国王第一次实施合法谋杀。

4月30日,国王宣布特赦,然而有80人被排除在特赦之外。[6]王恩并未惠及白玫瑰,埃德蒙·德拉波尔与弟弟理查、威廉位列国王不予赦免的人员名单之首。依据国王的特赦令，乔治·内维尔爵士与约克家族坚定的拥护者及"约克公爵"智囊之一的老约翰·泰勒依然被羁押在伦敦塔。

一支侍卫队或长矛卫队（Band of Pensioners or Spears）加强了王廷卫队的力量（作为英王侍卫队的荣誉兵队，这队士兵至今仍在）。"这一年（1509年），国王任命50位乡绅组成长矛卫队，每位长矛卫士配一名弓箭手、一名短矛兵和一名剑兵——短矛兵是配备短矛的步兵，剑兵是配剑的仆从，他们骑着高头大马，做长矛卫士的随从。"不同于王廷卫队的约曼农，长矛卫士专门从乡绅上层招募，因为他们的装备极其昂贵："他们身着镶金嵌银的衣饰，马匹的鞍鞯也饰以金匠制作的饰物，他们的随从也衣饰华丽。"[7]尽管他们在作战时作为军事单位参加战斗，但在其他时候和大臣们并没有什么区别，他们更类似于现代意义上的保镖，时刻准备应对任何可能的刺客。

同样，嘉德骑士团（Knights of the Garter）也不再宣誓保卫温莎神学院，而是宣誓为国王的"荣誉、争端、权力、领土和事业而战"，不言而喻，此语宣示了国王自己的王位权利和反对觊觎者的权利。[8]

亨利的不安感也表现出来了，主要体现在执政早期他试图赢得约克家族亲戚的支持方面。沃里克伯爵的姐姐玛格丽特·金雀花嫁给了亨利七世母亲玛格丽特·博福特的同父异母姐姐的儿子，是玛格丽特·博福特安排的这桩婚姻，尽管将这个女孩送往修道院可能更为明智。玛格丽特·金雀花的

第17章 1509年春：一位约克派都铎君主？

丈夫是白金汉郡曼迪汉姆的理查·波尔（Richard Pole）（与德拉波尔家族没有关系），他是一位坚定的都铎死党，但1504年理查·波尔死后，玛格丽特的生活每况愈下。

根据玛格丽特之子雷金纳德·波尔的说法，亨利八世对沃里克的死感到非常愧疚。国王刚刚继位，就拨给玛格丽特100英镑作为年金。1513年，亨利八世甚至批准了玛格丽特要求恢复沃里克被剥夺的财产和权利的陈情书，可能还是亨利指示她上呈陈情书的。其后，亨利又晋封玛格丽特为索尔兹伯里女伯爵（这是她弟弟曾经的头衔之一），并归还了她母亲内维尔家族的诸多财产。然而，国王这样做只是为了让玛格丽特宽恕他父亲亨利七世对她的种种伤害，亨利如此行事，唯一的可能就是她的弟弟沃里克是被谋杀的。玛格丽特的长子后来授封蒙塔古勋爵，这是属于内维尔家族的一个头衔。1516年，玛格丽特受国王之邀成了国王长女玛丽公主的教母，不久之后，她又被任命为公主内府的家庭教师。

尽管被排除在国王特赦名单之外，但凯瑟琳·金雀花（已故伊丽莎白王后的妹妹）的丈夫威廉·考特尼——此时已成为德文伯爵——很快从伦敦塔中被释放。他还没有享受继承权多久，就于1511年去世。他的儿子亨利，也就是爱德华四世的外孙，被封为埃克塞特侯爵。此外，萨福克的另外一位支持者多塞特侯爵也被释放，他的侯爵领地也予以归还。

然而有一天，亨利突然转而攻击他的白玫瑰表亲们。尽管在最初统治的几年里他表现得和蔼友善，但他残忍的本性早已显露出来。因为过于相信国王拥有良好性情的传闻，著名的约克派约翰·帕勒本（John Parleben）愚蠢地返回家中，试图获得国王宽恕。然而，1510年10月，枢密院宣布帕勒本"是在海外阴谋反对国王父亲的罪大恶极的叛贼之一"，他很快被逮捕。亨利明确命令，即使特赦令已经下达和签发，帕勒本也永远不会获得宽恕。[9]据推测，帕勒本很快就在绞刑架上被了结了。

因为渴望在欧洲政治舞台上显露头角，亨利希望重启百年战争，以获得他的金雀花先祖所宣称的法国王位。1512年，他率领1.2万名士兵首次远征吉耶纳，但以惨败告终。亨利的士兵待在吉普斯夸海边的营帐里，斐迪南国王讥讽说，在他攻占纳瓦拉南部的时候，他们起到了转移法军注意力的作用。亨利的士兵因为喝了当地的葡萄酒而得了痢疾，因此丧失了战斗力，最终导致士兵哗变，他们坚决要求乘船返回英格兰。

然而，在他的新任大臣托马斯·沃尔西的鼓动下，1513年仲夏，亨利八世再次率军入侵法国。这是一支令人难忘的大军，它包括国王的王廷卫队和近卫骑士，它们作为军事单位一同参与战斗。8月，从加莱一路急行的亨利骑兵部队出其不意地击溃了一支法国军队，因为交战迅捷，此役被称为"马刺之役"（Battle of the Spurs）。9月，亨利夺取法国小镇泰鲁阿讷（Thérouanne），仅仅围攻一周，就攻陷了图尔奈。

苏格兰人趁机入侵英格兰北部，但被70岁高龄的萨里伯爵歼灭于弗洛登。苏格兰国王詹姆斯四世战死，很多苏格兰大贵族也战死沙场。萨里伯爵建立殊勋，其家族的诺福克公爵领得以恢复。在法国取得的胜利让亨利倍感欣喜，尽管这些胜利都不大，但它们是近一个世纪以来英格兰对法国的首次军事胜利——国王凯旋，臣民更加爱戴国王。

然而，为了应对英军入侵，法王路易十二（Louis XII）任命埃德蒙·德拉波尔的弟弟理查为军事指挥官。亨利担心会发生针对都铎王朝的政变，这会让他沦为阶下囚，于是他在出兵法国前下令处死了埃德蒙。如同1502年《褫夺公权法案》判处伯爵死刑一样，处死埃德蒙也无需审判。1513年5月4日，埃德蒙从监狱被押往塔丘秘密斩首。[10]

埃德蒙之死为另一位更强大的白玫瑰铺平了道路。

第18章　1513—1521年：水上国王

> 然而作为老手和精明的政治家，他的兄弟理查非常狡猾地发布和传递消息，极为明智地使自己虽身处暴风雨中而又不让自己深陷其中，不论是罗网还是陷阱。
>
> ——爱德华·霍尔：《两个高贵显赫的贵族家族——兰开斯特和约克家族的联合》（1548年）[1]

1515年，一位备感荣幸的威尼斯使节报告说，亨利八世的闲谈和开玩笑的友善方式让外国使者着迷。然而大笑和拍肩示好只不过是掩盖真实想法的好方式，国王一心想要谋杀埃德蒙·德拉波尔的弟弟理查。但令人沮丧的是，国王的密探们发现搜捕理查极其困难。

像先王亨利七世惧怕珀金·沃贝克一样，这个不太为人所知的表亲也让亨利八世国王害怕。1500年流亡海外时，理查只是一个19岁的青年，在英格兰几乎没人注意过他。德拉波尔家族从前在东盎格利亚和泰晤士河畔的领地及佃户、仆从早被授给新的领主。然而毫无疑问，国王还是担心理查，他深信还有一股强大的约克派秘密力量，事实上是国王高估了约克派的势力。

1504年,理查留在亚琛作埃德蒙(那个时候他还未被亨利七世抓获)的债务保证人。在一封绝望的信中,他恳求他当时卑微求活的兄长给他送些钱来。[2] 在另一封言辞谨慎的信中,他说在亚琛的街上,莱珀特的房东马丁和其他债主老是找他讨账。亨利八世给那里的市民写信,悬赏缉拿理查。人们警告理查不要上街,因为亨利正悬赏杀他,尽管理查怀疑告知他这些是为了吓唬他,好让他返回英格兰。他信誓旦旦地写信说,若埃德蒙能够使他脱离困境,"你就会知道不管发生什么,我都是你忠诚的弟弟"。[3] 两天后,无计可施的埃德蒙告诉基林沃思,"我弟弟要么被递解到国王那了,要么被迫弃我在逃,要么在亚琛被市民杀了"。[4] 1506年1月,理查以同样悲痛的心情给自己的哥哥写信:"我处于极度痛苦和贫穷之中,我无以慰藉,只期盼你能解救我,然而我的期盼一无所至,你或其他人都无踪迹,为此我祈求上帝让我离开这个世界。"[5] 埃德蒙被移交英格兰后,理查似乎已经陷入绝境。但几乎是奇迹般的,新任列日主教埃弗拉德·德拉马克(Everard de la Marck,后来的布永红衣主教)救了理查,他不仅替理查还清了债务,而且为了使理查尽可能远离亨利的追捕,他还把他送到了布达(Buda)的匈牙利宫廷。与埃德蒙或基林沃思不同,这位主教知道如何充分利用德拉波尔家族与已故匈牙利王后安(Queen Anne of Hungary)的亲属关系,安来自富瓦-康达尔家族(Foix-Candale),是这个年轻人的表亲。1506年8月,理查到达匈牙利,受到拉迪斯拉斯二世(Ladislas II)国王的热情欢迎,他还为理查提供了年金。

德拉波尔家的管家依旧在亚琛，名义上为理查服务。1506年8月，亨利七世给予伦敦的托马斯·基林沃思"绅士"赦免令，尽管他不久前被褫夺公权。赦免令规定，"无论何时国王想要单独讯问他，或不论何时国王的枢密大臣就有关国王陛下及王国的安全事务讯问他，他都要接受讯问。"亨利是想让亚琛的这位管家跟他配合，辨认并追捕国内外的约克派——包括理查·德拉波尔。[6]

然而，基林沃思不理会这个赦免令。9月，他从埃弗拉德·德拉马克主教那里获得了去往列日和他所掌管的其他城市的通行证，并在四名身佩短剑、手持长矛的仆从的护卫下上路。他需要通行证，这样才能接受理查的邀请前往匈牙利。1507年3月，基林沃思到达匈牙利，理查立即将他派往康斯坦茨，请皇帝为德拉波尔兄弟提供保护，当时康斯坦茨正在召开帝国议会。

管家用不太标准的拉丁文给皇帝写信，恳求他确保释放萨福克，当提到亨利的威胁时，他发誓说他永远是忠诚的仆人，"我期待您的回复，皇帝陛下。"[7]为提醒马克西米连皇帝记得帮助萨福克和他弟弟的承诺，他接着写道："我为萨福克公爵服务20年了，这是很长的一段时间啊！"他又写道："为了公爵，我离妻别友、抛家弃产，这无疑是违背本性的，然而公爵的不幸遭遇令我悲痛。"[8]后来，他写信告诉马克西米连皇帝，说法国很可能试图说服拉迪斯拉斯国王将理查交给他们，为的是将其作为与亨利谈判的筹码，他建议理查藏身在奥地利的某个城堡中。[9]

1507年夏初，基林沃思给皇帝写了最后一封信，说他欠了亚琛的房东53弗罗林和其他人12弗罗林的债务。"我贫病交加，身无分文，除了向您——神圣的陛下求助外，我无处求助。"同时，他提醒皇帝警惕刚来到帝国宫廷的爱德华·温菲尔德爵士（Sir Edward Wingfield）。此后，就再也没有基林沃思的任何消息，或许他沦为乞丐死在亚琛的大街上了。（亨利的情报人员通过某种方式得到了基林沃思的信函。）基林沃思为萨福克兄弟尽其所能、倾其所有，他们必定是拥有某些能激发他忠诚的优秀品质。

对于年轻的理查而言，他在东盎格利亚和泰晤士河畔长大，匈牙利和马扎尔语无疑使他困惑不已，可能他是用法语或拉丁语与人交流。都铎政府的情报人员很快便得知他的到来以及他与富瓦-康达尔家族联系的消息：他的处境更加危险，即便没有马上被捕的危险，但他的兄长埃德蒙被关在伦敦塔里。亨利七世数次要求将理查送回英格兰，但被拉迪斯拉斯国王拒绝，此刻他已经成了国王的宠臣。通常而言，匈牙利国王对贵族拥有一切权力，任何事情需要他同意。理查一直领取年金，直至1516年拉迪斯拉斯国王去世。理查的保护者也是波兰-波西米亚国王，1509年2月，可能就是理查陪他去的布拉格，而他可能是去了马克西米连皇帝的弗莱堡宫廷，1510年底，皇帝写信给萨伏伊的玛格丽特（Margaret of Savoy，皇帝在弗兰德斯的摄政者），督促她想办法说服英格兰国王，让他宽恕"年轻的萨福克"。

理查那时候很可能和驻扎在意大利的法国军队在一起。

由于法国和西班牙在打仗，所以军事技能是赢得路易十二恩惠的可靠方式，理查可能在他那脾气暴躁的表兄——奥得河富瓦-格莱利家族（Foix-Grailly）的洛特雷克子爵（Vicomte de Lautrec）麾下服务过。如果是这样，那理查就经历了一些极其惨烈的战斗。从路易国王后来对理查的信任来看，这个性格顽强的英格兰年轻人受到了国王的关注，路易认为他是天生的军人。可以肯定的是，1512年理查在纳瓦拉作战，纳瓦拉是横跨比利牛斯山脉、从贝亚恩延伸至图德拉的小王国，纳瓦拉女王凯瑟琳三世（Katherine III）是理查的富瓦表亲，当时该王国遭到阿拉贡的斐迪南的进攻。为恢复女王的统治，参加战争的士兵中有些是当时最著名的战士，诸如贝亚德骑士（Chevalier Bayard）。然而，他们没有取得胜利，几周之内凯瑟琳女王便失去了她在比利牛斯山南部的领地。

同年，英法爆发战争，一位威尼斯人报告说："路易十二正打算恢复（理查三世）国王已故姐姐的儿子的王位，理查国王死于前任国王（亨利七世）之手。"他指的是埃德蒙·德拉波尔，因为他还活着。[10] 路易没有表示让理查当国王的意思，如人们所推测的那样，因为理查不能篡夺他哥哥埃德蒙的王位继承权，如果让他当国王就会否定埃德蒙·德拉波尔的法定继承权。[11] 然而，路易十二授予理查3.6万克朗的年金和军事指挥权。理查似乎与关押在伦敦塔的哥哥有联系，据说1512年，一名潜藏在都铎宫廷的法国间谍从萨福克家中带回一封信，信可能是埃德蒙写的。第二年，一位米兰人写信说，埃德蒙因与理查通信，预谋发动叛乱而被处决。[12] 此时，亨利八世开始担忧身在法国的"叛徒理查·德拉波尔"。[13]

在纳瓦拉战役期间,理查成为引人瞩目的人物,他与法国王太子弗朗索瓦(Dauphin François)及贝亚德骑士建立了友谊。贝亚德骑士是一名雇佣兵军团的首领,他们的雇佣兵是一些吹着肖姆管、敲着鼓行军的盗匪,身后跟着他们的妻儿、小偷和妓女,他们所到之处烧杀抢劫、无恶不作。因为总是处于一种半反叛的状态,所以他们不易听命令,但这位白玫瑰知道如何最有效地发挥这支部队的作用。1513年1月,英国大使约翰·斯蒂莱(John Stile)这样向亨利八世报告:"据说,叛徒理查·德拉波尔在战争中是日耳曼人的首领,他和他的战友在上述战役中损失惨重,人员损失超过以往的任何战役。"[14]

自1513年夏天他的哥哥埃德蒙死后,理查便开始自称萨福克公爵和白玫瑰,路易十二承认他是英格兰国王。6月,理查率6000人围攻泰鲁阿讷,尽管他是在率军攻打他的同胞,但还是有一小股约克派加入了他的队伍。其中有"私生子斯坦利"(Bastard of Stanley),他是亨利七世宫务大臣的儿子,因为他在伦敦塔度过了14年,以至于在英格兰没人敢雇用他。理查给了他一个守门官的职位,年薪20克朗。1514年1月,红衣主教班布里奇(Cardinal Bainbridge)在罗马报告称,他逮捕了两名他的内府成员,其中一个是前加莱要塞的雷金纳德·尚布尔(Reginald Chambre),因为他们正谋划加入理查的队伍。[15]

1514年2月,亨利国王将萨福克公爵领授予自己的宠臣查尔斯·布兰登（Charles Brandon）。即使国王对老友做出友谊的姿态，但他的心情更多的依然是怨恨，甚至是恐惧。到现在，亨利国王已经逐渐意识到这位最新出现的白玫瑰对他统治的威胁要比他的兄长埃蒙德大得多。

爱德华·霍尔说："这一年（1514年），法王派英格兰叛徒、被流放者理查·德拉波尔率1.2万名长矛骑士守卫诺曼底，还要进攻和征服英格兰。"[16]这支大军的开销如此庞大，表明路易相信此次征服能成功，也表明他真的钦佩白玫瑰理查作为军人的能力。理查率军进入诺曼底，但是当军队让当地人开始感到害怕时，他率军到布列塔尼的圣马洛驻扎。当时身在法国的苏格兰摄政奥尔巴尼公爵约翰（John, Duke of Albany）同意让理查的军队进入苏格兰，如此就可从那里越过边境入侵英格兰。到了6月，万事俱备，似乎又一场斯托克战役即将来临。此次战役，约克派的军队由职业老兵组成，指挥官们都是久经沙场。他们对阵的是诺福克公爵（萨里）手下没有作战经验的士兵，公爵最近在弗洛登取得胜利只是因为敌军缺乏纪律和指挥失误。

理查正准备乘船出海，路易十二和亨利八世却突然达成协议。路易放弃了入侵英格兰的计划，白玫瑰不得不离开法国。路易打算送他去法国边境的梅茨（Mets），而王太子给了理查许多金钱。梅茨是一座地处洛林的王城，因此路易国王写信给该城的市政委员会，让他们欢迎理查。1514年9月，理查到达梅茨，洛林公爵（Duke of Lorraine）派60名骑手和一支荣誉卫队欢迎他，理查成了一名梅茨市民，一位叫舍瓦利耶·鲍德里奇（Chevalier Baudoiche）的当地乡绅借给他一座精美的宅邸供他居住，这座"寻欢作乐的房子"被称为"时光宅邸"。

路易十二于1515年初去世，新任法王——理查的老友、前法国王太子——现在的弗朗西斯一世（Francis I）认可了他在法国享有的年金。理查继续住在梅茨，当时这是一座美丽的城市，他在此建立起一个小宫廷，人员包括曾效忠他兄长的乐师们，他们身着蓝灰相间的制服。最有趣的是一个叫彼得勒斯·阿拉米来（Petrus Alamire）的歌手，他也是弗兰德斯非常成功的音乐作曲家，曾得到许多欧洲王室的赞助。另一位是他哥哥埃德蒙的老朋友，一位叫克劳斯·巴克（Claus Bakker）的弗兰德斯商人，理查和他重新取得了联系，巴克成了约克派非常有价值的情报人员。

在梅茨，理查能够密切关注法国北部发生的事情，英军仍占据着泰鲁阿讷和图尔奈。1515年2月，戴维·阿波韦尔（Davy Appowell）指挥的、驻扎在图尔奈的卫戍部队因拖欠军饷发生叛乱，他们威胁要绞死指挥官——来自加莱的老辛普森·诺顿爵士。蒙乔伊勋爵（Lord Mountjoy）恢复了秩序，但因叛乱人数太多不能施以惩罚。[17] 2月25日，理查秘密离开梅茨，只带了他的厨子和一名侍从，从黎明至黄昏，他们一直骑马赶路。都铎政府的情报人员认为他是因为恐慌才逃跑的，然而无法解释他究竟害怕什么。[18] 最后看来不可能是因为恐惧，因为他很快就回到了梅茨。理查纵马疾驰一天内到达图尔奈，答案很可能是他希望指挥那里的叛军，但是在他到达之前，那里已经恢复了秩序。

正如其父的情报人员对珀金所做的那样，亨利八世的情报人员也能够查出与这位新白玫瑰有关的一切。当知道法国以王子的身份对待理查，知道他受到军队爱戴，他的富瓦-康达尔表亲们向他敞开大门时，他们的雇主亨利八世一定非常不安，但更令他担忧的是，理查和法王弗朗西斯的友谊。

尽管亨利八世以虔诚和道德而自诩，但他毫不怀疑地认为暗杀是消灭政敌最有效的办法，他决定实施一次迅速、审慎而又彻底的暗杀行动。一支小型十字弯弓（容易藏在斗篷里）或一把有毒的匕首，甚至是一把枪就能实施此项行动：前不久，"伟大的"基尔代尔伯爵被一把火绳枪暗杀。不管怎么说，找一名可靠的杀手是最轻而易举的事了。

爱德华·波宁斯爵士和伍斯特伯爵（Earl of Worcester，宫务大臣）负责此项行动，并向沃尔西报告。如此高级别的人士负责此事，表明亨利极其重视。英格兰驻弗兰德斯大使托马斯·斯皮内利爵士（Sir Thomas Spinelly）收买了一位理查身边的人，就是作曲家彼得勒斯·阿拉米来，大使让他监视他的主人，彼得勒斯用音符"啦咪来"（La mi re）标记他的报告。

很快就雇到了杀手，是一位叫珀西瓦尔·德马特（Percheval de Matte）的弗兰德斯小贵族。杀手一直追踪着他的"猎物"，并将理查所有活动的详细报告都送了出去：他是怎样在梅茨郊外的田野和当地的绅士们骑马打猎的——不管天气如何，都在追逐野兔；他最近是如何因拖欠一位德国贵族的巨债而遭拘捕的，又是怎样从洛林公爵那里获得贷款而被解救的。[19]尽管德马特做了那么多令人印象深刻的情报工作，但他并不想杀理查，于是波宁斯就雇了另一位职业杀手，一位被称为塞蒙德·弗兰克斯队长（Captain Symonde Francoyse）的军人，然而他也没有完成这项任务。[20]

1516年2月，法国官方抓获了一名叫罗伯特·拉蒂默（Robert Latimer）的英格兰逃犯，他承认是亨利国王派他来刺杀理查的。通过广泛的报道，该事件不仅揭露了亨利在实施谋杀，也让全欧洲知道了他是多么害怕他的王位竞争者，尽管亨利表面上装出很轻视的样子。

暗杀白玫瑰的一系列行动增加了英法两国间的敌意。1515年，弗朗西斯一世在马里尼亚诺赢得了对瑞士战争的巨大胜利，征服了米兰公国，并使之成为法国的一部分。尽管马克西米连和他的孙子，即新任西班牙哈布斯堡王朝的国王（未来的皇帝查理五世）十分恐慌，但亨利八世想要打败法国的尝试除了浪费英格兰的金钱外一无所获，因为瑞士和查理五世先后背叛和抛弃了他。新形势提升了理查作为王位觊觎者的地位。

1516年2月，当近期煽动叛乱的领导人约翰·帕克曼（John Packman）在弗兰德斯被抓获并被带回英格兰时，那些在图尔奈支持约克家族事业的罪证便暴露了出来，他曾和理查本人或接近他的人来往。在蒙乔伊勋爵的审问下，帕克曼供认理查和东盎格利亚的商人有联系，这些人来自诺福克和萨福克，他们怀念德拉波尔家族在他们那里做大领主的日子。

帕克曼还供认了理查去会见黑军团（Black Band），这是一个在法国服务的德国雇佣兵军团，军团首领是绰号"恶魔"的罗伯特·德拉马克（Robert de la Marck），他是理查的老朋友列日主教的亲戚。数月之后，帕克曼以叛逆罪被施以绞刑和开膛剖腹之刑，其实更主要的是因为他支持约克家族，而不是叛乱。[21]

1516年初，有传言说理查不仅得到了法国的支持，而且还得到了西班牙、苏格兰和丹麦的支持（亨利的密探克劳斯·巴克就在新任丹麦国王克里斯汀二世（Christian II）的宫廷），他准备入侵英格兰。3月，弗朗西斯一世从意大利米兰回来，他邀请理查到法国会面。理查的管家德里克·凡德耶德（Derick van Reydt）告诉银行家莱昂纳多·弗雷斯科巴尔迪（Leonardo Frescobaldi），法王和王后以及法王的母亲萨伏伊的露易丝（Louise of Savoy）是如何热情地接待他主人的，当理查抱怨自己命运时，弗朗西斯承诺帮助他夺回王位并给予金钱支持。[22]读这类报告让亨利国王感到极为不安。

1516年6月，托马斯·斯皮内利爵士付给雅克·德埃塞贝克（Jacques de Eesebeke）60个弗罗林金币，是为"有关白玫瑰的事宜而给付的"。雅克·德埃塞贝克找到了一处房舍，可以俯瞰理查在梅茨的住宅，使理查处于他的监视之下。当埃塞贝克将托马斯爵士的报告交到亨利国王手里的时候，他一定吓得头发根都竖起来了。埃塞贝克描述了理查和弗朗西斯国王两人共乘一匹骡子，弗朗西斯坐在理查的身后，他发誓要帮理查夺得英格兰王位，埃塞贝克还说到弗朗西斯曾说有位"侯爵"（可能是勃兰登堡侯爵）非常想帮助约克派。白玫瑰花4000金克朗雇佣的四名法国杀手正前往英格兰，他们要放火烧毁亨利的宫殿并谋杀他，埃塞贝克说他是从理查的心腹那里获知这个秘密的。还有，"国王的大敌"安东尼·斯皮内尔（Anthony Spynell）从法国领取了一笔薪金，用来暗中监视亨利。[23] 因为托马斯·斯皮内利爵士也有位名叫安东尼·斯皮内尔的亲戚，这可能是同一个人，因此这份报告应该让他很为难。

无独有偶，1516年秋，沃尔西也从阿拉米来那里得到了轰动性的消息。当时阿拉米来和理查正在德国，理查收到了他的管家德里克·凡德耶德的信，信里说法王想让理查率军队去法国，而且能找到多少人马就带多少人马。正式说法是，这些队伍是为了加强法国在意大利的要塞，但阿拉米来怀疑他们很可能要用这些人马入侵英格兰，因为德里克在法兰克福的集市上向他吐露了这个秘密，"现在到了白玫瑰萨福克公爵渴望已久的时候了。"阿拉米来声称他已经尽了最大努力劝他的主人理查不要入侵英格兰，说他们没有足够的军费，并让理查想想发生在珀金和林肯伯爵身上的事。而理查的反应是："阿拉米来，你竟对我说些莫名其妙的话。"理查接着又说，如果他像阿拉米来所建议的那样向亨利乞求宽恕，他不仅不会被宽恕，而且还会葬送他和弗朗西斯的友谊。[24]

11月，这位音乐家报告说，他主人从前的朋友乔治·内维尔爵士——前英格兰海军司令——已经在梅茨加入了理查一伙，并随其前往法国。还有两位不知姓名的约克派人士在回国前也去了梅茨，他们送钱给理查。阿拉米来又说理查正打算派舰队前往苏格兰。[25] 但他没有提及理查在梅茨的宫廷里一位名叫威廉·庞德爵士（Sir William Pounder）的英格兰骑士。

亨利的间谍很难追寻理查的行踪，因为他总是东奔西走，去巴黎秘密会见法王，去德国或瑞士招募军队，或者和罗伯特·德拉马克待在一起。他们再次实施暗杀理查的行动。1517年2月，伍斯特伯爵到达图尔奈组织此次行动，在同一个月内，英格兰密探说服威廉·庞德背叛理查。庞德一到达图尔奈就倒向了伍斯特，他说他因拒绝和理查合作曾被其扣押。他把他所知的一切都告诉了伍斯特伯爵，以求换取宽恕。他证实理查去巴黎是为了和法王密商（而且总是在晚上），他透露了法军调遣的详细情况，还辨认出一位隐藏在英格兰的法国间谍。不过，威廉爵士的背叛根本改变不了局势。[26]

1517年春，阿拉米来报告说丹麦国王克里斯汀为理查提供了一支2万人的大军。他还说有一位英格兰人带来了"某些英格兰贵族"的信件，但理查很是怀疑，并没有写回信。这位歌手还说理查派了托马斯·斯坦利去英格兰查明这些信的来龙去脉，然而他都没有越过海岸。[27] 这是一个谎言，因为到此为止，理查和斯坦利还没有相见，由此看来，阿拉米来是一位双面间谍，他在定期发送假消息。

私生子斯坦利因理查没有支付其守门官的薪金，一气之下投靠了亨利，开始为亨利做卧底。一天夜里，理查带人闯入斯坦利的卧室，大声吼道："你这个虚伪的叛徒！你在我身边作卧底多久了？告诉我是谁派你来的！"仆人们用细绳将他的两个大脚趾绑在一起用力勒，逼他招供。绳子断了，当他们在找另一条绳子时，斯坦利逃跑了，躲进了附近的修道院。斯坦利接着逃到驻布鲁日外交使节卡斯伯特·坦斯托尔博士（Dr. Cuthbert Tunstall）那里，答应提供白玫瑰的一切信息，以求宽恕和安全将他送回家。他说罗伯特·拉蒂默隐瞒了自己的真正使命——拉蒂默被理查派到英格兰联络约克派支持者，后来被捕（拉蒂默是1516年亨利雇用的刺客）。

尽管亨利在间谍和告密者身上花了大量的金钱，但显然亨利的间谍们根本无法除掉白玫瑰。此项行动的总负责人沃尔西知道自己败得很惨，心情极其郁闷，他得想法子让自己的主子息怒。忽然之间，一个机会自动就出现了。

第19章 1519—1520年秋：白金汉公爵

> 疑心犹如蝙蝠，总在黄昏时出现。
>
> ——弗朗西斯·培根：《随笔集——论猜疑》

从一开始，亨利就不信任英格兰的大贵族，他延续了其父任命中间阶层的新人担任大臣的政策。他利用和亨利七世同样的方式，逐渐降低大贵族的影响力，将他们排除在真正的权力之外，虽然在重大场合列队行进的时候，他们似乎依然是朝廷体系的组成部分。与其父一样，亨利八世暗自担心某些大贵族会突然起来反对自己，或重开玫瑰战争，至少会夺取王位——如果他早逝的话。

亨利一直希望凯瑟琳王后给他生个儿子做继承人，他不可能不关注和担心北方边地婴儿国王遭受威胁的传言。1515年，奥尔巴尼公爵结束了在法国的流亡生涯回到苏格兰，担任了年仅两岁的堂弟詹姆斯五世的摄政王。维吉尔告诉我们："许多人担忧他们的前途，都知道他的权力欲望非常强烈。如果詹姆斯国王去世，与他有血缘关系的公爵就能继承王位，因此存在这样的危险，在对君权渴望的驱使下，公爵可能做了让国王死去的安排。"一位苏格兰贵族警示王后，在企图谋

第19章 1519—1520年秋：白金汉公爵

夺王位之人的照管下，幼君的性命岌岌可危。"羔羊被送给了狼照管。"[1]尽管事实证明，公爵是一位出色的摄政王，但苏格兰王后甚为担忧，她是亨利八世的妹妹，亨利知道她的担忧。这对亨利来说是个令他不安的提醒，他的儿子也可能会遭受威胁，会落到同样的境地。

毋庸置疑，英格兰第一大权贵是"权高势重的白金汉公爵、赫里福德伯爵、斯塔福德和北安普顿伯爵爱德华"，他就是这样称呼自己的。爱德华·斯塔福德（他更喜欢自己的姓氏博亨"Bohun"）生于1478年，在理查三世平定他父亲的叛乱后，他男扮女装潜藏了两年。博斯沃思战役之后，他被恢复了爵位和财产，虽然亨利七世任命他掌管重要的典仪部门并在重大场合给予他很高的地位，但很显然他已经被排除在实权之外了。

到1513年，作为英格兰仅有的一位公爵和最大的地主，他在24个郡拥有地产（包括12个城堡和124处领地）。白金汉继承了他的博亨先祖英格兰皇家军事总长（Lord High Constable of England）的职位，理论上，他就是王国军队的总指挥官。他的父亲因反叛理查三世身首异处，他的祖父和曾祖父皆死于那场战役。作为与征服者威廉一起在黑斯廷斯并肩作战的勇士的后代和二十多个次级贵族的继承人——他根本无需费心利用他们的头衔，这位贵族大佬代表的是老贵族。他这样的人很难对都铎君主心怀敬畏，既使这个都铎君主是行过涂油加冕礼的，当然亨利国王也很清楚这点。

爱德华·斯塔福德或许没有约克血统，但他身上肯定流淌着金雀花王室的血液，他的母系源于爱德华三世。他是爱德华三世第五个儿子格洛斯特公爵（Duck of Gloucester）女儿的后人，他宣称他和亨利一样都有权继承王位。早在1504年加莱的一次秘密会议上，人们就认为爱德华·斯塔福德最有可能继承亨利七世的王位，在凯瑟琳王后迟迟未能生育男性继承人后，全欧洲的人都认为他是继承亨利八世王位的不二人选。1519年，威尼斯大使塞巴斯蒂安·朱斯蒂尼（Sebastian Giustinian）报告说："如果国王无男嗣而逝，公爵很容易得到王位。"[2] 亨利对这种传闻很敏感。

1510年，凯瑟琳王后怀孕了，亨利八世移情别恋。他的情妇是菲茨沃尔特夫人（Lady FitzWalter），即曾经的伊丽莎白·斯塔福德小姐（Lady Elizabeth Stafford），她是白金汉公爵的妹妹。[3] 为了避免亨利遭人猜疑，于是国王的朝臣威廉·康普顿（Sir William Compton）爵士就假装追求她。一位宫廷侍女非常生气，将此事告知了白金汉公爵，不久他就在他妹妹的房间里发现了威廉爵士。公爵怒不可遏，大声咆哮说："斯塔福德家族的女性不是康普顿家族的玩偶，也不是都铎家族的玩偶。"这是直言不讳的提醒，在他的眼中，都铎家族不过是暴发户而已。白金汉公爵继续不依不饶地揭丑，国王怒斥了他，他离开了宫廷。菲茨沃尔特夫人被她的丈夫关进修道院一段时间，这表明他不再信任妻子的忠诚。不过，亨利似乎忘了此事。[4]

白金汉公爵斯塔福德的生活极其奢侈，他出行必有60名骑手护送，宛若"移动的宫廷"。他家的仆从有130—150人，

第19章 1519—1520年秋：白金汉公爵

衣食住行都由他提供。在1508年的主显节盛宴上，他宴请了459人，他经常以如此奢华的排场招待客人。他身着价值昂贵的丝绸、天鹅绒和毛皮（包括俄罗斯黑貂皮），或者是用金银布料制作的衣服，并将许多家族小型金制徽章缝制在衣服上，尤其是斯塔福德家族的肩饰以及博亨家族的天鹅、羚羊等饰物，还有博亨家族的箴言："上帝与天鹅"。

多年以来，斯塔福德一直在格洛斯特郡的索恩伯里建造一座两庭院的新式城堡宅邸，尽管没有竣工，但其遗迹使我们知道，他计划建造的宅邸是多么的豪华壮观，尤其是那些美观的大型壁外窗。城堡里有个花园，里面有一大片果园，林间小路纵横交错，夏日别墅坐落于丛林间，还有13处鱼塘以及一个有700只鹿的鹿苑。尽管当初只是为了在没有炮火的条件下防御军事入侵而修建的，但它确实是一座豪宅，甚至是一座城堡，有很多宽敞奢华的房间。公爵和他的妻子阿利安诺·珀西（Alianore Percy），也就是第四任诺森伯兰伯爵的女儿在此度过了他们的大半生，公爵夫人的房间在一楼。

然而，索恩伯里仅仅是斯塔福德众多豪华宅邸中的一处，他常去住的还有萨里的布林奇利庄园、肯特的彭斯赫斯特庄园和蒙茅斯的纽波特庄园。此外，他还在肯特的坦布里奇、亨廷顿郡的金博顿、沃里克郡的马克斯托克、斯塔福德郡的斯塔福德和威尔士的布雷肯（在威尔士他是布雷克诺克亲王Brecknock Prince）这些地方拥有城堡。他在伦敦的宅邸名为红玫瑰，靠近圣劳伦斯教堂和帕特尼桥，离坎德维克街不远。1519年夏，亨利携朝臣在公爵的彭斯赫斯特庄园做客多日，在公爵的诸多住所中,这是唯一一座依然还在讲述着他昔日高贵与辉煌的宅邸。

公爵不乏优秀的品质,他和许多亲戚关系都很好,他的儿子和索尔兹伯里女伯爵的女儿厄休拉·波尔(Ursula Pole)结婚之后,厄休拉的兄弟们经常和白金汉公爵在一起,人们还认为他们是公爵的子侄。公爵十分虔诚,是基督教加尔都西会信徒,在加尔都西会的要求之下,他曾资助一个想要成为牧师的男孩去牛津学习。[5]尽管公爵喜好争讼,但他富有正义感——处死沃里克伯爵让他极为震惊。正如某一天公爵将证明的那样,他拥有尊严和勇气。

另一方面,公爵又是一个固执的人,不仅自负、暴躁,而且争强好斗,报复心强,总是在法律事务方面与人争斗不休。当时的一幅画像显示,公爵脸上的表情严肃坚毅。他经常和他的仆从们闹翻,有时会将他们逮捕和关押起来,并没收他们的财物,他对前仆从提起诉讼近50次。[6]他怀疑每个人都在欺骗他,很可能是因为他陷入了严重的债务危机;长久以来,他的地产都经营得很糟糕,在他政治生涯临近结束前,他不得不出售大量土地。

就像和自己的仆人那样,白金汉也和他人争斗不休。为了索恩伯里附近的一块地产,他在法庭上宣称伯克利勋爵(Lord Berkeley)的妻子是女巫,伯克利以后应该养猪,因为这份工作最适合他了,他还说伯克利唯一拥有的品质就是贪婪,总是觊觎那些不属于自己的东西。[7]在和前任大法官托马斯·卢卡斯(Thomas Lucas)的长期争斗中——像以往一样

第19章 1519—1520年秋：白金汉公爵

也是关于土地，白金汉控告卢卡斯诽谤他，他声称卢卡斯曾说过"白金汉奈何不了他，白金汉不比一条狗更有良知"。尽管公爵胜诉，但具有讽刺意味的是，他本来提出了1000英镑的赔偿金，但仅得到了40英镑。[8]

作为领主，他在出租土地和圈地（他仅在索恩伯里就有1000英亩土地）方面极其冷酷无情，圈地使得许多小农场倒闭，农民们陷入赤贫的境地。无论农奴身在何方，他都能迫使他们重新成为农奴。他派人调查他们的祖先，如果其祖先是农奴，他们就要被恢复农奴身份并承担传统的封建劳役。由于多年疏于管理，他在威尔士的土地一片混乱，地租收入很少，某些举措还激起了武装反抗。

亨利八世对白金汉感到不安已经很久了。1513年，亨利擢升他的朋友查尔斯·布兰登为萨福克公爵，部分原因是为了显示德拉波尔家族被剥夺了公爵领，另外也是为了使白金汉不再是英格兰唯一拥有公爵地位的人。国王对白金汉公爵的财富、权力和王室血统的担忧与日俱增，因为自己没有儿子，所以他最为担心的是白金汉的王室血统。沃里克的诅咒时常浮现于国王的脑际。除了1516年出生的玛丽公主外，凯瑟琳王后所生的孩子都死于襁褓，所以最可能继承他王位的就是白金汉。对于国王的这些担忧，新任大臣托马斯·沃尔西非常了解。

亨利热衷于享受生活，他厌恶枯燥的行政工作，于是就将国事委托给沃尔西。作为亨利国王在法国取得辉煌胜利的策划者，沃尔西在1509年被任命为王室施赈官（他还是国王的专职牧师），尽管两年后他才成为咨议会成员。威尼斯大使曾这样报告说:"沃尔西相貌堂堂,他博学多识、能言善辩,而且天赋迥异、精力充沛。"[9]沃尔西是英格兰最后一位了不起的教士政治家、卓越的政务官和外交官,他也自视自己是不可或缺的人物。1515年,沃尔西升任大法官;同年,身为约克大主教、林肯主教和图尔奈主教的他升任红衣主教。

尽管出身卑微(沃尔西是伊普斯维奇一个屠夫的儿子),但除了国王和王后外,沃尔西对所有人都表现得很傲慢和嚣张。斯凯尔顿展现了沃尔西在法庭上嚣张跋扈的样子:

> 在星室法庭上,他可毁掉一切;
> 当他持槌敲案,无人敢言,
> 因为他之所言即是定论,无人反对。
> 他落笔定案并问:
> "各位大人,你们有什么要说么?我的论断不好吗?"
> 他言语狂妄,主宰一切。
> 不论在民诉法院,还是在王座法院,
> 他都肆意折磨受审者。
> 而所有我们这些有学识的人,
> 在这威斯敏斯特宫里,
> 却不敢执笔,为真正的审判辩护。[10]

法庭之外的沃尔西也是一样的傲慢跋扈。1515年,波利多尔·维吉尔写信给他的一位罗马朋友说,沃尔西变得越发专横，大多数英格兰人都厌恶他，他离倒台不远了。但维吉尔的信被大主教沃尔西的人截获，结果他被关入伦敦塔达数月之久，直到教皇利奥（Pope Leo）替他求情才被释放。沃尔西也是这样对待其他批评者的。没有比那些老贵族更讨厌沃尔西的了，他们非常厌恶沃尔西在他们面前专横跋扈的样子。但沃尔西善于揣度君心、替君分忧，所以他掌权近二十年，亨利从未听信过别人对他的指责和批评之言。

亨利国王很高兴自己身边有这么一位能臣。大主教沃尔西不仅是一位智慧博学的顾问，他除了为国王处理国事政务外，还利用他的间谍网络替国王监视臣民，哪怕是些许的不满迹象也不放过。沃尔西依靠一些手下负责亨利的安全，防范约克派和理查·德拉波尔派来的刺客。但沃尔西清楚地知道，他只有制造出某种后果才能消除国王长期以来的不安全感，他自己的仕途也取决于此。尽管他没能除掉萨福克，但通过捏造另一个"大叛徒"并处死他，这至少能表明他的忠诚和足智多谋。皇天不负有心人，终于有条大鱼要入他的网了。

白金汉公爵看不起沃尔西那副暴发户的样子，沃尔西狂妄的行为惹怒了他，公爵抱怨人们对"如此卑鄙无礼的家伙卑躬屈膝"。[11] 白金汉公爵也没有掩饰他对大主教外交政策的不满，更没有意识到这其实就是国王本人的意图。公爵对1520年亨利国王在"锦绣田野"（Field of Cloth of Gold）*与

---

* 会见地点在加莱，双方炫耀排场，装饰布置极其奢华，故有此称。——译者

弗朗西斯一世会面抱怨不已：他不仅反对英法结盟，也极为讨厌法王——这种讨厌是相互的，而且花那么多钱来装备自己的随从也让他心疼。此外，白金汉公爵也对像他那样的大贵族不能在国王的咨议会中拥有更大影响力而怨怒不已。于是就出现了一些传言，说他想要暗杀沃尔西。[12]然而，尽管也有人认同他的意见，但白金汉绝对当不了派系领导人。

白金汉的威尔士领地一片混乱，国王很担心会失去对这个地方的掌控。1518年，亨利写信给白金汉公爵，指责他说，由于"你管理不善和懈怠"，致使该地法度废弛。"近来谋杀、强奸、抢劫、暴乱和其他违法行为日日频发……令我等极为不满。"[13]因为状况极其混乱，威尔士成了那些危险逃犯的避难所。

1519年，白金汉在彭斯赫斯特奢华宴客，花费近1500英镑巨资向世人彰显了他那准帝王般的排场。以君王般的豪华规模招待宾客让亨利国王非常恼怒，当看到雕刻在过道上或镶嵌在彩色玻璃窗上的斯塔福德家族徽章中的英格兰王室徽章是那么的醒目——这是公开声明他是金雀花王朝的后裔，亨利感到更加不悦。同年，白金汉的儿子亨利娶了克拉伦斯公爵的外孙女厄休拉·波尔，自此约克家族血统就将传入白金汉家族。

老贵族的失势以及他们对沃尔西的憎恨使他们中的很多人非常欢迎白金汉公爵来领导一个密谋计划，他们知道公爵很受拥戴，[14]如果他想的话，他就有可能让大主教甚至亨利国王垮台。大贵族们也意识到了都铎政权的弱点，他们不止一

第19章 1519—1520年秋：白金汉公爵

次地认为德拉波尔家族很有可能会取代都铎家族。然而，白金汉自负、暴躁和执拗的性格使他难以胜任这个领导角色。

由于坚信沃里克伯爵被处死给都铎家族招致了诅咒，白金汉公爵爱德华·斯塔福德认为有朝一日他或他的儿子会成为国王，但若说他想加速这一进程，这个可能性几乎是没有。这一点可以通过他于1520年10月26日餐后（时间临近中午）在索恩伯里召开的议事会看出来。当时参加会议的有他的小教堂主管托马斯·沃顿（Thomas Wotton）、施赈官乔治·波利（George Poley）、地产监管杰宁斯博士（Dr Jenyns）、医生托马斯·马斯克茹福（Thomas Moscroff）、随身牧师约翰·德拉古（John Delacourt）和税赋总管托马斯·凯德（Thomas Cade）。

当他们坐下后，公爵对他们说，他让他们带着账目来开会，但他并不想讨论账目的事。可能他们看到公爵留了胡子很是吃惊，公爵对他们说，这是因为"我已向上帝发下誓约，不到耶路撒冷我绝不剃须"。如果国王允许他前往圣城，可能比国王给他1万英镑更让他高兴。波宁斯、德拉古和他的记事管事威廉·柯特斯爵士（Sir William Curteys）答应要随他同去。在他离开英格兰后，该议事会将为他管理地产。然而，他一方面说他盼望国王允许他尽快去朝圣，却又认为自己在两年内可能无法动身。[15]

这听起来一点也不像是一个在密谋叛乱的人的所作所为。

第20章　1520年冬—1521年春："大逆贼"

> 此人确实想图谋不轨。
>
> ——莎士比亚：《亨利八世》（第一幕第二场）

大约在1520年，当时亨利八世刚刚30岁出头，意大利雕塑家彼埃特罗·托利贾尼为他制作了半身彩陶像。国王剃了胡须，表情和蔼、面容英俊。然而，一看到这座彩陶像，人们就能明白托马斯·莫尔对克伦威尔的评论："如果雄狮知道了它自身的力量，那么就没有人能够控制它。"[1]这是一个危险的不可预测的人，就如同一只正在睡着的、浑身散发着狮子般魅力的大型猫科动物，它的凶猛是不可想象的，即使是那些很了解亨利的人也不知道他什么时候会向谁扑来。

莎士比亚在剧本《亨利八世》中描述了白金汉的垮台，他的描述在很多方面都恰如其分。该剧讲述了一个悲剧故事，与同时代人对这一事件的看法非常吻合——一个无辜的人成为猜忌者狂热臆断下的牺牲品。然而，大主教沃尔西是否该对此事负责很难说。维吉尔曾指出，"由于对白金汉公爵的憎恨达到了极点"，自1518年起，沃尔西就煽风点火，使亨利猜忌白金汉。[2]但不可否认，维吉尔的话是有偏见的。不过，沃尔西给白金汉扣上叛逆罪的帽子确实能够转移国王对他处置理查·德拉波尔不力的注意力。

早在1520年11月，亨利八世的一位仆从威廉·布尔默爵士（Sir William Bulmer）来王廷的时候身上佩戴着显眼的斯塔福德家族的徽章，这表明他在为国王服务的同时也在为白金汉公爵服务。亨利暴怒，将布尔默交给星室法庭处置，不过布尔默最终还是得到了宽赦。国王对白金汉一直怒火不减，以至于在某种程度上，公爵认为他会被关进伦敦塔。亨利总是耽于臆想猜忌，现在他对白金汉的憎恶越来越深，一点都不亚于沃尔西。由于一直没有男性继承人——凯瑟琳王后不能再生育了，他开始猜疑白金汉企图谋夺王位。他写信给大主教，让他密切监视公爵和其他贵族。

从理论上讲，白金汉公爵有权召集一支5000人的私人军队，实际上他连500人都召集不起来。1520年11月末，布尔默的事情刚结束，白金汉便宣布来年将率领300名或400名武装扈从巡视威尔士领地，以恢复秩序。他还请求大主教让国王允许他的扈从们配备甲胄，哪怕是旧的也行。许多人还记得公爵的父亲当年在反叛理查三世的时候是如何逃到威尔士的，可能亨利也没有料到白金汉会这么早就反叛，尽管一些消息让他感到不安。稍晚些时候，即1520年末，一份匿名信到了沃尔西手里，一个控告白金汉叛逆罪的机会似乎来了。

布尔默事件之后，白金汉对他与亨利以及沃尔西的关系越发担心。1520年11月，他委托他的财政总管罗伯特·吉尔伯特（Robert Gilbert）定制了一个带盖子的金酒杯，作为新年礼物送给大主教,这个和解的姿态表明他意识到了某种危险的存在。公爵打算找帮手,差不多同一时间,他安排吉尔伯特给诺福克公爵夫妇送去一封信,信中写道:"我对你们的信任就像你们信任自己的孩子一样。"[3]

然而,颇具讽刺意味的是,对公爵之死应负最大责任的竟是他最信任的人,同时也是最了解他的人,此人就是他所谓的"我的魔鬼神父"——他的忏悔牧师和精神导师丹·尼古拉斯·霍普金斯(Dan Nicholas Hopkyns),他本是萨默塞特郡辛顿卡尔特修道院的一位加尔都西会修士(加尔都西会修士是当时社会上的隐修者)。尼古拉斯擅长预言,可能是受萨沃纳罗拉(Savonarola)*著作的启发,他赢得了一个受人尊敬的名字——"未卜先知者"。孤独寂寞、缺乏睡眠和斋戒禁食让无法真正适应加尔都西会修道生活的他声称能够预知未来。

1513年,尼古拉斯曾预言"如果苏格兰国王进入英格兰,他将有来无回",这给白金汉公爵留下了深刻印象。公爵回忆说,"我问他是否是通过预兆得知的,他对我说,不,这是主的启示"。詹姆斯四世死于弗洛登,尼古拉斯的预言得到了证实。霍普金斯使公爵相信亨利八世将无嗣而终,而他白金汉将成为英格兰国王。要是霍普金斯不助长白金汉成王的梦想,

---

* 萨沃纳罗拉,多明我会修士,佛罗伦萨宗教改革家。1494—1498年担任佛罗伦萨的精神和世俗领袖。他以反对文艺复兴艺术和哲学、焚烧艺术品和非宗教类书籍、毁灭被他认为不道德的奢侈品,以及严厉的布道著称。——译者

而且也不把这些说出来，公爵或许还能保全自己。莎士比亚在《亨利八世》中认为，霍普金斯是造成公爵死亡的罪魁祸首，因此给其冠以"魔鬼修道士"之名，尽管这样的称呼可能有点冤枉他，但莎士比亚剧中的名言是非常精辟的：霍普金斯"用他的预言喂肥了白金汉"。[4]

1520年，刚从"锦绣田野"回来不久，白金汉公爵便将管理他地产的查尔斯·内维特（Charles Knyvet），也是他的堂弟解职，原因是他虐待佃户。内维特心怀怨恨，到处诽谤他的前主人白金汉，于是流言四起，有人听到后便写了上文所提及的那份匿名信。

人们通常认为写信者是索恩伯里公爵家族的人。然而，信中那种相熟而又恭敬的语气表明他更可能是沃尔西的同僚，很明显写信人是个经常审讯嫌疑犯的律师，而且谙熟前朝政务。最有可能的就是掌玺大臣、达勒姆主教托马斯·鲁瑟尔博士（Dr Thomas Ruthal），他是一位以贪婪著称的主教，威尼斯的某位观察员曾将他描述为"与沃尔西一唱一和"的人。可以肯定的是，就是鲁瑟尔审问和训练了白金汉案的证人。作为大主教的助手，鲁瑟尔自然是欢迎任何对公爵不利的信息。

在信里，写信者说沃尔西已经知道内维特了。他报告说此人想为王室服务，这样他才不会害怕公爵，才会说出他所知道的一切，而且他承诺说如果能让他进入王廷，"我以圣母玛丽亚的名义发誓，如果真的事关国王，我就会说出来。"信中接着说，"所以，可能信中提及的重大事情能让大人您高兴，否则查尔斯·内维特就是个愚蠢至极、目空一切的蠢货。"

信的最后写道，亨利七世晚年处理这样的事时总是三思而后行，写信者建议大主教给内维特写一封信，问清楚他为何辞职，毕竟那个职位很好，而且他又是公爵的亲戚。写信者应该也提到了他是如何从其他被公爵解雇的人中打听到公爵在"盛怒之下"诽谤国王和沃尔西的。此外，他说应该在保护内维特免受白金汉报复的前提下，命令他将所知之事毫无保留地全说出来。如果内维特拒绝这样做，那么大主教一定要表现出不满来吓唬他。[5]

沃尔西的这位同僚碰巧做了沃尔西想要做的事。在审讯内维特之后，沃尔西意识到他找到了搞垮白金汉的好法子，那就是利用国王的担心。沃尔西甚至都不需要出手便能将白金汉置于死地。很不幸，能给予白金汉帮助的两个有力盟友——他的妹夫诺森伯兰伯爵和女婿萨里伯爵都帮不上他。前者身陷囹圄——几年前，他因绑架一位监护人而入狱，而萨里虽然得宠于国王，但远在爱尔兰。

1521年4月8日，王廷信使带着亨利国王的命令到了索恩伯里，他对白金汉说国王让他前往格林威治宫。白金汉没任何怀疑就带着自己的扈从上路了，却未想到他从此再也见不到他那漂亮的宅邸了。白金汉很快就注意到身后有武装士兵跟随，当公爵和扈从们中途住宿休息时，那些人就住在附近的旅馆里。在温莎过了一夜后，白金汉隐约意识到他的处境可能不妙。4月16日在温莎城堡用早餐时，他见国王的随

第20章 1520年冬—1521年春:"大逆贼"

从托马斯·沃德(Thomas Ward)在餐桌旁徘徊,就大声叱问这是怎么回事。当听到这是国王的命令时,白金汉非常震惊,他的脸色变得苍白,无心用餐。

尽管如此,白金汉一行还是沿着泰晤士河继续赶路。骑行了几日之后,白金汉乘上他的驳船沿河前行。刚一到达威斯敏斯特,白金汉就下船前往沃尔西那富丽堂皇的约克宫请求拜见。仆人告诉他大主教卧病在床,无法见客。公爵以蔑视的语气回答说,"那好,我喝一杯主教大人的酒再走。"他真的这样做了,然后登船前往伦敦城,打算去他位于坎德维克街附近的宅邸。

当公爵的船刚一抵达伦敦桥,一支小舰队突然冲出来,拦截了公爵的船并迫其上岸。100名宫廷卫士跳上了船。要是他们再等的话,就需要从桥上射箭,那登船就不可能了。宫廷卫士的首领是七十多岁的亨利·马尼爵士(Sir Henry Marney),他告诉白金汉他被逮捕了,接着将公爵押上岸,押送伦敦塔。

白金汉抵达伦敦塔时,内维特早已被关在里面了,此外,公爵的财政总管罗伯特·吉尔伯特、他的牧师约翰·德拉古还有丹·尼古拉斯·霍普金斯都已锒铛入狱。在公爵受命去格林威治觐见国王的前几天,这四个人就被关进了伦敦塔。鲁瑟尔主教通过逼供将他们变成了证明公爵有罪的证人。审讯期间,内维特十分配合,因此审判官尊称他为"查尔斯·内维特先生",其他的几个人则非常恐惧,竟对法官说想要他们控告什么,他们可能是被酷刑吓怕了。5月8日,在市政厅,他们的前主人被控犯有最严重的叛逆罪。

在对白金汉所控罪行中,最严重的指控是白金汉轻信尼古拉斯的蛊惑意图篡夺王位。自1512年起,这位加尔都西会修士或是通过公爵的牧师德拉古,或是通过写信向公爵保证国王一定会无嗣而终,那时他"将拥有一切"。1514年,白金汉去了辛顿的卡尔特修道院,当时这位修士告诉他,他将会成为英格兰国王,公爵回答说:"他将是一位公正的君主。"1517年,他的总管吉尔伯特从霍普金斯那里带来了将会发生"巨变"的消息:明年圣诞节前白金汉将会成为"英格兰的统治者"。但预言没有应验,白金汉于1518年再一次亲临辛顿,让霍普金斯保证他会成为国王。他对霍普金斯说他让德拉古发誓严守秘密是对的,"如果国王知道了,他们都会死无葬身之地。"

根据索恩伯里的罗伯特·吉尔伯特——公爵的财务总管——的供词,他曾遵照白金汉的命令以金银和丝绸贿赂王廷侍卫,让他们参与举事。1518年,白金汉派他去伦敦觐见国王,求得在西部郡征兵的许可,并请国王允许他们配备武器和甲胄前往威尔士,但公爵此举的真实目的是"蓄势叛乱"。后来,白金汉告诉吉尔伯特他正在等待发动叛乱的良机,如果英格兰的贵族们相互了解彼此的真实想法,那么叛乱就会成功。白金汉还曾说亨利七世的所作所为都是错的,而且他对现任国王亨利八世一直抱怨不已。白金汉还告诉吉尔伯特,他拥有认可萨默塞特公爵王位合法性(以及都铎家族对王位权利要求)的议会法案副本,他没有为了"1万英镑"而将它交给亨利国王。6

吉尔伯特的证词被保留下来了，大部分写进了对白金汉的指控书中。然而，吉尔伯特证词的很多内容被删去了，因为所涉内容很尴尬，如他说白金汉认为都铎家族已经为他们自身招致了诅咒，他"怨恨处死沃里克伯爵，并声称上帝会让国王子嗣断绝，以示惩罚"。吉尔伯特还告诉审讯者，白金汉说过沃尔西为了保有亨利的宠爱而求助于魔鬼，他还为国王拉皮条，国王和沃尔西的私生活都污秽不堪，他们会遭到上帝惩罚。白金汉还总是说沃尔西会把英格兰的贵族都毁了。7

查尔斯·内维特的证据可谓耸人听闻至极。1520年5月，他们在伦敦的红玫瑰宅邸讨论要去"锦绣田野"的事，公爵断言在法国会有不祥的事降临在亨利身上，因为"一位圣洁的修士"曾告诉他的牧师德拉古，"国王和他的继承人都不会统治成功"，白金汉要做的事就是"赢得英格兰民众的爱戴，因为他与他的家族会繁荣兴旺，他将成为统治者"。内维特提醒白金汉，那位修士可能受了魔鬼的诱惑，牵涉这类事情是很危险的，但白金汉因霍普金斯的预言欣喜不已，他回答说这不会对他造成任何伤害。白金汉说国王会在近期死于疾病，那时他会立刻砍掉沃尔西的脑袋，与其一直受制于人，不如拼死一搏。

1520年9月，白金汉和伯格文尼勋爵（他的女婿之一）"在布莱奇利的长廊漫步"，白金汉抱怨国王的大臣并说亨利将死，到那时"无论是谁反对，他都要统治英格兰"。他警告伯格文尼如果将这些话传出去，他就用剑砍下他的脑袋。11

月,白金汉在东格林威治曾对内维特说,在亨利因为他雇佣布尔默而大发雷霆的时候,他就曾想到过自己有一天要被关进伦敦塔,他决定如果亨利下此命令,他就会做他父亲当年对理查三世所做的事——跪在国王面前刺杀他。内维特说,白金汉把手放在匕首上,"他以我主基督的血发誓"。[8]

其他人所做的指控是:在国王大病期间,白金汉宣称"如果一切事情如预期"(意思是如果国王病死),他将砍下大主教的脑袋,他还说过如果有机会他也会砍下国王的脑袋。任何熟悉白金汉和他的脾气的人都知道,他很少会这样宣泄怒气。但亨利国王对他们的供词极为重视,并亲自审问这四位证人。据国王秘书理查·佩斯(Richard Pace)在一封信的背面所作的注解,国王在审讯了这些人后开始相信白金汉罪大恶极,应当交由议会上院审判定罪。佩斯进一步写道,鉴于事态如此之严重,国王将专门召集议会来处理"此事"。

1521年5月13日,一队重兵押解白金汉乘驳船前往威斯敏斯特受审,如此戒备森严是担心公爵的扈从会来营救他。如果白金汉公爵逃跑了,就将会有另一场斯托克战役。在威斯敏斯特宫,17位贵族组成的审判团端坐高台,由白金汉的亲家老诺福克公爵主持审判,他曾是理查三世的忠实党羽。

当手持大斧的士兵将白金汉押送到法庭后,王座检察官对他说:"爱德华先生、白金汉公爵,高举你的手,你被指控犯下了叛逆重罪,图谋造反,谋害国王。你可认罪?"当指控书宣读完,白金汉愤怒地吼道:"各位大人!这是捏造,是阴谋,是想置我于死地。"[9]

接下来白金汉口若悬河地为自己作了辩护。作为回应，法庭诵读了四位证人的证词，但让内维特读他自己的证词。当白金汉质疑证人作假证时，法庭让他们出庭作证，但是极为不公平的是，法庭不准白金汉与他们一一对质。不过，法庭允许他再次为自己辩护，公爵的辩护时间长达一个小时，给人留下了深刻印象。

陪审团退庭，"他们私下商议了很长时间。"最终，每位陪审团成员匿名写下自己的判决意见，然后交给诺福克，他宣布裁定结果："有罪。"因为知道国王决心让白金汉死，所以无人敢持异议。当他们返回威斯敏斯特宫时，每个人都重复了这个裁定。"公爵被押进法庭听判，他极度愤怒，大汗淋漓。"沉默良久，泪水从白金汉脸上滚落下来。老诺福克宣布白金汉犯有叛逆重罪，然后宣读判决书：

> 你将被带到国王的监狱，然后由囚车拉往刑场行刑，你将先受绞刑，然后被活活斩杀，砍下的四肢被扔进火里，挖出来的内脏在你面前焚烧，你的脑袋被砍下，你的身体被砍成四块并按照国王的意愿丢弃各地，愿上帝赦免你的灵魂。[10]

尽管从法律上讲，对白金汉的宣判和刑罚无疑是合乎英格兰法律程序的，然而，从道德层面来看，这无异于谋杀。最近，一位美国的白金汉传记作者认为，16世纪的英格兰总是毫无疑问地接受这些判决。[11] 然而，情况并不全是这样，比如对沃里克之死的强烈反感就充分证明了这一点。沃尔特·罗利（Walter Raleigh）后来在评论亨利八世时曾这样说："如果要在这个世界上找到不遵法纪的君主，那这位国王就是典范。"

白金汉平静地对法庭说："你们说叛逆罪人应坦白交代，但我无话可说……但是各位大人，我对你们对我所做的一切没有怨憎，上帝会宽恕你们，我也一样。"带着都铎王朝受害者那种奇特的宿命论意味，白金汉接着说道："我绝不会向国王祈求饶命，虽然他是一位仁慈的君主。"最后，白金汉说："我希望各位大人，还有我的家人朋友们为我祈祷。"随后，白金汉被押回伦敦塔，他坐在驳船上，押送他的士兵手持大斧，闪闪的斧刃正对着他。在剧本《亨利八世》中，莎士比亚润色了霍尔的话，[12] 读起来非常感人："当我来时，我还是英格兰的皇家军事总长白金汉公爵，而现在，我是可怜的爱德华·博亨。"（第二幕第一场）

白金汉的女婿（曾经是埃德蒙·德拉波尔的好友）伯格文尼勋爵因没有指控他岳父造反而被关入伦敦塔。伯格文尼的罪名是"包庇叛逆罪"，他要缴纳大量的罚金才能获释。这让伯格文尼陷入了贫困，以至于几年后德皇的大使嘲讽地说："他已经无毛可拔了。"

辛顿的加尔都西会修士给宫务大臣写信，请求将丹·尼古拉斯·霍普金斯送到某个加尔都西会修道院，"让他在那里因自己的罪行而受惩罚并祈求国王仁慈的宽恕"。[13] 据说，可怜的霍普金斯死于极度悲伤。从此，也再没有关于其他证人

第20章 1520年冬—1521年春："大逆贼"

的消息了。

1521年5月17日，白金汉被500名士兵押往塔丘处斩。公爵以非凡的勇气死在断头台上，尽管刽子手砍了三次才砍下他的脑袋。与此前处死的沃里克和萨福克一样，白金汉的脑袋被重新缝在身体上，然后葬于奥古斯丁修道院。即便是对国王的所作所为全力拥护的霍尔也承认，当时许多观看行刑的人（可能也包括霍尔本人）都哭了。

在接下来召开的议会上通过了《褫夺公权法案》，剥夺了白金汉继承人的继承权并抄没了他的财产。公爵死后，他被嘉德骑士团除名，这是强加给他的另一种侮辱。白金汉的嘉德勋章和纹饰着英格兰徽饰的旗帜（这一标志让亨利觉得遭受了严重的冒犯）从温莎圣乔治教堂他原来所在位列上被取下来。接着亨利的传令官郑重地把白金汉的徽章从大教堂清除出去，然后把它们扔进壕沟。

许多同时代的人都为白金汉的死感到惋惜。读了霍尔的编年史和伊丽莎白时期史学家斯托的著作之后，莎士比亚暗示了他对白金汉之死的同情，尽管他不得不把亨利八世为公爵的死所应遭受的谴责都转移到沃尔西头上。尽管民众没有什么不满的表示，但这一事件让国王越来越不得民心。他的一些臣民开始认识到，亨利已经不再是那个1509年登基时他们敬仰的年轻国王了，现在的他是一个极其残酷无情的统治者。

白金汉公爵爱德华·斯塔福德仅有的"罪行"在于：他说出了如果国王和他的儿子早逝，他将有可能继承英格兰王位。

第21章 1524年冬—1525年：白玫瑰凋落

> 白玫瑰死在了战场上——我看到他和其他人躺在一起。
>
> ——麦克奎尔：《欧洲通史》[1]

1518年10月，因为约克派的入侵，英、法缔结新和平协议的计划一度被搁置。然而到了1520年6月，又传来了更令人沮丧的消息，尽管亨利八世和法王弗朗西斯一世在"锦绣田野"进行了亲切友好的会谈，然而法王继续给予白玫瑰（理查·德拉波尔）大量的资金援助。舍瓦利耶·鲍德里奇要求归还宅邸（可能是因为理查勾引了他的女儿），梅茨大教堂的教士以较低的租金将位于圣桑福里安附近的豪尔特皮埃尔庄园租给理查，供他终生居住，只要他将其翻新装修。理查能出得起豪华装修的费用。毋庸置疑，理查在法国宫廷的地位依然很高。1518年，弗朗西斯有了一位新情妇，就是性格坚强的夏多布里昂伯爵夫人（Comtesse de Chateaubriant），她出生于弗朗索瓦-富瓦家族，是洛特雷克元帅（Marshal Lautrec）的妹妹，也是理查的表亲，与理查来往密切。

理查一刻都没有放弃取代亨利登上英格兰王位的野心。

第21章 1524年冬—1525年：白玫瑰凋落

1519年9月，一位名叫爱德华·艾伦（Edward Allen）的教士在莱斯特被捕，被指控的罪名是充当理查的卧底，当黑斯廷斯勋爵的仆人和理查·斯坦利爵士（Sir Richard Stanley）给坐牢的艾伦带来了奢侈的美食——一块鹿后腿肉时，就更进一步坐实了这种怀疑，尽管没有关于他们雇主的证据。都铎政府怀疑多塞特侯爵也参与了密谋，但没发现确凿证据证明他支持白玫瑰理查。

一直有传言说，理查率舰队正在向英格兰进军。1521年8月，一个毫无事实根据的消息四处流传，说理查在奥尔巴尼公爵的陪伴下，已经在邓巴登陆，苏格兰军队也加入进来，他们正朝着边界向南进军。实际上，在弗洛登战役血淋淋的惨败之后，苏格兰已经无心再发动战争。尽管如此，沃尔西第二年还指责奥尔巴尼支持白玫瑰理查，而且声称是法王弗朗西斯鼓动他的。沃尔西的话也是有一定根据的。大约在当年的仲夏时节，法王弗朗西斯派德里克·凡雷耶德告诉荷尔斯坦因-戈托普公爵弗雷德里克（Duke Frederick of Holstein-Gottorp），若英格兰进攻法国或苏格兰，他将为理查提供一支入侵英格兰的舰队。[2] 后来，法王弗朗西斯还建议公爵，若理查成功，公爵应该将女儿嫁给理查，公爵对此非常高兴，于是把自己的秘书派往巴黎商讨此事。

在英格兰，约克派情怀依旧浓厚，但大多数保有这种情怀的人一般都明智地不表露出来。然而，1521年5月，多塞特兰帕沙姆教区的牧师罗伯特·谢拉德对他的教民埃格尼斯·卡尔富顿说，国王得位不正——"亨利八世的父亲只是一个马夫而已",他没有王位继承权,就和你没有王位继承权一样,因为"他是以剑开道才登上王位的"。[3] 几个月前,蒙蒂格尔勋爵（Lord Mounteagle）逮捕了他自己的儿子（私生子）、一位教区牧师和一名叫约翰·戈金（John Goghe）或者叫约翰·斯特里德利的士兵,他们正谋划去海外投靠白玫瑰理查。戈金吹嘘说他曾在鲁昂见过理查·德拉波尔,并称赞理查是"一位勇敢的人,应该会成为一位伟大的统帅"。[4] 不可否认,这两个人绝对是一对令人憎恶的搭档,那位牧师身边还有位年轻的情妇陪伴,而戈金则吹嘘自己是一名成功的强盗。

处死白金汉公爵不但损害了亨利在国人心目中的形象,也让许多西欧王廷震惊不已。1521年8月,汉萨商人珀波因特·德温特（Perpoynte Deventer）告知英格兰政府,布伦副总督向他询问是否认识公爵的儿子,并说来自苏格兰的约克派入侵一定能在英格兰赢得5万名支持者。德温特还说,他曾见过法王的宫务大臣拉特穆耶公爵（Duc de la Trémouille）,公爵告诉他如果亨利向法国宣战,白玫瑰理查就会率军跨过英吉利海峡。此外,旺多姆公爵（Duc de Vendôme）也告诉德温特,法国和丹麦计划帮助理查在从前白金汉的领地上发动叛乱。

在此期间,理查在梅茨结交了他的情妇塞比尔（Sebille）,她被认为是梅茨最可爱的少妇,编年史家菲利普·德维诺尔（Philippe de Vignolles）说她生得"高挑挺拔,身材修长纤细,肤白如雪"。塞比尔是一位富有的金匠迈特雷·尼

第21章 1524年冬—1525年：白玫瑰凋落

古拉斯（Maitre Nicholas）的妻子，尼古拉斯受雇于理查，他被派到巴黎办事，而理查勾引了他的老婆。1520年秋，塞比尔逃到豪尔特皮埃尔庄园和理查同居，走的时候还带走了她丈夫最贵的珠宝。不久之后，怒火中烧的尼古拉斯和他的一群朋友们在梅茨的大街上与理查搭上了话。当金匠拼力想逃跑的时候，理查抽出短剑，朝他背后掷去。梅茨市政委员会出面干预，理查让步，他将塞比尔交给她的丈夫，前提是他不能打她。尼古拉斯拒绝和解，他雇了几个德国刺客刺杀理查，但理查逃跑了。最终，塞比尔和理查重聚，在接下来的三年里，他们住在图勒的一所房子里，房子是洛林大主教租给他们的。[5]

但无论如何，浪漫的爱情都没能使理查放弃他的目标。1521年5月，他给勃兰登堡侯爵写信，回复侯爵对他施以援手。在信中，理查称侯爵为"我最亲爱的大人和叔叔"，他请求侯爵增进"荷尔斯坦因叔叔对我们事务（将要入侵英格兰）的了解和支持"，并感谢有侯爵这样一位好朋友。勃兰登堡侯爵是神圣罗马帝国皇帝的首席大臣，具有很大的影响力，因此是一位很有用的盟友。

1522年5月，英法战争再起。亨利八世认识到一直不太理想的国际政治到了最有利的时候，他开始把法王弗朗西斯一世和神圣罗马帝国皇帝查理五世之间日渐显现的冲突看作一个有利时机，他可趁此机会恢复前辈国王亨利五世的盎格鲁-法兰西王国（Anglo-French kingdom）。这样亨利八世就将会统治包括巴黎在内的法国西北部，他将在圣丹尼斯大教堂加冕，而皇帝查理五世则作为勃艮第公爵统治法国东北部。波旁公爵（Duc de Bourbon）最近曾反叛法王弗朗西斯，那就让他统治法国中部省份。

不难理解，这会让法王更加倚重理查·德拉波尔，约克派军事入侵英格兰再次成为可能。

然而，形势变得复杂起来，斯堪的纳维亚发生了内战，理查一直期望从那里获得帮助。丹麦国王克里斯汀二世的叔叔荷尔斯坦因－戈托普公爵弗雷德里克要争夺王位。直到1522年弗雷德里克推翻克里斯汀之前，理查与他们二人都有联系。弗雷德里克夺位成功被看成约克家族的好兆头，因为丹麦新王相信白玫瑰理查也将会战胜都铎国王。

1522年底，白玫瑰的两名卧底在英格兰被抓，他们正忙着为主人召集军队，出的军饷比亨利国王的还要高，他们已经招募了一百多人。[6] 1523年初，都铎政府又逮捕了一名卧底，是来自蒙茅斯的西蒙·琼斯（Simon Jones）。毫无疑问，在严刑拷打下，他承认自前一年春天他就在英格兰为"鲁斯"（Roose）工作，此人指示他试探白金汉的儿子斯塔福德勋爵（Lord Stafford）和德比伯爵的政治意图。斯塔福德曾目睹自己父亲被砍头，他的遗产也被充公，而德比伯爵仅从都铎政权得到了丁点儿恩惠，不过没有证据表明琼斯曾和他们取得过联系。[7]

在接下来的两年里，整个欧洲都流传着英格兰要爆发新内战的传闻。1523年5月，查理五世收到报告，说是一位主教因参与约克派阴谋被关进伦敦塔，而且还发现了他意图资助叛乱的"10万英镑"财物。尽管这个传闻不是真的,但至少表明有一些见多识广的人希望约克派发动叛乱。[8]还有一些毫无根据的报告,说奥尔巴尼公爵准备从苏格兰边界入侵英格兰。

1523年秋,1万名英军攻入法国,据巴黎不足50英里,但在法军击退入侵南方的西班牙军队时,英军撤退了。英军驻扎在皮卡第,理查率领自己的雇佣军攻打他们。1524年5月初,理查写信给法国王太后萨伏伊的露易丝,告诉她英军的撤退令他很失望,因为他和他的士兵唯一想做的就是为她的儿子出生入死。在同一封信中,理查还告诉她:"我所拥有的一切都是您之所赐。"[9]

不久,英军指挥官威廉·菲茨威廉爵士(Sir William Fitzwilliam)要求增援,理由是"这个卑鄙的叛徒就在阵地上",而且他的德国雇佣兵在法国军队里是最优秀的——这大概是理查军人名气的牵强证据。[10]在这个月,菲茨威廉派一位加莱随从去和法军指挥旺多姆公爵查尔斯·德波旁(Charles de Bourbon)谈判。当白玫瑰理查进入帐篷时,旺多姆对那位随从说:"看呀,你们的国王来了!"随从吓坏了,大声喊着理查不是国王,直到旺多姆让他闭嘴。[11]

弗朗西斯一世郑重请求理查带兵远征,并为他提供军饷20万里弗。1522年,德斯蒙德伯爵詹姆斯(James, Earl of Desmond)(富瓦家族的亲戚)派使者到法国,告知法王他打算率军把英格兰人赶出爱尔兰,法国积极做出回应:1523年6月,富瓦-康达尔伯爵(Comte de Foix-Candale)抵达德斯蒙德伯爵最大的城堡阿斯基顿——在今天爱尔兰的利默里克，双方签订和约，德斯蒙德答应起兵反对亨利，支持理查的王位要求。尽管德斯蒙德伯爵这样做的主要动机是出于对亨利八世统治的憎恨，但这表明对约克家族的情感依旧深藏于爱尔兰人的心中。[12] 1523年的整个夏天，威尼斯的时政观察者认为将会有"白玫瑰领导的"远征军入侵英格兰，但到了秋天，威尼斯共和政府告知驻罗马的大使：入侵计划已经取消了。[13]

在丹麦新王弗雷德里克的鼓舞下，直到1524年2月，理查仍然希望率军横跨英吉利海峡。为了雇佣对他极为重要的德国士兵和及时为他们发放军饷，理查需要大量现金。然而不幸的是，只有弗朗西斯一世能借钱给他，但后来弗朗西斯一世决定将所有资源集中于另一条战线上。

4月，意大利北部的法军在塞西亚（Sesia）被击溃，波旁公爵于仲夏率领德皇的军队入侵法国东南部，起初他所向披靡，但最后被赶回意大利，沿着里维埃拉河仓促撤退。理查就在追击波旁公爵的队伍之中。1524年10月，法王弗朗西斯横越阿尔卑斯山，包围了帕维亚，尽管他的军队因为阴雨连绵、疾病肆虐而大幅减员，但他还是坚持围攻了一个冬天。弗朗西斯国王和贵族们在当地的城堡或乡间别墅里住得相当舒服，作为步兵统帅的理查也是如此。理查的军队包括著名的黑军团——5000名德国雇佣兵，他们的首领是格奥尔格·兰格曼特尔（Georg Langenmantel）和兰姆贝克伯爵弗朗索瓦（François, Count of Lambec），他是洛林公爵的弟弟，时年19岁。

第21章 1524年冬—1525年：白玫瑰凋落

1525年2月25日，法军和刚到帕维亚的德皇的援军展开了决定性战役。敌人的增援部队是1.5万名长矛兵和火绳枪兵，由"雇佣兵之父"伟大的斯瓦比亚军人格奥尔格·冯·弗朗兹伯格（Georg von Frundsberg）指挥。战斗的最后阶段非常混乱和残酷，法军被弗朗兹伯格的火绳枪兵消灭殆尽，纷纷倒在了树丛旁。然而，法军最大的失败是法王被俘。弗朗兹伯格亲自率兵以绝对的优势从两翼夹击理查和弗朗索瓦率领的黑军团，法军右翼全军覆没，理查和弗朗索瓦战斗至死。

在帕维亚教堂的小修道院里，这对战友被共同埋葬在一座很好的坟墓里。理查的政敌波旁公爵得知他死去的消息，身着丧服从巴黎赶来参加他的葬礼。作为一位流亡者，理查失去了他在英格兰的一切，法国人非常同情他。理查死亡的消息传到梅茨，梅茨大教堂确立了一项惯例，即每年要举行一次安魂弥撒仪式，以慰理查亡灵。据理查的房东舍瓦利耶·鲍德里奇的女儿说，理查有一个女儿，名叫玛格丽特，她的母亲是弗兰德斯人。法王弗朗西斯出钱将玛格丽特抚养成人并给她安排了一门好婚姻，玛格丽特还做了弗朗西斯的妹妹纳瓦拉王后的宫廷侍女。显然，弗朗西斯一直没有忘记他和他的老战友理查的旧日情谊。[14]

根据一位18世纪的史学家的说法（他没有给出原始史料），3月9日黎明，亨利在怀特霍尔宫被人从睡梦中唤醒，在得知帕维亚战役的结果后，他立刻跳下床，跪在地上感谢上帝。亨利对皇帝的信使说："我的朋友，你就像那宣告基督降临的天使加百利。"然后，亨利喊人拿酒。接下来，亨利絮絮地追问个不停，这位参加了帕维亚战役的信使向亨利讲述了弗朗西斯国王是如何战败、如何被俘的，以及法军是怎样被屠杀的。亨利问道："那么理查·德拉波尔呢？"信使回答："白玫瑰死在战场上了，我看见他躺在死人堆里。"亨利狂喜地喊道："愿上帝怜悯他的灵魂！英格兰的所有敌人都死了，再给信使多倒些酒！"[15]

伦敦的每条街上都燃起了篝火，管道里流淌着葡萄酒；在圣保罗教堂举行大弥撒期间，人们唱起了《感恩颂》。尽管帕维亚战役葬送了沃尔西的联法政策，但他和身着金色祭服的20位大臣一起站在祭坛上，亲自主持西方基督教世界最壮观的塞勒姆弥撒仪式（Sarum Rite）。这是为了感谢上帝让英格兰打败了法王而举行的官方感恩仪式，也是为理查的死举行的感恩仪式。因为深知亨利内心深处的恐惧，所以大主教沃尔西现在非常理解他的如释重负。

理查·德拉波尔具有16世纪国王所必备的一切优良品质。他是一位天生的军事指挥官，法王弗朗西斯十分信任他，因此才会在帕维亚战役把一半的法军交给他指挥。理查也是亨利八世最惧怕的政敌，如果理查和他的德国雇佣军入侵英格兰成功，他就很可能取代亨利成为英格兰新国王。这就是亨利为什么那么小心提防他的原因。

第22章　1525—1535年：白玫瑰派

> 从这片荆棘上摘下一朵白玫瑰伴我。
> ——莎士比亚：《亨利六世》（第一部，第二幕第四场）[1]

理查死后多年，亨利八世的不安全感才有所减少。16世纪30年代早期，如果不是身体太过肥胖的话，亨利依然表现得健康和有活力，他那红色的胡须掩藏了下颌的赘肉。自从加冕英格兰国王以来，他一直是一位行为优雅的人文主义者，他的品质令人钦佩。但在内心深处，他妄自尊大、权力欲极强，身边的每个人都必须唯他是从。

亨利还越来越担忧王位继承问题。尽管凯瑟琳王后不再生育了，但他还是想要一个合法出生的儿子做他的继承人。编年史家霍尔用下面的文字描述了"亨利的菲茨罗伊"（Henry's FitzRoy，国王之子）是如何来到世上的：

> 国王年轻时爱上了一位美丽的少女——约翰·布朗特爵士（Sir John Blount）的女儿伊丽莎白·布朗特（Elizabeth Blount）。她歌声动人，舞姿曼妙，而且擅长

各种娱乐活动,远胜他人,她赢得了国王的心。她生了一个漂亮的男孩,孩子长得和他的父母一样俊美,这让她进一步得到了亨利的宠爱。[2]

1525年,这个男孩6岁了,亨利正式承认他是自己的儿子,并将里士满和萨默塞特这两个准王室公爵领授予他,亨利还送给这个儿子一枚他亲自设计的徽章。亨利想着让他成为爱尔兰国王,甚至考虑到教皇批准,让这个孩子和他的同父异母姐姐玛丽结婚。这个男孩慢慢长大,变成一个英俊、聪明、意气风发的美少年,他和亨利国王长得非常像,亨利视他为"世间珍宝"。

理查·德拉波尔可能是最后一个公开挑战都铎王位继承权的人,尽管自博斯沃思战役胜利以来,约克家族的统治已经结束40年了,但这并不意味着人们对约克王朝的怀旧之情也消失了。白玫瑰依然还活着。亨利知道,若足够多的英格兰人拒绝接受他的统治,那些约克派王位觊觎者就会伺机取他而代之。

埃克塞特侯爵亨利·考特尼(Henry Courtenay)生于1496年,他是玫瑰战争幸存下来的为数不多的兰开斯特家族的主要后裔之一,他的祖父在博斯沃思战役为亨利七世而战。然而,他的父亲——也娶了爱德华国王的一个女儿——被指控支持白玫瑰家族而被关进伦敦塔,一直囚禁到1509年。考特尼继承了他父亲德文郡的伯爵领地。如果玛丽的王位继承权不被承认的话——因为还没有女性做过英格兰国王,那么他也是英格兰王位的顺位继承人。值得注意的是，1519年，查理五世的首席大臣建议，皇帝应该把自己的某个侄女嫁给考特尼。[3] 不过，当时这件事并未引起亨利的任何担忧，因为考特尼表现得既胆怯又缺乏志向。

当时，国王十分信任考特尼。1520年，考特尼成为枢密院大臣，并陪伴国王去"锦绣田野"谈判。1521年，考特尼被国王晋封为嘉德骑士，并获得白金汉公爵的圣乔治小教堂以及相当大的一片土地。1525年，他又被晋封为埃克塞特侯爵。多年来，考特尼一直是国王政务圈子里的核心人物。

另一个家族是拥有约克家族血统的波尔家族，包括索尔兹伯里女伯爵玛格丽特以及她的四个儿子，即蒙塔古勋爵亨利·波尔（Henry Pole）、亚瑟·波尔（Arthur Pole）、雷金纳德·波尔和杰弗里·波尔（Geoffrey Pole）。和考特尼一样，沃里克伯爵的这些外甥们在都铎王朝的统治下都活得很快乐——只要国王好好对待他们。毕竟，玛格丽特和王后以及公主的关系非常密切。然而，理查三世在位无嗣而终的事始终萦绕在亨利的脑海中，按照继承血统，理查三世的王位继承人是沃里克，然后就是沃里克的继承人，即波尔家族的儿子们。如果没有博斯沃思战役，波尔家族的人很可能就成了英格兰国王了。此外，当年亨利"恢复"玛格丽特爵位的时候，他们还是几个孩子，但现如今他们都已长大成人。在统治早期，亨利一直盼望王后能给他生个儿子也与这有很大关系。

不仅玛格丽特的女儿厄休拉·波尔嫁给了白金汉公爵的

继承人，而且她的儿子们和斯塔福德家族的关系也非常好，但是当白金汉垮台后，这种关系就变得相当危险了。蒙塔古勋爵和他的岳父伯格文尼勋爵一起被关进了伦敦塔，两人被指控犯"知情不报"罪，因为没有报告白金汉的预言，即如果亨利死了，他就会自立为王。亚瑟·波尔也被迫离开宫廷。在疑心病犯了的时候，亨利国王认为他们参与了白金汉公爵（莫须有）的阴谋，并通知威尼斯大使圣马力诺共和国（the Serene Republic）*无需对雷金纳德过于尊重（他最近到威尼斯去继续他的学业），以防他像他的兄弟们那样背叛国王。不过，等亨利国王恢复平静之后，波尔家族很快又得到了他的恩宠。

正是这些家族的女人们——索尔兹伯里女伯爵和埃克塞特侯爵夫人（Marchioness of Exeter）逐渐让白玫瑰的共同事业演变成一个派系。由于对凯瑟琳王后的忠诚，他们组成的派系有时候也被称之为"阿拉贡派"（Aragonese faction）。我们对索尔兹伯里女伯爵有很多了解，相比之下，对埃克塞特侯爵夫人所知甚少。格特鲁德·布朗特（Gertrude Blount）出生于1502年，是第四任蒙乔伊勋爵的女儿，其家族一直忠诚于都铎王朝，蒙乔伊的西班牙妻子曾是凯瑟琳王后的宫廷侍女。

阿拉贡的凯瑟琳非常受欢迎，对于那些和她接触过的人，她不仅能激发他们的忠诚，而且还能赢得他们的爱戴。在亨

---

* 圣马力诺共和国，在威尼斯鼎盛时期曾长期隶属于威尼斯。——译者

利奢华显赫的宫廷生活中，王后很讨人喜欢，她亲自给国王缝制衬衫。她给人的形象是身材矮胖，为人亲切，笑容灿烂动人。然而，尽管凯瑟琳聪明、幽默、和善，但1525年末或1526年初亨利便不再和她同床。凯瑟琳40岁，亨利32岁，她已经容颜衰老、青春不再，而且最为重要的是她没有为亨利生下男性继承人，她的三个儿子出生后都很快夭折了。当亨利想起当年沃里克的诅咒——上帝不会让都铎家族的男性继承人活下来的时候，他认为那是针对他哥哥亚瑟王子和凯瑟琳的婚姻，而不是针对他的。虽然亨利承认了贝茜·布朗特（Bessie Blount，即伊丽莎白·布朗特）给他生的儿子，但他还是需要一个合法的继承人，以确保都铎王朝存续。

教会能够宣布他们的婚姻无效，而且亨利国王也确信他从《利未记》中找到了根据。《利未记》警告说，一个人娶自己兄弟的妻子是有罪的，如果他们结婚，他们将会无嗣。[4] 凯瑟琳王后坚称她和亚瑟王子结婚时并没有圆房，但亨利拒绝相信。不过，亨利要离婚的真实缘由是他爱上了安·博林（Anne Boleyn，她算不上美人，但魅力十足，有着一头深褐色的长发），而她拒绝做国王的情妇。亨利的"大事"被耽搁下来，部分原因是因为凯瑟琳是神圣罗马帝国皇帝的姑姑，教皇不想得罪他，尤其是在1527年皇帝的军队占领了罗马之后。

亨利的臣民们对他的行为感到非常震惊。爱德华·霍尔也承认："英格兰民众天天抱怨国王和安·博林的愚蠢幻想。但君王的事务岂能是普通民众决定的。"[5] 英格兰民众对玛丽公主将要成为私生子的前景感到非常愤怒,就如同理查国王宣布爱德华四世的孩子是私生子的时候一样。凯瑟琳王后的支持者有坎特伯雷大主教托马斯·沃勒姆(Thomas Warham)、罗切斯特主教约翰·费舍尔(John Fisher,他针对国王离婚问题出版了七本书和一些小册子)和其他三位主教,此外还有伦敦的加尔都西会修士、方济会修士以及大法官托马斯·莫尔。当然,考特尼和波尔两个家族也拥护王后,只不过他们非常谨慎,不公开表达自己的想法。

在众多支持者中,特别有影响力的是伊丽莎白·巴顿(Elizabeth Barton),她是继诺威奇的玛杰里·肯普和朱利安之后的又一位"圣女"(Holy woman),她们两位可能很早就被教廷封圣了。伊丽莎白·巴顿生于1506年,早年曾作过女仆,她在一次重病的时候看到了幻象,病好之后,她认为是主显圣让她活了过来。伊丽莎白·巴顿在坎特伯雷的本尼迪克特女修道院修行,在那里她继续看到幻象,这使得她名声大噪。不管她是一位圣人还是一位癔症患者,英格兰人都非常敬畏这位"肯特修女"(Nun of Kent)。亨利国王两次召她进宫,她告诉国王如果他与王后离婚娶安·博林,那他将很快遭到惩罚。国王试图收买她,承诺让年纪轻轻的她担任修道院院长,但被她拒绝了。

在某种程度上,伊丽莎白·巴顿是受她的忏悔牧师坎特伯雷教士爱德华·博金博士(Dr Edward Bocking)的操控,此人是坎特伯雷大教堂的教士,也是王后最坚定的支持者之一。伊丽莎白·巴顿对托马斯·莫尔、沃勒姆大主教、费舍尔主教以及其他有影响力的教士们说了一些相似的话,费舍尔主教听着她的说教欣喜地流下了眼泪。此外,伊丽莎白·巴顿还出版了一些大肆渲染、非常轰动的书,后来被都铎政府烧毁了。她主要预言的是:在与安·博林结婚后的一个月内,亨利不但会失去王位,悲惨地死去,而且还会下地狱。她说她已经得到了启示,"一个极其肮脏的地方正等着亨利的到来。"方济会修士理查·里奇(Richard Rich)把伊丽莎白的启示告诉了索尔兹伯里女伯爵和埃克塞特侯爵夫人,她们都对此深信不疑。[6]

1513年,在一群全副武装的朋友的支持下,两名康沃尔乡绅肯德尔和考特尔宣布,如果国王敢娶安·博林,他们就将为埃克塞特侯爵而战,拥立他做英格兰国王,"否则就牺牲上千条生命"。[7]有人认为他们俩是埃克塞特的扈从,可能就是他们宣称"埃克塞特最终将会戴上王冠"。[8]结果,埃克塞特侯爵被逐出宫廷。他甚至可能因被怀疑犯有叛逆罪而被关进伦敦塔,当时如果真的是这样,他应该很快就被释放了。因为亨利八世清醒地认识到,就埃克塞特侯爵的性格而言,他没有能力密谋反对他。

亨利离婚的事已经拖了六年,整个英格兰都在讨论国王的婚事,国王的心意比以前越发坚决。阻力来自性格直爽的费舍尔主教,他是一位热情的教士和不知疲倦的作者。费舍尔主教不止一次受到人身暴力威胁和被逮捕的威胁。1531年,有人向他的伦敦住所开枪,但这些最终都没能吓到他,他是英格兰唯一一个敢公开为王后的婚姻辩护的人。

即便如此，当听到费舍尔的厨师竟然试图毒死主教的时候，亨利国王还是十分震惊。博林家族收买了费舍尔的厨师，让他往为晚餐准备的汤里放一些白色的粉末（砒霜）。费舍尔的几位客人痛苦不堪地死在餐桌旁，主教本人也腹痛难忍。幸运的是，他只喝了一口汤。然而，不管费舍尔死了会给国王带来多少方便，亨利还是立即同意通过一项《议会法案》，即使以16世纪的标准衡量的话，该法案也是令人极其恐怖的——也许亨利担心自己也会遭到类似的谋杀。用霍尔的话说，"任何投毒谋害他人的人都将被煮死"。编年史家霍尔继续津津有味地叙述费舍尔的厨师是如何"在史密斯菲尔德被煮死以儆效尤的，执行时间是在事发后的下一个周三"。[9]

1533年5月，大主教克兰默宣布亨利和凯瑟琳的婚姻无效，很快亨利就和安·博林结婚了。5月末，安·博林被加冕为王后，当她在自己的朋友和大主教的陪同下前往威斯敏斯特大教堂加冕时，围观人群中的男人不仅拒绝向她脱帽行礼，反而"瞪着眼睛看着这位荡妇"——他们就是这么喊她的。随着时间的推移，英格兰人越来越讨厌这位新王后。曾有一次，在伦敦的一个教堂里，当神父为安王后祈祷时，教堂里的人们纷纷离开了。英格兰各地巡回法官的报告如流水般不断送往王廷，报告说英格兰各阶层的人都说亨利是个好色之徒，还说除了凯瑟琳之外，他们不接受任何人作英格兰王后。

7月，肯特修女被逮捕。第二年年初，亨利召开议会，玛丽·巴顿被褫夺公权并被定为叛逆罪，与她关系密切的九个人也受到同样的刑罚（爱德华·博金博士、坎特伯雷的一位教士、两名修士、两名教区牧师和几位世俗人士)。《褫夺公权法案》使得审判不再必要，这也证明让陪审团宣判他们有罪是极其麻烦的一件事。1534年4月，那些男犯人在泰伯恩刑场被处以绞刑，然后被开膛剖腹、分尸四块。伊丽莎白·巴顿免于火刑，这是当时对犯有叛逆罪的女性所施用的标准刑罚，但是她的头和其他人的头一同被插在塔桥（Tower Bridge）上。

托马斯·莫尔和费舍尔主教也被指控支持伊丽莎白·巴顿。莫尔假装说他一直觉得伊丽莎白是个"女巫"，因此被宣判无罪。费舍尔被判有罪，他公开承认伊丽莎白的启示是真的，但只是因他没有向政府汇报而被判包庇罪。费舍尔之所以免于死刑和其他惩罚，是因为他说，他把那个巴顿修女对他说的话原原本本地对国王说了。

伊丽莎白·巴顿的政治影响力可能被高估了，但亨利八世无疑是感受到了她所造成的威胁。[10]霍尔在他的编年史中用长达六页的篇幅写了"这位新造圣徒和骗子的肯特女仆"，这句话出自对她褫夺公权的判决。她被指控还因为她说了这句启示："一根三枝条的树，除非将其连根拔起，否则英格兰将永无快乐。""根"指的是大主教沃尔西，而"枝"则指的是国王、诺福克公爵和萨福克公爵（查尔斯·布兰登）。《褫夺公权法案》宣称，伊丽莎白·巴顿的信徒们声称亨利和安·博林结婚后，他就不再是上帝眼中的国王了，他们还试图劝说其他人也相信他们的言论。他们要"在国王的臣民心中播撒反叛和仇恨的种子"，让人们反对国王离婚，而且他们还准备发动叛乱。

在被处死的人中，有一个叫亨利·戈尔德（Henry Gold）的人，他是伊丽莎白·巴顿的信徒，也是肯特的教区牧师。戈尔德被指控秘密拜会"前王后凯瑟琳"，目的是为了得到凯瑟琳王后的帮助，好让她的女儿玛丽取代亨利成为英格兰国王，"玛丽会取得成功并统治这个王国，因为有很多朋友拥护和支持她。"[11]对戈尔德的指控包含了后来成为白玫瑰派长期计划的核心内容，控词甚至比计划本身更详细：推翻亨利，让玛丽做英格兰国王，再给玛丽找个有约克家族血统的人做她的丈夫。

不过，这个计划忽略了一点，那就是如果亨利国王死了，埃克塞特侯爵有可能把玛丽挤出局，他自己来当国王，但就亨利时常发作的腿疾来看，他离死好像还远着呢。虽然有迹象表明，直到亨利的儿子、未来的国王爱德华六世出生时，埃克塞特都希望自己能继承王位，当然也会接受白玫瑰派的解决方案。但反过来讲，因为没有能力搞阴谋，他不会做任何事情来帮助玛丽取代他父亲，那还不如尽职尽责地为亨利服务——1533年，他是废黜凯瑟琳王后的法律委员会成员，三年后，他又是审判安·博林王后的法律委员会成员。在此时期，索尔兹伯里女伯爵和埃克塞特侯爵夫人仍旧和前王后有秘密联系，但她们不敢再去看她，因为她的住处有很多密探。

第23章 1533—1534年：叛乱？

> 陛下应该想尽一切办法，让（玛丽）公主的家庭教师、克拉伦斯公爵女儿的儿子到您的身边，或者把他安置在您控制之下的某个地方，这里的很多人都认为英格兰王国应该是属于他的。
>
> ——尤斯塔斯·查普斯致查理五世
> （1533年9月27日）[1]

亨利八世和阿拉贡的凯瑟琳离婚以及国王宗教政策所引起的对信仰确定性的质疑，给英格兰带来了震荡。世俗传统也几乎遭到了同样的质疑。1529—1536年，国王相继召集了七次"改革议会"（Reformation Parliament），颁布新法律，极大地强化了王权。亨利的首席大臣托马斯·克伦威尔强行推行行政改革，他运用贿赂、威胁和哄骗的手段让议员们通过所必需的法令。有时候，亨利也会亲自来议会向两院发表演说。

为了更加有力地控制英格兰的领主们，一批新法庭建立起来。监护法庭（Court of Wards）和王室地产调查法庭（Court of General Surveyors）配备的都是一些专横的官员，威尔士和威尔士边地也建立了类似的法庭。王权的扩张及其对日常生活的干预，引起了民众的反感。人们被鼓励向当地巡回法官揭露他们邻居的不忠言论，巡回法官再将这些立即向伦敦报告。在每一个重要的地方和关键的部门都充斥着克伦威尔的眼线。

逐步"强化统治"的亨利改革（Henrician Revolution）让每个人——贵族、乡绅和普通民众——都深感不安，整个英格兰弥漫着忧虑和不安的气氛。很多人开始希望玛丽能尽早继承亨利的王位，尽管后来的她以残酷著称，但在16世纪30年代她非常受英格兰民众爱戴。然而，亨利国王不想让一个女子继承他的王位，因为这会让都铎王朝走向终结。

在那些希望复兴白玫瑰大业的人中，有一个人最不可能是约克派，那就是阿拉贡的凯瑟琳。作为索尔兹伯里女伯爵和埃克塞特侯爵夫人的朋友，前王后满腔热情地支持约克派的复兴大业。在凯瑟琳眼中，英格兰王位继承人就是她的女儿玛丽，她一定要确保女儿继承王位。尽管英格兰还未曾有过女王统治，但凯瑟琳认为这并不算什么障碍，她的母亲和姐姐都曾经是君主。如果亨利有了其他的孩子，玛丽就必须与他们斗争。在这种情势下，玛丽找一位代表约克家族的人做丈夫将会是一个关键性的联盟，因此"阿拉贡派"的目标便和那些白玫瑰家族的目标一致了。

在知道当年她和亚瑟王子的婚姻是导致沃里克伯爵死亡的原因后，凯瑟琳非常愧疚，而且认为"上帝已经惩罚了她父亲斐迪南国王的罪孽"。是索尔兹伯里女伯爵最先告诉她这件事的。几年后，女伯爵的儿子雷金纳德·波尔写道，王后认为，"因为她的缘故让我们受到了伤害，所以她非常想补偿和回报我们。"波尔这里所说的"伤害"，就是指他舅舅沃里克被谋杀的事。因为自己的几个孩子都死于襁褓中，所以凯瑟琳渐渐地愿意相信沃里克伯爵被害给都铎家族招致了诅咒的说法。[2]

1533年秋，神圣罗马帝国大使尤斯塔斯·查普斯（Eustache Chapuys）在给查理五世的信中如是写道："您可能想不到，这里的人是多么希望陛下您能派军前往英格兰。"尤斯塔斯·查普斯是一位沉稳精明的教士，来自萨伏伊，四十多岁，他也是一位能力超群的律师，具有主持法庭、审问证人等丰富的经验，同时他还是一位学者，是伊拉斯谟众多朋友中的一个，他是查理五世几经考虑才选出来的驻英格兰大使。亨利国王非常喜欢这位新任大使，两人时常在一起聊天，但亨利从来没有想到这位长驻英格兰的大使竟是专门来对付他的敌人。

查普斯是一位手段高明的情报收集者，他尽可能从各种人际圈里广泛地听取意见，知道如何赢得别人的信任并与他们随意交谈。查普斯向皇帝这样报告："我每天都会接触到各种各样受过教育和有见识的英格兰人，他们告诉我，与从前的理查三世国王相比，民众更恨现任国王亨利。"[3]当查理五世知道查普斯正有条不紊地支持和整合英格兰人的仇恨，制造一种非常危险的局势时，他非常震惊，因为从某种程度上讲，查普斯的所作所为已经超出了他的命令。[4]

自1531年始，罗切斯特主教约翰·费舍尔就和查普斯保持着密切的联系，只不过非常小心谨慎（他和他的朋友们受到警告，如果继续反对国王的政策，就会被扔进泰晤士河）。尽管费舍尔是一位保守的神学家和禁欲者——在做弥撒时他会在祭坛上放一个头骨，但同时他也是一位充满热情的人文主义者，他从伊拉斯谟那里学习了希腊语。费舍尔曾因以非凡的口才抨击马丁·路德的宗教改革而声名远扬，同时他还是意大利宗教改革家萨沃纳罗拉（其宗教思想在16世纪20年代复兴）的崇拜者，他意识到天主教会亟须改革。在英格兰的主教中，只有费舍尔明白亨利的宗教政策正走向何方，他也知道不废黜亨利就不足以把英格兰从所谓的新教徒手里拯救出来。此外，费舍尔还认识到了白玫瑰-阿拉贡派潜在的力量。

这个因长期禁欲而身体虚弱、瘦骨嶙峋的费舍尔变成了亨利国王最可怕的敌人之一。1533年夏，查普斯曾两度引述费舍尔的话，希望查理五世出兵英格兰（他还推断亨利将遭废黜），他说费舍尔称此举要比任何反对土耳其人的十字军更令上帝欣慰。费舍尔再次建议应该尽快行动，他向查普斯保证绝大多数英格兰人都和他有一样的想法，都盼望着皇帝查理五世能出兵干预：人们更希望皇帝派兵入侵，而不是采取可能会引起巨大混乱的贸易禁运措施，只要一支规模不大的海军就足以推翻亨利的统治。查普斯接着说："数不清的各界民众不断地和我说这件事，他们几乎吵聋了我的耳朵。"[5]

查普斯还建议查理五世将雷金纳德·波尔召到他的宫廷，

或他控制下的其他地方，因为很多英格兰人都将波尔视为英格兰王位的合法继承人。他还强调说，除了一大群支持者外——当然是约克家族的支持者，这位年轻人和他的兄弟们在英格兰贵族中还有许多亲戚和盟友，其中就有埃克塞特侯爵，侯爵乞求查普斯让皇帝赶紧派兵，把英格兰从亨利的统治下解救出来。

这位大使还提到了一位潜在的盟友伯格文尼勋爵（埃德蒙·德拉波尔的老朋友），他最近在都铎王廷见过他。

> 他是英格兰最强大、明智和谨慎的贵族之一，他对亨利非常不满，因为亨利把他和他的岳父白金汉公爵关在伦敦塔里很长时间，结果白金汉被要了命，伯格文尼被拔了毛——也就是说，失去了大部分财产，因此他愿意以任何手段夺回财产，以报仇雪恨。

查普斯抱怨说他们不能很好地交谈，因为克伦威尔总是紧跟着他们，尽可能靠近他们，试图偷听他们的谈话。[6]

查普斯解释说，阿拉贡的凯瑟琳想让玛丽和雷金纳德·波尔结婚，因为他是约克家族的后人。尽管凯瑟琳在临终时表达了她对亨利的深深爱意（她一直为他缝制衬衫，直至去世），但她依然认为应该废黜亨利。无论发生了什么，她都想让自己的女儿继承王位。凯瑟琳有点担心埃克塞特侯爵会搅局，因为他是继亨利之后爱德华四世的另一位男性继承人。但是查普斯大使引述了1483年斯蒂林顿主教（Bishop

Stillington）代表格洛斯特的理查（理查三世）宣布爱德华国王的孩子是私生子的话。查普斯一次又一次地强调雷金纳德的王位继承权。[7]不管查普斯大使是否熟知都铎王朝治下的这位白玫瑰的传奇事迹，但可以肯定的是，他曾对一位教士律师说过他同情约克家族。

毫无疑问，玛丽是一位关键性的人物。1533年，她年仅17岁，受过很好的教育，博学多识，政治意识敏锐，她知道父亲的离婚意味着她丧失了王位继承权。尽管如此，很多人还是将她视为下一任英格兰君主。与多年后那个阴郁憔悴的玛丽不同，此时的她是一个充满魅力的女孩，她不仅遗传了他父亲源自约克家族的姣好外表——微微上翘的鼻子和红金色的头发，还拥有她母亲热情尊贵的特质。从玛丽这些年的家庭账簿上，我们了解到她的客人包括雷金纳德兄弟——蒙塔古勋爵和杰弗里·波尔，以及牛津伯爵、埃塞克斯伯爵和桑迪斯勋爵（Lord Sandys），他们都不喜欢亨利八世的政策。女性客人有伯格文尼夫人、德比伯爵夫人和金斯敦夫人，她们的丈夫也与她们持相同的政见。[8]毫无疑问，玛丽身边也满是克伦威尔的眼线，不过这些人很谨慎，从来不公开讨论她的未来。

费舍尔主教的计划是具有现实性的，尽管这可能和亨利七世曾面临过的危险一样大。还从未出现过如此危险的事情，然而与求恩巡礼相比，它得到了更多大贵族的支持：1533年，准备发动叛乱的贵族和乡绅比例要高于1461年支持约克家族反对兰开斯特王朝、推翻亨利六世时的比例。

第23章 1533—1534年：叛乱？

克伦威尔意识到危险迫在眉睫，但拿不准到底会发生什么。这可能就是克伦威尔莫名其妙地对一些贵族实施攻击的原因，因为众所周知他们都是玛丽的朋友。1534年，北方的戴克勋爵被诬陷与苏格兰人阴谋发动叛乱，1535年，布雷勋爵（Lord Bray）被指控从事炼金术（尽管这不算犯罪），达西勋爵（Lord Darcy）被禁止离开伦敦。但是他没有被列入费舍尔案褫夺公权的名单里，在费舍尔主教被处死后，克伦威尔宣称主教一直试图发动叛乱。[9]

然而，尽管很多英格兰人痛恨亨利并希望发生叛乱，但叛乱终究还是没有发生。皇帝查理五世对内正处在路德宗诸侯的威胁下，对外正与法国进行长期争斗，同时还有和土耳其旷日持久的战争，这使他无力再消耗宝贵的军队去帮助约克派。尽管约克派有继承王位的合适人选，但很明显他们缺乏一位优秀的军事指挥官。如果约克派拥有像理查·德拉波尔这样的人，那么境况就会截然不同。达西勋爵是唯一能够担任军事指挥官的人，然而他年老多病，难胜其职，而且无论从哪方面来看，他都不是一位优秀的军人。

最大的威慑是来自亨利八世，他拥有令敌人惧怕的性格和高超的政治技巧。亨利会到议会两院，长达几个小时听取议员们的辩论，他想要的议案都能在议会顺利地快速通过，这让他误以为他在英格兰很得民心。因为害怕克伦威尔密探的监视，亨利的反对者们都息声敛气，不敢轻举妄动，他们知道只要表现出丝毫的不忠迹象，就会立即被逮捕甚至引来杀身之祸。尽管如此，有些约克派人士，尤其是达西，仍旧对发动叛乱抱有希望。

令人鼓舞的是，1534年夏，爱尔兰菲茨杰拉德家族在听到基尔代尔伯爵被关进伦敦塔并被处决的谣传后，发动叛乱。伯爵的儿子，通常被称为"温和的托马斯"（Silken Thomas）派使者与查理五世会谈，提出如果皇帝的军队帮助他攻打那些"英格兰叛教者"（English schismatics）的话，他就把爱尔兰作为罗马教廷的采邑来统治。尽管叛乱者杀死了都柏林大主教，但英格兰人对这次叛乱抱有极大热情并给予支持，这让亨利和克伦威尔非常震惊。查普斯欣喜地评论说"这是一个很好的开端"。[10] 然而，尽管在一段时间内，叛军对都柏林造成了很大的威胁，但菲茨杰拉德还是被打败了。因为遭人出卖，温和的托马斯和他的五位叔叔被抓获，两年后在泰伯恩刑场被处决。

"一年前我就已经写信将此事禀告陛下您了。"1534年11月3日，查普斯写信回答查理五世对西班牙驻威尼斯大使发来的一封信的疑问，该信附有密码。这位驻威尼斯大使暗示，雷金纳德·波尔可能会统治英格兰，而且要把凯瑟琳王后和玛丽公主从亨利八世那里解救出来。查普斯一再告诉皇帝查理五世，凯瑟琳急于促成自己的女儿和波尔的婚事，他坚持认为英格兰人很快会坚决支持波尔，"尤其是有许多贵族，他们认为克拉伦斯公爵的家族才是英格兰王位的真正所有者"。查普斯恳请皇帝马上派兵入侵英格兰，他说英格兰的每个人都欢迎皇帝军队的到来，"尤其是这些人中还包括我所提到的雷诺勋爵（Lord Reynold，即雷金纳德·波尔）"。

查普斯接着又提到了雷金纳德·波尔的弟弟杰弗里·波尔，杰弗里时常来拜访他，大使认为他来得过于频繁，于是就警告他小心点，以防引起克伦威尔密探的注意。"和许多人一样，杰弗里·波尔不断恳求我给陛下您写信，希望您派兵占领英格兰，所有的人都在盼望着。"查普斯在杰弗里面前提起雷金纳德·波尔的时候一向很谨慎，仅有一次例外。"前段时间，我告诉杰弗里，雷金纳德·波尔就是乞讨为生也比回到这个是非之地好，如果他回来，那他的下场可能和罗切斯特主教一样，甚至更惨。"不过，查普斯很精明，他认识到杰弗里是一个无足轻重的人物，而且还是个性情易变、行事轻率的人，但他能够从他那里获得极其有用的信息。[11]

此时，两位势力强大的老贵族——在理查三世统治的时候，他们还是年轻的小伙子——对白玫瑰派的事业非常有影响力。他们是凯瑟琳王后的坚定支持者，都希望推翻亨利八世，其中一位就是前文提到的达西勋爵。

达西出生于15世纪60年代，是一名勇猛的老兵，他来自约克郡坦普尔斯特（Templehurst）的一个古老家族，被亨利八世晋封为贵族。多年以来，达西一直为年轻的威斯特摩兰伯爵服务，他娶了伯爵寡居的母亲。作为东部边地的守护官（Warden），他经常在苏格兰边界作战。英格兰北方人也尽在达西的掌控之下，他被誉为"北方的关键人物"，因为他对那里的人非常了解。[12]尽管达西在呈报给教皇的亨利离婚请愿书上签了字，但他对此很震惊，也对国王的宗教政策感到震惊，他将这一切归咎于亨利的新任大臣——"代理执政者"

（Vicegerent）托马斯·克伦威尔。在1532年诺福克公爵主持的贵族秘密会议上，达西坚持认为教皇是一切宗教事务的最高裁决者，后来他还对上院贵族说议会无权干涉宗教。

第二位重要人物是约翰·赫西（John Hussey），他的父亲是爱德华四世时期的法官。约翰·赫西如今六十多岁，镇压1486年洛弗尔勋爵叛乱让他一举成名。他从前曾是恩普森和达德利的亲信，后来成了亨利八世的得力大臣，亨利国王授予他许多土地并晋封他为贵族。亨利非常信任他，在1533年任命他为宫务大臣，让他负责宣布玛丽为私生子的事宜。从此之后，赫西夫妇便对玛丽所受到的不公正待遇极为愤慨。[13]

1534年夏，达西和赫西在赫西伦敦的家里一同用餐，与他们一起的还有达西的朋友弗兰伯勒的罗伯特·康斯特布尔爵士（Sir Robert Constable），罗伯特是一位富有的北方贵族，也是国王的近卫骑士，尽管他的父亲曾在博斯沃思为理查国王而战。他们讨论的主要话题表达了对约克郡新教贵族拉尔夫·比戈德爵士（Sir Ralph Bigod）布道的牧师的一致憎恨，那位牧师是一位狂热的新教（New Learning）信徒，他抨击圣母玛利亚的礼拜仪式。他们一致表示绝不做异教徒，他们从生到死都要做真正的基督徒。[14]

还有一次，在林肯郡斯利福德赫西家的花园里，当谈到林肯郡出现了异端信仰时，赫西向他的一位熟人吐露，尽管新教教义在林肯郡还没有取得重大进展，"但仍有一些人"希望国王将它引到这里，那么终究会有一天，我们必须拿起武器捍卫天主教信仰，"如果不拿起武器将很难改变"这种情势。[15]

时至秋天,达西和赫西两人与查普斯取得了联系,他们敦促查普斯说服皇帝查理五世进军英格兰,说他们的军队将会受到热情欢迎,尤其是在英格兰北方诸郡。达西宣称,在北方至少有600名贵族和富有的乡绅和他们有同样的想法。9月,达西向查普斯建议,皇帝应该派遣一小队远征军沿泰晤士河上行,救出居住在格林威治的玛丽,与此同时,他自己的人也会把凯瑟琳王后从金博顿救出来。此外,他请求皇帝能为他提供一队火绳枪兵和金钱,只要亨利准许他回到约克郡,他就起兵反叛。英格兰人对亨利的统治如此不满,以至于他们都想尽快发动叛乱。即使达西和查普斯的话有所夸大,但这是自理查·德拉波尔死后白玫瑰派首次提出要采取军事行动。

在英格兰贵族中,想要推翻亨利八世的绝不止达西和赫西两个人。诺森伯兰伯爵的医生给查普斯送去了一封伯爵写的密信,说亨利即将垮台。伯爵曾经和安·博林订过婚,当得知她被定为死罪时,他昏了过去。当然,他还有其他憎恨亨利的理由。达西的妹夫桑迪斯勋爵也让人给查普斯送去了类似的信,桑迪斯勋爵是宫务大臣和加莱总督,也是一位很有名望的军人。其他贵族也想推翻亨利的统治,只不过他们没有想到联系查普斯,比如德比伯爵和埃塞克斯伯爵,可能还有北方的戴克勋爵和布雷勋爵。这是与心怀不满的新封建主义(neo-feudalism)同样的情绪,在15世纪,就是这种情绪导致了玫瑰战争。

大约就是在此时期，这位"好人老领主"（达西在皇帝密码本中的名字）给查普斯送去了一朵镀金的三色堇，想必这位学识渊博的大使一定知道三色堇是波尔家族的徽章。圣诞节的时候，达西又送给查普斯一把装饰华丽的短剑，查普斯认为此举表明他们发动叛乱的时机到了。老战士达西是会将叛乱的义举向周围的每个人、每个阶层宣讲的那类人，因为他意识到，愤怒的情绪正在北方沸腾，如果有足够多的平民起来反叛，那么乡绅和教士就能够掌握指挥权。但是，正如理查·德拉波尔、珀金·沃贝克和林肯伯爵发动叛乱时所认识到的那样——当然也包括1485年亨利·都铎的叛乱，达西也认识到了：若要取得成功，外国的军事支持和金钱支持是必不可少的。

然而，皇帝查理五世认为达西的叛乱计划行不通。尽管他也想让他的表亲玛丽继承英格兰王位，以取代亨利八世，但查理五世不想因过分干涉英格兰事务而使得英法结盟，这是他要竭力避免的。因此，尽管查理五世让查普斯鼓动"好人老领主"发动叛乱，但他自己按兵不动。然而，尽管都铎政府摸不清达西的真正意图，但由于他公开反对国王的政策，所以都铎政府还是怀疑他，因此直至1535年夏才准许他回家。

第24章　1535—1536年：玛丽公主与白玫瑰

> 这些人的血液里有神的力量。
> ——雷金纳德·波尔：《给查理五世的辩解书》[1]

1536年，在格林威治举行的骑士比武大赛上，近年来体重大增的亨利在比武时从马背上重重地摔了下来。他失去意识长达几个小时，人们非常担忧他的性命。自此之后，亨利就再没从事过比武活动。他也放弃了打猎，只是让人把鹿驱赶至一定的距离让他以弓箭射杀。

从前的几次落马可能已经造成了累积性的大脑损伤，这是拳击手常得的病。自从1519年开始，亨利的头痛越来越严重，让他难以集中精力；腿上的溃疡也让他受尽折磨，这可能是因为静脉溃烂或骨头感染。自打那次从马上摔下来后，亨利就停止运动和锻炼，此后他变得体态臃肿、身形庞大，这更加剧了他的病痛。疾病使亨利的性情变得更加狂躁易怒，身边的每个人都成了他撒气的对象。克伦威尔一周至少被他打两次脑袋。然而，他的残暴更主要是因为他那扭曲的性格，而非大脑受伤，亨利是英国历史上唯一一位以叛逆罪烧死妇女的君主。健康受损没有改变他的个性，而是更加剧了他骨子里的残暴。[2]

即使在那次落马之前,亨利也是一个很可怕的人。在1534年议会通过《至尊法案》(Act of Supremacy)后,亨利的宗教改革加快了步伐,最终与罗马教廷彻底决裂,他"成为英格兰教会(Church of England)的最高首脑"。亨利比以前的英格兰君主更有洞见的地方在于,在他离婚陷入僵局的那段时期,他就已经意识到教皇在自身所辖教区之外不比其他的主教更有权力,约克和坎特伯雷所辖的教会应该构成一个独立的教会。任何人胆敢对此有异议,亨利就要他的脑袋。

新的《叛逆法》规定,任何"否认"国王教会权力,写出或说出国王是"异教徒、教会分裂者或暴君"的人将被褫夺公权(这是许多人对亨利八世和他的政策的看法)。此外,任何宣称"我们的国王"是"僭位者"的人都将受到《叛逆法》的制裁。不过,人们通常忽视了一点,这可能只是针对约克派的。[3]

人们很快意识到英格兰已经成了一个充满危险的地方。1535年4月,三名加尔都西会修道院院长拒绝承认亨利是英格兰教会的最高首脑,他们被施以残酷的刑罚,处决于泰伯恩刑场。人们的反对或批评激怒了亨利。5月,教皇保罗三世(Pope Paul III)晋升约翰·费舍尔主教为红衣主教,以奖赏他对罗马教廷的忠诚。6月,暴怒的亨利砍了费舍尔的头,尽管亨利没有践行他的威胁之语——把费舍尔的脑袋送到罗马,好让他能戴上那顶红帽子。

7月,前任大法官托马斯·莫尔紧随费舍尔之后上了绞刑架，他是一位杰出的学者和作家，不仅是在英格兰，而且在全欧洲都享有盛誉。托马斯·莫尔曾经是亨利最好的朋友，他们俩是热心的天文爱好者，曾一起在格林威治宫的房顶观看星星。亨利总是喜欢不请自来地造访莫尔在切尔西的家，在用完餐后，两人就挽着胳膊在花园里散步。然而，名望之盛也能让莫尔召集起巨大的反对派力量，因此出于政治考虑，亨利决定杀了他。

毫无疑问，他们两人死于对自己良心和道德的坚守，但亨利决意处死他们并不只是因为他们忠诚于罗马。有关费舍尔的事情，克伦威尔仅在他让约翰·沃洛普（Sir John Wallop）告知弗朗西斯一世他们已经被处死的时候才说出了事实，他们被处死是因为"在英格兰境内外密谋叛逆"，密谋"毁灭国王"。尽管克伦威尔没有给出任何证据，但那时他已经清楚地知道费舍尔企图发动叛乱。至于托马斯·莫尔，即便他没有积极参与密谋，但他全心全意地支持以天主教为信仰的玛丽取代亨利当英格兰国王，这是确定无疑的。[4]

费舍尔和莫尔被处决后，白玫瑰派看到了亨利太过邪恶不能保有英格兰王位的前景。作为虔诚的天主教徒，索尔兹伯里女伯爵和埃克塞特侯爵夫人一定非常震惊于"新教信仰"的传播，与罗马断绝关系让她们感到恐惧。她们将此完全归罪于亨利对安·博林的情欲，正如伊丽莎白一世时代的天主教徒所认为的那样，她们也认为改革后的英格兰教会是从亨利的裤裆里出来的。

尽管1535年6月伯格文尼的死给了白玫瑰派沉重的打击，

但是达西勋爵依旧决心推翻亨利的统治。根据记载，都铎政府一直不让他回到北方达数月之久。他们知道他正在谋划着什么事，只是没能发现到底是什么。[5]在被"扣留"伦敦期间，达西派一位上了年纪的亲戚去见查普斯，此人可能是马默杜克·沃尔德比博士（Dr Marmaduck Waldby），他是卡莱尔的受俸牧师，他对查普斯说他要面见皇帝，看看皇帝是否真的打算帮助他们，如果皇帝不帮，那他们就准备自己发动叛乱。查普斯警告他亨利政府可能对此非常警觉，这位老者回答说，只要达西回到英格兰北部就无需担心了。然而，当达西勋爵最终回到北方后，他却决定没有皇帝的支持他不起事。

玛丽公主非常值得同情，她父亲不仅和她断绝父女关系，而且还不让她见自己的母亲。据说安王后不断催促亨利处死凯瑟琳母女，而且还以各种各样的手段羞辱玛丽：命令侍女揪打玛丽的耳朵，让她做伊丽莎白小公主的仆人。玛丽成了白玫瑰派夺权的关键人物，也成了亨利的潜在威胁。

事实上，亨利对玛丽拒绝接受《至尊法案》和《王位继承法》（Act of Succession）的行为越来越恼怒。1535年末，埃克塞特侯爵夫人警告查普斯说，她听到国王告诉他的枢密大臣，他对凯瑟琳母女带给他的麻烦极其厌恶，打算召开议会处理此事，而这似乎意味着亨利想以法律手段除掉她们母女。也许这只不过是虚张声势的恐吓，但把她们的朋友吓坏了。查普斯向皇帝这样报告说："侯爵夫人以圣经的名义发誓这是真的，她恳求我通知陛下您并祈求您怜悯她们母女。"[6]

第24章 1535—1536年：玛丽公主与白玫瑰

查普斯一直尽心尽力地为前王后凯瑟琳和她的女儿办事，这不只是因为她们是他的主人皇帝查理五世的亲戚。查普斯给皇帝写信，强调凯瑟琳王后依然受贵族和普通民众爱戴，他们经常不惜冒着生命危险支持她。他总是称亨利的新王后为"娼妇"或"妍妇"，称伊丽莎白为"那个小私生子"。他急切盼望皇帝能拯救凯瑟琳母女，同时也迫切希望皇帝的军队入侵英格兰。

1536年1月，凯瑟琳死于金博顿城堡，在她死的前几天，查普斯一直陪着她。她很悲伤临死前没能见自己丈夫最后一面。亨利甚至不让玛丽去看她的母亲。亨利和安王后听到凯瑟琳死亡的消息非常高兴，甚至穿着黄色的衣服而不是丧服来表示他们的兴奋，尽管这很不合时宜。亨利吼道："感谢上帝！我们再也不用担心会发生战争了。"他的意思是皇帝查理五世不可能带兵入侵英格兰，因为他的姨母已经死了。毫无疑问，白玫瑰派也是这样认为的，他们对皇帝查理五世的军事援助也不再抱多大希望。

从比武大赛的马上摔下来不久以后，亨利变得比以前更加可怕。尽管凯瑟琳的死让安·博林很高兴，但此时她很惧怕亨利。她的恐惧是有原因的，1月29日，她又一次流产，产下一个未成形的死胎男婴。她不仅美貌不再，而且满脸病容、日渐消瘦，更糟糕的是，她没能给亨利生下盼望已久的儿子以继承王位。此外，在他们结婚后，亨利越来越发现安·博林其实是一个极其惹人讨厌的女人——嫉妒心切、飞扬跋扈、脾气暴躁。总之，他已经爱上了安·博林的侍女简·西摩（Jane Seymour）。

除了惹怒了自己的叔父诺福克和其他朝臣外，安·博林还极其愚蠢地使自己成了克伦威尔的敌人，而克伦威尔正是那个认为只有毁了她才能保全自身的人。通过某些方式，克伦威尔得知安在和国王结婚前就已经不是处女，这个发现让亨利很恼怒，尤其是她曾在很长时间里拒绝做他的情妇。克伦威尔和诺福克——他们曾一度是盟友——向亨利国王那多疑的脑袋里灌输安王后如何地不忠，4月，亨利设立了一个委员会专门调查安的私生活。克伦威尔抓住这个机会给安罗列了一堆罪名。

5月2日，安王后被关进伦敦塔。当晚，亨利泪流满面地对里士满公爵（Duke of Richmond）和玛丽说，安一直谋划要毒死他们。后来亨利又说自他们结婚以来，安·博林至少和一百多个男人通奸。很明显，亨利的言行失控是出于查普斯的刻意渲染，他叙述了亨利在发泄完安背叛他的怒气后，是如何与一群女士乘坐豪华驳船在河上夜夜笙歌的，又是如何在凌晨回到格林威治或约克宫的，那时候的大多数人都是凌晨4点起床。

两个星期后，安·博林在伦敦塔受审，围观的有两千余人。不论安做了多么令人信服的辩驳，仍然被荒谬地指控与四个情夫通奸甚至和她自己的弟弟乱伦。她还被指控与其情夫们密谋暗害国王。那五个不幸的男人都已经被送上了绞刑架，法庭判决对安施以砍头或者火刑，全凭国王意愿，亨利为表仁慈，决定砍头。5月19日，安·博林被押上断头台，她

第24章 1535—1536年：玛丽公主与白玫瑰

以令人钦佩的勇气死于刽子手的剑下而非斧头下，这距她被羁押伦敦塔还不到三周的时间。

安·博林被处死还不足两周，亨利便和简·西摩结婚了。新王后是一位肤色白皙、温柔雅致、性情羞怯的金发女人，她出生于威尔特郡一个普通的骑士家庭。尽管不是十分聪慧，但简王后是一位性情温和、心地善良的年轻女士，她没有让任何人感到不安。

英格兰人为"处死了姘妇"高兴了几天。他们都认为既然安·博林和凯瑟琳都死了，亨利就会回到罗马天主教的怀抱，也会恢复玛丽的合法地位，他们为此感到高兴。如果查普斯的话可信的话，就连简王后也向亨利表示希望恢复玛丽的继承权，但亨利只是告诉她，她这样为玛丽请求恩惠就是一个傻瓜。显然"姘妇生的小私生子"（未来的伊丽莎白女王）也被排除在王位继承人序列之外。

尽管如此，赫西勋爵和他的妻子仍旧相信国王能恢复玛丽的王位继承权。赫西勋爵夫人甚至在已经知晓白玫瑰派设想的情况下，还是一如既往地忠诚于玛丽，她当然也会支持他们。6月，勋爵夫人拜访了玛丽，她称呼玛丽为"公主殿下"，她的意思是说威尔士公主（Princess of Wales）。勋爵夫人很快被逮捕了，她的丈夫也被剥夺了玛丽宫室总管的职务。勋爵夫人被押入伦敦塔受审，直至9月末才被释放，这使她的健康严重受损。亨利认为勋爵夫人一直鼓动他的女儿，让玛丽拒绝接受剥夺她王位继承权的法案。

直到现在，亨利对自己的女儿都非常愤怒，他竟然威胁说要处死她。最后，查普斯劝说这个孤独而又受尽屈辱的姑娘——她还常常承受着疾病的折磨——向她的父亲屈服，承认亨利是英格兰教会的首脑。最终，玛丽接受了自己是私生子的"现实"，尽管这意味着她背叛了罗马和她的母亲，不然她有可能会被送上绞刑架，因为有些大臣一直鼓动国王处死她。

据查普斯大使看来，亨利这样对待玛丽是为了警告那些支持她的人。除赫西勋爵夫人外，其他支持恢复玛丽王位继承权的人也遭到审问，其中有埃克塞特侯爵夫人、财政署长威廉·菲茨威廉爵士（有段时间他甚至不被允许参加枢密院会议）、御马官尼古拉斯·卡鲁爵士（Sir Nicholas Carew）和其他一些枢密大臣。新《王位继承法》很快获得通过，该法案规定只有简·西摩的孩子才能继承王位，或者是由亨利指定王位继承人。法案是专门针对阿拉贡-白玫瑰派的，直至现在，亨利和克伦威尔才真正知晓了他们的某些阴谋。

然而，事实是简王后依然无所出。而玛丽对她父亲的屈服并未减弱人们对她的爱戴，人们更加同情这位年轻的公主，她被如此残忍和不公平地剥夺了王位继承权。玛丽一直是那些天主教徒的政治聚焦点，而在那个时代大多数英格兰人都信仰天主教。1536年12月，当简王后最后说服国王让玛丽进宫时，人人欣喜，尽管直到1544年玛丽才被恢复王位继承权。人们比以往更加期盼玛丽能取代亨利成为他们的君主。极具讽刺意味的是，一个都铎家族的人竟然成了白玫瑰家族最大的资本。

第25章 1535年夏：一位新白玫瑰？

> 可能除了雷金纳德·波尔之外（他目前在威尼斯），或许还有蒙塔古勋爵的儿子，我确信（玛丽公主）决不会同意嫁给这个王国里的任何人。
>
> ——尤斯塔斯·查普斯关于玛丽公主的报告（1536年7月8日）[1]

雷金纳德·波尔（他的家人称他为"雷诺"）生于1500年，是理查·波尔爵士和索尔兹伯里女伯爵玛格丽特的三儿子，因此他也是沃里克伯爵的外甥。他的长兄被亨利晋封为蒙塔古勋爵，已经娶妻生子，这也是为什么白玫瑰派要把希望寄托在未婚的雷金纳德身上，想让他成为玛丽丈夫的原因。当然，让蒙塔古放弃他对王位的继承权也应该不是什么难事。因此无论如何，雷金纳德都是未来女王丈夫的最合适人选。而且他的个人能力很早就得到认可，尤其是得到了亨利八世的认可。

在很小的时候，雷金纳德就打算进入教会。雷金纳德曾在希恩的一所小型加尔都西修会学校学习，这所学校可能是由坎特伯雷的本尼迪克特修士管理的。13岁时，雷金纳德进入牛津大学的莫德林学院。在牛津，他得到杰出人文主义者托马斯·林纳克（Thomas Linacre）和威廉·拉蒂默（William Latimer）的指导，接受了人文主义教育，也是因为拉蒂默，他后来还和托马斯·莫尔成了朋友。亨利对雷金纳德的进步很感兴趣，每年为他支付12镑的学费，雷金纳德是唯一一位从国王那里获此殊荣的贵族。这位很有前途的年轻人在18岁时就被授予圣职，担任教区执事，亨利将温伯恩教堂所辖教区和索尔兹伯里大教堂授予他作为圣俸，这让他有了更多的进项。

雷金纳德21岁的时候，亨利鼓励他去意大利继续学习，并慷慨地予以资助。他在欧洲最著名的大学之一——帕多瓦大学（学生们称之为"博城"）学习了六年，他住在罗卡波内拉宫（Palazzo Roccabonella）。在那里，他得到了大师彼得罗·本博（Pietro Bembo）的指导，除了精通西塞罗式优雅的拉丁语外，他还学习希腊语，阅读柏拉图和亚里士多德的作品。在大学学习期间，雷金纳德受到了当时欧洲最有名的学者伊拉斯谟的赏识，伊拉斯谟给他写信并把他当成朋友。1523年，雷金纳德被选为牛津大学基督圣体学院的研究员，这使他有了更多的收入，而且他还有一系列的圣俸做补充——诸如作为苏塞克斯哈丁（Harting）教区长的圣俸。1525—1526年，他去罗马旅行，在罗马结交了一些很有影响力的朋友。

1527年，雷金纳德·波尔回到英格兰，居住在希恩的加尔都西修道院中的一所小房子里（房子由圣保罗教堂教长克里特所建)。在这里,他按照自己的意愿过着与世隔绝、勤奋苦读的书斋生活,集中精力研究神学并学习希伯来语。王恩接踵而至,亨利授予他埃克塞特教长职位和约克大教堂牧师职位。

尽管雷金纳德·波尔过着隐居的生活,但他也时常会去约克宫拜会大主教沃尔西,有一天在沃尔西家里,一位长相粗俗、薄唇胖脸、目光锐利的中年男子和他搭话。此人就是托马斯·克伦威尔,那时他还是沃尔西的低级办事员。雷金纳德·波尔一直记得他们之间的谈话。克伦威尔问他做统治者的幕僚需要什么素质,但波尔猜想他问这话的真正目的是想知道他对国王离婚的看法,当时此事正困扰着枢密院,大臣们为此分成了两派。

克伦威尔生于理查三世统治时期,出生于帕尼特郊区。据说,他的父亲是位军械工,查普斯却认为是位铁匠。波尔的记录应该更确切,但充满了轻蔑的意味:"一个血统不明的人,他的继父靠做漂法工(制布匠)为生。"然而,这位拥有王室血统的大贵族和这位来自街巷的暴发户至少有一点是相似的,那就是他们都在意大利待过。克伦威尔年轻时担任过威尼斯某商人(雷金纳德·波尔的一位熟人)的簿记员,后来又在安特卫普做文员,回国后他作为雇佣兵参加过战争——有资料显示他曾在率军洗劫罗马的波旁公爵的军队里服役过。后来,他又返回家乡做过公证人——身兼律师和放债人角色,但并没有什么大的作为,直到为沃尔西服务。

面对克伦威尔提出的幕僚应该为君主提供什么样的建议,

雷金纳德谨慎含糊地回答：行事一定要正直和值得敬仰。克伦威尔接着谈了他对此问题的看法：如果真正想要获得成功，君主就应该全神贯注、无所顾忌地做他想要做的事，但表面上应该做出献身宗教和恪守美德的样子。数年后，波尔对皇帝查理五世说，要是托马斯·克伦威尔是尼禄皇帝的幕僚，那他肯定支持尼禄谋杀自己母亲的决定。

当看到波尔脸上的惊恐表情时，克伦威尔说他缺乏现实社会经验，因为他在哲学研究上花了太多时间。克伦威尔向波尔推荐了一本当代作家写的书，这位作家不像柏拉图那样做那些描写梦想的傻事，而是为政治家提供治国之道。克伦威尔还表示，如果波尔想读，他就送他一本。此书就是马基雅维里的《君主论》，雷金纳德·波尔后来读它，他觉得这一定是由"人类的敌人——撒旦写的"。波尔还记得，在离开时，他们亲切地互相道别。波尔评论说，克伦威尔是靠花钱收买朋友打倒沃尔西才使自己生存下来的，这些钱都是通过解散大主教的那些小修道院得来的。波尔又补充说："克伦威尔生来就有毁灭和破坏的天资。"

尽管有迹象表明雷金纳德·波尔与克伦威尔会面的情景有波尔虚构的成分，但在他的《辩解书》(*Apologia*)中，波尔就是这样向皇帝查理五世陈述的，这是确定无疑的。不可否认，波尔对克伦威尔的评价是相当不公平的，克伦威尔有他自己的政治理念——如对君主的愚忠。[2] 克伦威尔是个政治机会主义者，他四处寻求有助于他政治生涯的贵人，甚至不惜花费大量的时间和一位并不太为人所知的人物交谈——只要他发现这个人有能力。

亨利八世认识到他的这位表亲雷金纳德·波尔的思想品质和他在学术界日益增长的名望，他希望利用他的才能为自己服务。1529年，雷金纳德前往巴黎进入大学学习，第二年亨利要求他设法取得（当然是在金钱的帮助下）索邦神学院神学律师关于他和凯瑟琳婚姻无效的裁决书。尽管波尔听从了亨利的指示，为国王赢得了有力的支持，但他私下里并不认同索邦神学院的裁定。

雷金纳德·波尔回到英格兰后不久，亨利派诺福克公爵告诉波尔，让他接替刚刚去世的沃尔西，担任约克大主教。但波尔拒绝了，因此亨利召他觐见，亨利在约克宫的一间密室里见了波尔并询问波尔对他离婚的看法。波尔本来是想说完全赞同的，但后来他做了反对离婚的辩驳。这并没有什么好奇怪的，因为他的母亲是凯瑟琳王后最好的朋友。波尔回忆说亨利当时气得满脸通红，拍拍身上的短剑，摔门而去。亨利后来说他非常愤怒，以至于当时就想杀死波尔。

几个月后，雷金纳德·波尔给亨利写了一封信，在信中，他巧妙地解释了他为什么不认同国王的婚姻是无效的。第一个理由是，国王的父亲亨利七世和王后的父亲阿拉贡的费迪南都同意他们的婚姻。另一个理由是，如果亨利和不同的妻子生下继承人，可能会导致类似约克和兰开斯特两大家族之间为王位而战的情况——玛丽在英格兰非常受民众爱戴，而且皇帝查理五世也肯定会支持她。亨利将此信交给他的新顾问剑桥大学教师托马斯·克兰默看，他认为亨利和凯瑟琳的婚姻是无效的，因此近来很受亨利恩宠。"我认为这个人是抓住要点了"，亨利在听了克兰默的意见后欣喜地评论道。克兰默提醒亨利绝不能把波尔的信公之于众，否则就为凯瑟琳找了一个好理由。

1532年春，雷金纳德·波尔再次离开英格兰，他和亨利的关系依旧很友好，他的花销也都是源于他的英格兰圣俸。波尔这时候离开，刚好避开了每一位反对亨利与罗马断绝关系的批评者所面临的危险。如果他还待在英格兰，他肯定会像托马斯·莫尔、约翰·费舍尔一样走上断头台。在他出发前，波尔见了他的亲戚埃克塞特侯爵，波尔在1553年写给埃克塞特儿子的一封信中谈到了此事。当时埃克塞特侯爵说："我亲爱的波尔表弟，当我们发现自身正处于一个悲惨的国度的时候，这是我们所有英格兰贵族的耻辱。当我们要充分利用你的存在的时候，你却于此时离开了，是谁让你离开的？现在除了祈求上帝帮助外，我们找不到任何其他的补救办法了。"[3] 那敬意的语气表明，埃克塞特当时已经将波尔视为他们的领袖了。

雷金纳德·波尔在阿维农学习了一年后，又去了帕多瓦，他在那里成了一位著名的神学家，而且加入了一个由年轻有才华的教士们组成的圈子，这些人计划振兴教会，进行反宗教改革（Counter-Reformation）。与此同时，波尔和他的朋友们试图与路德派教徒建立起一些渠道，试图弄明白他们的教义思想。几年后，他参选教皇以一票败落，这时候的波尔选择了妥协，缺乏抱负，他阻止了他的支持者们为确保他当选教皇而安排的第二轮投票。对这位新白玫瑰来说，这些都不是最好的品质。

克伦威尔1532年成为国王的珍库总管，1534年担任国务秘书，1536年晋升为掌玺大臣，接着升任亨利的首席大臣。他还是亨利任命的"国王的宗教代理执政者"（The King Vicegerent in Spirituals）或总管教会事务的代理主教（vicar-general）。克伦威尔是一个政治天才，甚至比沃尔西更能满足亨利的意愿；他主持的行政改革和加强中央集权的措施比大主教的举措更为有力。然而，克伦威尔从没享有过沃尔西自由行事的权利，因为现在亨利在政策制定方面发挥的作用越来越大。如果是藏在幕后，那也是亨利想让他的首席大臣为那些不受欢迎的政策承担过错，的确，整个英格兰都在批判克伦威尔。

1535年初，在帕多瓦学习的雷金纳德·波尔接到了老朋友托马斯·斯塔基（Thomas Starkey）的信，斯塔基最近成了亨利八世的专职牧师并深得国王信任。他曾是波尔在帕多瓦大学的同学，后来又在法国和意大利做过宫廷的教士大臣。信中说国王迫切想知道雷金纳德对他离婚持什么态度。因为亨利认为，能得到像他这样受人敬仰的学者的支持是非常有用的。

又过了一些时候，1535年10月，雷金纳德写信给克伦威尔，感谢克伦威尔让国王一直看重他和支持他，而且说自己一直准备为国王服务，以报答"陛下对我学业的资助之恩"。[4]然而，写完信不久，波尔就认定国务秘书克伦威尔是魔鬼撒旦的使者。据波尔说，亨利曾说过，如果罗马不同意他和凯瑟琳离婚，那他就打消这个念头，正是克伦威尔力劝国王让他做英格兰教会的首脑，而且还把任何反对国王离婚的批评都变成叛逆罪。

波尔直到第二年才完成了他的答复。他为此写了一本名为《为教会统一之辩》（*A Defence of the Church's Unity*）的著作，他原打算只写给亨利国王一个人看。在这本通常被称为《论统一》（*De Unitate*）的小书中，雷金纳德·波尔首先感谢亨利让他成为全英格兰贵族中唯一一个接受过如此良好教育的人。然而，他在书中又猛烈批评他的赞助人亨利。波尔对亨利国王的离婚直言不讳，他认为国王对他和凯瑟琳婚姻合法性的顾忌是为了掩饰他的色欲，他真正的动机是渴望得到安·博林。此外，波尔认为正是安·博林想出了假称国王婚姻无效的主意，而这正是"整个谎言的开始"。

波尔并没有使自己局限于国王的离婚问题，在其著作的第一部分他指出，国王"给予那些试图劝导他的人以死亡的回报"。在他执政的26年里，他从他的人民和教士那里榨取的钱财要比500年来英格兰任何一位国王都要多："我知道这些，是因为我看过账目"，波尔在书里这样告诉亨利。

波尔写道，没有人会想到把昂贵的葡萄酒倒入长期以来没有清洗过的空木桶，而亨利的思想就如同未洗过的木桶一样。他以些许的借口就毁灭了英格兰的贵族，却让那些邪恶之人聚集在他的宫廷里。他建造公共工程都是在给自己造娱乐之所，同时也是为了毁灭修道院和破坏教堂。他的屠杀和恐怖的死刑已经把英格兰变成了无辜者的屠宰场，而他却宣称教皇因道德沦丧不能做教会的领袖。

波尔继续写道，亨利剥夺玛丽公主的继承权使得内战不可避免，因为将会有许多贵族为她的权利而战。为什么在三年前亨利剥夺了他女儿的继承权，而这个女儿20年来一直都是他的继承人？什么样的父亲会剥夺自己孩子的继承权，而把它送给情妇生的私生子呢？如果国王的父亲亨利七世复活了，当他看到波尔——一个因距离王位太近而含冤致死的人（沃里克）的外甥在捍卫都铎王朝的继承权，他不会感到惊诧吗？毕竟，波尔和沃里克属于同一个家族。

波尔继续写道，对基督教王国来讲，亨利八世比土耳其的苏丹更加危险，应该剥夺他对英格兰的统治权。波尔不管皇帝查理五世此刻正在为了攻占博斯普鲁斯海峡而与土耳其打仗，他请求查理五世命令舰队调转航向入侵英格兰，"这里有更可怕的信仰之敌，有比德国异端更大的异端"。他最后的嘲讽是提醒亨利想想理查三世身上都发生了什么。[5]有点令人吃惊的是，波尔在书的结尾提出，如果亨利接受他的劝告，他依然服从亨利。

波尔之所以写得如此激情澎湃，是因为他认为前任教皇克莱门七世（Pope Clement VII）太过软弱，无力对付亨利。克莱门不应客气地听任亨利的威胁，而是应该在离婚争端的开始就把亨利革除教籍。他写此书就是为了补救教皇的错误。不顾他的朋友红衣主教康塔里尼（Cardinal Contarini）的劝阻，波尔坚持要将书送给亨利。后来，他说他已经派人将书送给了亨利，"就在他刚刚除掉那个被认为是英格兰灾难之源的女人（安·博林）之后，尽管他以高昂的代价和她结了婚，但他很快就厌腻了她，并对她充满了憎恨。每个人都希望这是一个好的转变"。[6]

然而，雷金纳德·波尔看错了亨利。除了辱骂亨利外，他把亨利和理查三世作比较是极其不明智的，鉴于亨利的腰围越来越粗，他把国王的思想比作肮脏的木桶也是不明智的。只有马丁·路德对亨利如此无礼和出言不逊过，那是在他谩骂性的反击亨利的檄文"致疯子亨利"（Junker Heinrich）中，但他是德国人，还没有哪个英格兰人胆敢以这种方式批评自己的国王。而且更为糟糕的是，波尔是亨利仰慕的学者，而他所受的教育又全都得益于国王的慷慨。不过，波尔认为他的书是一种呼吁而非谴责，他以"您的朋友，您的医生和您从前最看重、最宠爱的人"的身份乞求亨利迷途知返。

该书于1536年6月被送到亨利手中。尽管亨利没有立即读它而是将它交给了一个学者委员会去研究，但他从克伦威尔的顾问专家理查·莫里森（Richard Moryson）所写的有关该书的概要中想到了一个好主意。亨利和新任掌玺大臣克伦威尔都意识到该书对公众舆论可能造成的影响。[7]于是，亨利仁慈地邀请波尔返回英格兰，说这里有比他更有学问的人将会提出自己的观点。波尔拒绝了，他私底下用"狐狸拒绝进入狮子洞参观"的寓言故事来比喻这个邀请，因为狐狸注意到了进去的动物没有走出来的。在写他的论著的时候，波尔还满心希望亨利能够迷途知返，但现在他相信亨利就是一个魔鬼。而在亨利看来，世上又出了一位新白玫瑰。

第26章　1536年秋：求恩巡礼

被钉在十字架上的基督啊！
为了成为我们民众的指引者，
你遍体鳞伤！
藉由上帝的恩典，
朝圣者们要赢得古老的财富与和平。

——《求恩巡礼者民谣》（1536年）[1]

托马斯·克伦威尔（以"宗教代理执政者"的身份监管整个宗教事务）在执行亨利八世的宗教政策时引起了普遍的愤怒。对大多数英格兰人来说，与反对教皇相比，他们更反对关闭修道院和废除古老的传统习俗。议会通过的法律表明，国王意图强行干涉人们生活的方方面面，英格兰各郡似乎都有政府的特派员或密探，或者两者兼有。都铎王朝惊人的行政效率就得益于这种猜忌的政治气候。1535年，一项名为《教产估值》（*Valor Ecclesiasticus*）的调查显示，仅仅用了五个月的时间，国务大臣克伦威尔就获知了英格兰上至主教、下至教区牧师和小教堂神父的每位神职人员的收入。

在求恩巡礼叛乱酝酿期间，北方人都在传唱一首由一位兰开夏郡教士创作的怀旧打油诗，这首诗就出自于上面的引言。这首民谣一再表达了他们希望一切保持原样，不论是世俗生活还是精神生活；国王的人不要再干预他们的生活，让他们平平静静地过日子。[2]

1536年4月，萨默塞特郡的一些叛乱者被处决，另外有140人在参与了非法集会后请求政府宽恕。此次叛乱的原因几乎不得而知，但想到北方诸郡爆发了更加危险的骚乱，我们可以确定这是因宗教而起的。[3]不仅是普通民众，许多贵族和乡绅也非常愤怒，他们只是因为太过害怕而未采取行动。

关闭北部郡（North Country）的一些小修道院让他们尤为愤怒。这些小修道院十分受欢迎，它们不仅为那些次子们提供谋生的职业，为那些未婚女子提供去处，而且它们还是基本的社会服务机构，如提供基础教育，为老年人提供食宿，为过往客人提供救助，为穷人提供衣食。此外，修道院还负责修建道路、桥梁和海防设施，而这些地方的其他人不能提供这些服务。在罗伯特·阿斯克（Robert Aske，他在后来发生的叛乱中担任领导人）看来，那些修道院被镇压和关闭对其周围的社区来说是非常严重的损失，"修道院对王国内所有人以及往来的过客来说都是一道亮丽的风景，而乡绅们受惠更多，他们从这里获得所需的金钱，他们的次子在这里安身立命，他们的女儿在这里贞洁地长大。"[4]

提出对出生、结婚和死亡进行重新登记同样引起了极大的不安。有谣言说，人们的洗礼、婚礼和葬礼都要被课以重税，教堂的器物和饰物也要被没收，很多教堂要被关闭。据说，就连吃奶酪、鸡肉和白面包也要被罚款。

时至秋天，随着政府在林肯郡东北地区新设立了三个委员会，那些令人不安的谣言似乎得到了证实：一个负责小修道院的关闭事宜，另一个负责审查神职人员，第三个负责（据推测）所谓的"补助金"新税的征收。1536年10月初，在一名鞋匠的领导下，劳斯镇市场附近的人们起来反抗，对他们抓住的政府官员实施攻击。林肯主教那不受欢迎的财务总管被乱棒打死，据报告（消息有误）还有一个人被打瞎了眼睛，然后被缝在一张刚剥下来的牛皮中，当成诱饵被狗咬死。尽管后来证实这个报告是假的，但它表明了当时的不安和动荡。

当地的贵族和教士也加入了叛乱，他们与乡绅一起拿起武器。还有一些人尽管对此持同情态度，但因为害怕而不敢参加。赫西勋爵支持叛乱，尽管我们不清楚他参与的程度：既使他积极参与了，他可能也没有起到领导作用。几天之内，一万多人拿起武器，而且起草了一份请愿书。10月6日，他们攻占了林肯城。叛乱者宣布他们不会缴纳任何新税，要求恢复修道院，罢免像克兰默这样的异端高级教士，解雇克伦威尔的枢密院大臣职务。

亨利迅速做出反应。他下令召集一支"王军"（Army Royal）保卫伦敦，以防叛军向首都进军。如果叛军不南进，王军就直接北进驱散他们。在萨福克公爵的率领下，王军在贝德福德郡的安特希尔集合。10月10日，国王的信函送达林肯城，在信里他愤怒地威胁说："林肯郡的野蛮百姓，以及英格兰最残暴和最野蛮的人们"将会受到严厉的惩罚。[5]与此同时,亨利的传令官也到了,他重述了国王威胁的话语并坚称新增税收和关闭教堂的说法都是不实的传言。第二天,因为缺乏合适的领导人,贵族们认为反叛无望,于是劝说叛乱者解散。王军也到达了斯坦福德,距林肯城只有40英里。尽管很多参与叛乱的人回家时很不情愿,但一切还是平静了下来,林肯郡的叛乱结束了。

然而在几天之内,各地都发生了叛乱,而且规模很大。10月8日,叛乱首先从约克郡雷丁东部的比弗利(Beverley)开始,接着向西北蔓延到威斯特摩兰郡的卡比斯蒂芬(Kirby Stephen)和坎伯兰郡的彭里斯,同时还沿着里布尔河谷向西南蔓延到兰开夏郡北部。这些地方也都流传着和林肯郡一样的谣言,也因此引发了叛乱。从某种程度上讲,达西勋爵是这场叛乱的推手。至于达西勋爵发挥了多大作用,我们不甚清楚,但可以肯定,是他鼓动人们起来捍卫天主教信仰的。可能他依然想要推翻亨利八世。

然而,对于达西和白玫瑰派而言,很不幸的是领导权落入了约克郡独眼乡绅罗伯特·阿斯克手中,此人来自德文特河谷的奥顿(Aughton),30岁时就是一名口才出众的律师,带有一种不谙世事的率真性情,他曾参加了林肯郡的叛乱。尽管阿斯克想要改变亨利国王的政策,但他从未想过要废黜国王,于是他将武装叛乱变成了十字军,他给这支军队命名为"为了全体国民的求恩巡礼"(The Pilgrimage of Grace for the Commonwealth)。求恩巡礼军被分成几个军事连队,每天列队点名。他们的主要目标是反对异端以及维护教会，并把国王从他的辅政大臣，诸如托马斯·克兰默主教、休·拉蒂默（Hugh Latimer）主教以及国务大臣克伦威尔的手中拯救出来。

达西认识到打白玫瑰的牌不太可行。玛丽虽然很受求恩巡礼者的欢迎，但是作为王位继承人，他们不希望亨利八世还在世的时候就让玛丽取而代之，于是他们追随阿斯克的策略路线，要把国王从他那些邪恶的大臣手中拯救出来。由于长期受疝气和慢性肠炎病痛的折磨，达西很难保持自己对武装叛乱的影响力。几周后，达西十分虚伪地宣称："就我而言，我过去一直忠诚亨利七世国王和我们至高无上的君主亨利八世国王，现在我反抗国王恰恰是为了国王，正如我曾经说过的那样：只有一个上帝、一种信仰、一位国王。"[6]

尽管自称"总指挥"，但阿斯克无法完全掌控叛乱者，因此求恩巡礼军并非完全协调一致。最后，这支军队分成九支小分队，由九名副指挥领导。其中就有里士满郡的"贫汉指挥"（Captain Poverty），他的名字寓意了某些担忧，诸如害怕圈地等，但他们最主要的动机无疑还是宗教问题和对政府不满。

10月16日，数千名武装的求恩巡礼军向约克进军，阿斯克给市长送去向国王提出的五项条款，首要条款就是抱怨政府镇压修道院。三天后，叛军占领了赫尔，而在10月17日，庞蒂弗拉克特（Pontefract）的民众也起来叛乱，他们包围了城堡。当时，治安官达西勋爵、约克大主教、当地的骑士和乡绅都在城堡里面。抵抗无效，达西于21日打开了城堡大门，达西的策略是两面讨好，尽管他十分同情求恩巡礼者。达西和他的朋友罗伯特·康斯特布尔爵士加入了叛军领导层，成为仅次于阿斯克的二号叛军领导人。自始至终，达西一直摆出一副率真、简单和诚实的样子——"老汤姆"（Old Tom）。

庞蒂弗拉克特城堡陷落后，基督五圣伤（Five Wounds of Christ）*徽章突然间被求恩巡礼者充分利用起来。徽章上显示的是被钉子刺穿的两只手和脚，它们环绕着圣杯上一颗流着血的心，这本来是1511年在所谓的对抗摩尔人的十字军期间达西的队伍所佩戴的图案。私下里，达西希望外国军队能增援求恩巡礼军。阿斯克对亨利的忠诚让达西很恼怒，因为他了解亨利阴险和睚眦必报的本性——任凭这样一个敌人坐在王座上那就是疯了。但至少这位总指挥阿斯克是热衷于恢复玛丽的王位继承权的，而这正是白玫瑰计划的核心部分。

即使没有任何北方大贵族参与其中，亨利和克伦威尔也认定似乎整个北方都在支持阿斯克，因为就是在整个玫瑰战争期间，也没见过这么大规模的队伍。一位枢密院大臣在10月15日给克伦威尔的信中写道："事情悬而未决，一天好，一天坏。"[7]亨利对局势进展不是很清楚，但他怀疑是达西在背后策划的。原本打算派往林肯郡的军队已经解散回家了。尽管相当困难，但亨利还是召集了两支新军派往北方，一支由上了年纪的什鲁斯伯里伯爵率领，另一支由诺福克公爵率

---

* 基督五圣伤，也被称为"Five Holy Wounds"或"Five Sacred Wounds"，指的是耶稣受难时被钉在十字架上的五个穿刺伤孔，分别在两只手（或手腕）上、两只脚上以及胸部。——译者

领。因为军队给养不足,士兵们饭也吃不饱,因此亨利的军队有同情求恩巡礼者的倾向。

当什鲁斯伯里还是位年轻的领主时,他曾率领7000人的军队跟着理查国王在博斯沃思作战,[8]然而在1487年,他就为理查的取代者亨利七世在斯托克与林肯伯爵作战了。在亨利七世统治时期,他经常在紧急的时候被国王召唤,受命召集扈从和佃农,但他从没在战场上指挥过军队。具有讽刺意味的是,他也憎恨克伦威尔。诺福克公爵也一样是一位没有实战经验的指挥官,他的兵力大约有5000人。和什鲁斯伯里以及自己麾下的大多数士兵一样,诺福克私下也认同那些求恩巡礼者的想法,但他太惧怕国王,不敢不服从他。

除了像罗伯特·康斯特布尔爵士那样持毫不妥协态度的人之外,求恩巡礼军的领导人其实并不想打仗,尽管他们一度进军唐卡斯特,但因为大雨滂沱没有发生战斗。到目前为止,这些乡绅们指挥着3—4万全副武装的人马。11月5日,查普斯向皇帝报告:"赫西勋爵派人告诉我,叛乱者武装齐备,做好了和王军打仗的准备,其人数比王军多了三分之一。除了有各种丰富的物资储备外,还有相当多的金钱,但他们仍旧希望获得弗兰德斯或西班牙的军事支持,他们相信陛下您会援助他们。"[9]然而,查普斯没有意识到,现在求恩巡礼者已经错失了机会。

在没有得到什鲁斯伯里增援的情况下,诺福克公爵发动了进攻,但对方人数占优势,他的军队士气低落,大多数人没等到开战就临阵脱逃了。王军在北方被击败,亨利的王位可能不保。大多数观察者认为如果雷金纳德·波尔率皇帝查理五世的军队入侵英格兰，亨利的统治很可能会覆灭。当诺福克意识到他面对的敌军有多么强大时，他于10月27日签订了停战协定，以避免亨利的统治毁于一旦。

很少听到温布尔顿的克伦威尔勋爵（去年夏天他获得了这个响亮的头衔）的消息，很大程度上他应该对引发此次危机负责，求恩巡礼者扬言要他的脑袋。他似乎被吓坏了，尽可能不露面。通过仅存的克伦威尔在此次危机期间所写的信件，我们了解到在此期间他曾有过歇斯底里的症状。

漫长的和谈开始了。两名求恩巡礼军领导人拉尔夫·埃勒克爵士（Sir Ralph Ellerker）和罗伯特·鲍斯（Robert Bowles，一名律师）向在温莎的国王呈递了请愿书。国王写了很长的回信，承诺如果他们能够证实他们声称的"枢密院成为上帝法律和王国法律的破坏者……我们将会审判他们"。在信的结尾，他承诺除了那十名欲壑难填的主谋之外，他会彻底宽赦每一位求恩巡礼者，"你们应该铭记你们国王的仁慈。"在他的回信中，亨利从头到尾都自我称赞28年来他所给予人民的良好统治。[10]

诺福克很难说服达西勋爵。"我绝不能这样做，因为我已经对另一方做出了承诺，我的外套迄今为止还没有过任何这样的污迹。"这是达西对他们让他背叛阿斯克和求恩巡礼者给出的答复。[11] 11月，双方都寄予希望的谈判破裂，达西给了他的亲戚、年迈的卡莱尔教士沃尔德比20镑的费用，让他到低地国家，请求他们的执政者给予2000名雇佣兵和2000把火

第26章 1536年秋：求恩巡礼

绳枪的军事援助。但是，达西很快又改变了主意，取消了沃尔德比的行程。

不管怎样，亨利通过提议让玛丽与查理五世的儿子或弗朗西斯一世的儿子结婚来忽略她的"私生子"身份，以此小心翼翼地避免外国势力的干涉。而那些君主谁都不想让英王和自己最大的敌国君主结盟。与此同时，他们派驻伦敦的大使都接受了克伦威尔精心编造的假消息，他们各自向本国报告说，不论有什么外来援助，亨利国王都能很快扑灭叛乱。

亨利让拉尔夫·埃勒克爵士和罗伯特·鲍斯带着他的回信回到北方。12月18日，他们抵达了达西在坦普尔斯特的住宅，"指挥们"已经聚在那里开会了。亨利误以为那些求恩巡礼者一定厌倦了拿着武器打仗，尤其是冬天即将到来之际，所以他承诺宽赦几乎所有的人，他的目的是要使求恩巡礼叛乱快速瓦解，就像解决林肯郡的麻烦那样。所以，当亨利听到求恩巡礼者没有一点回家的意思时，他感到非常震惊。尽管如此，亨利不接受他们的任何要求，他只是给他们写了一封言辞滔滔又充满恫吓的回信，并做出了宽赦他们的虚假承诺。然而，亨利一定会赢，因为这场斗争现在已经变成了谈判而非内战。没在唐卡斯特攻打王军，求恩巡礼军已经失去了胜利的机会。

因为王室的船被捕获，克伦威尔给拉尔夫·厄尔爵士（Sir Ralph Eure）的信被拦截了，拉尔夫当时为国王镇守斯卡伯勒。这封信让求恩巡礼者认识到，他们不能对国王的宽赦报太多希望。"我的掌玺大臣"写道，如果求恩巡礼者继续叛乱，他们将受到严厉的惩罚，让他们成为"震慑全体臣民的例子，这样才能长治久安"。[12]

庞蒂弗拉克特的指挥官委员会起草了宣言。第一条是关于异端和异教徒的情况，表达了求恩巡礼者对路德、梅兰克森（Melancthon）、布塞尔（Bucer）和再洗礼派（Anabaptists）的憎恨，以及对英格兰本土的威克利夫（Wycliffe）、廷代尔（Tyndale）和巴恩斯（Barnes）的憎恨。没有什么比这能更好地表达绝大多数英格兰人对正在强力推行德国宗教观点的那一小撮人的憎恨之情了。声明的另一条要求所有异教徒，从主教到普通信众"都应该遭受火刑的惩罚"，克伦威尔和理查·里奇爵士这样的"王国法律颠覆者、异教信仰维护者和发起者"应该受到同样的惩罚。声明要求恢复罗马天主教会的权威，将那些已经被解散的修道院还给修士和修女们。他们进一步要求恢复玛丽的王位继承权，"玛丽公主的美德深入人心，全体英格兰人都极其爱戴她。"[13]

12月6日，在一个由骑士、乡绅和平民组成的代表团的陪护下，阿斯克前往唐卡斯特，他郑重地跪在国王的代表诺福克公爵面前，正式呈递求恩巡礼者的宣言。一场关于宣言条款的讨论开始了。诺福克按照国王最后给他的指令，承诺每位求恩巡礼者都将获得特赦，宣称国王将召开议会，对他们所提的要求进行详细讨论。这只是个口头协议而已，并没有写下来，但阿斯克和他的代表团深信国王已经屈服，会接受他们的宣言。

轻信的阿斯克满怀胜利的喜悦骑马回到庞蒂弗拉克特，

向正在边界等待的3000名求恩巡礼者报告了这个消息。有一些谨慎的人不相信诺福克所做的承诺,愤怒地威胁说要把整个约克郡的人都召集起来。12月8日,兰开斯特的消息发布官从唐卡斯特来到这里,宣读了国王的特赦令,绝大多数人都相信了。阿斯克去见诺福克公爵,他向公爵跪下,辞去自己的"总指挥"之职。求恩巡礼者摘下徽章,纷纷返家。

这是英格兰历史上最奸诈的君主以智取胜的例子。亨利邀请阿斯克到宫廷过圣诞节并赠给他一件漂亮的深红色丝绸短上衣,想以此来离间乡绅和平民的关系,但没有表现出丝毫要履行承诺的意思。与此同时,王室官员到北方巡行,谴责求恩巡礼者的行为。正如亨利所预想的那样,这激起了一些小规模的叛乱,但轻而易举地就被镇压下去了。1537年1月底,尽管阿斯克尽力劝阻,约克郡的一队人马密谋攻占了赫尔和斯卡伯勒,2月,坎伯兰郡的人进攻卡莱尔。

这些新发生的叛乱给了亨利拒绝履行唐卡斯特协议的借口,他命令诺福克公爵在西部边地各郡宣布戒严令。亨利也拒绝承认特赦的承诺。1537年夏,北部郡一直处于恐怖统治之下,17名求恩巡礼领导人被带到伦敦受审并被处决。

达西勋爵毫不畏惧,面对掌玺大臣的审讯,达西对他说:

> 克伦威尔,你才是这些叛乱和灾祸的根源和肇始者,你才是造成我们这些贵族不安和恐惧的主谋,你才是那个天天处心积虑想把我们推向死亡和断头台的人,也许你会把所有英格兰贵族的头都砍下来,但是只要有一颗

头留下来，他就会砍了你的脑袋。[14]

"老汤姆"（达西）在塔丘被砍头，赫西勋爵在林肯城被处死。其他大多数人要么在林肯城被处死，要么在约克城被处死，除了骑士外，他们都遭受了屠戮之刑。那些骑士因为其身份，都被施以绞刑。亨利命令在罗伯特·阿斯克没死之前不能砍掉他的脑袋，尽管他那戴着镣铐的躯体吊在绞刑架上已经腐烂。玛格丽特·切尼（Margaret Cheyney）——约翰·布尔默爵士（Sir John Bulmer）的情妇——是这些被处死者中唯一的女性，她在史密斯菲尔德被活活烧死，她和她的情人约翰·布尔默被判有罪的理由似是而非，观看的人说她"真是一个漂亮的尤物，真是一位美人"。[15]

与此同时，鉴于这些"恐怖的叛乱"造成的巨大恐惧，亨利命令诺福克踏平北部郡。在这一蓄谋已久的恐怖行动中，约有150位平民，包括几名教士被吊死：男人们被吊死在自己家庭院的树上，教士被吊死在教堂的尖塔上，还有一位妇女被烧死。有些人未经审判就被吊死，这是为了让他们得不到任何赦免的机会。亨利拒绝接受任何上诉，如果陪审团发现被告无罪，他就命令重审，他还抱怨诺福克没有将他们分尸四段。他宣布1537年夏他将去北方巡视，接受他们的臣服，但是当夏天到了，他却拖着不去。

从此，任何企图进行求恩巡礼的行动都被视为极其危险的叛乱："激烈的反宗教改革行动是对亨利宗教改革政策的根本性抵制。"[16]然而，约克派很少有活动的迹象。在林肯郡叛乱期间，斯坦福德曾有人强烈要求"立一位新国王"。[17] 该地区的弗内斯修道院曾因忠诚理查三世而闻名，一些修士宣称亨利八世没有权利做英格兰国王，因为他的父亲是"用剑夺取王位的"，还有一位修士预言，"红玫瑰将会在他母亲的子宫里死掉。"其中一位大胆妄言的弗内斯修士叫布劳顿，他可能是内维尔勋爵的朋友托马斯·布劳顿爵士的一位亲戚。[18] 但是，一切都结束了。

这次求恩巡礼叛乱是白玫瑰派唯一一次真正能推翻亨利八世的机会，但他们没有抓住。[19] 尽管如此，亨利依然害怕白玫瑰，这并非完全没有道理。他知道自己一旦被拉下王位，只有一个人可以取代他，那就是雷金纳德·波尔。从他对整个波尔家族的憎恨来判断，雷金纳德·波尔依然有利用这一形势取得成功的可能，这种想法从未离开过亨利的脑子。

第27章 1537年春—夏:"波尔的叛逆行径"

> 头号叛贼雷金纳德·波尔,同时也是背教者和他母国的敌人,他四处奔走,煽动基督教世界的几位主要君主和王公入侵英格兰王国。
>
> ——爱德华·霍尔:《两个高贵显赫的贵族家族——兰开斯特与约克家族的联合》(1548年)[1]

1536年12月,教皇保罗三世任命雷金纳德·波尔为红衣主教。新任红衣主教的波尔没有注意到一份来自托马斯·斯塔基的信——很明显这是亨利国王让他写的。信中警告波尔:接受了红衣主教的红帽子,他就成了亨利国王和整个英格兰的敌人。因为亨利清楚地认识到,教皇给波尔这顶红帽子就是派他去帮助那些求恩巡礼者。1536年底,雷金纳德动身前往弗兰德斯。

雷金纳德·波尔确实是一位颇具威严的人,他是白玫瑰派最后的希望。画像显示,波尔面容严峻、高贵,神情忧郁,高颧骨、一双大眼睛和黑色的长须。作为文艺复兴时期罕见的杰出人才,波尔是一位意大利化的英格兰贵族,他的博学给人留下了深刻的印象,他会说流利的希腊语,希伯来语说得也不错。波尔对自己的金雀花血统深感自豪,他也非常清楚他家族的权利诉求:"我母亲的弟弟沃里克伯爵是克拉伦斯公爵的儿子,而公爵又是爱德华国王的弟弟,因此在国王的儿子去世的情况下,他就是英格兰王位的继承人。"直到1549年,他可能都提醒过护国公萨默塞特公爵(Lord Protector Somerset)。[2] 然而,波尔并不是很想做国王。波尔实质上是一名神职人员,如果让他做国王或女王的丈夫,他会接受,但心里比较勉强,他只是希望把他的国家拉回天主教怀抱。

西班牙大使1536年11月的报告写道:"这里(罗马)居住着一位名叫雷金纳德·波尔的英格兰贵族,他的圣洁虔诚使他备受尊敬,他住在自己的专属豪华宅邸而不是普通的住所。尽管他身着教士袍服,但他尚未任圣职。"[3] 他们之所以很熟悉亲近,很可能是因为教皇保罗三世经常和雷金纳德·波尔谈论亨利国王,他们已经认识多年了。教皇也熟知白玫瑰计划:以玛丽取代她的父亲成为国王,让雷金纳德和玛丽结婚。这无疑是个将英格兰重新纳入罗马怀抱的好法子,如果亨利八世继续执迷不悟的话。

在当时,天主教教义(Catholicism)不仅得到玛丽和"旧贵族"的支持,而且得到了整个英格兰的支持。尽管有大量的反教权主义(anti-clericalism)和反对教士腐败堕落的思想的传播,但是大多数民众依然需要弥撒。"异端"还仅限于为数很少且几乎不识字的罗拉德派、伦敦和东盎格利亚的一些小的"圣餐派"(sacramentaries)组织以及英格兰的大学,他们受到德国和瑞士新教思想的影响,这两个国家的人们以真挚的热情接受亨利和罗马断绝关系。除了发生在北方的叛乱以及萨默塞特郡的一起较小的叛乱外，其他叛乱在1537年春都被诺福克公爵镇压下去了，别的地方也没有公开表现不满的迹象，尽管整个英格兰都怨声载道。然而，对亨利八世和克伦威尔而言，教皇保罗三世和这位白玫瑰（雷金纳德·波尔）是两个极其可怕的敌人。

教皇晋升波尔为红衣主教，这样他就能以教皇特使（作为全权代表的使节）的身份前往英格兰，这是西富恩特斯伯爵（Conde de Cifuentes）来自罗马的报告。他接着说，"叛乱者需要雷金纳德·波尔是可以理解的，显然这是教皇对他们的呼吁所做出的回应。"雷金纳德临危受命，作为教皇使节出访各基督教王国，人们推测是让他说服基督教世界的君主，以解决他们的内部分歧，这样他们就能够参加大公会议并发动十字军攻打土耳其。然而，教皇谕令的附属细则还授命他去解决有关教会的其他事务，其中就包括英格兰与罗马教廷决裂这一问题。

有关波尔的出使，西富恩特斯提到他的同僚查普斯经常给他写信说，雷金纳德·波尔以金钱和教皇权威作为"教会的武器"被派往英格兰是多么的重要。一方面，雷金纳德此次前往英格兰可能会让玛丽公主有性命之虞，另一方面，雷金纳德此次出使要经法国前往英格兰，如果法王弗朗西斯不阻止他的话，就会得罪亨利并使英法两国产生矛盾，这当然对神圣罗马帝国皇帝有利。雷金纳德带着1万达克特的兑换票据为叛乱者购买火绳枪，随同他前往的还有维罗纳主教吉安

第27章 1537年春—夏:"波尔的叛逆行径"

马泰奥·吉贝蒂(Gianmatteo Giberti)。

西富恩特斯说,波尔被告知"这项使命将以他和玛丽公主结婚圆满结束",这也是教皇为什么不让他做教士的原因。尽管波尔出使的官方名义是为了劝说亨利,让英格兰重归罗马天主教怀抱,但私下里他要尽其所能地帮助那些求恩巡礼者。显然,教皇保罗三世是白玫瑰事业的坚定支持者,而且他也把雷金纳德视为未来女王的丈夫。

1536—1538年是亨利八世统治最为动荡的时期。如果埃克塞特在西部郡(West Country)发动叛乱,蒙塔古在汉普郡发动叛乱,求恩巡礼者就会趁势向南进军并攻占伦敦,这样亨利就不得不逃亡,玛丽就会成为女王。[4] 当亨利粉碎了求恩巡礼者的叛乱后,他知道自己仅仅是逃过一劫。在1537年最初的几个月里,他依然觉得不安全。

亨利国王和克伦威尔对雷金纳德·波尔的出使都非常担心,害怕他可能会发布他的小册子《论统一》或者发布1533年教皇克莱门七世签发但从未公布的开除亨利教籍的绝罚令,那样就会激发英格兰人的不满,从而再次掀起求恩巡礼叛乱。波尔甚至可能会成为求恩巡礼者的领导人,而他们也正缺少领导人。弗朗西斯一世或者皇帝都有可能为波尔提供军队,他自己也可能用教皇给他的钱招募雇佣军。威胁还可能会来自爱尔兰,英格兰截获了一艘爱尔兰船只,船上一位爱尔兰修士带着一封菲茨杰拉德写给波尔的信。当基尔代尔的儿子逃到了欧洲大陆,密探报告说雷金纳德打算让他做自己的扈从。

红衣主教波尔的计划是去伦敦，届时他将与亨利召集的他本人在座的自由议会进行磋商；如果亨利不召集议会，他就打算与亨利的使节在国外商谈。另一方面，他想要最大限度地激起英格兰民众对亨利脱离罗马教廷的反抗：他甚至想着通过扰乱英格兰和弗兰德斯的贸易来激起这种不满。然而，他最终的目标是再次发起求恩巡礼叛乱，这明确出自于教皇任命他为特使的谕令。

> 也许人类之敌已经牢牢控制了国王，除非使用武力，否则他不会迷途知返。不管怎样，他和他的追随者应当自我毁灭，因为这要好过让那么多人受害……希望不久前那些拿起武器试图召他回归信仰的人们再次为之。[5]

亨利猜测到了雷金纳德·波尔的策略，他的猜测被1536年底来自罗马的一份密信证实。1537年3月，弗朗西斯一世的大使也证实了这一点。亨利不惜一切代价阻止雷金纳德·波尔以教皇特使的身份踏上英格兰土地，他也决不会派大使到弗兰德斯和他谈判。亨利不仅不准备和他谈判，而且他认为根本就没有谈判的余地，因为国王对英格兰教会至高无上的权力是不容商榷的。

克伦威尔招募了一名情报人员，这个人原本是在红衣主教波尔的罗马宅邸中服务的，名叫迈克尔·思罗克莫顿（Michael Throckmorton），来自沃里克郡一个知名的大家族。1536年夏，迈克尔·思罗克莫顿冒险带着雷金纳德的小册子

《论统一》来到伦敦。他被逮捕关入伦敦塔，并发誓永远效忠亨利，答应监视波尔并劝他回归故乡英格兰——不是以教皇特使的身份回来，而是以国王的忠诚臣民的身份回来。迈克尔·思罗克莫顿表面上是一位和蔼可亲的绅士，而且行事方式还有点孩子气。在发誓效忠后，他获准返回罗马。实际上，迈克尔·思罗克莫顿是都铎历史上最为狡猾的双面间谍，他也是胜过托马斯·克伦威尔的为数不多的几个人之一。

在他的第一次报告中，迈克尔·思罗克莫顿告诉掌玺大臣他很难让他的主人不去英格兰，而且说要改变这位伟大人物的思想实属不易，对雷金纳德·波尔来说也确实如此。他有意将雷金纳德·波尔描绘的既诚实又单纯，还说波尔被罗马教廷利用了。他还解释说只要伦敦不反对，他将陪红衣主教出使英格兰，他情不自禁地喜欢上了雷金纳德·波尔这个人，因为他有优秀的品质，即使他持有一些错误的想法；迈克尔·思罗克莫顿谦逊地说，没有人比克伦威尔更能理解忠诚的价值，有过亲身经历的人一定知道忠诚给人带来的莫大安慰。另一名在罗马监视迈克尔·思罗克莫顿的英格兰间谍报告说，思罗克莫顿十分真诚质朴。他不仅具有幽默的天赋，而且还有钢铁般的意志，在雷金纳德·波尔出使期间，他不止一次穿越英吉利海峡和掌玺大臣克伦威尔进行密商，他总是态度温和地坚持说红衣主教绝无煽动叛乱的意图。

罗马教廷驻巴黎大使鲁道夫·皮奥（Rodolfo Pio）大主教——雷金纳德的另一位老朋友——拒绝相信英格兰驻法使

节的保证,他们保证说英法之间的一切摩擦都会结束。直至4月,鲁道夫·皮奥大主教都认为,英格兰人对亨利国王欺骗求恩巡礼者的诡计非常憎恶,因此他们想废黜他。一位英格兰驻巴黎使节私下对这位教廷大使说,他认为英格兰会回到罗马怀抱,玛丽也将被承认为王位继承人。鲁道夫·皮奥曾一度劝雷金纳德·波尔立即发表他的《论统一》,但波尔没有接受他的建议,因为他仍然希望亨利能准许他访问伦敦。

1537年2月,雷金纳德·波尔离开罗马,数周后到达法国边界。当波尔于4月抵达巴黎时,尽管他受到了礼貌的接待,但弗朗西斯一世拒绝接纳他,所以他不得不离开法国。即使这样,亨利还是非常恼火,因为法王拒绝了英格兰大使弗朗西斯·布莱恩爵士(Sir Francis Bryan)和加德纳主教(Bishop Gardiner)几次三番让他逮捕波尔并将他移交的请求。法国国王派密使私下警告波尔,说有人要在巴黎密谋杀他。于是波尔离开巴黎前往独立主教区康布雷,为了获准进入神圣罗马帝国境内,他不得不在那里等了一个月。

雷金纳德·波尔依旧很乐观。他在康布雷给鲁道夫·皮奥写信,信中说英格兰人深受一种来自头部(指亨利)的疾病的折磨,对此只有两种治疗方式,"外科治疗"或"节食"——外科治疗意指叛乱,节食意指外交手段。波尔选择第二种治疗方式,因为他相信法王弗朗西斯会给予他帮助。波尔错误地认为,即使近期发生的叛乱结束了,英格兰也不会归于平静,除非宗教问题得到解决。波尔在信里以省略拼写表示,他希望通

第27章 1537年春—夏："波尔的叛逆行径"

过节食来毁灭亨利。[6]

匈牙利女王玛丽（Queen Mary of Hungary）给波尔送来了友好的信息，她是神圣罗马帝国皇帝的姐姐，现在替皇帝统治弗兰德斯，但她没有给波尔提供任何帮助。波尔还得知亨利悬赏10万金克朗让人将他带回英格兰，而且不论死活都可以。5月25日，亨利写信给布莱恩和加德纳，命令他们坚决要求法国将雷金纳德·波尔赶出康布雷。"如果法国方面设法捉住波尔并将他绑送加莱，我们将非常高兴，我们希望并请求你们商议并策划实施。"布莱恩应该雇一些"朋友"去执行这项任务。[7] 罗马教廷驻巴黎大使曾听到布莱恩爵士公开扬言，如果波尔再回到法国，他就亲手杀了他。

红衣主教波尔很快就收到了有关这些计划的警告，是他的弟弟杰弗里派休·霍兰德（Hugh Holland）送来的消息。休·霍兰德是一名船长，从前做过海盗，他正用船向弗兰德斯运送小麦。在让休·霍兰德见波尔之前，迈克尔·思罗克莫顿仔细盘问了他，因为担心他是刺客。杰弗里在信中说，他要来低地国家告诉雷金纳德·波尔"英格兰是如何违天理、背人愿的，上帝的律法被亵渎，修道院和教堂被毁掉，而你雷金纳德被当成叛徒，我认为教区的教堂也将会被拆毁"。克伦威尔在朝廷公开宣称红衣主教终将自我毁灭。然而，真实情况是，"弗朗西斯·布莱恩和彼得·梅韦塔斯（Peter Mewtas）被派往法国，他们要用手枪或其他最便利的方式刺杀雷金纳德·波尔。"波尔评论说："掌玺大臣就这么想杀掉我？好吧，但我相信他没这个权力，亨利不会让自己蒙上杀我的恶名，他只是煽动别人反对我而已。"[8]

彼得·梅韦塔斯是国王的枢密院成员，在诺福克帅军和求恩巡礼军在唐卡斯特对峙时，他当时任皇家炮队的指挥，但这回他让委派他的人失望了。彼得·梅韦塔斯原本很了解枪的，而且也知道那个穿红袍的红衣主教是他们确定无误的目标，但是他和他的火绳枪兵们毫无进展，距离不足一箭之地却捕不到猎物。因为这个猎物太机警了，雷金纳德·波尔极少冒险出门，每当他出门的时候，他就脱掉红衣主教的袍服。似乎是波尔的老朋友托马斯·斯塔基冒着生命危险向波尔的家人透露了梅韦塔斯要刺杀他的消息。[9]

弗朗西斯·布莱恩爵士和加莱的守门官托马斯·帕尔默爵士（Sir Thomas Palmer）取得了联系，帕尔默骑马追赶雷金纳德·波尔，但没有追上。帕尔默花了100英镑雇了四名驻加莱要塞的士兵，他们伪装成马贩子去康布雷，企图伺机刺杀波尔。然而，波尔又一次得到了他可能遭暗杀的警示，这次很可能是来自布莱恩本人。

弗朗西斯·布莱恩爵士和加德纳主教谋求英格兰驻布鲁塞尔大使约翰·赫顿（John Hutton）的支持，大使积极回应暗杀计划，希望以此来讨得亨利国王欢心。但约翰·赫顿也没有找到合适的杀手，不过当他遇到了一个快饿死的威尔士人威廉·沃恩（William Vaughan）时——此人因过失杀人从家里逃了出来，他认为或许可以挽回颜面。沃恩告诉赫顿他认识一个在鲁汶读书的学生亨利·菲利普斯（Henry Phillips），他能找迈克尔·思罗克莫顿帮他谋一个仆从职位。

第27章 1537年春—夏:"波尔的叛逆行径"

菲利普斯曾吐露说思罗克莫顿将要乘船前往英格兰,他将波尔写给盟友的密信藏在一大块空心面包里。因为不知道迈克尔·思罗克莫顿是克伦威尔的间谍,赫顿给了威廉·沃恩一些钱,并向他承诺:如果他能够和思罗克莫顿一同航行并将其逮捕,他就会得到赦免。

威廉·沃恩到了红衣主教的住处,尽管思罗克莫顿不喜欢他的容貌,但还是将他带去见他的主人。波尔高兴地说,"据我所知,你也和我一样被自己的母国放逐域外了",他接着说自己总是喜欢遇见威尔士人,因为他自己的祖父就是威尔士人。沃恩说自己身无分文,他祈求波尔给他一个工作,波尔说他旅行时的仆人已经够了,但是如果沃恩来意大利,他会给他一个职位。然而在给了沃恩一个克朗后,波尔让他去"收集情报"——这就是给他的工作。[10]

此时,雷金纳德·波尔正在列日,舒适地住在那座著名的列日主教宫里。他的东道主是列日红衣主教埃拉德·德拉马克,他就是那个在30年前将理查·德拉波尔从他的债主和亨利七世派往亚琛的密探手里救出来的人。遗憾的是,我们不清楚埃拉德是否向波尔讲述过已故白玫瑰理查的故事,但波尔说红衣主教埃拉德就像父亲一样照顾他,当然在这段时期,他还得到了教皇特使该有的礼遇和招待。为了能保护波尔,当地人也乐意为他做任何事情,6月10日,波尔满怀感激地写了一封信。

有件非常庆幸的事。雷金纳德·波尔在信中简述了列日市政府在截获了赫顿发自布鲁塞尔的信后,得知了要刺杀他的计划。赫顿的信中有这样的语句:"如果按照我们先前讨论过的那样杀了波尔,这肯定是获得国王青睐的好机会,我们会得到重大赏赐。"在信中,波尔描述了杀手是如何进入他家的,杀手是一个英格兰人,宣称自己获罪遭到流放,但后来因为丧失了勇气就说出来了。从波尔信中的描述来看,此人似乎不是威尔士人威廉·沃恩,而是一名职业杀手。[11]

尽管巴黎的鲁道夫·皮奥将英格兰使节的行为描述为"是魔鬼而不是人干的事情",但他们刺杀波尔的徒劳努力只不过是一场闹剧而已,约翰·赫顿行刺波尔的计谋则更是一个大笑话,波尔从未陷入真正的危险之中。然而,亨利已经不需要刺杀波尔了,因为到了1537年夏,求恩巡礼叛乱已经被镇压下去,而且也没再发生其他叛乱。因此,波尔出访英格兰的使命只不过是在浪费时间。

教皇保罗认识到,此时的形势已经无可挽回,于是他多次召波尔返回罗马,但波尔坚持在列日多待一段时间,等待再次爆发求恩巡礼叛乱。直到8月份,波尔才极不情愿地返回意大利。在一封写自列日的信中,波尔称"英格兰的统治者"——他指的是亨利八世和克伦威尔——是"整个人类的敌人"。[12] 从他这些充满仇恨的话语中,我们无疑能得知雷金纳德·波尔是怎样看待他那两个头号敌人的。

波尔想把英格兰重新纳入罗马怀抱的事业再无希望。在波尔到达弗兰德斯前,孤注一掷的求恩巡礼叛乱最终被镇压下去。4月2日,在从北方写给亨利八世的信里,诺福克公爵沾沾自喜地写道:"鉴于波尔爵士危险的叛逆行径,他们不可能那么快就各方联手一致,其实,英格兰的任何一个地方都根本用不着担心。"他的意思是说,整个英格兰都被制服了,这个王国再次被亨利牢牢地踩在脚下。[13]

波尔的另一个不利因素是他缺钱,所以无法招募军队——事实也证明,教皇的信用凭据要么是错的要么就是资金不足。6月,皇帝查理五世对西富恩特斯说出了他对波尔的前景的真实看法:"如我们所见,也正如你所言,因为缺少金钱的支持,波尔的使命几乎没有成功的可能。"[14]

1537年9月,克伦威尔终于发觉迈克尔·思罗克莫顿一直在耍两面派。他在一封给思罗克莫顿的信中愤怒地写道:"你蒙蔽了我的眼睛,我想我一定要做点什么让你受到应有的惩罚。"[15]从那时起,迈克尔·思罗克莫顿就整天提心吊胆地过日子。1538年夏,在非常酷热的一天,一位在罗马的游客偶遇了他,他穿着絮有夹层的防刺夹克,带着铁制头盔,热得大汗淋漓、呼呼直喘,他如此穿着是为了防刺客暗杀。[16]

第28章 1538年秋:"埃克塞特阴谋"

> 埃克塞特侯爵、蒙塔古勋爵以及他们那些身份低下的追随者被下令关进伦敦塔……他们的罪行不是莫须有的猜测,而是有确凿的证据和供词。
>
> ——托马斯·克伦威尔:《给托马斯·怀亚特的信》
> (1538年11月28日)[1]

在亨利心中,约克派的威胁从未结束,在他看来这是出现"埃克塞特阴谋"(Exeter Conspiracy)的唯一可能的原因。尽管一些历史学家认为亨利铲除波尔家族和考特尼家族的决策与他们的白玫瑰血统无关,但是他不能忘记他们对王位的权利要求。[2] 像马里亚克(Marillac)和查普斯这些经常和亨利谈话的大使,他们的报告中会使用"白玫瑰派"(White Rose faction)这样的字眼,马里亚克说亨利自己也使用这一短语。亨利国王知道,除了厌恶他的宗教政策外,这些白玫瑰还鼓动他的女儿玛丽,让她不要发誓遵从判定她为私生子的法案。如果雷金纳德代表玛丽发动叛乱,那么白玫瑰派贵族就会加入,亨利对此的担心完全在情理之中。

1536年7月,国王的儿子里士满公爵死了,可能和他的

第28章 1538年秋："埃克塞特阴谋"

爷爷一样也是死于肺结核，虽然他是国王的私生子，但一些人认为他有可能继承他父亲的王位。里士满公爵才17岁，尽管亨利非常喜欢这个儿子，但并没有为他举办合乎身份的葬礼，而是命令诺福克公爵把他的尸体藏在一辆装满麦秆的车中偷偷运出伦敦城，尽可能秘密地把他埋在塞特福德的霍华德家族墓室。亨利如此狠心，无疑是害怕他的臣民们会把他儿子的死归咎于谋杀沃里克伯爵所招致的诅咒。

1537年10月，简·西摩王后为国王生下了梦寐以求的儿子和继承人，即未来的爱德华六世。国王为此举行了盛大的庆祝活动，直至12天后简·西摩王后去世才结束庆祝。如今亨利已经45岁，就都铎时期的标准而言，他早已步入老年阶段。亨利下定决心，如果这个男孩也是年幼继位，他决不能让他像年少的爱德华五世那样失踪。现在有两位潜在的王位觊觎者，白玫瑰派是明摆着的威胁。16世纪30年代末，卡斯蒂隆先生（Sieur de Castillon）从伦敦发出的报告曾这样写道："很早以前，国王就告诉我，他想根除属于白玫瑰的蒙塔古家族和红衣主教所属的波尔家族。到目前为止，我还不知道他想如何处置埃克塞特侯爵……看起来他似乎正在寻找一切可能除掉他们的借口……我觉得在这个国家，贵族几乎人人自危。"[3]

身居英格兰最富有的权贵之列，埃克塞特在英格兰西部郡享有半王室成员的地位。他在德文郡的埃克河谷（Exe Valley）拥有39座庄园，构成了庞大的地产，差不多和康沃尔公爵领一样大，在康沃尔，他除了担任锡矿山的监管大臣并拥有18座庄园和城堡外，还是那里的贵族法庭审判长。在多塞特和汉普郡，他还有16座庄园。埃克塞特还拥有几处宫殿般的宏伟壮观的宅邸，最为壮观的一处位于蒂弗顿，这所宅邸的构造类似城堡，四周环绕着深深的护城河。他在伦敦的宅邸是位于圣劳伦斯波尔特尼（Poultney）的红玫瑰，这从前曾是白金汉公爵的财产。然而，当埃克塞特不在王廷的时候，他更愿意隐居在他萨里郡西霍斯利（West Horsley）的庄园宅邸中（后来被沃尔特·罗利爵士获得），即使在这里，他的家中依然有一百多位训练有素的侍者、约曼农和私人马夫，就更别提那些出身更低的仆役们了。

这位侯爵一直站在亨利一边，他是1533年剥夺凯瑟琳王后头衔的委员会成员之一。在一段时期里，他属于宫廷的主体派系，这是由憎恶托马斯·克伦威尔的人构成的，他的主要盟友是王廷御马官尼古拉斯·卡鲁爵士。[4] 但是在克伦威尔权倾一时的那段时期，他大部分时光都是在萨里度过的。

考特尼家族和波尔家族关系日渐亲密，一定程度上是因为埃克塞特侯爵夫人和索尔兹伯里女伯爵之间的友谊。尽管他们是坚定的天主教徒，都憎恶克伦威尔并私下批评国王的政策，但是他们更多只是朋友圈子而非政治派系，这个朋友圈还包括蒙塔古勋爵的内兄爱德华·内维尔爵士（Sir Edward Neville），在较小范围内还包括德拉沃尔勋爵（Lord de la Warr）。他们谈论的"不忠言论"直到最近才在亨利颁布的新法律中成为叛逆罪，他们也没有意识到来自"思想警察"克伦威尔的危险。即便如此，在雷金纳德·波尔的挑战还未成为国王的心腹大患之前，他们似乎都很安全。埃克塞特仍受国王宠信，国王将几处没收来的修道院赐给了他。埃克塞特不仅没有支持求恩巡礼叛乱，而且他和他西部郡的士兵还是诺福克公爵所率王军的一部分。

雷金纳德·波尔的哥哥蒙塔古勋爵刚刚40岁出头，他是一个待人友善、没有野心、性情温和的人，他也一直竭力避免引起亨利国王的敌意。尽管是个名誉上的职位，他在审查加尔都西会修士和托马斯·莫尔爵士的委员会里尽职尽责，虽然我们能猜到他对整个事情都很反感。因为他收藏着莫尔著作的复制本，而且还非常喜欢读它们。他和埃克塞特一起参加了审判安·博林的贵族法庭，而且并无任何勉强。他还率军队和求恩巡礼军作战。作为朝臣，蒙塔古还一丝不苟地执行他的礼仪职责，1537年9月简·西摩王后的葬礼以及10月爱德华王子的洗礼都是他主持和安排的。

1536年夏，在得知亨利国王收到了雷金纳德那无礼犯上的《论统一》之后，波尔家族越来越担心，他们意识到在亨利治下的新英格兰他们只能委曲求全地活着。9月，蒙塔古给雷金纳德写信，说当克伦威尔把这本书的摘录读给他听的时候，他感到自己似乎已经失去了母亲、妻子和孩子。他谴责自己的弟弟对赐予他一切的亨利国王忘恩负义，对整个家族忘恩负义。如果他不回来，他不仅会失去国王的友好和善意，还将会失去国家和家族。索尔兹伯里女伯爵也写信说，因为他的所作所为，亨利已经向她传达了"可怕的消息"。国王一直待她不薄，她也希望自己的儿子忠诚于国

294 王。从来没有什么比国王生气更令她不安的了，甚至自己的丈夫和孩子们离世也没有这样过——她最近刚刚失去了次子亚瑟·波尔。她在信的结尾写道："履行你的职责，否则你会毁了我。"[5]

雷金纳德向他的朋友康塔里尼透露，当收到家人的来信后，他心里极为不安，以至于险些屈服，要返回英格兰。[6]但是后来他猜想他的母亲和哥哥一定是被迫写的这些信，因为他们不敢拒绝亨利的命令。事实是，索尔兹伯里女伯爵和蒙塔古勋爵必须把信件呈交国王的咨议会，在获得批准后，才能把信寄往威尼斯。

尽管他们惊恐不安，但是更令人震惊的是白玫瑰派自身的轻率和不谨慎。当有人指责埃克塞特侯爵接受修道院从前的地产时，他回答说："只是暂时受用而已；终有一天他们会重获所有"，这似乎表明在他看来，这些地产会毫无疑问地要归还给修道院。在西霍斯利庄园款待完克伦威尔后，埃克塞特说："恶棍无赖们支配了国王。"用他自己的话说，他还送给那位掌玺大臣"一件夏季的外套和一把木刀"。侯爵还晃着拳头补充道："终将有一天我要把他打垮。"

时常有人提醒埃克塞特和他的朋友们别忘记亨利国王的政策。许多修道院被毁，通常是用火药炸毁的，然后用作露天广场，其中一些修道院里还有他们祖先的坟墓，也有一些是他们过去一直敬奉的地方。整个国家到处都是乞丐，都是那些曾经靠修道院过活的人，饥饿的修士和修女也加入其中（因为他们连很少的安置津贴都没有得到），此外还有他们从前的仆役和雇工。

圣地被毁掉了，路上也没了朝圣者的踪影。自远古时代就庆祝的神圣宗教节日也被强制性地从历法中剔除。如果教区教堂里还望弥撒的话，教皇（"凶恶残忍的毒蛇罗马主教"）经常成为布道时被辱骂的对象。一个新的土地没收法庭（Court of Augmentations）负责管理这些掠夺来的修道院土地，而初熟税和什一税法庭（Court of First Fruits and Tenths）则负责榨取教会的税收。

比这更糟的是来自德国的宗教新思想。对一些人来说，它们无疑引起了令人振奋的必然性效应，那就是信仰基督本身就足以获得拯救。但对另外一些人来讲，这些教义就是一种罪恶的妄想，会让人们坠入地狱——白玫瑰派就持这种观点。他们认为国王新近任命的主教都是魔鬼的代理人。

然而，要反对亨利不进行武装反抗是不行的，因为他不是法律层面上的暴君："博尔吉亚家族用毒，而都铎家族用法。"[7]尽管在玫瑰战争期间，双方都运用《褫夺公权法案》攻击对手，但从未将此用作和平时期压制反对派的手段（他们也从来没有处死过单身女子）。但是在这段日子里，如果有人表达任何不满就有被送上断头台的危险。1538年，有人告发诺丁汉郡伦顿地区（Lenton）本尼迪克特修道院院长，他意识到他的修道院将会被解散，因此背地里妄议国王："撒旦就在他的身体里，上帝的恩宠已经不再，因为他今世永远不会改过自新。我保证他会和英格兰曾经的一位国王一样羞辱地死去，这是他的报应。"在告发到政府几周之内，这位修道院院长就被施以绞刑，而且还被开膛分尸。[8]

随着时间的流逝，在表达对亨利所开创的新英格兰的憎恶方面，蒙塔古勋爵变得比埃克塞特侯爵更加直言不讳："国王和他的后人将一直被诅咒。"（他不是指玛丽，而是指亨利那些夭折的儿子们，此处可参考沃里克的诅咒。）蒙塔古的另一个评论是："国王把自己美化为仅次于上帝的至高无上的首脑，然而他承受着连穷人都难以忍受的腿疾，而且他也不会因为他仅次于上帝的权威而长命百岁。"当他的弟弟杰弗里·波尔获得了一个宫廷职位时，蒙塔古和他吵翻了，他说自己从孩提的时候就不喜欢亨利国王，而且他非常确信亨利会死于疯狂。[9]

但到了1537年10月，杰弗里·波尔就被禁止出入宫廷。这和爱德华王子的洗礼是同一天，颇具讽刺意味的是，在整个仪式中，王子都由埃克塞特侯爵夫人抱着。当杰弗里听说彼得·梅韦塔斯已经计划好要杀死雷金纳德时，可能有人告发他脱口喊出："那我以上帝之血发誓回敬他"，有人指控他曾宣称要把刀刺进梅韦塔斯的身体，即使梅韦塔斯就站在国王旁边也是如此。当他回到家时，蒙塔古对他说："杰弗里，上帝非常爱我们，所以他不会让我们去忍受与那些人为伍的痛苦，因为把控朝廷的是一些恶棍和无赖。"

我们从杰弗里那里得知，他的哥哥曾多次考虑发动武装叛乱，即使那只不过是白日梦而已。有一次蒙塔古说他宁愿待在西部郡也不愿待在汉普郡，因为埃克塞特侯爵在西部拥有大批的追随者，而且他也为他岳父伯格文尼大人的死深感惋惜，因为要是他还在的话，就可以轻而易举地召集起1万人。[10] 蒙塔古勋爵的仆从们也附和他的意见，希望"我们的玛丽公主和红衣主教波尔结婚"。显然，他们非常清楚白玫瑰计划。其中还有一个人发誓要向任何杀死雷金纳德的人开火，当他对家庭牧师约翰·柯林斯（John Collins）忏悔这件事时，不仅没有被申斥，而且还得到了祝福。

白玫瑰圈子里最直言不讳的当属爱德华·内维尔爵士，他曾是国王在骑士比武场上最得意的伙伴，他也开始越发地憎恶国王了。内维尔在西霍斯利的花园里唱歌，作为蒙塔古的内兄和埃克塞特最亲密的朋友，他在歌里添加了针对克伦威尔的歌词，诸如："终有一天恶棍和无赖会被推翻，贵族会统治国家。"在觉察到他的不满后，亨利命令内维尔离埃克塞特远点儿，但后来他听说爱德华·内维尔曾多次评论说："国王就是禽兽，而且比禽兽有过之而无不及。"[11] 内维尔不仅憎恶亨利，也同样憎恶亨利的朝臣。"我以上帝之血发誓，我在他们中间都变成傻子了，我只能通过哈哈大笑、寻欢作乐来度日。"当他在威斯敏斯特宫偶遇杰弗里爵士时，他向杰弗里抱怨说："国王身边跟着一群恶棍和无赖，因此我们是既不敢怒也不敢言。如果我能活下去的话，我愿意在任何地方生活，就是不愿待在枢密院。"[12]

令人吃惊的是，虽然知道自身面临显而易见的危险，但任何一位波尔家族或考特尼家族的人都敢在亨利治下的英格兰待那么长时间，就更别说内维尔了。雷金纳德能为他们提供避难，但这意味着他们要抛弃等级和地位，还有豪华的宅邸和庞大的地产。即使最年轻的杰弗里也娶了一位贵族女继承人，在萨里郡的洛丁顿（Lordington），也就是唐斯丘陵下面有一座豪华的L形宅邸。毕竟没人想过一贫如洗的流亡生活。但蒙塔古勋爵至少曾有一次想去罗马找红衣主教雷金纳德寻求避难，他说："我担心国王为了报复雷金纳德，可能会把我们全都杀了。"

杰弗里是白玫瑰派中唯一曾认真计划要离开英格兰的人。尽管他负债累累，但他有此番动机更多是因为害怕国王而非债主。因为心神不安和过度紧张，他的恐惧与日俱增。他多次请求休·霍兰德船长（就是他把杰弗里的警告转达给雷金纳德）把他带到弗兰德斯，但是休拒绝了他，因为休不想冒着被指控为逃犯帮凶的危险，而且这个逃犯还很可能被宣告为叛逆罪人。最后，杰弗里见了一位家族朋友，奇切斯特大教堂总管、年迈的克罗夫特斯博士（Dr Croftes），他是在极不情愿的情况下进行至尊宣誓（Oath of Supremacy）的，所以他自己也想移居海外。当杰弗里告诉他因为担心自己的生命安危想前往国外时，他借给了杰弗里20个金币。

但是第二天杰弗里就收到了克罗夫特斯博士的信，信中说昨晚圣母玛利亚出现在他的梦中并警告他，如果杰弗里离开英格兰，他的离开将会毁掉整个波尔家族。因此杰弗里决定留下不走，并偿还了那20个金币。接着克罗夫特斯去找了蒙塔古的管家，告诉管家他主人的弟弟经济上已经陷入困境，于是蒙塔古替杰弗里还清了债务。显然，与杰弗里关系密切的克罗夫特斯博士借给了他一本书，就是托马斯·莫尔的

《理查三世的历史》(*History of King Richard the Third*)，也许克罗夫特斯选这本书是用来研究那个时代的暴政。而值得注意的是，另外一个复制本是在埃克塞特家里被发现的。

波尔家族的教士朋友中有一位叫约翰·赫利亚尔（John Helyar），他是汉普郡东米恩（East Meon）和沃布灵顿（Warblington）的教区牧师。作为索尔兹伯里女伯爵沃布灵顿城堡的忏悔牧师和毕业于牛津大学的神学家，他强烈反对国王的宗教政策，1535年夏天（就是在红衣主教波尔第一次出使前），他让杰弗里说服休·霍兰德把他带到法国，他最终得偿所愿。赫利亚尔声称他是想去巴黎大学学习，但有传言说他是在说了"叛逆之言"后逃走的。在罗马见到了红衣主教波尔后，他得到了一份管理该市英格兰人救济院的工作。他一直与波尔兄弟保持联系，与杰弗里通信。在罗马的英格兰间谍很快就将赫利亚尔视为亨利政权的死对头。[13]

1537年底，托马斯·克伦威尔在写给迈克尔·思罗克莫顿的一封怒气冲冲的信里评论道："遗憾的是，雷金纳德·波尔疯狂之下的愚蠢行为，或更确切地说是无知的愚蠢行为，竟毁了这样一个如此庞大的家族。"的确，掌玺大臣曾向他的君主报告，"除了（雷金纳德）是他们的亲属外，波尔家族没有触犯什么法律"。然而克伦威尔意识到，现在正是以他的势力摧毁白玫瑰派的机会，因为国王已经把他们视作威胁了。但是，有一段时间，他的情报人员很难获得真凭实据。他派自己的侄子请埃克塞特侯爵"在某些事情上坦诚相告"，并表示如果他愿意提供证明波尔兄弟有罪的证据，他会心照不宣地赦免他，但埃克塞特侯爵轻蔑地拒绝了。然而，几乎就在偶然间，掌玺大臣找到了一个办法。

1538年初，格兰瑟姆一位失意的教师热尔韦斯·廷代尔（Gervaise Tyndale）来到沃布灵顿，他说是来"外科医生之家"休养的，这是一家由索尔兹伯里女伯爵出资的乡村小医院。实际上，廷代尔是克伦威尔派来搜寻证据的密探之一。他声称自己是一名改革者，还公开宣称自己很憎恨天主教，最终他从经营这家医院的医生、信奉新教的理查·艾尔（Richard Eyre）那里找到了想要的信息来源。艾尔告诉他，女伯爵不仅解雇了那些倾向于新教信仰的仆人，还禁止她的佃户们诵读英语版《新约圣经》。艾尔还透露，他的邻居休·霍兰德"除了带信给赫利亚尔外，还给红衣主教波尔送信，把英格兰王国的所有秘密都透露给罗马教皇"。当廷代尔与方圆数英里内的每一位教士都争吵不休时，流言蜚语四起，杰弗里爵士只好去见克伦威尔。他承认自己曾与赫利亚尔通过信，但只是告诉了他村里的消息，情势曾一度有所缓和。

接下来所发生事情的催化剂是1538年5月国王的病，病症是肺部栓塞。差不多在两周的时间里，似乎死神即将降临。朝臣们互相讨论谁将继承王位——是爱德华王子还是玛丽公主。国王一康复，掌玺大臣无疑立刻向他报告了这些讨论，这让亨利比以往任何时候都更加怀疑这是针对他的阴谋。到了现在，克伦威尔的情报人员一定已经知道了白玫瑰计划，那就是玛丽做国王，雷金纳德·波尔做她丈夫。

第28章 1538年秋："埃克塞特阴谋"

大约在同一时间，5月或6月，廷代尔和艾尔向克伦威尔告发沃布灵顿城堡的天主教体制。尽管这封信里所报告的事情克伦威尔早就已经知道了，但他对休·霍兰德充当波尔家族和红衣主教之间信使的指控非常感兴趣。那个水手休·霍兰德很快就在伯克默（Bockmer）被捕。当他被押往伦敦时，他的双手反剪身后，双脚被绑在马肚子下，在途中他遇到了从苏塞克斯来的杰弗里·波尔，霍兰德预言杰弗里很快会步自己的后尘。

蒙塔古勋爵镇静如常，似乎并不特别担心，说他一直以来都是把自己的信件烧掉。但杰弗里没有这样做，惊恐万状的他把自己的戒指交给蒙塔古的牧师约翰·柯林斯，派他前往洛丁顿去把他的信烧了。

可能是在严刑拷打的审讯下——在伦敦塔中，拷问台被用来对付那些顽固的证人，霍兰德把杰弗里爵士彻底牵连进来。他仅能证明的是，除了安排赫利亚尔逃到国外，杰弗里还一直和雷金纳德保持着联系，但他都是找人传话的，例如告诉雷金纳德提防有人暗杀他。还有一次杰弗里让人给他哥哥示警："告诉他英格兰一切都被扭曲，上帝的律法被颠倒，修道院和教堂被推翻，而他被视为叛徒。""我想他们最终会把教区教堂等全部推倒。"[14]

1538年8月29日，杰弗里·波尔在没有得到任何警示的情况下突然被捕。他在伦敦塔内潮湿肮脏的牢房里关了两个月，对他的审问有意推迟到10月26日，目的是让他因孤独、黑暗、肮脏、饥饿和牢里的害虫而意志消沉。杰弗里被审问了七次，要回答59个问题，审讯者还以拷问台来威胁他，然后承诺如果他如果愿意合作，就会得到赦免——当然这就意味着要背叛他的哥哥和埃克塞特。南安普顿伯爵威廉（William, Earl of Southampton）一个问题接一个问题地不停提问，国王命令他一定要得到他们想要的全部口供。英国皇家收藏的一幅南安普顿伯爵的画像显示，即使按照都铎时期的标准来看，南安普顿伯爵的面貌也是非常凶残的。

在第一次受审之后，杰弗里企图在牢房里自杀，他用刀刺进自己的胸膛，但没有死成。10月28日，约翰·赫西在给莱尔勋爵（Lord Lisle）的信中写道："我的海军上将大人（南安普顿伯爵）在伦敦塔里审问了杰弗里·波尔，他们说他绝望至极，企图自杀，把自己伤得很重。"[15] 杰弗里的妻子康斯坦斯夫人（Dame Constance）也受到了审问。她也被带到塔里受审，还被允许见了自己的丈夫，后来她写信给蒙塔古勋爵，警告他说他的兄弟正处于完全崩溃的边缘，他可能会脱口说出一些非常危险的事情，会毁掉整个波尔家族。

也许杰弗里知道那年5月否认王权至高无上的方济会修士约翰·佛利斯特（John Forrest）都遭遇了什么。佛利斯特曾是阿拉贡的凯瑟琳的专职牧师，在白玫瑰派中很有名。根据幸灾乐祸的霍尔的记载，佛利斯特"腰和手腕上戴着镣铐被吊上绞刑架，绞刑架下是燃烧着的火堆"。一尊木头的圣徒雕像放在柴捆的最上面。"当看到火焰燃起，死亡在即，这位修士用手紧紧抓住梯子，不想上去就死"。把木雕像放在火上烧是例证亨利幽默感的一个很好的例子。[16]

第28章 1538年秋："埃克塞特阴谋"

或许杰弗里害怕自己也会以同样的方式死去，他当时可能就在观看行刑的人群中。他彻底崩溃了。陪审团不敢判定被指控叛逆罪的人无罪，他意识到，他唯一的希望就是像奴隶般地配合审问者，将知道的一切都告诉他们，甚至在必要的时候还要捏造证据，以确保得到国王的赦免。首先，他写信向国王请求宽恕，然后他重复了白玫瑰派所有男性成员的批评言论，包括蒙塔古对亨利国王的所有评论。都铎政府已经得到了他们所需要的东西——虽然不是很多，但足以达到他们的目的了。

11月4日，埃克塞特和蒙塔古被捕并被关进伦敦塔，他们的妻子和孩子随后也被关进伦敦塔。爱德华·内维尔爵士、克罗夫特斯博士和来自伯克默的牧师约翰·柯林斯也落入了同样的境地。11月28日，克伦威尔写信给托马斯·怀亚特爵士（Sir Thomas Wyatt），说埃克塞特侯爵和蒙塔古勋爵因"各种重大罪行"被关进伦敦塔，这不仅是出于怀疑，而是有证据和供词。[17] 然而，克伦威尔在说谎。可能他们非常憎恨亨利国王，但没有对他们非常不利的重要证据。首先是按照惯例对他们进行了贵族的公审，由大法官奥德利勋爵（Lord Audley）主持。对蒙塔古的公审在12月2日进行，第二天是对埃克塞特的公审。他们二人都不承认对他们的指控，尽管他们都很清楚这样做对判决结果没有丝毫影响。

除了轻蔑地谈论国王，满怀希望地梦想国王死去之外，唯一能证明蒙塔古勋爵有罪的"证据"就是他曾对杰弗里说过："我很喜欢红衣主教波尔的所作所为，我希望我俩能为此渡海前往，这一天终将会到来。"所有被告都受到了类似的指控，指控他们曾说过这样的话。然而，在雷金纳德发动入侵并煽动反抗亨利八世的背景下，这就能足以定罪了。蒙塔古不可避免地被定为重大叛逆罪，被判处死刑。在某种程度上，这个判决对他来说是一种解脱。他在接受审问时说："在过去的六年中，我一直活在监狱里"——这是对生活在亨利治下的英格兰那种恐惧不安生活的真实评价。

根据不久之后理查·莫里森撰写的一本小册子中的记载，对埃克塞特侯爵的审判更具戏剧性。埃克塞特在法庭上指责杰弗里爵士"暴躁、愚蠢和疯狂"。杰弗里则反驳说，当他计划和被告同流合污做叛徒的时候，他自己一定是疯了，"背弃上帝，欺蒙君王，与国为敌"。他还说："当我选择自杀而不是以叛逆罪指控他们的时候，我也失去了理智并陷入极度的痛苦之中，因为我知道我的指控会要了他们的命。但是上帝救了我，没让我自杀成。他让我宣布我自己、我的哥哥、侯爵还有其他人都是叛逆者。"

如果莫里森的记载可信的话，"侯爵在受审时非常强硬，一直没有屈服，他否认了指控他的大多数罪名，但有时候他否认不了，因此表现得犹豫迟疑，在这种情形下，所有人都能看到他的表情，以保证他是在没有太多犹豫的情况下做出否认的回答。"然而，尽管莫里森是一位杰出学者，但他也是政府的代言人。[18]尽管埃克塞特被控告支持红衣主教波尔的活动，但唯一对他不利的指控是他说过这样的话："我相信终有一天，这些恶棍无赖对国王的支配和控制会成为过去，我相信终有一天，我们能看到一个快乐的世界。"此外，还有在另外一个场合的类似评论。和蒙塔古不同，没有任何关于他贬损亨利国王言辞的记录，他也没有做过任何属于叛逆罪的事。但是，埃克塞特侯爵还是不可避免地被判罪名成立。

爱德华·内维尔于12月4日受审，直到最后他都没有屈服，拒绝承认自己犯了叛逆罪。那天受审的还有奇切斯特大教堂可怜的老博士克罗夫特斯、来自伯克默的牧师柯林斯以及休·霍兰德船长。在法庭上，这两位教士勇敢地宣告他们忠诚于教皇，即便深知这将给他们招致死刑。柯林斯还承认他曾经预言过："终有一天，国王将会因毁掉修道院而下地狱。"法庭以否认王权至上判定他们两人犯有叛逆罪，而休·霍兰德则因给海外叛贼传递信息而判刑。

12月9日那天，狂风呼啸、大雨倾盆，埃克塞特侯爵和蒙塔古勋爵在塔丘湿漉漉的断头台上被砍头。"在他们一生中，他们一直被上帝诚挚的爱紧密联系在一起，上帝不会让他们在最后的时刻分开，他们一起为了上帝而献身。"几年后，雷金纳德在给埃克塞特儿子的信中如是写道。[19]爱德华·内维尔爵士也和他们一起被砍头。"那两位牧师和休·霍兰德被带到泰伯恩刑场，在那里被处以绞刑和分尸之刑。"这是霍尔关于他们的简短记载，更令人唏嘘不已的是，他们死于同一天。[20]

虽然埃克塞特侯爵夫人是白玫瑰派中少数几个想要发起全面反抗的成员之一，但将她定罪的企图失败了。她与查普斯的通信在任何意义上都属于叛逆罪，但幸运的是都铎政府对此一无所知。当他们宣布她拜访肯特修女伊丽莎白·巴顿的背后一定有谋叛动机时，她说她去拜访这位修女是因为担心自己孩子们的健康。几乎可以肯定这是谎言，却是可以令人信服的谎言。即便如此，她一直被囚禁在伦敦塔中，直至1540年。

几个星期以来，被判叛逆罪的杰弗里爵士一直被关在伦敦塔的牢房里。现在，他精神严重错乱。12月28日，他又一次自杀无果，这次他试图用一块垫子闷死自己，因此当他的妻子恳求释放他时写道，他已"形同死人"。1539年初，杰弗里终于得到了他求之不易的宽赦。杰弗里被释放而且被允许回家，但他无法安定下来。他常常暴怒不已，第二年，他袭击了一位苏塞克斯郡的乡绅并重伤了他，因为这位乡绅曾作证他有罪，此后他逃到弗兰德斯。最终，杰弗里去了罗马，去投靠已经宽恕了他的哥哥红衣主教波尔。后来他在列日定居，在那里他收到了善良的埃拉德·德拉马尔克给他的一笔年金，他的家人也到那里与他会合了。

"埃克塞特阴谋"还有一位受害者，就是王室御马官尼古拉斯·卡鲁爵士，自小他和亨利八世就是最亲密的朋友，他在比武大赛中表现得非常出色，国王把自己在格林威治的一处骑士比武场给了他，供他练习。此后这位放荡不羁的青年——沃尔西认为他的影响很坏——就定居下来，而且他经常率领使团前往法国，还成了法王弗朗西斯一世最为喜欢的人。作为王室御马官，他是国王咨议会的成员之一，因此是一个具有政治重要性的人。

然而在12月31日，亨利比武和狩猎时的老搭档卡鲁受到指控并被逮捕。就在他被捕的前不久，他们就一场木球比赛的结果像孩子似得愤怒地争吵不已，最后国王和他反目成仇。根据查普斯的说法，卡鲁之所以被抓是因为在侯爵夫人的信件中发现了一封信，根据推测他可能属于白玫瑰派，而且还参与了"阴谋"。实际上，他的罪过只是坚定不移地忠诚于阿拉贡的凯瑟琳以及她的女儿而已，尽管事实上他将自己辉煌的职业生涯完全归功于亨利。这一可憎的罪过因一个证人而变得严重了，在最近的审讯中，那位证人声称卡鲁经常到西霍斯利，而且还定期与蒙塔古勋爵通信。

在1539年2月的审判中，卡鲁被控煽动埃克塞特——尽管不确定具体是怎么煽动的——并与他讨论"世界的变化"。还有传言说，卡鲁定期将支持凯瑟琳王后和玛丽的信件偷偷转给她们：查普斯怀疑卡鲁的死是孤立玛丽战役的一部分，因为卡鲁总是对她表现出骑士般的忠诚。

尼古拉斯·卡鲁不顾一切地想要挽救自己的性命，他回忆说，已故侯爵在听到爱德华王子出生的消息时似乎很沮丧，因为这让他继承王位的渺茫希望破灭了。他的白玫瑰朋友们在宗教上都是保守派，所以卡鲁改信了亨利的新教，而且还很招摇地读着英文版的《圣经》。霍尔假惺惺地评论说："在伦敦塔的监狱里，他第一次体会到了上帝最神圣话语的可爱与甜蜜。"[21]然而，他想得到宽赦，那他就大失所望了。

因为亨利已经认定他的这位老朋友是"那个派系"的主要成员之一。3月，尼古拉斯·卡鲁爵士如期在塔丘被砍头。

正如蒙塔古勋爵对杰弗里·波尔所说的那样："国王从来没有成就过人，但他再一次毁了人，要么是毁于他的不愉快，要么是毁于他的剑。"[22] 尽管卡鲁夫人（Lady Carew）因褫夺公权而变得贫困潦倒，亨利还是专门派人从她那里取回了凯瑟琳王后的钻石和珍珠首饰，它们原属于凯瑟琳王后，在卡鲁很受重视的时候王后把它们送给了卡鲁夫人。

作为一项行动计划，"埃克塞特阴谋"只存在于亨利八世的头脑中。然而，冷酷而精于算计的掌玺大臣担心的是白玫瑰派尚存的根本事实。亨利的反应是不出所料的残酷，克伦威尔的反应也是不出所料的周密，但他们必须要对这一现实做出反应。[23] 这一现实是一种可能性，而不是一个具体阴谋。如果皇帝派一支军队入侵英格兰，那么这支军队会很容易在南部海岸找到一个没设防的登陆点，因此怀疑西部郡有叛乱的危险是合乎情理的。1537年，埃克塞特教区的教长西蒙·海恩斯博士（Dr Simon Heynes）向亨利报告："这是一个危险的地方，看在上帝的份上，请国王陛下赶紧留意吧。"[24]

尽管埃克塞特和蒙塔古可能确实有狂妄不羁的时候，有时也会梦想造反，哪怕只是为了救自己，但他们两个人都太消极、太无能，最终没有组织起来。无论如何，他们已经错失了求恩巡礼期间仅有的机会。事实的真相是，克伦威尔看到了一个加剧他主子怀疑的机会，从而让自己摆脱两个强劲的对手，他以最少的"证据"左右了亨利的思想。整个罪证不过是杰弗里爵士的胡言乱语，再加上密探们送来的一两份零星事件的报告而已。

其中有这样一份报告：前年年底，也就是爱德华王子刚出生后不久，考特尼的一些佃户对多塞特郡贝雷瑞吉斯地区（Bere Regis）他们的西部郡邻居说："国王活不了多久了，我们的侯爵大人将成为国王，到时候一切都会好起来了。"[25] 控告书中没有提及这份报告，但更有可能的是，克伦威尔让这份报告引起了亨利的注意。对于一个过度兴奋的大脑来说，佃户们的意见一定是证实了海恩斯博士关于西部郡将会发生严重叛乱的警告。根据查普斯的说法，克伦威尔声称埃克塞特打算让他的儿子和玛丽结婚。毫无疑问，克伦威尔也把侯爵的意图告诉了国王，并强调如果真的缔结了这样的婚姻，爱德华王子也就没有什么将来了。

亨利认为自己是死里逃生。1539年2月，他给在西班牙的托马斯·怀亚特爵士发去了详细的指令，让他告诉查理五世：埃克塞特和蒙塔古"是如何在红衣主教的建议下"策划谋杀他以及他的儿子和女儿的，而且在"过去的十年里"，埃克塞特侯爵一直企图取代他，杰弗里·波尔爵士的证词无可辩驳地证明了这一点。[26] 然而很尴尬的是，亨利对那些事件不合常理的错乱描述完全缺乏书面证据，他告诉法国大使卡斯蒂隆，新近发现了一封埃克塞特、蒙塔古和红衣主教之间的信件，可以证实他们的罪行。既使真有这封信，信中的内容也绝不是他所说的那样。卡斯蒂隆讽刺地评论说，国王和克伦威尔是想对那些已经被处死的人进行审判。[27]

亨利八世有多么的令人恐惧可以从1539年1月的一封信

中看出来，在信中，胆战心惊的卡斯蒂隆大使请求召回，因为亨利国王意识到法国可能要拒绝他的请求——大概是要求弗朗西斯国王做出保证，放弃与皇帝之间的新联盟。尽管亨利经常和卡斯蒂隆友好地交谈，听了他的笑话也会大笑，但这位法国人说，他正在和"世界上最危险、最残忍的人"打交道，尽管他是大使，但如果这一要求被拒绝，亨利还是会惩罚他。这位国王"动不动就狂怒不已，毫无道理可言，不可理喻"。[28]

第29章　1538年冬—1539年夏：红衣主教波尔的最后一搏

去宣告他将即位为王。

——托马斯·里奥斯利爵士：《雷金纳德·波尔致克伦威尔大人》（1539年3月）[1]

1538年12月底，雷金纳德·波尔正在亚平宁山脉厚厚的积雪中步履维艰地穿行。为了把自己装扮成一位世俗人士，他并没有像红衣主教平常那样坐在驴背侧鞍上，而是骑在马背上，而且身边也仅由少数骑兵护卫。因为雷金纳德不想引起英格兰刺客的注意，据说那些刺客正埋伏在意大利准备伏击他。雷金纳德选择了这样一条路，不仅一路上天寒地冻，而且路况至为糟糕，这让他们备受折磨，特别是快到博洛尼亚的时候，任何一场突如其来的雨雪都有可能完全阻挡住他们前进的道路。雷金纳德·波尔要穿越漫漫山路，越过阿尔卑斯山脉和比利牛斯山脉才能抵达西班牙。因为冬天的暴风雨，所以无法乘船穿越地中海，而雷金纳德·波尔肩负着紧迫的使命，他只能选择这样一条险峻之路。

1538年夏，亨利八世的对外政策遭遇严重挫败，因为弗朗西斯一世和查理五世意识到他原来一直在挑拨他们互相争斗，让他们反目成仇，于是这两位君主开始谈判并达成和解，他们许诺不会与英格兰缔结任何形式的同盟。而此时亨利也听闻教皇保罗在不久以后将会发布谕令把他逐出教会。一直以来都是亨利八世狂热支持者的爱德华·霍尔曾抱怨说："教皇就是一条心怀叵意的凶残毒蛇"，在波尔的怂恿下，他竟然让外国军队进攻英格兰，而且"还要彻底摧毁整个王国"。[2] 有关外敌入侵的恐慌一直持续至1539年春，亨利对此甚为担忧，他投入大量资金沿海岸线修筑了十几座新城堡。与此同时，他还采取了一些应对白玫瑰派的措施。

1539年12月，教皇保罗三世任命大卫·比顿（David Beaton）为新任苏格兰大主教，他命令大卫在苏格兰发布谕令，将亨利逐出教会。雷金纳德原本已经给比顿写好了祝他晋升苏格兰大主教的贺信，但此时深受鼓舞，他向教皇主动请缨，请求让他再次尝试推翻亨利八世。有关亨利近期那些骇人听闻暴行的报告进一步增强了他那有说服力的论据：亨利不仅亵渎了坎特伯雷大教堂托马斯·贝克特的圣祠，而且还焚烧了圣徒的尸骨，据说他要让这些尸骨接受审判，并确保他们被认定为叛逆罪。国王还将圣殿里最为著名的珠宝——一块巨大的红宝石据为己有，将其嵌在了自己的一枚拇指戒指上。

这就是波尔在得到教皇同意后，动身前往托莱多（Toledo）西班牙王庭寻求查理五世帮助的原因。雷金纳德·

第29章 1538年冬—1539年夏：红衣主教波尔的最后一搏

波尔在圣诞节后即刻从罗马启程，风雨兼程地赶往西班牙。雷金纳德当时肯定明白，这次的机会比起1537年更加渺茫。自1537年后，英格兰北部地区越来越明显地被笼罩在恐怖之中，不仅像达西这样的人被送上了断头台，而且约克家族的残余势力也被根除殆尽。威尔士亲王爱德华的出生也意味着玛丽公主不再是王位继承人。但波尔并没有放弃推翻亨利的希望，他或许已经设想过在玛丽登上王位后摄政。尽管希望渺茫，但是他的哥哥及其好友埃克塞特被亨利通过法律手段谋杀，这进一步坚定了波尔的决心。

就像1537年一样，亨利八世和克伦威尔对雷金纳德的新使命非常重视。1月，亨利国王派驻布鲁塞尔的大使托马斯·里奥思利爵士（Sir Thomas Wriothesley）报告说，他听闻红衣主教波尔已经失去教皇的宠信，而且"他在罗马的地位也早已大不如前"，这也就意味着没有什么后顾之忧了。[3]但到了2月份，里奥思利变得恐慌起来——他是个有点事就神经紧张到说不定哪天都能要了自己命的人，因为他确信神圣罗马帝国与英格兰的战争已经迫在眉睫，而且他甚至想象到了自己将被关进牢狱中。克伦威尔在信中这样写道："里奥思利爵士，你在上个月25日的最后一封来信中写到后期的形势会愈发明朗，但事实并非如此，情况愈发糟糕了。"[4]两个月后，里奥思利非常紧张地向国内报告，波尔将前往弗兰德斯"去宣告他将即位为王"。里奥思利还暗示克伦威尔，红衣主教波尔到达弗兰德斯后可能要毒害他。[5]由于深陷恐惧之中，里奥思利还提及了一件不宜提及的事，即雷金纳德·波尔是亨利八世王位的竞争者。可能一些见多识广的英格兰人心里早有过这一想法。（16世纪还有两位红衣主教做了国王，他们分别是葡萄牙的亨利一世以及法国的"查理十世"）。

1539年2月，红衣主教波尔抵达托莱多。尽管英格兰驻西班牙大使托马斯·怀亚特曾试图说服查理五世不要会见波尔，但查理五世和波尔会晤了近一个小时。波尔祈求查理五世伸出援手帮助他废黜亨利八世，而且他还极力渲染亨利八世对基督徒的威胁要远胜于土耳其人。

波尔随后陈述了他《辩解书》中所罗列的亨利国王的罪恶以及他自己的态度。他描述了费希尔、莫尔以及天主教加尔都西会修士们的殉道细节、亨利国王对修道院和圣地的破坏以及对逝去圣徒的迫害等。亨利国王现在又将矛头对准了英格兰贵族，最先受害的就是那些最出色的人，都是他的亲戚们，在提到他们的王室血统时，波尔说："国王已经是没有拥有高贵血统的贵族了。"亨利甚至通过排斥那些最亲近的人来破坏王位继承权，波尔指的是玛丽公主。波尔将克伦威尔比作《福音书》中的魔鬼，而且称他们是附身在一群猪身上的魔鬼。[6]

在后续的书信中，雷金纳德向查理五世以及其他君主们谴责亨利的所作所为。他警告那些君主们：英格兰国王对教会的攻击不仅是在戕害饱受苦难的英格兰，而且其暴行可能很快会被整个基督教世界效仿。亨利在杀害了许多教士之后，又将屠刀挥向了那些毫无防备的贵族，企图将他们斩尽杀绝。这位红衣主教也对亨利为什么一直谋害他以及在法国安排刺

第29章 1538年冬—1539年夏：红衣主教波尔的最后一搏

客暗杀他做了合情合理的解释。

3月18日，英格兰驻西班牙使臣托马斯·怀亚特爵士给亨利国王送来了一则坏消息，雷金纳德已经请求查理五世派8000名德国雇佣兵和4000名意大利雇佣兵前往弗兰德斯，准备入侵英格兰，同时他还期望"英格兰那些受伤的心灵（求恩巡礼者）能加入其中"。[7] 然而怀亚特此时并不知道，查理五世其实并未被红衣主教对亨利的谴责打动，同时他也拒绝采取任何措施：在承诺对弗兰德斯进口英格兰商品实行禁运后，他改变了主意。查理五世不允许在他的统治域内发布罗马教廷开除亨利八世教籍的谕令。英格兰国王通过巧妙的外交手段让查理站在了波尔的对立面，他将波尔描绘成一个煽动民众反对君主、损害王室权威的卑鄙小人。这对波尔来说是一个非常沉重的打击，虽然弗朗西斯一世对他许诺，若查理五世再这样下去的话，他会与波尔联合起来反对亨利。为了躲避怀亚特安插的刺客，波尔离开西班牙，徒劳地在卡尔庞特拉（Carpentras）虚耗了六个月，然后返回罗马。

4月，雷金纳德给查理五世的首席大臣格朗维勒（Granvelle）写了一封慷慨激昂的信，但实际上这封信是写给查理的。他写道："上帝作证我曾经深爱和尊重亨利，但我从未期望从他那里或他统治的王国中得到任何好处。"亨利知晓波尔深爱其家人，于是便设法利用他们促使波尔回头，亨利让其家人致信波尔，谴责他背叛国王。但是波尔的哥哥蒙塔古之死就如同上帝的召唤，让波尔能够更有理由为自己的事业而战；因为杀死蒙塔古意味着亨利夺走了波尔在这个世界上除了他母亲之外他最挚爱的人的生命。

如果他们不选择我，那么英格兰所有正派的人也会选出我们家族中的其他人来请求皇帝的帮助，因为没有哪个家族能再忍受得了都铎家族。皇帝的姑姑［凯瑟琳王后］曾说，她所有的烦恼都产生于她听闻我母亲不再担任公主的家庭教师之时，王后非常希望我母亲能继续担任公主的老师，因此她同亨利一道去看望我母亲，就是为了劝她继续担任此职，目前在皇帝的宫廷中服务的凯瑟琳王后的御医能够证明此事。我们家族因凯瑟琳王后而深受其苦，王后自己也常说起她非常感激我们。我在此费尽笔墨只是为了说明，当英格兰最具资格的家族提出这一请求的时候，我们的王国应该得到［皇帝］的帮助。[8]

但波尔的一切努力皆为徒劳，因为查理五世已经决定不再干预英格兰事务。

5月8日，伦敦大"集结"召集来的人马表现出亨利八世对外敌入侵的恐惧，这件事发生在入侵恐慌结束的时候，因为已经来不及取消了。绝大多数年龄介于16岁至60岁身体强壮的伦敦市民参加了"集结"，1.5万人的队伍向威斯敏斯特行进，亨利国王在怀特霍尔宫的新门楼检阅了这支队伍，弓箭手以及火绳枪手们也展示了他们精湛的技艺及能力。类似的部队集结举国皆是，这使得"通往海岸的行程异常艰难"。[9]

第29章 1538年冬—1539年夏：红衣主教波尔的最后一搏

亨利还视察了沿海的重要港口，并检查了各地防御工事的修筑情况。

在军事集结一周之后，亨利国王明显地放松下来，显然他已经不再恐惧和紧张了。约翰·沃斯（John Worth）在给加莱的莱尔勋爵的信中写道："此次耶稣升天节前夕，国王乘驳船从怀特霍尔驶向兰贝斯，他让鼓手和短笛手演奏着音乐，于晚祷之后在泰晤士河上游弋了一个小时。"约翰·沃斯也记录了亨利国王对臣民道德和精神生活的教化和关心，因为国王现在不再担心入侵了：

> 伦敦司法官的仆人鲍尔对我说，上周有百姓因违反国王在周五禁止吃肉的诏令而被绞死……据说还通过了另外一项法令：若教士或已婚男人与别人的妻子有染，那他将被处以死刑。天佑吾王！国王每礼拜日接受圣饼和圣水，每日举行各种值得赞美的仪式。在整个伦敦城内，没有人胆敢违背那些法令，否则将被处以死刑。[10]

在5月颁布的《褫夺公权法案》中，红衣主教的失败被以凝练的语句记录在"雷金纳德·波尔，前埃克塞特大教堂主教"的条款里。该法案是为了方便将那些求恩巡礼领导者和所谓的"埃克塞特阴谋"的领导者合在一起出台的。波尔的正式罪名是"依靠罗马主教（即教皇）的帮助……攫取和追逐世俗的晋升"。[11] 到了7月，波尔依然对基尔代尔伯爵要在爱尔兰举事抱有希望，但结果是什么都没发生，他的第二项使命也以彻底失败而告终。

亨利偏执地将雷金纳德视为自己王位的觊觎者之一，自童年时代起亨利就一直对这些人心存恐惧，自1539年上半年起他的恐惧变得愈加明显。在2月13日的一封信中——该信的字里行间流露着亨利的怒气，国王命令托马斯·怀亚特爵士告诉查理五世，主教波尔"如此荒淫无道而且忘恩负义，以至于没有哪位君主认为波尔是可以值得与之对话之人……波尔的话虽然听起来很受用（这样的叛徒通常都是伪君子），但无论表面上看起来是多么的光彩照人，实际上他就是一个内心邪恶的卑鄙小人"。受此启发，怀亚特也依令宣称是国王将整个波尔家族从"一无所有"中提拔上来的。[12] 他们金雀花家族的母系起源仅仅被描述为"无关紧要"，是波尔这个缺乏安全感的暴发户滥用了它，他根本就不是什么王者之尊。

托马斯·怀亚特爵士对托莱多人说，如果亨利国王给他1万克朗并昭告天下波尔是叛徒，那么他们就会相信他说的了，后来他又说如果赌上他在英格兰的全部家当，那么安排一个人在六个月内杀死波尔绝非难事，他还提出完成此任务的最佳地点是罗马。但事实上这只是怀亚特精心编造的谄媚之词，仅仅是用来讨国王欢心的，因为他心里十分清楚，有许多英格兰人曾试图刺杀红衣主教，但最终都以失败告终。

亨利八世害怕雷金纳德·波尔是不无道理的。在许多英格兰人看来，波尔不仅代表天主教和旧贵族，同时也代表着旧王族。在1549年《公祷书》（*Book of Common Prayer*）颁布之后，英格兰西南郡爆发了求恩巡礼叛乱，人们举着五圣伤旗（Five Wounds）要求恢复弥撒仪式，因为新教仪式"就像圣诞游戏"。在叛乱者提出的诸多要求中有这样一条："鉴于红衣主教波尔是王室血脉，不仅要赦免他，而且还要派人去罗马将他请回来，并擢升他为国王咨议会的首辅大臣。"[13]

第30章 1541年5月：最后一位金雀花之死

那位老妇被带至搭建在伦敦塔的断头台，刽子手让她将头俯在枕木上，但是……她拒绝说："这是对叛逆罪人的惩罚，而我不是叛逆罪人。"刽子手无言以对，只告诉她这是惯例。老妇一边随意转动着灰白的头颅，一边对刽子手说："如果你想要我的头，那就尽力砍吧。"最终刽子手很勉强地将她的头砍了下来。

——舍伯里的赫伯特勋爵：《亨利八世的生活与统治》[1]

沃里克伯爵的姐姐索尔兹伯里女伯爵玛格丽特经历了反对都铎王朝的一切密谋：从当年博斯沃思战役之后的洛弗尔叛乱到求恩巡礼叛乱，以及她儿子雷金纳德·波尔的"出使"。玛格丽特的一生同整个白玫瑰家族衰落的悲剧故事密不可分地联系在一起，直至该家族被最终消灭。尽管亨利八世起初对这位高贵端庄的女士颇为敬重，但最终他还是决定处死她。亨利八世这样做不仅是要报复雷金纳德·波尔，更因为玛格丽特是金雀花家族最后一位代表，她的存在就是对都铎王朝活生生的谴责。

玛格丽特生于1473年，她的母亲是立王者沃里克的女儿，在玛格丽特四岁时就已去世，1478年，她的父亲克拉伦斯公爵乔治被处死，其罪名是密谋反对自己的兄长爱德华四世。据传他是被溺死在马姆齐甜酒桶里，因为后来他的女儿玛格丽特一直都带着一条手链，上面装饰着一个小小的葡萄酒桶。玛格丽特在爱德华国王家中长大，在理查三世短暂统治的大部分时期，她和她的弟弟沃里克伯爵住在约克郡的谢里夫哈顿城堡。

透过一幅不太精致的她的晚年肖像画（现藏于英国国家肖像馆），我们大致可以判断出玛格丽特·金雀花[*]继承了约克家族成员姣好的面容。博斯沃思战役之后，她的命运发生天翻地覆的变化，她没有消失在伦敦塔里或隐居于修道院中算是侥幸。因为拥有王位继承权，所以这个小姑娘的存在就成了新王朝的威胁。与伊丽莎白·约克不同，玛格丽特没有被议会判为私生子。不管怎样，亨利七世的母亲为玛格丽特找了一位非常可靠的丈夫，就是亨利七世的表兄理查·波尔，他是亨利七世最可靠的亲信之一。理查·波尔是一位来自白金汉郡的乡绅，但出身威尔士血统，因为斯托克战役有功而被授予爵位。[2]

玛格丽特结婚的时间可能是1486年或1487年，当时她大约14岁，而她的丈夫已年近30岁。诚然，对玛格丽特来说，

---

[*] 勃艮第公爵夫人也称玛格丽特·金雀花，是这位玛格丽特的姑母。——译者

这场婚姻的对象与她叔叔理查三世在位时要给她安排的大贵族婚配对象相比是低配了。这也印证了珀金·沃贝克对亨利·都铎将那些拥有王室血统的女子婚配给"他的某些亲戚以及出身低微、地位低下的朋友"的控诉。即便如此，这总比她消失在修道院要好得多，而且这对夫妇似乎过得非常幸福：我们从理查·波尔去世时玛格丽特哀悼他的一封信中可以看出来。他们共有四男一女五个孩子，而且全都长大成人。

他们刚结婚那几年可谓阴云密布，首先是"约克公爵"起死回生的传闻，然后是她弟弟沃里克涉嫌谋反被含冤处死，接着又因其表兄埃德蒙·德拉波尔而担惊受怕。然而这一切都没有危及玛格丽特，一切皆因她的丈夫效忠新朝廷。在亨利七世统治的中期，玛格丽特经常出入王廷，因为她丈夫理查·波尔不仅身居要职（诸如亚瑟王子的宫务总管、威尔士亲王咨议会主席、布里斯托尔港总管等职），他还当上了国王寝宫的内侍长。1499年，理查·波尔获封嘉德骑士。阿拉贡的凯瑟琳从西班牙来到英格兰后，玛格丽特本人很快就成了她的侍女。

1504年，理查·波尔去世，随后玛格丽特离开了白金汉郡的伯克默——他们舒适的宅邸就位于那里的林地中，与西昂修道院（Syon Abbey）的修女们一起生活了几年，但她没有发守贞誓约。依照那个时代的严苛方式，玛格丽特的孩子们被寄养在不同的贵族家庭里。亨利八世登基后，玛格丽特终于东山再起。1513年，国王将她母亲的内维尔家族祖产归还给了她，玛格丽特自此一跃成为英格兰拥有领地最多的五

第30章 1541年5月：最后一位金雀花之死

大贵族之一，她在17个郡都拥有庞大的地产，尤其是在汉普郡、埃塞克斯郡以及英格兰西南各郡，她任命了12位管家来管理这些地产。通过索尔兹伯里女伯爵的授任仪式可以看出玛格丽特的地位之高以及所享王恩之盛，她是当时英格兰仅有的拥有自身头衔的女伯爵。

玛格丽特还获得了几处乡间宅邸，特别是埃塞克斯的克拉弗林城堡（Clavering Castle）以及伯克郡泰晤士河畔的比沙姆庄园，该庄园紧挨着一座小修道院，与伦敦一处名叫列赫伯尔（Le Herber）的客栈联成一体，今天的卡农街车站就建在这座宏伟宅邸的旧址上。然而，玛格丽特最喜欢的宅邸是她在东汉普郡沃布灵顿建造的一座宏伟豪华的红砖城堡，紧邻苏塞克斯郡的边界，距离哈凡特很近，距海也不远，城堡四周环绕着一条深深的护城河。该城堡毁于内战，仅有塔楼的一侧以及少量的断壁残垣遗留下来，位于一座农场的旁边，但通过其残迹依然能够辨识出附近的沃布灵顿教堂。（赫利亚尔博士就是从这里逃亡海外的。）

除了凯瑟琳王后，在整个英格兰没有哪个女人的地位比索尔兹伯里女伯爵更显赫。其家族的金雀花徽章（由英格兰雄狮和法兰西百合花构成的图案）镌刻在过道的石墙壁上和大门的上方，大房间的玻璃窗上也画着该徽章，甚至餐厅的窗帘以及卧床的华盖上面也都绣有该徽章的纹饰。许多高大的立式橱柜里摆满了金盘子、镀金盘子、银盘子以及威尼斯玻璃器皿。她家中拥有73名室内仆人，其中有管家、账簿核算员、厨房管事、门厅迎宾侍、大厅引领侍，此外还有六位乡绅男侍从和一名小丑。

玛格丽特有一座稍小一点的城堡，位于汉普郡西南地区（现在的多塞特境内），在克赖斯特彻奇的奥古斯丁修道院附近，与怀特岛隔海相望。玛格丽特在这座大教堂为自己和丈夫修建了长眠之所，然而他们从未占用过。让人难以置信的是这竟然是彼埃特罗·托利贾尼设计的（他曾设计了威斯敏斯特教堂内的亨利七世陵墓），于1529年完工，这座有着扇形花格天花板的索尔兹伯里的小教堂依旧矗立在北侧廊。但这位最后的金雀花既没能为自己留下王者的丰碑，也没能留下这座漂亮的小教堂。

在很长一段时期内，玛格丽特深受王廷敬重和爱戴，用亨利八世自己的话来说，"敬之爱之如自己的祖母"。玛格丽特不仅是凯瑟琳王后最重要的朋友，还是玛丽公主最喜爱的家庭教师，她几乎成了公主的第二位母亲。玛格丽特通过和蔼可亲的有效方式来管理公主的宫室，她总是以温柔的语气要求公主，比如"殿下，王后希望您……"1516—1521年可能是玛格丽特一生中最为幸福的时光。但是国王后来发觉自己将玛格丽特比作自己的祖母是非常悲哀的。他父亲的王位权利源自于玛格丽特·博福特与兰开斯特家族的远亲关系，而索尔兹伯里女伯爵却是约克家族的直系血脉。

波尔家族逐渐兴旺起来。亨利八世不仅晋封玛格丽特的长子为贵族，还让她的次子亚瑟担任自己的随身护卫，为了进一步向玛格丽特示好，亨利又晋升亚瑟为枢密大臣，这意味着亨利国王喜欢他陪伴左右而且把他当成自己的亲密朋友。

亚瑟颇具才干和智慧，是一位天生的朝臣，同时还是比武大赛上的英雄。亚瑟最终与自己的弟弟——玛格丽特的小儿子、才能最弱的杰弗里一起封爵。事实上他们并没有为国王做出什么突出的贡献，获此厚爱和殊荣只是出于国王对他们母亲的敬重。如我们所知，雷金纳德也同样对国王的恩宠心存感激。随着她的女儿厄休拉嫁给白金汉公爵的继承人，也就是英格兰最抢手的斯塔福德勋爵，玛格丽特的子女们飞黄腾达到了顶点。

但到了1521年，随着白金汉公爵失势，索尔兹伯里女伯爵也失宠于亨利，因为在厄休拉嫁给斯塔福德家族后，波尔兄弟和他们走得太近了。正如我们所见，亚瑟因为涉嫌参与白金汉公爵的密谋而遭放逐。当年夏天，国王与王后离开温莎，他们不准玛格丽特陪在公主身边，她不仅失去了家庭教师的职位，而且还被告知远离宫廷。然而到了1525年，玛格丽特又被恢复了职位。1526年，国王还造访了玛格丽特在沃布灵顿的家。此后，玛格丽特与亨利八世的关系一直很好，直至他与凯瑟琳王后离婚。

有时候玛格丽特在处理家务事方面可能表现得很无情。她的儿子亚瑟娶了一位非常富有的女继承人——苏塞克斯博丁安堡的简·雷克诺（Jane Lewkenor）。亚瑟于1527年、1528年前后去世，可能是死于汗热病。亚瑟去世的时候没有儿子，为了让亚瑟的女儿们继承她们母亲的财产，玛格丽特要求儿媳简·雷克诺发誓守贞。不过她并没有如当时人们常做的那样强迫她进修道院。12年后，当自己的婆婆不再反对，简·雷克诺便向圣阿萨夫的主教巴罗（Bishop Barlow）请求帮助。巴罗是一位狂热的新教拥护者，根本不赞同陈腐的守贞誓约，巴罗解除了简·雷克诺的誓约禁锢，她很快就找到了新爱。

亨利对玛格丽特的态度并未因他决定与凯瑟琳王后离婚而发生明显转变，他依旧让她担任玛丽公主的老师。但1533年亨利与安·博林结婚后，一切都变了。亨利打发一位侍女让玛格丽特交出玛丽公主的所有珠宝和金银餐具，她严词拒绝了。国王解除了玛格丽特的职务，尽管她依然能得到和从前管理公主宫室时一样的薪酬，但此后她再也没有见过玛丽公主。在玛格丽特被解除职务前，凯瑟琳王后给玛丽写信："我为你祈祷，请向善良的索尔兹伯里女伯爵转达我的建议，我祈祷她能保持好心境，只有历经困境我们才能到达天国。"[3]

尽管安·博林倒台后玛格丽特又得以重返王庭（她还得到了国王封授的土地，位于约克郡境内），但在雷金纳德的《论统一》发布之后，亨利国王对波尔家族的敌意与日俱增，尽管玛格丽特一再声称她为自己儿子的行为感到震惊。玛格丽特对凯瑟琳王后和玛丽公主的忠诚以及她在宗教方面的保守态度早就惹怒了国王，在1537年红衣主教波尔受命出使期间，亨利开始将她视为危险的敌人。

在杰弗里被捕时，玛格丽特表现出了极其精明的自我保护意识。当她的管家惊恐万分地对她说："我向上帝祈祷，夫人，他不会连累到您的。"她回答说："我认为他也不快乐，因为他这样做会伤害到自己的母亲，但是我不关心他，也不关心其他人，我只忠诚于我的国王。"因为她非常清楚地知道她的话很快就会传到国王的耳朵里。杰弗里被捕后，玛格丽特给自己的长子写了一封信，信里也表现出了同样的谨慎：

> 蒙塔古吾儿：衷心祈愿上帝赐福于你，也送去我对你的祝福……这是我能给予你的最好礼物，我认为我们亟需的是祈求上帝的帮助。我已知悉你对此案的立场，我建议你一切听命于上帝，并在此基础上通过己之言行为国王服务，但同时切不可违背上帝之命。[4]

11月12日，在伊利主教古德里奇（Bishop Goodrich）的陪同下，南安普顿伯爵（他已经审问过杰弗里）抵达沃布灵顿审问玛格丽特。在最初的审问中，玛格丽特矢口否认自己近年来与雷金纳德有过书信往来以及将嫌疑信件焚毁的指控。11月14日，南安普顿伯爵和伊利主教向克伦威尔报告称，他们已经盘问了玛格丽特两天两夜，而且软硬兼施，但还是没有从她口中获取任何有用的信息。玛格丽特的表现颇具"男子气概"——要么是她的儿子们"没有使她成为密谋者，她根本就不知道个中底细，要么她就是世上最彻头彻尾的女叛贼"。[5]

当玛格丽特被告知必须离开沃布灵顿时，她看起来似乎"有些惊恐"，她的反应让他们认为她会供出他们想要的东西。玛格丽特被带至南安普顿伯爵在苏塞克斯郡的考德雷庄园，她一直待在那里直至第二年5月，此间玛格丽特受尽伯爵及夫人的种种侮辱，伯爵夫人甚至拒绝同她讲话。然而南安普顿伯爵夫人非常害怕玛格丽特，她拒绝单独和玛格丽特待在一个房间里，而伯爵也说过有玛格丽特在会让人感到不安。尽管遭受无休止的欺凌和侮辱，玛格丽特什么信息也没透露。玛格丽特的审讯者向掌玺大臣报告称，他们从未遇到过像她这样的女人："我们与其称其为女人，毋宁称其为坚毅顽强的男人。"

1539年5月12日，索尔兹伯里女伯爵被列入《褫夺公权法案》的罪犯名单，该法令是针对求恩巡礼的领导者以及涉嫌参与"埃塞克斯阴谋"的叛乱者而颁布的。玛格丽特和一位为她管理威尔士地产的管家休·沃恩（Hugh Vaughan）一同被指控如下罪名："明知女伯爵的儿子亨利·波尔——前蒙塔古勋爵、雷金纳德·波尔是欺世盗名并犯有不赦之罪的叛逆者，是亨利国王和英格兰王国共同敌人的情况下，她们仍然与其密谋联手。"玛格丽特和沃恩还进一步被指控"以各种邪恶的谋逆罪行意图危害和毁灭国王"。[6] 虽无更多细节披露，但在审判过程中，克伦威尔出现在上议院并出示了一件刺绣外套。

这件外套成为索尔兹伯里女伯爵被定罪的证据。加莱总督莱尔勋爵收到一封他手下的来信，信里有关于此案的描述：

在索尔兹伯里女公爵（Duchess，原文即如此）的柜子里发现了一件刺绣外套，衣服的一面绣的是英格兰国王的徽章，即几只狮子，但无百合花，同时还绣有波尔家族的三色堇以及代表玛丽的金盏花……一棵树在三色堇和金盏花中间矗立成长，巨大的树干上挂着一件紫色袍服，象征着基督的圣衣，衣服的另一面全部绣的是耶稣受难的场景。整个寓意是波尔将会与玛丽结婚，他们共同恢复过去的天主教信仰。[7]

不论这件衣服是玛格丽特在求恩巡礼叛乱期间命人绣制的，还是克伦威尔的手下伪造的，每一个见到它的人都会意识到这些图案清楚地表达了白玫瑰计划——玛丽即位为女王，雷金纳德·波尔做女王的丈夫，他们共同恢复天主教，而这种可能只有在亨利八世被废的情况下才能发生。没有什么事情比这更能解释为什么亨利八世和克伦威尔如此害怕波尔家族了。

1539年秋，索尔兹伯里女伯爵从考德雷转押伦敦塔，她在此度过了砍头前的岁月。当时不论是玛格丽特还是与她同囚的另外两位贵妇，都没钱购置更换的衣物。她们衣着破旧、单薄，被关在阴冷潮湿没有取暖设施的牢房里艰难地捱过漫漫寒冬。直至1541年，她的牢狱生涯即将结束时情况才有所好转，因为当时国王的新王后凯瑟琳·霍华德曾过问此事，这让索尔兹伯里女伯爵能有新衣服穿，其中还包括一件毛皮裙子。

让这位老夫人更痛苦的是她的两个孙子也被关进了伦敦塔，尽管这两个孩子并没有被褫夺财产和权利。但在亨利八世看来，不管怎样，他们身上都体现着他们父母的罪恶。1540年，前埃克塞特侯爵夫人格特鲁德·考特尼（Gertrude Courtenay）被释放，但她的儿子爱德华依然被关在伦敦塔内。有些人认为索尔兹伯里女伯爵也会被释放，但她是红衣主教的母亲，而红衣主教是亨利国王在这世上最仇恨的人，因此她和她的孙子亨利·波尔[*]都被明确地排除在那年的大赦名单之外。

显然是亨利国王下令让人苛待年幼的亨利·波尔，目的是最终将他监禁致死。雷金纳德·波尔主教曾称亨利·波尔为"我们家族仅存的希望",[8]因为他还继承了沃里克家族对于王位的权利。1540年7月，法国大使报告说，爱德华·考特尼（Edward Courtenay）已经12岁了，个子长得很高，已经为他请了老师。但是"波尔主教的那位小侄子……活的非常可怜，一直处于他人的严格控制下，而且根本就不想让他学习任何东西"。[9]玛格丽特当然对这个孩子的命运非常担忧，她忘不了在她孩提时代，那些王室后裔是如何在伦敦塔里消失的。

1540年初，加莱（此时加莱虽然已经不似从前兴盛，但仍然是英格兰国王最看重的领地）的"博托尔夫阴谋"（Botolph Conspiracy）让红衣主教雷金纳德·波尔在国王脑海里愈加萦绕不去。那位上了年纪的加莱总督莱尔勋爵是

---

[*] 蒙塔古勋爵和他的儿子名字都是亨利·波尔，见波尔家族的王室血统图。——译者

爱德华四世的私生子，生于1461年。格里高利·博托尔夫（Geogory Botolph）是约克王廷的幸存者，他曾是坎特伯雷修道院的修士，新近在加莱获得了一个牧师职位。后来据说他所在的修道院被解散后，格里高利·博托尔夫就带着金银器皿逃跑了，认识他的朋友都称他为"石鲈"（Sweetlips），但有关他的音乐才能、社交才华等天资不甚清楚。格里高利·博托尔夫的计划是雇500人为教皇和红衣主教拿下加莱城，他说自己不久前曾秘密前往罗马，并在罗马觐见了教皇和红衣主教，而且他还招募了十几个同伙。即便是他曾经去过罗马，但也不大可能见到教皇保罗三世或红衣主教波尔，所以他的"阴谋"听起来更像是一个骗局。

尽管如此，当"石鲈"的信被截获后，都铎政府对这起阴谋非常重视，格里高利·博托尔夫本人被议会判决褫夺公权。后来他身上发生了什么我们就不得而知了，但他的两个同谋都于1540年8月被处以绞刑并被分尸。非常可笑的是，亨利国王甚至怀疑可怜的老莱尔勋爵就是个装模作样、无可救药的无能之辈，当然他也免不了被送入伦敦塔。而雷金纳德·波尔担心的是亨利国王总是恣意放纵他的想象力。亨利八世的强迫症或许能够解释第二年伦纳德·格雷勋爵（Lord Leonard Grey）被处死的原因，尽管伦纳德·格雷一直尽职尽责地担任爱尔兰总督，他的真正过错是让小基尔代尔伯爵逃跑并加入雷金纳德那边去了。

毋庸置疑，雷金纳德·波尔一定想了很多办法去解救他被困在伦敦塔中的母亲。在一封写给一位法国主教但没有注明具体日期的信中（大致写于1540年），雷金纳德·波尔提到他曾计划"将自己的母亲解救出来"，他还提到了一位朋友，即整个营救计划的智囊，但这位朋友在政府的压力下被捕入狱，尽管不久之后就被释放了。[10] 有人认为这位朋友就是加莱阴谋的"石鲈"博托尔夫，但这位朋友的身份一直未明确。[11] 如果他真的是博托尔夫，那么这一计划永无成功的机会。

1540年，疮疡感染的速度越来越快，腿上的伤口不仅使亨利痛苦不堪，也使他思维错乱，很难做出正确判断。亨利异乎肥胖的身体（我们现在可以通过他的铠甲测量出其腰围为4.5英尺，而胸围差不多为5英尺）也不利于他保持心态平和以及控制自己的脾气。亨利国王变的比以前更加疑神疑鬼，他下令逮捕了一直卑躬屈膝的奇切斯特主教辛普森（Bishop Sampson），只是因为怀疑他秘密给教皇写信。1541年初，颇受人们喜爱的托马斯·怀亚特爵士以及约翰·沃洛普爵士被关入伦敦塔，莫须有的罪名是与"国王的叛徒波尔"有书信往来，而他们在1539年为了刺杀波尔的所有努力全都被亨利抛诸脑后。他们二人最终都在王后凯瑟琳·霍华德（Katherine Howard）的说情下得以获释，怀亚特获释的条件是回到他那不忠的妻子身边。亨利国王还下令逮捕了加莱守门官约翰·帕尔默爵士（Sir John Palmer），此外还有一位从未做过错事的无辜王室仆人。

在克伦威尔审问达西勋爵时，达西对克伦威尔说他希望"下一个等着砍的就是你的脑袋"。果不其然，1540年6月，这位掌玺大臣——新近才被擢升为埃塞克斯伯爵——就被逮捕并在咨议会接受审判，主审诺福克公爵非常兴奋欢欣。尽管克伦威尔疯狂地祈求："最仁慈的陛下，我求您开恩啊！开恩啊！开恩啊！"7月28日，埃塞克斯伯爵被斩首于塔丘。埃塞克斯伯爵死后，法国大使马里亚克听闻亨利国王将其称为"他迄今所知的最为忠诚的仆人"，这似乎意味他做了污蔑诽谤的牺牲品而被错杀了。有传言称，克伦威尔受此惩罚是因为他错误地安排了自己的主子与被称为"弗兰德斯母马"的克里夫斯的安（Anne of Cleves）之间的婚姻。毋庸置疑，是亨利八世要将克伦威尔置于死地，亨利认定克伦威尔背地里是"一个卑鄙的异端圣事论者"——用他大臣自己的话来说。[12] 克兰默曾试图救克伦威尔，他给国王写信力陈这位掌玺大臣的忠诚、勤奋、才智和经验，但亨利八世认定克伦威尔对自己已经没用了。

1541年4月，在约克郡的西雷丁，一个阴谋逐渐浮出水面。在一位被称为利先生（Mr Leigh）的人的领导下，十几位韦克菲尔德地区的富裕乡绅和几位牧师试图恢复求恩巡礼行动。他们计划把信奉新教的约克大主教罗伯特·霍尔根（Robert Holgate）抓住并杀死，罗伯特·霍尔根是北方委员会主席，后来被苏格兰国王召见；在他到达之前，他们希望能够以庞蒂弗拉克特城堡为基地，召集支持者起来反抗亨利的"无道和暴政"。[13] 但最终这场叛乱被扼杀在萌芽状态。查普斯说这次密谋是因为1537年的报复而招致的，他认为如果真的发生叛乱，可能要比求恩巡礼更加危险，因为这次北方人已经不再对亨利抱有幻想了。大约有50人涉嫌其中，其中有

25人被抓。15人被处死，舍维特（Chevet）的约翰·内维尔爵士（Sir John Neville，他常常被错当成这起阴谋事件的幕后主使）以包庇罪被处死，这是因为他没能及时上报这起密谋事件。

似乎北方人的精神已经被彻底击垮。1541年，亨利八世安排与詹姆斯五世进行会晤，以确保苏格兰在弗兰德斯和法国入侵英格兰期间保持中立，亨利国王最终鼓起勇气视察北部郡，临行前他决定将伦敦塔里的囚犯全部铲除，这其中包括最近的叛乱者，无论如何他们都必须得死。

一时的冲动让他决定把索尔兹伯里女伯爵玛格丽特也纳入行刑名单。5月27日或28日早晨，玛格丽特被人叫醒，来人不经任何解释即告诉她马上就要被处死，行刑的时间是早上7点。"当宣读对她的判决时，她惊诧万分，她不知自己犯了何罪，但她还是走到了伦敦塔前行刑的地方，那里没设绞刑架，只有一个小的断头台。"查普斯报告说，"在那里她将自己的灵魂交托给上帝，而且让那些在场的人为国王、王后、王子和公主祈祷。"她特别表达了对玛丽公主的祝福，在被告知停止说话之前她便把头伸到断头台上。平常的刽子手们都被派去执行对北方叛乱者的行刑工作，根据查普斯的记载，"一个笨手笨脚的年轻刽子手被选来行刑，他在砍下索尔兹伯里女伯爵的头时几乎将她的肩膀砍碎。"[14]

但是这位查普斯大使并未在现场。一份17世纪的资料记载，这位老妇人拒绝下跪，她脚步踉跄地围着断头台转圈，在被抓住按倒在断头台前她大声喊道："所有的叛逆者都该死，可我不是！"[15] 索尔兹伯里女伯爵被埋葬在伦敦塔小教堂戴镣铐的圣彼得（St Peter ad Vincula）圣坛的下面，在19世纪的一次教堂修缮过程中，人们发现了她的骨骼及头骨。因为生性心胸狭小，亨利国王派专人前往克赖斯特彻奇修道院，毁掉了索尔兹伯里女伯爵在她的小教堂天花板最高处绘制的徽章图案，那里面可能暗藏着她的王室徽章。也有人怀疑那些徽章图案中是否有白玫瑰。

在离开英格兰前，查普斯为索尔兹伯里女伯爵撰写了恰如其分的墓志铭："上帝以其恩泽宽恕了她的灵魂，因为她的确是一位最善良、最值得敬仰的女士。"[16] 查普斯又补充到，她和她的儿子是因为他们的约克家族血统被杀，因为他们是"最后的白玫瑰派"，霍尔则进一步指出："她是金雀花家族最后的嫡系血脉和该家族名号的继承人。"[17] 作为英国历史上统治最长的家族以及英国历史上最辉煌王朝的后裔，她配得上她的那些王室祖先。然而玛格丽特不仅是因为血统而死，而且还因为忠诚于天主教而死，为此天主教会于1876年为她举行了殉道者宣福礼。

亨利八世国王对玛格丽特·金雀花的所作所为显示出他长久以来对白玫瑰的恐惧和担心。相反，尽管有明确的证据证明埃克塞特侯爵夫人密谋反对国王，但她最终还是获释并享有专门的年金，之所以能够获得宽恕是因为她不是约克家族的血脉。亨利八世甚至对玛格丽特的小孙子也心怀恐惧。查普斯报告说，在玛格丽特去世后，此前还"偶尔被允许在伦敦塔内四处走动"的小亨利·波尔被严密关押，"据推测他很快就去追随他的父亲和祖母了"。这位大使还补充说:"愿上帝保佑他!"自1542年后,就再也见不到有关这个男孩粗陋伙食的记录了,他是怎么死的至今仍然扑朔迷离。

马里亚克认为,索尔兹伯里女伯爵是在没有接到任何警告的情况下被秘密处死"在伦敦塔的某个角落",因为亨利国王害怕杀了她会激起民愤。那些上了年纪的人们一定会想起被谋杀的沃里克伯爵以及他的诅咒。如果亨利八世以为杀了伯爵的姐姐就能够祛除诅咒,那么他就大错特错了,他的儿子在15岁时去世,而他的两个女儿都是无嗣而终。

第31章 1546年冬—1547年：亨利八世最后的恐惧症

我知道王权本应由正义来执掌，
然而我所见到的是以凶猛和残酷的方式，
冤枉所在，嗜血的野兽，吮吸着无辜的血液。

——萨里伯爵亨利·霍华德：《诗篇》[1]

即使在白玫瑰家族被彻底消灭之前，当皇帝查理五世拒绝对雷金纳德·波尔的"使命"提供军事支持时，他们对亨利八世的威胁就已经结束了。毋庸置疑，红衣主教仍在意大利活的好好的，但他已经不再是一个威胁了。即便英格兰境内的白玫瑰残余都被消灭，但国王仍不满意，他还要将海外的白玫瑰余孽根除殆尽。

1541年，当雷金纳德·波尔在卡普拉尼卡逗留时，有两个看上去很可疑的英格兰人被捕，他们供认是被派来刺杀波尔的。对他们来说幸运的是，波尔是罗马教皇派往博洛尼亚的特使，他们先波尔到了这里，因此没等到波尔到来审问他们，他们在这很短的间隙内乘帆船逃走了。还有其他试图刺杀波尔的尝试，但全都没能成功。然而亨利的杀手们也并不总是失手。1546年，大主教比顿在他的圣安德鲁城堡内被人残忍地杀害，杀手是两个受雇于都铎政府的苏格兰人，他们每人的报酬是50英镑。可见波尔是吉人自有天相。

在亨利统治的最后几年里，有两派人为得到他的恩宠而争斗不断。一派是原来跟随托马斯·克伦威尔的人，包括大主教克兰默和哈特福德伯爵爱德华·西摩（Edward Seymour）等福音派信徒（evangelicals）。另一派是以诺福克公爵为首的天主教徒，尽管他现在正饱受宿疾折磨，而且也深感时日无多，然而在国王和他的侄女结婚后，这位老公爵在一段时期内表现出福运昌隆的态势。

她的侄女就是身材纤细、长着赤褐色头发的凯瑟琳·霍华德，她比国王小三十多岁，国王被她迷得神魂颠倒。但1541年11月，大主教克兰默向国王爆料说她是一个荡妇。心地善良、脑袋空空、纵欲无度却又完全不知轻重深浅，这个可怜的女孩是都铎王朝史上命运最悲惨的人物之一。凯瑟琳·霍华德在嫁给亨利前就至少有过一个情人，现在她又与国王寝宫侍从托马斯·卡尔佩伯（Thomas Culpeper）有了干柴烈火的风流韵事。一开始国王并不相信克兰默所说的，但后来他泪流满面、悔不当初，他告诉窘迫不安的咨议会说有人背叛了他。罪名很快就被证实，王后的情人在不到一个月的时间内便被处死。在他们的控告书中，她被说成"一个人尽可夫的妓女"。1542年2月，在《褫夺公权法案》通过之后，年仅17岁的凯瑟琳·霍华德便身首异处了，该法案让她免于受

第31章 1546年冬—1547年：亨利八世最后的恐惧症

审，因为这会使一些秽乱的细节公之于众。所以，她幸运地在斧下受死，而没有以叛逆罪被活活烧死。

从对外关系方面来说，尽管花费颇巨，但亨利八世的外交政策在各个方面都收效甚微。虽然1542年英格兰军队在索尔威沼泽地大败苏格兰人，但在安克拉姆沼泽地他们惨遭失败，而且第二年英格兰的爱德华王子和苏格兰的小玛丽女王的订婚仪式也因苏格兰方面而落空，这是亨利一心想达成的事情，当时的人们将此称之为"艰难求婚"。耗资靡费的三年对法战争于1546年结束，但最终无所获。

至于宗教方面，亨利一直把哪怕是与他所颁布的"真正教义"有些许的不一致都视为对他教会首脑地位的亵渎和否认。因为亨利认为神法尽在他的护持之下，这一超凡的构想在艾斯丘案中即可窥见一斑。

1544年，年轻而富有的林肯郡贵妇安·艾斯丘夫人（Anne Askew）因为对"圣餐"的看法与自己的丈夫发生争吵，她搬到伦敦试图离婚。一年后，已经加入了伦敦城内福音派组织的艾斯丘夫人被逮捕，并遭到威胁，让她公开放弃新教。因为艾斯丘夫人是新王后凯瑟琳·帕尔（Catherine Parr）的好朋友，于是亨利国王怀疑王后对于宗教的看法，所以他对这件案子非常上心。1546年，安·艾斯丘再次遭到审讯。尽管身为贵妇，但在审讯期间安遭受了残酷的拷问折磨，以至于四肢残废并近乎失明，是年7月，已经无法行走的她被担架抬到史密斯菲尔德，与其他福音派信徒一起被处以火刑。

亨利国王腿上长期以来的脓疮不断扩散，由一处至多处，每当更换绷带的时候都让他剧痛难忍,但这种疼痛每天都要承受几次,有时候他痛苦得说不出话来。由于身躯肥硕(传说他的紧身上衣能装得下三个人),亨利骑马时往往需要一个小斜坡才能跨上马背。他行走困难,只能借助手杖,在各个宫殿里也为他准备了特殊的座椅,因溃烂化脓而引发的发烧常常让他感到精疲力竭。

尽管在几年前他还遭到很大一部分人痛恨——即使到现在,北方人也不能原谅他,然而现在这个散发着腐臭气息、身体肿胀、濒临死亡的人被他的众多子民视为宽厚仁慈的巨人而倍受崇敬,他们对国王的自私、残忍和暴政统统视而不见。他们的崇敬部分是源于国王对他们的长期统治,而绝大部分应归功于国王非凡的个人魅力的巨大影响,尽管当时这种影响力可能已经减弱了。但有一点非常清楚,国王明白在需要的时候如何做出庄严与和蔼可亲的样子。在关于亨利国王最后一次对议会演讲的描述中,理查·格拉夫顿(Richard Grafton,他续写了霍尔的编年史)说,国王的演讲使"他的臣民们呈现出一种欣慰之感,即他们的欢乐世上无人能及"。我们没理由怀疑格拉夫顿。[2]

因为深受疾病困扰,亨利的脾气变得比以前更加暴躁。或许已经意识到时日无多,他开始愈发担心在他儿子继承王位成为一位少年国王的时候将会发生什么,1546年他的儿子才9岁。尽管亨利确信已经没有约克家族的王位觊觎者留在英格兰,但他还是非常担心其他的大贵族会跳出来争夺王位。格洛斯特公爵理查的例子一直在他脑海里挥之不去。

第31章 1546年冬—1547年：亨利八世最后的恐惧症

尤其是他已经不再信任上了年纪的诺福克公爵。这是一个说话和蔼动听但实际上非常狡猾的小个子男人，谎话从他嘴里说出来都由不得你不信。诺福克永远不会忘记博斯沃思战役对于他的家族意味着什么，当时他还是个12岁的孩子，他的祖父被杀，他的父亲被俘，霍华德家族丧失了公爵领。[3]他们花了数年时间才恢复了地位。因此，没有人比托马斯·霍华德（Thomas Howard）更懂得生存之道和如何把握重大机遇，为了生存和机会，他可以放弃任何原则。"在新教信仰出现之前，英格兰充满了欢乐。"这是诺福克公爵1540年说过的非常有名的一句话。"是的，我希望一切都能回到过去的样子。"尽管诺福克是一个不折不扣的天主教徒，但他在镇压求恩巡礼叛乱时毫不手软。尽管非常厌恶克伦威尔，但诺福克常常油滑地奉承他，他在后来打垮克伦威尔的斗争中扮演了重要角色。

虽然经常差遣诺福克公爵为他办事，但亨利国王对他一直都心存顾忌，也因为与他侄女凯瑟琳·霍华德的灾难性婚姻而责备他。此外，国王不可能没意识到诺福克已经填补了白金汉公爵曾经的位置，成为英格兰最后仅存的公爵和最富有的人，年收入有4000英镑左右。虽然诺福克缺少金雀花家族血统，但是通过娶白金汉的女儿，霍华德家族拥有了金雀花的血统。更为糟糕的是，诺福克公爵还有个爱惹是生非、极让人担忧的儿子。[4]

致使局势变得一发不可收拾的原因是霍华德家族挡了一个人的路，这个人早已暗下决心在即将来临的幼君统治时期柄政英格兰。此人就是已故王后简·西摩的哥哥、威尔士亲王的舅舅哈特福德伯爵爱德华·西摩，他当然知道如何充分利用他与国王最宠爱的妻子之间的关系。诺福克公爵曾试图通过把自己的女儿（已故里士满公爵的遗孀玛丽）嫁给西摩的弟弟来缓和局势，然而她的哥哥萨里声称他看不起妹妹这样下嫁，于是玛丽就拒绝了这门婚事。而让事态变得更糟的是萨里对爱德华·西摩的妻子大献殷勤。于是爱德华·西摩开始不断给亨利吹耳旁风，说霍华德家族蓄意图谋王位；他太知道如何恰到好处地抛出几个霍华德家族叛逆的线索，让国王把它们理解为明显的叛逆罪证据。

年近30岁的萨里伯爵亨利·霍华德（Henry Howard）个子很高，长着一张长脸和两撇左右分开的胡子，这和他的父亲不太像。亨利·霍华德是一个很招眼而且还不安分的人，他曾与他的朋友里士满公爵（国王那短命的私生子）在法国宫廷生活了一年多，在那里他不仅学会了法语，还学会了意大利语，在此期间他还成为一位真正有才华的诗人——他是第一批使用十四行诗进行创作的英格兰诗人。尽管他才华横溢而且为人正直（这与他的父亲不一样），但他在某些方面很肤浅。他略显幼稚而且举止轻浮，比如1543年1月，他领着一群喝醉了的年轻伙伴在伦敦街头捣乱滋事（用弩发射石头袭击路人，打碎了很多玻璃），最后被抓进弗利特监狱此事才算了结。他还特爱炫耀，常常带着50个骑马的扈从在城市的大街小巷中穿行。

亨利·霍华德骄傲自大、脾气暴躁、喜好争吵，而且从不掩饰自己对那些平民出身的朝臣的蔑视,他对托马斯·克伦威尔垮台的评价集中反映了他的这种态度:"现在这个臭乡巴佬要死了,这个嗜血的家伙和他的手下该好好受折磨了。"他还补充说,像他那样的人会让贵族没活路。[5] 还有一个流传了很久的说法,就是亨利·霍华德在很年轻的时候打了简王后的哥哥——刚刚跻身贵族的爱德华·西摩的脸而惹上了麻烦,部分原因是他瞧不起爱德华·西摩卑微的出身。这不难理解,因为亨利·霍华德有一种能四面树敌的天赋。起初,他神采飞扬的样子很讨国王欢心,但亨利国王可能也认同当时一位教士对亨利·霍华德的评价:"英格兰最鲁莽、最自负的男孩"。[6]

尽管亨利已经不再像从前那样喜欢萨里伯爵,但他仍然阅读萨里的十四行诗《萨丹那帕露斯》(Sardanapalus),这首诗无疑是处处以国王为中心的,尽管这可能是萨里伯爵失宠之后所做的。

> 和平之中的亚述王,满是邪恶的欲望。
> 肮脏的贪欲,玷污了他的王者之心。
> 战火本当把高贵之心点燃,
> 但却因缺乏军事才能而败亡……
> 那些缺乏男子气概的人确实得以存活,
> 但却沉浸在懒散、女子气的快乐之中,
> 精神虚弱,难耐痛苦。[7]

萨里伯爵算是一个战争成就了他但又没给他造成伤害的

人，他曾于1543—1546年在法国服役，并一度担任国王的海军中将和陆地战场总指挥。萨里伯爵以实际行动证明了自己是一位天生的帅才，他很快在忍饥挨饿、报酬极低的英格兰军队和强悍难驯的雇佣兵中树立了威信，他还展示出了军事组织和部署的天赋。萨里在战场上常常身先士卒、冲锋在前，以至于亨利国王写信斥责他是在玩命。攻下布伦让国王非常高兴，此役使得英国在加来附近的领土扩大了一倍。尽管萨里伯爵不得不放弃围攻蒙特勒伊的机会，但他依然成功地击退了法军为夺回布伦而发起的反攻。然而，萨里伯爵在1546年1月圣艾蒂安遭到法军突袭，他的军队被击溃，他损失了近五分之一的部队和一些军旗，此役之后，萨里被亨利八世降为布伦的镇守官，而后又被召回英格兰。国王对他的宠信一去不复返了。

萨里回到都铎王廷，而此处比起战场要更加危险。在赢得国王的褒奖，以及财富和荣誉加身之后，他这个人也就离上绞刑架受死不远了。返回英格兰后不久，萨里就与他在布伦战役时的下属官员发生了激烈的争执。萨里大发雷霆，他认为咨议会不能如亨利国王所希望的那样，为将来的爱德华六世统治英格兰；只有一个人能担此重任，那就是他的父亲诺福克。萨里发火的事很快被报给了爱德华·西摩，这就给了他所需要的证据，从而让国王证实自己对霍华德家族的怀疑。因为从母系来算，萨里伯爵是爱德华三世的后人，于是亨利认定萨里已经将自己视为英格兰的未来之主了。

1546年12月2日，萨里被逮捕，当时他刚刚抵达怀特

第31章 1546年冬—1547年：亨利八世最后的恐惧症

霍尔宫，王廷卫队队长安东尼·温菲尔德爵士（Sir Anthony Wingfield）就叫他出去，说他需要萨里帮忙劝说他的公爵父亲调停一件讼案。萨里刚一离开房间，即刻被"长戟兵"（王廷卫士）抓住，他们推推搡搡地把他押上了一艘等候多时的船，然后带他进城受审。萨里被带至伊利宫（Ely Place），审问他的是大法官托马斯·里奥斯利。在12月12日，即圣露西节前夕（St Lucy's Eve），萨里被人押着从伊利宫到伦敦塔的大街上游街示众。

诺福克公爵也在当天被押入伦敦塔，他所有的手下都被剥夺了职位，他的嘉德勋章也被剥夺。那天夜里，他写信恳求国王念在他多年效力的份上不要让那些诬告毁了他，他坚称他在宗教信仰方面是与国王一致的，他还表示愿意交出自己的一切财产。诺福克还写信给审判委员会，请求给他送三本书，以有助于他入睡，它们分别是圣奥古斯丁的《上帝之城》（City of God）、约瑟夫斯的《犹太古史》（Jewish Antiquities）以及一本抨击教皇虚伪造作的书。听说诺福克被抓了，东盎格利亚的人们欣喜万分，他们一哄而上，将霍华德家族在那里的所有房屋洗劫一空。

萨里的妹妹玛丽·霍华德被传唤到庭，她对审判委员会说萨里曾劝她"使自己获宠"于国王，然后"控制他"，就像过去其家族利用凯瑟琳·霍华德王后所做的那样。此供述一定激怒了亨利，因为这揭了他的旧伤疤。然而，并没有找到萨里谋害国王的确凿证据。最后对他的犯罪指控落在了徽章上面，指控萨里有意使用四分之一大小的王室徽章作为他对王位权利要求的巧妙手段。玛丽·霍华德的证词进一步证实了对萨里的指控，她说在她哥哥的帽子上有个像王冠似得小的冠状饰物，上面刻有字母"HR"，她认为那就是国王的首字母拼合。

根据萨里伯爵新近采用的徽章，他欲图夺取英格兰王位的罪名被坐实了。他的父亲也没有辜负亨利——在他看来，当年博斯沃思战役又再度重演了。1月12日，也就是他儿子受审的前一天，他懦弱地在一份完全不实的认罪书上签了名：

> 我隐瞒了我儿萨里伯爵亨利·霍华德所犯的叛逆大罪，他佩戴和冒用诺曼征服前英格兰国王忏悔者爱德华的徽章和标志，狂妄地实施了反对国王陛下和国王之法的叛逆罪行。英格兰先王忏悔者爱德华的徽章只属于英格兰国王而不属于其他任何人，萨里伯爵绝对没有权利要求王位，我们的祖先也绝对没有权利对王位或称号提出任何要求。[8]

在此期间，萨里伯爵曾尝试逃出伦敦塔。在安排人偷偷地将一把匕首带进他的牢房后，他试图从厕所下水道钻过去，然后进入一段短隧道，而隧道下面不远处就是护城河，一位仆人已经备好了船在泰晤士河畔等着他。就在萨里开始准备进入厕所下水道的时候，没承想看守进了他的牢房进行临时检查。他们发现萨里没在床上，便跑到厕所设法抓住了他的胳膊，然后将他拖出来给他带上枷锁。显而易见，要是萨里

第31章 1546年冬—1547年：亨利八世最后的恐惧症

还在地面上，双臂能够施展，他定会给他们几刀。

在一份离奇的起诉书里（亨利曾亲自对该起诉书的草稿做了修改并加了评注），萨里伯爵被指控在他的一处居所中展示一个带有霍华德家族徽章和英王忏悔者爱德华徽章的盾牌。1547年1月13日，萨里被300人的王家卫队从伦敦塔押至市政厅，在由东盎格利亚的骑士和乡绅所组成的陪审团面前受审，因为他不是上院贵族了。他慷慨激昂地为自己做辩护，从早上9点一直讲到下午5点。

萨里毫不妥协，而且傲慢如常，他对审判委员会一位资格较老的成员理查·里奇说，你能为了一块金子给你自己的父亲定罪。他提醒另一位审判委员会成员佩吉特勋爵（Lord Paget）说，你父亲曾经就是"一位追讨吏"（以专门追捕债务人为职业的人）。他还对佩吉特说，英格兰永远不可能繁荣兴盛，"就是因为国王把尔等鼠辈安插在政府中"。在指控他企图逃跑时，他反驳说那是因为不论他多么无辜都会被定罪。也有一些陪审员不想判他有罪，但最终他们都妥协了，萨里被定为叛逆罪，带有忏悔者爱德华徽章的盾牌被当作他图谋王位的确凿证据。六天后，萨里在塔丘被砍头，当时他身着一件以黑兔毛镶边的黑色绸衣。

1月27日，议会通过了一项专门针对诺福克的《褫夺公权法案》，判处他死刑并抄没其全部财产，因为国王已经气息奄奄，所以该法案是以盖"干印章"（dry stamp）或摹写国王签名的方式通过的。在即将离开人世的最后时刻，为求上帝的永恒祝福，亨利暂留诺福克一命，当时距离第二天拂晓诺福克爬上塔丘绞刑台受死只差几个小时。此后行刑被无限期推迟，但诺福克还是在监狱里度过了六年，直到玛丽继承王位后才被释放。1554年，诺福克老死在床上，终年81岁。

在诺福克公爵被捕不久后，时任神圣罗马帝国使臣的弗朗西斯·凡德代尔夫特（Francis van der Delft）报告了他与大法官里奥斯利的一段谈话，大法官平静地对他说："拥有如此高贵地位和高贵血统的人，却以阴险手段图谋僭夺统治权，犯下如此耻辱罪愆，真是令人惋惜。"[9]谣言到处传，说诺福克和萨里伯爵曾试图谋杀亨利国王和威尔士亲王。这当然不是真的，这样的指控只存在于亨利八世那奇怪的大脑中，而且挥之不去。

正如以前多次发生的那样，这两位霍华德成了国王臆想的受害者，这种臆想已经让国王的精神状态近似临床上的妄想症，在国王病态的意念中，霍华德父子就是萨福克兄弟、波尔兄弟、考特尼和理查三世的化身。

结　语

亨利八世终生都担心有人企图推翻他的王朝，当爱德华六世1553年7月6日死于肺结核时，他的担心变成了事实。当时，英格兰真正的统治者是诺森伯兰公爵约翰·达德利（John Dudely，其父就是"亨利七世的勒索者"埃德蒙·达德利，详见第16章）。爱德华临终前，约翰·达德利劝他指定简·格蕾（Lady Jane Grey）为王位继承人，简·格蕾是都铎王朝开国君主亨利七世的外孙女，也是一位虔诚笃信的新教徒。达德利的真正动机是简·格蕾刚刚在六周前嫁给了他的儿子，但整个王国都不希望达德利王朝取代都铎王朝。无视有关"简女王"的公告，2万人聚集到玛丽公主的麾下，她迅速确立了对王位的权利，并于10月1日在威斯特敏斯特修道院加冕。

从某种程度上来说，新女王的即位是白玫瑰派幸存者迟来的胜利。尽管玛丽对待宣称信奉新教的人很残暴，但她是都铎家族最热心的人，她从来没有忘记白玫瑰家族对她母亲凯瑟琳王后以及她本人的支持。她将埃克塞特的儿子德文伯爵从伦敦塔释放出来，在玛丽治下第一届议会，他被褫夺的财产和权利得以恢复，由此他重新收回了考特尼家族的领地，他的母亲也成了宫中女官。被褫夺公权的蒙塔古勋爵的两个女儿也得以恢复权利，她们收回了索尔兹伯里女伯爵的一些土地，特别是对索尔兹伯里女伯爵在女王"幼年时"的教导和服侍工作给予了认可。玛格丽特的女儿厄休拉和她的丈夫斯塔福德勋爵被归还了白金汉公爵位于索恩伯里的大房子。

这位37岁的童贞女王需要一位丈夫，但她并没有为自己选一位约克派丈夫。尽管她询问雷金纳德·波尔是否能放弃圣职，但玛丽还是认为53岁的他做自己的丈夫太老了。女王认真考虑过爱德华·考特尼，尽管他比女王小12岁，女王擢升他为德文伯爵，还给予他在她加冕时执国家之剑的特权，他也因此得以建立起一个准王室的内府。他这位候选人得到了御前大臣史蒂文·加德纳主教的强烈支持，女王自己也对他表现出了款款爱意。但是在经历了长期的监禁生涯后，爱德华·考特尼开始放荡堕落，沉溺酒色，因此失去了机会。最终，玛丽女王选择了西班牙的菲利普，尽管他和爱德华·考特尼一样的年轻。

选择这个西班牙丈夫就是个灾难，很多英格兰人之所以转而反对女王不是因为她火烧异端，而是因为她的婚姻，尽管在统治之初她很受欢迎，他们强烈反对英格兰将要成为哈布斯堡帝国（Habsburg Empire）的一部分。人们希望以玛丽的妹妹伊丽莎白取代她成为新女王，让爱德华·考特尼成为新女王的丈夫。1554年初，小托马斯·怀亚特爵士（Sir Thomas Wyatt the younger）发动了叛乱，这是唯一一次被玛丽女王勇敢击败的叛乱。最初，考特尼支持这一阴谋，但后来他丧失了勇气，将此事向御前大臣加德纳和盘托出。[1]

在伦敦塔囚禁了一段时间后，爱德华·考特尼被流放海外，他在意大利四处游荡，常常出没于烟花柳巷。纵情酒色耗尽了他的生命，1556年9月，爱德华·考特尼死于帕多瓦，尽管有些人认为他是被西班牙间谍下毒毒死的。如果他接受了迈克尔·思罗克莫顿的邀请与他一同待在曼图亚，他或许不会死。在他死的前两个月，萨福克乡村亚克斯利（Yaxley）一位名叫克劳伯里（Cleobury）的疯癫教师假冒爱德华伯爵，他宣称自己是"伊丽莎白女王的挚爱伴侣考特尼大人及国王"。克劳伯里甚至还找到了一些追随者，但是他们并没有掀起什么风浪，克劳伯里很快就被逮捕并被处死，这个故事让人们想起了1499年拉尔夫·威尔福德假冒沃里克伯爵的事。[2]

另一个荒唐可笑的事件发生于1557年4月，当时白金汉公爵的一个孙子托马斯·斯塔福德（Thomas Stafford）率几百人在约克郡登陆，夺取了斯卡伯勒，并宣称自己为护国公。尽管他实际上并不是公爵的继承人，但托马斯拥有一枚印章，上面刻着王室的盾徽，他对任何愿意听他说的人宣称自己是王位继承人。不过威斯特摩兰伯爵（Earl of Westmorland）率领的地方武装很快就夺回了城堡，5月，托马斯·斯塔福德被处死于泰伯恩刑场。[3]

1554年11月，红衣主教波尔作为教皇特使回到英格兰，受到了玛丽女王和她的哈布斯堡丈夫"菲利普国王"的热烈欢迎。11月下旬，波尔正式促成英格兰与罗马教廷和解。1555年，菲利普离开英格兰，此后就再也没回来。雷金纳德·波尔成为女王最信任的心腹，他根据特伦特公会议（council of Trent）的决定，负责恢复英格兰的天主教教义，并构思了一部新的天主教《圣经》译本，以保证每个神学院的教士都受到正确的培养。波尔最终于1556年3月20日被授予教职，并于两天后就任坎特伯雷大主教。他甚至还使一些新教徒免遭火刑，他想赦免克兰默，但被玛丽女王否决了，在《殉道者列传》（Book of Martyrs）一书中，福克斯（Foxe）承认波尔是一位"不血腥、不嗜杀的天主教徒"。

然而抵不住时间的流逝，再加上未来的伊丽莎白女王对他试图推行反宗教改革（Counter-Reformation）的反对，波尔的健康每况愈下。极具讽刺的是，教皇保罗四世曾命他返回罗马面对异端指控，尽管玛丽女王拒绝让他离开英格兰。波尔死于1558年，和玛丽女王同一天去世。作为最后一任天主教的坎特伯雷大主教，雷金纳德·波尔是唯一一个本可以做英格兰国王但最后却担任了奥古斯丁圣职的人。

有关白玫瑰家族的最后一个可怕传闻发生在1562年，当时伊丽莎白一世因为出天花病似乎命不久矣。她的顺位继承人苏格兰的玛丽女王是一位天主教徒，因此英格兰的新教领袖们提议信奉加尔文教的亨廷顿伯爵亨利·黑斯廷斯（Henry Hastings）为王位继承人，亨利的母亲是蒙塔古勋爵的女儿。该消息激怒了黑斯廷斯的表亲——杰弗里爵士的长子、信奉天主教的亚瑟·波尔（Arthur Pole），他为了支持玛丽女王，郑重宣布放弃自己对王位的权利要求，前提条件是女王擢升他为克拉伦斯公爵，这其中甚至还谈到了他要和女王结婚。

反对伊丽莎白的阴谋暴露后，波尔被判处叛逆罪，但因其王室血统，伊丽莎白女王饶他不死，他于1570年的某天死于伦敦塔内，他也是最后一位约克派囚犯。[4]

就他们坚定地忠诚于权位尽失的王室家族，坚定地遵守普通法以及置明摆着的王位继承人于不顾的做法来看，最后的约克派已经成了雅各比派的前身。流亡海外的斯图亚特王朝的支持者可能意识到了这一点，他们采用白玫瑰作为徽章——在成为国王之前，詹姆斯二世也曾是约克公爵。不过，让他们16世纪的祖先名垂千古的并不是沃尔特·司各特爵士（Sir Walter Scott）。

尽管玛丽和伊丽莎白依次遭到王位竞争者的威胁（前者是受到自己妹妹威胁，后者是受到自己的苏格兰表亲的威胁），但她们似乎都没有对此种形势表现出特别的恐惧。因为到了她们的时代，她们的王位继承权已经确凿无疑，所以她们从不觉得自己是"暴发户"统治者。事实上，伊丽莎白的成功统治使得都铎王朝统治英格兰似乎成了天命所归。因此，都铎时代最热衷的做法是不仅在很大程度上隐匿约克派王位觊觎者（可能除珀金·沃贝克之外），而且还隐匿白玫瑰家族在亨利七世、亨利八世穷追不舍下的恐怖命运。

大事记

1483年:"塔中王子"爱德华五世和约克公爵失踪。

1484年:威尔士亲王爱德华去世,沃里克伯爵暂时成为王位继承人。

——理查三世认可自己的外甥林肯伯爵为王位继承人。

1485年:博斯沃思战役及亨利七世即位。

1486年:洛弗尔勋爵和斯塔福德兄弟为沃里克反叛亨利七世。

1487年:林肯伯爵和兰伯特·西姆内尔("爱德华六世")在斯托克战役惨败,林肯伯爵战死。

1490年:阿宾顿修道院院长谋划把沃里克伯爵从伦敦塔救出来。

1491年:珀金·沃贝克前往爱尔兰,被认定为"约克公爵理查"。

1492年:勃艮第的玛格丽特承认珀金·沃贝克是自己的侄儿。

1495年:苏格兰国王詹姆斯四世承认珀金·沃贝克为英格兰国王。

1496年:珀金·沃贝克入侵英格兰北部失败。

1497年：珀金·沃贝克在康沃尔登陆，被抓获。

1499年：珀金·沃贝克和沃里克伯爵被处死。

1501年：理查三世的外甥萨福克伯爵埃德蒙·德拉波尔出逃。

1502年：埃德蒙被褫夺公权，他宣告自己为"白玫瑰"。

1506年：埃德蒙被捕，被关入伦敦塔。

1509年：埃德蒙被排除在亨利八世的"登基大赦"之外。

1513年：埃德蒙被处死，他的弟弟理查·德拉波尔成为"白玫瑰"。

1514年："理查四世"得到法国承认，白玫瑰准备入侵英格兰。

1515年：英格兰间谍试图谋杀"国王最可怕的敌人"理查·德拉波尔。

1521年：白金汉公爵因为"妄想登上王位"被处死。

1522年：法王弗朗西斯一世请求"理查四世"入侵英格兰。

1525年："白玫瑰"理查·德拉波尔于帕维亚战役被杀。

1531年：顺位男性王位继承人埃克塞特勋爵因被怀疑叛逆而被关入伦敦塔。

1533年：费舍尔主教向皇帝查理五世的大使提出废黜亨利八世的请求。

1534年：查理五世考虑以玛丽·都铎和雷金纳德·波尔取代亨利八世，但最后又放弃了这个想法。

1536年：爆发求恩巡礼叛乱，这是亨利八世统治时期最大的威胁。

　　1537年：雷金纳德·波尔准备登陆英格兰，但是求恩巡礼叛乱被镇压。

　　1538年：白玫瑰派主要成员埃克塞特和蒙塔古勋爵被处死。

　　1539年：雷金纳德·波尔试图入侵英格兰，但未能组织成功。

　　——金雀花家族唯一的幸存者索尔兹伯里女伯爵被褫夺公权。

　　1541年：密谋再次发动求恩巡礼失败。

　　——"最后的白玫瑰派"索尔兹伯里女伯爵被处死。

　　1547年：因为被怀疑图谋王位，萨里伯爵被处死。

参考文献

史　　料

André, B., *De vita atque gestis Henrici Septimi*, in J. Gairdner (ed.), *Memorials of King Henry the Seventh*, Rolls Series, 1873-7.

Arnold, Richard, *Customs of London*, Antwerp, 1504.

Ballads from Manuscripts, ed. F. J. Furnivall, London, Ballad Society, 1868.

The Book of Howth, in *Calendar of the Carew Manuscripts*, 6 vols, ed. J. S. Brewer, Public Record Office, London, Longman, Green, Reader & Dyer, 1867-73.

Calendar of the Close Rolls, Henry VII (1485-1500), vol. 1, Public Record Office, London, Her Majesty's Stationery Office, 1955.

Calendar of the Fine Rolls (1272-1509), 22 vols, Public Record Office, London, His Majesty's Stationery Office, 1911-62.

Calendar of the Patent Rolls (1235-1509), 52 vols, London, His Majesty's Stationery Office, 1891-1916.

Calendar of State Papers and Manuscripts ... at Milan (1385-1618), ed. A. B. Hinds, London, H.M.S.O, 1912.

Calendar of State Papers between England and Spain (Spain), 20 vols, ed. C. Bergenroth, P. de Gayangos and

M. A. S. Hume, London, Longman, Green, Longman & Roberts, 1862–1954.

Calendar of State Papers (Venice), 1202–1603, 11 vols, ed. R. Brown, G. C. Bentinck and H. F. Brown, London, Longman, Green, Longman, Roberts & Green 1864–97.

Cavendish, G., *Thomas Wolsey, late Cardinal, his Life and Death Written by George Cavendish, his Gentleman Usher*, London, The Folio Society, 1999.

The Chronicle of Calais in the Reigns of Henry VII and Henry VIII to the year 1540, ed. J. G. Nichols, Old Series 35, London, Camden Society, 1846.

Chronicle of the Grey Friars of London, ed. J. G. Nichols, Old Series 53, London, Camden Society, 1852.

Chronicles of London, ed. C. L. Kingsford, Oxford, Clarendon Press, 1905.

Doutrepont, G. and Jodogne, O. (eds), *Chroniques de Jean Molinet (1474–1507)*, 3 vols, Brussels, Académie royale de Belgique, 1935–7.

The Great Chronicle of London, ed. A. H. Thomas and I. D. Thornley, London, G. W. Jones, 1938.

Ellis, Sir Henry, *Original Letters Illustrative of English History*, 1st Series, London, Harding, Triphook & Lepard, 1824.

Hall, E., *The Union of the Two Noble and Illustre Famelies of Lancastre and Yorke* [1548], London, Printed for J. Johnson, 1809.

Henry Howard, Earl of Surrey: Poems, ed. E. Jones, Oxford, Oxford University Press, 1964.

Herbert of Cherbury, Lord, *The Life and Reigne of King Henry VIII*, London, 1649.

Ingulph's Chronicle of the Abbey of Croyland, trans. H. T. Riley, Bohn, 1854.

Letters and Papers Illustrative of the Reigns of Richard III and

Henry VII, 2 vols, ed. J. Gairdner, Rolls Series, London, Longman, Green, Longman & Roberts, 1861–3.

Letters and Papers, Foreign and Domestic, of the Reign of Henry VIII, 1509–47, 21 vols, ed. J. S. Brewer, J. Gairdner and R. H. Brodie, London, Longman, Green, Longman & Roberts, 1862–1932.

Leland, J., *The Itinerary of John Leland in or about the years 1535–1543*, 5 vols, ed. L. Toulmin-Smith, London, Bell, 1907–10.

——, *De Rebus Britannicis Collectanea*, 6 vols, London, G. & J. Richardson, 1770.

The Letters of King Henry VIII: A Selection and a Few Other Documents, ed. M. St Clare Byrne, New York, Funk & Wagnalls, 1968.

The Lisle Letters, 6 vols, ed. M. St Clare Byrne, Chicago and London, University of Chicago Press, 1981.

Materials for a History of the Reign of Henry VII, 2 vols, ed. W. Campbell, Rolls Series, London, 1873–7.

Medieval English Lyrics: A Critical Anthology, ed. R. T. Davies, London, Faber & Faber, 1963.

Memorials of King Henry the Seventh, ed. J. Gairdner, Rolls Series, London, 1858.

More, Sir Thomas, 'A Rueful Lamentation on the Death of Queen Elizabeth', in R. S. Sylvester (ed.), *Complete Works of Sir Thomas More*, 21 vols, New Haven, Yale University Press, 1963–c.1997.

Morison, Sir R., *An Invective ayenste [against] ... Treason*, London, T. Bertheleti, 1539.

Municipal Records of the City of York during the Reigns of Edward IV, Edward V and Richard III, ed. R. Davies, London, J. B. Nichols & Son, 1843.

The Paston Letters (ed. J. Gairdner), Gloucester, Alan Sutton, 1986.

Plumpton Correspondence (ed. T. Stapleton), Old Series 21, London, Camden Society, 1839.

Pole, R., *The Correspondence of Reginald Pole*, 4 vols, ed. T. F. Meyer, Aldershot, Ashgate, 2002.

Registrum Magni Sigilli Regum Scotorum: Register of the Great Seal of Scotland, ed. J. M. Thompson, J. B. Paul, et al, Edinburgh, H.M.S.O., 1882–1914.

The Reign of Henry VII from Contemporary Sources, 3 vols, ed. A. F. Pollard, Longmans, Green and Co., 1913.

Roper, W., *The Life of Sir Thomas More*, London, J. M. Dent, 1906.

Rotuli Parliamentorum (1278–1504), 6 vols, ed. J. Strachey and others, London, 1767–77.

Select Cases in the Exchequer Chamber before all Justices of England, 1461–1509, ed. M. Hemmant, Selden Society 64, vol. II, 1943.

Six Town Chronicles of England, ed. R. Flenley, Oxford, Clarendon Press, 1911.

Skelton, J., *The Complete Poems of John Skelton, Laureate*, ed. P. Henderson, London, J. M. Dent, 1948.

Tudor Royal Proclamations, 3 vols, ed. P. L. Hughes and J. F. Larkin, New Haven and London, Yale University Press, 1964–9.

Vergil, P., *The Anglica Historia of Polydore Vergil, A.D. 1485–1537*, ed. and trans. D. Hay, 3rd Series 74, London, Camden Society, 1950.

———, *Three Books of Polydore Vergil's English History*, ed. H. Ellis, Old Series 29, London, Camden Society, 1844.

Wriothesley, C., *A Chronicle of England during the Reigns of the Tudors, 1485–1559*, ed. W. D. Hamilton, New Series 11, London, Camden Society, 1875.

York House Books, ed. L. Attreed, Stroud, Alan Sutton, 1991.

专著与论文

Angelo, S. (ed.), *Chivalry in the Renaissance*, Woodbridge, Boydell Press, 1990.
Archbold, W. A. J., 'Sir William Stanley and Perkin Warbeck', *The English Historical Review*, 14 (1899).
Arthurson, I., 'Espionage and Intelligence from the Wars of the Roses to the Reformation', *Nottingham Medieval Studies*, 31 (1991).
——, *The Perkin Warbeck Conspiracy, 1491–1499*, Stroud, Alan Sutton, 1994.
Bacon, Sir F., *The History of the Reign of King Henry VII and Selected Works*, ed. B. Vickers, Cambridge, Cambridge University Press, 1998.
Baldwin, D., 'What happened to Lord Lovell', *The Ricardian*, 89 (June 1985).
Bennett, M. J., *Lambert Simnell and the Battle of Stoke*, Gloucester, Alan Sutton, 1987.
Bernard, G. W. (ed.), *The Tudor Nobility*, Manchester, Manchester University Press, 1992.
——, *The King's Reformation: Henry VIII and the Remaking of the English Church,* New Haven and London, Yale University Press, 2005.
Bindoff, T. E., *Tudor England*, Oxford, Oxford University Press, 1950.
Brewer, J. S., *The Reign of Henry VIII from his Accession to the Death of Wolsey*, 2 vols, ed. J. Gairdner, London, Murray, 1884.
Brooke, R., *Visits to Fields of Battle in England of the Fifteenth Century*, London, John Russell Smith, 1857.
Bryan, D., *Gerald Fitzgerald, the Great Earl of Kildare, 1456–1513*, Dublin, Talbot Press, 1993.
Burne, A. H., *The Battlefields of England*, London, Penguin, 1996.

Busch, M. L., 'The Tudors and the Royal Race', *History* 55 (1971).
Busch, W., *England unter den Tudors*, Stuttgart, 1892, trans. A. M. Todd as *England under the Tudors*, vol. I: *Henry VII*, London, 1895.
Childs, J., *Henry VIII's Last Victim*, London, Jonathan Cape, 2006.
Chrimes, S. B., *Lancastrians, Yorkists and Henry VII*, London, Macmillan, 1964.
———, *Henry VII*, London, Eyre Methuen, 1972.
———, Ross, C. D. and Griffiths, R. S. (eds), *Fifteenth Century England 1309–1509*, Stroud, Sutton, 1995.
Cockayne, G. E. (ed.), *Complete Peerage of England, Scotland, Ireland, etc., Extant, Extinct or Dormant*, rev. edn, 13 vols, London, V. Gibbs and H. Doubleday, 1910–49.
Condon, M. M., 'Ruling Elites in the Reign of Henry VII', in C. D. Ross (ed.), *Patronage, Pedigree and Power in Later Medieval England*, Gloucester, Alan Sutton, 1979.
Conway, A., *Henry VII's Relations with Scotland and Ireland 1485–98*, Cambridge, Cambridge University Press, 1932.
Cunningham, S., *Henry VII*, London and New York, Routledge, 2007.
Delbruck, H., *Die Neuzeit*, vol. IV of *Geschichte de Kriegskunst*, Berlin, 1920.
Dickens, A. G., *Reformation Studies*, London, Hambledon Press, 1982.
Dockray, K. and Fleming, P. (eds), *People, Places and Perspectives: Essays on Later Medieval and Tudor England in Honour of Ralph A. Griffiths*, Stroud, Nonsuch Publishing, 2005.
Dodds, M. H. and Dodds, R., *The Pilgrimage of Grace 1536–1537 and the Exeter Conspiracy*, 2 vols, Cambridge, Cambridge University Press, 1916.

Ellis, S. G., *Ireland in the Age of the Tudors, 1447–1603*, London, Longman, 1998.

Elton, G. R., *The Tudor Constitution: Documents and Commentary*, Cambridge, Cambridge University Press, 1960.

———, *Policy and Police*, Cambridge, Cambridge University Press, 1972.

———, *England under the Tudors*, London, Methuen, 1974.

———, *Reform and Revolution: England 1509–1558*, London, Edward Arnold, 1977.

———, *Studies in Tudor and Stuart Politics and Government*, 4 vols, Cambridge, Cambridge University Press, 1974–92.

Fletcher, A. and MacCulloch, D., *Tudor Rebellions*, 4th edn, London and New York, Longmans, 1997.

Fonblanque, E. B. de, *The Annals of the House of Percy*, London, 1887.

Gairdner, J., *Henry VII*, London, 1892.

———, *The History of the Life and Reign of King Richard the Third to which is added the Story of Perkin Warbeck*, Cambridge, Cambridge University Press, 1898.

Gunn, S. J., *Early Tudor Government, 1485–1588*, London, Macmillan, 1995.

Guy, J. A., *Tudor England*, Oxford, Oxford University Press, 1988.

Gwyn, P., *The King's Cardinal: The Rise and Fall of Thomas Wolsey*, London, Pimlico, 2002.

Hampton, W. E., 'The Later Career of Robert Stillington', in J. Petre (ed.), *Richard III: Crown and People*, Gloucester, Alan Sutton, 1985.

Hanham, A., *Richard III and his Early Historians, 1483–1535*, Oxford, Oxford University Press, 1975.

———, 'Edmund de la Pole and the Spies 1449–1506', in S. M. Jack (ed.), *Rulers, Religion and Rhetoric in Early Modern England: A Festschrift for Geoffrey Elton from his Australasian Friends*, Sydney, Parergon, 1988.

———, 'Edmund de la Pole, defector', *Journal of the Society for Renaissance Studies*, 2 (1988).

Harris, B. J., *Edward Stafford, Third Duke of Buckingham, 1478–1521*, Stanford, Stanford University Press, 1986.

Harrison, C. J., 'The Petition of Edmund Dudley', *English Historical Review*, 87 (1972).

Hicks, M. A., 'Dynastic Change and Northern Society: The Career of the Fourth Earl of Northumberland', *Northern Society*, 14 (1978).

Howell, T. B., *State Trials*, London, 1816.

Hoyle, R., *The Pilgrimage of Grace*, Oxford, Oxford University Press, 2001.

Hutchinson, R., *Thomas Cromwell*, London, Weidenfold, 2007.

Ives, E. W., *The Life and Death of Anne Boleyn*, Oxford, Blackwell, 2004.

———, 'Faction at the Court of Henry VIII: The Fall of Anne Boleyn', *History*, 57 (1972).

Jones, M. K., 'Sir William Stanley of Holt: Politics and Family Allegiance in the Late Fifteenth Century', *Welsh History Review*, 14 (1988).

Kaufman, P. I., 'Henry VII and Sanctuary', *Church History*, 53 (1984).

Knecht, R. J., *Francis I*, Cambridge, Cambridge University Press, 1982.

———, *Renaissance Warrior and Patron : The Reign of Francis I*, Cambridge, Cambridge University Press, 1994.

Konstam, A., *Pavia 1525: The Climax of the Italian Wars*, Oxford, Osprey, 1996.

Rivoire de La Batie, L. E. G., *Armorial de Dauphiné*, Lyons, 1867.

Levine, M., *Tudor Dynastic Problems 1460–1571*, London, Allen and Unwin, 1973.

Lipscomb, S., *1536: The Year that Changed Henry VIII*, Oxford, Lion Hudson, 2009.

Loades, D. M., *Two Tudor Conspiracies*, Cambridge, Cambridge University Press, 1965.

Luckett, D., 'The Thames Valley Conspiracies Against Henry VII', *Bulletin of the Institute of Historical Research*, 68 (1995).

MacDougall, N., *James IV*, Edinburgh, John Donald, 1989.

Mackie, J. D., *The Earlier Tudors*, Oxford, Oxford University Press, 1952.

MacLean, Sir J. (ed.), *The Berkeley Manuscripts: Lives of the Berkeleys*, 3 vols, Gloucester, Bristol and Gloucestershire Archaeological Society, 1883.

Macquereau, R., *Histoire générale de l'Europe*, Louvain, 1765.

Mayer, T. E., 'A Diet for Henry VIII: the Failure of Reginald Pole's 1537 Legation' *Journal of British Studies*, 26 (1987), pp. 305–31.

——, *Reginald Pole, Prince and Prophet*, Cambridge, Cambridge University Press, 2000.

McCormack, A. M., *The Earldom of Desmond 1463–1583*, Dublin, Four Courts Press, 2005.

Merriman, R. B., *Life and Letters of Thomas Cromwell*, 2 vols, Oxford, Oxford University Press, 1902.

Miller, H., *Henry VIII and the English Nobility*, Oxford, Oxford University Press, 1989.

Moorhen, W. E. A., 'The Career of John de la Pole, Earl of Lincoln', *The Ricardian, Journal of the Richard III Society*, 13 (2003).

Morel Fatio, A., 'Marguerite d'York et Perkin Warbeck', in *Mélanges d'Histoire offerts à M. Charles Bémont*, Paris, Félix Alcan, 1913.

Neame, A., *The Holy Maid of Kent: The Life of Elizabeth Barton, 1506–1534*, London, Hodder & Stoughton, 1971.

O'Flanagan, J. R. O., *The Blackwater in Munster*, London, 1844.

O'Malley, G., *The Knights Hospitaller of the English Langue 1460–1565*, Oxford, Oxford University Press, 2005.

Overell, A., 'Cardinal Pole's Special Agent: Michael Throckmorton, c.1503–1558', *History*, 94 (July 2009), p.315.

Pierce, H., *Margaret Pole, Countess of Salisbury 1473–1541*, Cardiff, University of Wales Press, 2003.

Pollard, A. F., *Henry VIII*, London and New York, Longmans, Green, and Co., 1905.

Porter, L., *Mary Tudor: The First Queen*, London, Piatkus, 2009.

Price, L., 'Armed Forces of the Irish Chiefs in the Early Sixteenth Century', *Journal of the Royal Society of Antiquarians of Ireland*, 62 (1932).

Rawcliffe, C., *The Staffords, Earls of Stafford and Dukes of Buckingham, 1394–1521*, Cambridge, Cambridge University Press, 1978.

Ross, C., *Richard III*, London, Eyre Methuen, 1981.

Roth, C., 'Perkin Warbeck and his Jewish Master', *Transactions of the Jewish Historical Society of England*, 9 (1922).

Rowse, A. L., *Tudor Cornwall*, London, Macmillan, 1969.

Scarisbrick, J. J., *Henry VIII*, London, Eyre Methuen, 1968.

———, 'Fisher, Henry VIII and the Reformation Crisis', in B. Bradshaw and E. Duffy (eds), *Humanism, Reform and the Reformation: The Career of Bishop John Fisher*, Cambridge, Cambridge University Press, 1989.

Sessions, W. A., *Henry Howard, the Poet Earl of Surrey*, Oxford, Oxford University Press, 1999.

Skeel, C. A. J., *The Council in the Marches of Wales*, London, Hugh Rees Ltd., 1904.

Starkey, D., *The Reign of Henry VIII: Personalities and Politics*, London, George Philip, c.1985.

———, *Six Wives: The Queens of Henry VIII*, London, 2003.

Taylor, James D., *The Shadow of the White Rose: Edward*

Courtenay, Earl of Devon 1526–1556, New York, Algora, 2006.

Thompson, E. M., *History of the Somerset Carthusians*, London, John Hodges, 1895.

Wedgwood, J. C. (ed.), *History of Parliament: Biographies of Members of the Commons House, 1439–1509*, London, H.M.S.O., 1936.

Williams, C. H., 'The Rebellion of Sir Humphrey Stafford in 1486', *The English Historical Review*, 43 (1928).

Wooding, L., *Henry VIII*, London and New York, Routledge, 2009.

Wroe, A., *Perkin: A Story of Deception*, London, Jonathan Cape, 2003.

Youings, J. A., 'The Council of the West', *Transactions of the Royal Historical Society*, Fifth Series, 10 (1960).

注 释

概述：白玫瑰，1485—1547年

1. R. T. Davies (ed.), *Medieval English Lyrics: A Critical Anthology*, London, Faber & Faber, 1963, no. 156.
2. P. Vergil, *The Anglica Historia of Polydore Vergil AD 1485–1537*, Camden Society, 1950, p. 9.
3. 在整个统治生涯中，对潜在的王位竞争者（有的是真的竞争者，有的不是真的竞争者）的恐惧一直萦绕在亨利七世的心头，让他日夜不安；亨利八世继位后，对此的恐惧比其父更甚。只有砍了那些有罪者和无辜者的脑袋，都铎君主才可能安心入睡。S. B. Chrimes, *Lancastrians, Yorkists and Henry VII*, London, Macmillan, 1964, p. 158.
4. A. Fletcher and D. MacCulloch, *Tudor Rebellions*, London and New York, Longmans, 1997, p. 116.
5. L. Wooding, *Henry VIII*, London, Routledge, 2009, p. 18.

第1章 1485年秋：悲恸之季

1. Sir F. Bacon, *The History of the Reign of King Henry VII and Selected Works*, Cambridge, 1998, p. 23. 培根可能不知道那些后来人们众所周知的资料，但是他应该是读了维吉尔、费边和罗伯特·安德烈的作品，以及其他几部手稿资料，大多数情况下他都是一

位非常敏锐的诠释者。
2. R. Davies, *Municipal Records of the City of York during the Reigns of Edward IV, Edward V and Richard III*, London, 1843, p. 218.
3. *The Paston Letters*, Gloucester, Alan Sutton, 1986, 1001.
4. *Memorials of King Henry the Seventh*, Rolls Series, London, 1858, 1, 4–5.
5. Vergil, *op. cit.*, p. 8.
6. *Rotoli Parliamentorum (1278–1504)*, London, 1767–1777, vol. VI, 268–270.
7. Vergil, *op. cit.*, p. 144.
8. S. Cunningham, *Henry VII*, London, Routledge, 2007, p. 98.
9. Bacon, *op. cit.*, p. 19.

第2章 1486年复活节：洛弗尔勋爵与斯塔福德兄弟

1. Bacon, *op. cit.*, p. 65.
2. *The Plumpton Correspondence*, OS Old Series (21), London, 1839, p. 48.
3. *Ibid.*, p. 48.
4. *Material for a History of the Reign of Henry VII*, 2 vols, Rolls Series, 1873–1877, vol. I, p. 143.
5. C. H. Williams, 'The Rebellion of Sir Humphrey Stafford in 1486', *The English Historical Review*, 43 (1928).
6. *LP Hen VII*, vol. I, p. 234.
7. Vergil, *op. cit.*, p. 10.
8. E. H. Fonblanque, *The Annals of the House of Percy*, 2 vols, London, [Private Circulation], 1887, vol. I, p. 300.
9. H. T. Riley (ed.), *Ingulph's Chronicle of the Abbey of Croyland*, London, 1854, pp. 513–514.
10. Bacon, *op. cit.*, p. 20.
11. *Coram Rege Rolls*, Trin. 1, Hen VII Rex. Rot. 10, quoted in Williams, 'The Rebellion', p. 188.

12. *Material, op. cit.*, vol. I, p. 434.
13. *Paston Letters, op. cit.*, p. 890.
14. J. Leland, *The Itinerary of John Leland... 1535-1543*, 5 vols, ed. L. Toulmin Smith, London, 1907-1910, vol. 5, pp. 75-76.
15. M. Hemmant (ed.), *Select Cases in the Exchequer Chamber before all Justices of England, 1461-1509*, Selden Society 64, London 1943, vol. II, pp. 115-124.
16. *Materials, op. cit.*, vol. I, pp. 513-514.
17. *Calendar of the Fine Rolls*, S.M.O., 22 vols, London, 1911-1962: Henry VII, 1485-1509, vol. 22, 842.
18. *Plumpton Corr, op. cit.*, p. 54.

第3章　1487年初：玛格丽特·约克

1. E. Hall, *The Union of the Two Noble and Illustre Families...*, London, 1809, p. 430.
2. Vergil *op. cit.*, pp. 14-16.
3. 玛格丽特·德拉波尔是第一代萨福克公爵威廉·德拉波尔的弟弟约翰·德拉波尔爵士的女儿，她嫁给了法国富瓦家族的肯德尔伯爵（肯德尔在英国的坎布里亚郡），他们的女儿安妮后来成了匈牙利国王拉迪斯拉斯二世的王后。*GEC*, vol. VIII, p. 150.
4. W. E. A. Moorhen, 'The Career of John de la Pole, Earl of Lincoln', *The Ricardian, Journal of the Richard III Society*, 13 (2003).
5. H. T. Riley (trans.), *Ingulph's Chronicle of the Abbey of Croyland*, 1854, pp. 513-514.
6. L. Attreed, *York House Books*, Stroud, Alan Sutton, 1991, vol. 2, p. 54.
7. Riley, *Ingulph's Chronicle, op. cit.*, p. 514.
8. M. Bennett, *Lambert Simnel and the Battle of Stoke*, Gloucester, Alan Sutton, 1987.
9. J. S. Brewer (ed.), *The Book of Howth*, in *Calendar of the Carew Manuscripts*, 6 vols, London, Public Record Office, 1867, vol. 5,

pp.188-189.
10. *Materials, op. cit.*, vol. 2, p. 273.
11. W. E. Hampton, 'The Later Career of Robert Stillington', in J. Petre (ed.), *Richard III: Crown and People*, London, Richard III Society, 1975-1981, pp. 162-168.
12. *York House Books, op. cit.*, vol. 2, pp. 540-542.
13. H. Delbruck, *Die Nezuit*, vol. IV of *Geschichte der Kriegskunst*, Berlin, 1920.
14. J. Nichols (ed.), *The Chronicle of Calais in the Reigns of Henry VII and Henry VIII*, Camden Society, Old Series, 35, London, 1846, p. 1.
15. Vergil, *op. cit.*, p. 23.

第4章 1487年夏："斯托克战役"

1. *Rot. Parl.*, vol. VI, 397.
2. P. L. Hughes and J.F. Larkin (eds), *Tudor Royal Proclamations*, 3 vols, New Haven and London, Yale University Press, 1964-1969, vol. 1, pp. 12-13.
3. *York House Books, op. cit.*, vol. 2, p. 570.
4. Bacon, *op. cit.*, p. 34.
5. *The Great Chronicle of London*, ed. A.H. Thomas and I. D. Thornley, London, G. W. Jones, 1938, p. 241.
6. Vergil, *op. cit.*, p. 22.
7. *Great Chronicle, op. cit.*, p. 242.
8. J. Molinet,见 G. Doutrepont and O. Jodogne (eds), *Chroniques de Jean Molinet (1474-1507)*,3 vols, Brussels, Académie royale de Belgique, 1935-1937, vol. 1, pp. 362-365。
9. Hall, *op. cit.*, p. 434.
10. J. Leland, *De Rebus Britannicis Collectanea*, 6 vols, London, 1770, vol. IV, p.210.
11. A. H. Burne, *The Battlefields of England*, London, Penguin, 1996, p. 314.

12. Bacon, *op. cit.*, p. 35.
13. J. M. Thompson, J. B. Paul and others (eds), *Registrum Magni Sigilli Regnum Scotorum: Register of the Great Seal of Scotland*, Edinburgh, Scottish Record Society, 1882–1914, vol. 2 (1424–1513), p. 370.
14. D. Baldwin, 'What Happened to Lord Lovell?', *The Ricardian*, 89 (June 1985).
15. Vergil, *op. cit.*, p. 24.
16. *Rot. Parl.*, *op. cit.*, vol. VI, 397.
17. B. André, *De Vita atque gestis Henrici Septimi Historia*, in *Memorials*, pp. 49–52.
18. Bacon, *op. cit.*, p. 20.

第5章 1489年冬—1490年：桑特院长的良心

1. Vergil, *op. cit.*, p. 32.
2. Bacon, *op. cit.*, p. 201.
3. *Paston Letters, op. cit.*, p. 1032.
4. *Paston Letters, op. cit.*, p. 1037.
5. M. A. Hicks, 'Dynastic Change and Northern Society: The Career of the Fourth Earl of Northumberland', *Northern Society* 14 (1978), pp. 78–107.
6. Hall, *op. cit.*, p. 443.
7. *Materials, op. cit.*, vol. II, pp. 337 and 339.
8. Vergil, *op. cit.*, p. 32.
9. D. Luckett, 'The Thames Valley Conspiracies against Henry VII', *Bulletin of the Institute of Historical Research*, 68 (1995), pp. 164–172.
10. *Rot. Parl., op. cit.*, vol. VI, p. 436.
11. I. Arthurson, 'Espionage and Intelligence from the Wars of the Roses to the Reformation', *Nottingham Medieval Studies*, 35 (1991), pp. 145–146.

12. *Plumpton Corr, op. cit.*, letter lxxi; Leland, *Collectanea*, vol. IV, p. 257.
13. *Calendar of the Close Rolls, Henry VII (1485-1500)*, 2 vols, London, H. M. S. O., 1955-1963, vol. 1, 672, pp. 196-197.

第6章 1491年冬—1494年秋：塔中王子之一？

1. Bacon, *op. cit.*, p. 95.
2. Hall, *op. cit.*, p. 462.
3. *LP Hen VII, op. cit.*, vol. I, p. 99.
4. *Rot. Parl., op. cit.*, vol. VI, p. 455.
5. *Rot. Parl.,op. cit.*, vol. VI, p. 454.
6. Hall, *op. cit.*, pp. 488-489.
7. J. R.O. O'Flanagan, *The Blackwater in Munster*, London, 1844, p. 37.
8. Bacon, *op. cit.*, p. 105.
9. *LP Hen VII*, Rolls Series, 1861-1863, vol. II, pp. 326-327.
10. A. Conway, *Henry VII's Relations with Scotland and Ireland 1485-1498*, Cambridge, Cambridge University Press, 1932, p. 49.
11. B. André, *De vita atque gestis Henrici Septimi Historia*, in *Memorials*, p. 66.
12. Hall, *op. cit.*, p. 464.
13. Vergil, *op. cit.*, p. 64.
14. *Ibid.*, p. 66.
15. Richard Arnold, *Customs of London*, Antwerp, 1504.
16. Vergil, *op. cit.*, p. 64.
17. A. Morel Fatio, 'Marguerite d'York et Perkin Warbeck', in *Mélanges d'Histoire offerts à M. Charles Belmont*, Paris, Félix Alcan, 1913, pp. 411-416.
18. Bacon, *op. cit.*, p. 102.
19. Vergil, *op. cit.*, p. 68.
20. A. Wroe, *Perkin:A Story of Deception*, London, Jonathan Cape, 2003.

21. C. Roth, 'Perkin Warbeck and his Jewish Master', *Transactions of the Jewish Historical Society of England*, 9 (1922), pp. 143-162.
22. *Archeologica*, xxvi.
23. A. F. Pollard, *The Reign of Henry VII from Contemporary Sources*, 3 vols, London, Longmann, Green, & Co., 1913, vol. 1, pp. 93-95.
24. *LP Hen VII*, vol. II, p. 321.
25. *Ibid.*, pp. 292-297.
26. *Ibid.*, pp. 388-404.

第7章 1495年1月：宫务大臣是个叛徒

1. Bacon, *op. cit.*, p. 202.
2. G. L. Kingsford (ed.), *Chronicles of London*, Oxford, 1905, p. 203.
3. Hall, *op. cit.*, p. 463.
4. *Chronicles of London, op. cit.*, p. 203.
5. Bacon, *op. cit.*, p. 122.
6. Hall, *op. cit.*, p. 470.
7. Vergil, *op. cit.*, p. 74; T. B. Howell, *State Trials*, London, 1816, p. 282.
8. W. A. J. Archbold, 'Sir William Stanley and Perkin Warbeck', *English Historical Review*, 14 (1899).
9. R. Flenley, *Six Town Chronicles*, Oxford, Oxford University Press, 1911, p. 166.

第8章 1495年夏：约克派入侵

1. Hall, *op. cit.*, pp. 471-472.
2. *Ibid.*, p. 462.
3. J. Gairdner, *The History of the Life and Reign of King Richard the Third*, Cambridge, 1898, pp. 291-292.
4. *Ibid.*, p. 292.
5. *Memorials, op. cit.*, pp. 393-399.

6. *CSP Ven*, vol. I, 648.
7. *Chronicles of London, op. cit.*, p. 205.
8. Hall, *op. cit.*, p. 472; Vergil B, p. 80.
9. *CSP Sp*, vol. I, 98.
10. Vergil, *op. cit.*, p. 84.
11. *Chroniques de Jean Molinet, op. cit.*, vol. 1, pp. 421-422.
12. *Chronicles of London, op. cit.*, p. 205.
13. *Paston Letters, op. cit.*, p. 936.
14. *Ibid.*, p. 937.
15. *CSP Ven, op. cit.*, vol. I, 649.
16. *Ibid.*, vol. I, 651.
17. *Chronicles of London, op. cit.*, p. 205.
18. Bacon, *op. cit.*, p. 119.
19. *Ibid.*, p. 124.
20. A. M. McCormack, *The Earldom of Desmond 1463-1583*, Dublin, Four Courts Press, 2005, p. 62.
21. L. Price, 'Armed Forces of the Irish Chiefs in the Early Sixteenth Century', *Journal of the Royal Society of Antiquarians of Ireland*, 62 (1932).

第9章 1495年秋—1497年夏：苏格兰人和康沃尔人

1. Vergil, *op. cit.*, p. 92.
2. *CSP Sp, op. cit.*, vol. I, 169.
3. Gairdner, *History of the Life and Reign of Richard the Third*, p. 300.
4. Vergil, *op. cit.*, p. 84; Hall, *op. cit.*, p. 474; Bacon, *op. cit.*, pp. 127-128.
5. *LP Hen VII, op. cit.*, vol. II, pp. 325-326.
6. W. Busch, *England Unter Den Tudors*, vol. 1, ed. J. G. Cotta, Stuttgart, 1892, trans. A. M. Todd as *England under the Tudors*, vol. 1, *Henry VII*, London, 1895, p. 105.
7. H. Ellis, *Original Letters Illustrative of British History*, 1st series,

London, 1824,vol. 1,p.23.
8. *Ibid.*, vol. 1, p. 25.
9. *Calender of State Papers and Manuscripts... at Milan (1385-1618)*, London, 1912,vol. I, p. 490.
10. Vergil, *op. cit.*, p. 88.
11. *Chronicles of London, op. cit.*, p. 210.
12. Hall, *op. cit.*, p. 475.
13. Bacon, *op. cit.*, p. 135.
14. Bacon, *op. cit.*, p. 137.
15. *Chronicles of London, op. cit.*, p. 215.
16. I. Arthurson, *The Perkin Warbeck Conspiracy 1491-1499*, Stroud, Sutton, 1994, p. 165, quoting TNA, PRO KB9/441/6.
17. Bacon, *op. cit.*, p. 142.
18. Gairdner, *Richard the Third...*, *op. cit.*, p. 317.

第10章 1496年3月：大团长密谋毒杀国王

1. *LP Hen VII, op. cit.*, II, pp. 318-323. Our only source for this episode is Bernart's *Depositum*.
2. G. O'Malley, *The Knights Hospitaller of the English Langue 1460-1565*, Oxford, Oxford University Press, 2005, p. 144.
3. *Oxford DNB*.
4. I. Arthurson, *The Perkin Warbeck Conspiracy 1491-1499*, Stroud, Alan Sutton, 1994, pp. 76 and 232 n. 54.
5. *The Knights Hospitaller*, pp. 146-150.
6. A. Wroe, *Perkin, a Story of Deception*, London, Jonathan Cape, 2003, pp. 166-169 and 203-204.

第11章 1497年9月：康沃尔人为理查四世而反

1. *CSP Milan, op. cit.*, vol. I, 327.

2. *CSP Ven, op. cit.*, vol. I, 754.
3. A. F. Pollard (ed.), *The Reign of Henry VII from Contemporary Sources*, 3 vols, London, Longmans, Green and Co., 1913, vol. 1, pp. 162-163.
4. *LP Hen VII, op. cit.*, vol. II, pp. xli-xlii.
5. Pollard, *Reign of Henry VII, op. cit.*, vol. 1, p. 163.
6. *Ibid.*, p. 168.
7. *Rot. Parl., op. cit.*, vol. VI, p. 545.
8. *Vergil, op. cit.*, p. 106.
9. *CSP Milan, op. cit.*, vol. I, 325.
10. Pollard, *Reign of Henry VII, op. cit.*, vol. 1, p. 150.
11. *Chronicles of London, op. cit.*, p. 217.
12. A. L. Rowse, *Tudor Cornwall*, London, Macmillan, 1969, p. 131.
13. *CSP Milan, op. cit.*, vol. I, 327.
14. *Ibid.*, 329.
15. Pollard, *Reign of Henry VII, op. cit.*, vol. 1, p. 173.
16. B. André, in *Memorials*, pp. 73-75.
17. Hall, *op. cit.*, p. 485.
18. Vergil, *op. cit.*, p.108.
19. Vergil, *op. cit.*, p. 109.
20. *LP Hen VII, op. cit.*, vol. II, pp. 335-337.
21. Bacon, *op. cit.*, p. 151.

第12章 1499年秋：招致诅咒

1. Vergil, *op. cit.*, p. 118.
2. *Chronicles of London, op. cit.*, p. 219.
3. *CSP Milan, op. cit.*, vol. I, 550.
4. *Chronicles of London, op. cit.*, p. 219.
5. Gairdner, *Richard III, op. cit.*, pp. 229-230.
6. *CSP Ven, op. cit.*, vol. I, 760.

7. *Chronicles of London, op. cit.*, p. 223.
8. *CSP Sp, op. cit.*, vol. I, 198.
9. *Ibid.*, 221.
10. Vergil, *op. cit.*, p. 116.
11. *Chronicles of London, op. cit.*, p. 225.
12. Hall, *op. cit.*, p. 491.
13. *CSP Sp, op. cit.*, vol. I, 221.
14. *CSP Milan,.* vol. I, 799.
15. *CSP Ven, op. cit.*, vol. V, 575.
16. Bacon, *op. cit.*, p. 160.
17. Arthurson, 'Espionage and Intelligence', *Nottingham Medieval Studies*, 1991, pp. 202-218.
18. *Plumpton Corr, op. cit.*, p. 141.
19. *Chroniques de Jean Molinet, op. cit.*, vol. 2, p. 467.
20. *LP Hen VII, op. cit.*, p. 1.
21. Bacon, *op. cit.*, p. 160.
22. *Chronicles of London, op. cit.*, pp. 227-228.
23. Vergil, *op. cit.*, p. 118.

第13章　1499年秋：萨福克伯爵埃德蒙·德拉波尔

1. Hall, *op. cit.*, p. 495.
2. Sir Thomas More, 'A Rueful Lamentation on the Death of Queen Elizabeth', in R. S. Sylvester (ed.), *The Complete Works of St Thomas More*, Yale, Yale University Press, vol. 1, p. 9.
3. *CSP Sp, op. cit.*, vol. I, 249.
4. *LP Hen VII, op. cit.*, vol. I, pp. 397, 400-401.
5. Vergil, *op. cit.*, p. 127.
6. Cunningham, *Henry VII*, pp. 187-188.
7. *LP Hen VII, op. cit.*, vol. I, pp. 131-134.
8. Vergil, *op. cit.*, p. 123.

第14章 1501年夏：白玫瑰和白国王

1. Hall, *op. cit.*, p. 495.
2. *LP Hen VII, op. cit.*, vol, I, p. 134.
3. Vergil, *op. cit.*, p. 123.
4. *LP Hen VII*, vol. I, *op. cit.*, p. 266.
5. *Ibid.*, pp. 137-138.
6. J. G. Nichols (ed.), *Chronicle of the Grey Friars of London*, Camden Society, Old Series 53, London, 1852, p. 127.
7. *Chronicles of London, op. cit.*, p. 55.
8. Vergil, *op. cit.*, p. 125.
9. *Chronicles of London, op. cit.*, p. 256.
10. Vergil, *op. cit.*, p. 126.
11. *LP Hen VII, op. cit.*, vol. I, p. 180.
12. *Ibid.*, p. 184.
13. A. Hanham, 'Edmund de la Pole, defector', in *Journal of the Society for Renaissance Studies*, 2 (1988), p. 244.
14. *LP Hen VII, op. cit.*, vol. I, pp. 134-151.
15. *Ibid.*, pp. 205-206.
16. W. Busch, *England under the Tudors*, vol. I, p. 179.
17. Hall, *op. cit.*, p. 496.
18. Vergil, *op. cit.*, p. 122.
19. Bacon, *op. cit.*, p. 180.
20. *LP Hen VII, op. cit.*, vol. I, p. 228.
21. *Ibid.*, p. 188.
22. *Ibid.*, pp. 220-225.
23. *CSP Ven, op. cit.*, vol. I, 849 and 851.
24. *LP Hen VII, op. cit.*, vol. I, p. 254.
25. *Ibid.*, p. 276.
26. *CSP Ven, op. cit.*, vol. I, 861.

第15章 1504年9月：有关将来的一场会谈

1. *LP Hen VII, op. cit.*, vol. I, pp. 231-240.
2. G. Cavendish, *Thomas Wolsey, late Cardinal, his Life and Death written by George Cavendish, his Gentleman Usher*, London, Folio Society, 1999, p. 33.

第16章 1505年冬—1506年：要命的风

1. *Chronicle of the Grey Friars, op. cit.*, p. 28.
2. *LP Hen VII, op. cit.*, vol. I, pp. 278-285.
3. *Chronicles of London, op. cit.*, p. 261.
4. Vergil, *op. cit.*, p. 136.
5. *CSP Sp, op. cit.*, vol. I, 456.
6. Vergil, *op. cit.*, p. 136.
7. *Ibid.*, pp. 138-140.
8. *The Chronicle of Calais*, p. 126.
9. Vergil, *op. cit.*, p. 126.
10. Bacon, *op. cit.*, pp. 182-183.
11. C. J. Harrison, 'The Petition of Edmund Dudley', *English Historical Review*, 87 (1972).
12. *LP Hen VII, op. cit.*, vol. I, p. 319.
13. *CSP Ven, op. cit.*, vol. 5, 575.

第17章 1509年春：一位约克派都铎君主？

1. P. Henderson (ed.), *The Complete Poems of John Skelton, Laureate*, London and Toronto, J.M. Dent, 1948, p. 13.
2. Hall, *op. cit.*, p. 1.
3. *Ibid.*, p. 519.
4. Erasmus, *Opus Epistolarum Desiderii Erasmi Roterdami* (ed. P.S. and

M.H. Allen and W.W. Garrod) vol. III, ep. 657, Oxford, Clarendon Press, 1906-1958, 12 vols.
5. M. Bennet, 'Table Tittle Tattle and the Tudor View of History', in K. Dockray and P. Fleming (eds), *People, Places and Perspectives: Essays on Later Medieval and Tudor England in Honour of Ralph A. Griffiths*, Stroud, Nonsuch Publishing, 2005.
6. *LP Hen VIII, op. cit.*, vol. I (i), p. 11.
7. Hall, *op. cit.*, p. 512.
8. S. Angelo (ed.), *Chivalry in the Renaissance*, Woodbridge, Boydell Press, 1990, p. 110.
9. *LP Hen VIII, op. cit.*, vol. I (i), 596.
10. *Ibid.*, vol. I (ii), 2072.

第18章 1513—1521年：水上国王

1. Hall, *op. cit.*, p. 495.
2. *LP Hen VII, op. cit.*, vol. I, p. 258.
3. *Ibid.*, pp. 273-275.
4. *Ibid.*, p. 276.
5. *Ibid.*, p. 53.
6. *CPR Hen VII, 1494-1509, op. cit.*, p. 468.
7. *LP Hen VII*, vol. I, p. 307.
8. *Ibid.*, pp. 315-320.
9. *Ibid.*, p. 321.
10. *CSP Ven, op. cit.*, vol. II, 172.
11. 看起来似乎理查的出生日期比通常认为的要早，德拉波尔兄弟中最小的应该是威廉，而不是理查。汉弗莱和杰弗里两位都是教士，他们于1513年前去世。
12. *LP Hen VIII, op. cit.*, vol. I (i), 2072.
13. *Ibid.*, 1315.
14. *Ibid.*, 1575.

15. *Ibid.*, 4691.
16. Hall, p. 569.
17. *LP Hen VIII, op. cit.*, vol. II (i), 147, 325.
18. *LP Hen VIII, op. cit.*, vol. III (i), appendix to preface (ccccxl).
19. *LP Hen VIII*, vol. II (i), 1163.
20. *Ibid.*, 742, 809, 1239.
21. *Ibid.*, 1894.
22. *Ibid.*, 2113.
23. *Ibid.*, 1973, 2081.
24. *Ibid.*, 2419.
25. *Ibid.*, 2673.
26. *Ibid.*, 2926, 3043.
27. *LP Hen VIII, op. cit.*, vol. II (ii), appendix 39.

第19章　1519—1520年秋：白金汉公爵

1. Vergil, *op. cit.*, p. 239.
2. *CSP Ven, op. cit.*, vol. II, 1287.
3. 一些资料显示，这位女士是白金汉公爵的另外一位妹妹黑斯廷斯小姐。
4. *CSP Sp, op. cit.*, supplement to vols I and II, 8, 39-40.
5. E. M. Thompson, *History of the Somerset Carthusians*, London, 1895, p. 281.
6. C. Rawcliffe, *The Staffords, Earls of Stafford and Dukes of Buckingham, 1394-1521*, Cambridge, Cambridge University Press, 1978, pp. 244-251.
7. Sir J. MacLean (ed.), *The Berkeley Manuscripts: Lives of the Berkeleys*, Gloucester, 1883, vol. II, pp. 206, 215.
8. B. J. Harris, *Edward Stafford, Third Duke of Buckingham 1478-1521*, Stanford University Press, Stanford, 1988, London, 1948, pp. 147-148.

9. *CSP Ven, op. cit.*, vol. II, 1287.
10. *Complete Poems of John Skelton*, pp. 313-314.
11. Vergil, *op. cit.*, p. 263.
12. *CSP Ven, op. cit.*, vol. III, 209.
13. C. A. J. Skeel, *Council in the Marches of Wales*, London, Hugh Rees Ltd, 1904, pp. 35-36.
14. *CSP Ven, op. cit.*, vol. II, 564.
15. *LP Hen VIII, op. cit.*, vol. III (i), 1284.

第20章 1520年冬—1521年春:"大逆贼"

1. W. Roper, *The Life of Sir Thomas More*, London, J.M. Dent, 1906, p. 14.
2. Vergil, *op. cit.*, p. 278.
3. *LP Hen VIII, op. cit.*, vol. III (i), 1070.
4. William Shakespeare, *Henry VIII*, Act 2, Sc 1.
5. *LP Hen VIII, op. cit.*, vol. III (i), 1283.
6. *Ibid.*, 1284.
7. In J. S. Brewer, *The Reign of Henry VIII from his Accession to the Death of Wolsey*, ed. J. Gairdner, London, 1884, vol. 1, pp. 391-392.
8. *LP Hen VIII, op. cit.*, vol. III (i), 1284.
9. Hall, *op. cit.*, p. 623.
10. *Ibid.*, p. 624.
11. Harris, *Edward Stafford, op. cit.*, pp. 192-193.
12. Hall, *op. cit.*, p. 624.
13. *LP Hen VIII, op. cit.*, vol. VI, 1164; Thompson, *History of the Somerset Carthusians*, p. 284.

第21章 1524年冬—1525年:白玫瑰凋落

1. R. Macquereau, *Histoire générale de l'Europe*, Louvain, 1765, p. 231.
2. *LP Hen VIII, op. cit.*, vol. III (ii), 2340.

3. *Ibid.*, vol. III (i), 1313.
4. *Ibid.*, 1221.
5. 关于菲利普·德维诺尔，见 *LP Hen VIII*, vol. III (i), appendix to preface, ccccxliii。
6. *LP Hen VIII, op. cit.*, vol. III (ii), 2768.
7. *Ibid.*, 2769.
8. *CSP Sp, op. cit.*, 219.
9. *LP Hen VIII, op. cit.*, vol. IV (i), 317.
10. *Ibid.*, 324.
11. *Ibid.*, 335.
12. *LP Hen VIII*, vol. III (ii), 3118; A.M. McCormack, *The Earldom of Desmond*, Dublin, Four Courts Press, 2005, p. 64.
13. *CSP Ven op. cit.*, 1520–1526, vol. III, (1120–1126), 742.
14. 关于玛格丽特·德拉波尔，见 G. de La Rivoire de La Batie, *Armorial de Dauphiné*, Lyons, 1867, pp. 106–107。
15. Macquereau, *Histoire générale de l'Europe*, p. 231.

第22章　1525—1535年：白玫瑰派

1. Shakespeare, *Henry VI, Part 1*, Act 2, Scene 4.
2. Hall, *op. cit.*, p. 703.
3. *LP Hen VIII, op. cit.*, vol. III (i), 386.
4. Leviticus 20: 21.
5. Hall, *op. cit.*, p. 782.
6. G. W. Bernard, *The King's Reformation: Henry VIII and the Remaking of the English Church*, New Haven and London, Yale University Press, pp. 87–101.
7. M. H. and R. Dodds, *The Pilgrimage of Grace 1536–1537 and the Exeter Conspiracy*, 2 vols, Cambridge, Cambridge University Press, 1916, vol. II, p. 181.
8. *LP Hen VIII*, vol. XIII (ii), 961.

9. Hall, *op. cit.*, pp. 780-781.
10. *Ibid.*, pp. 808-814.
11. *Ibid.*, p. 813.

第23章 1533—1534年：叛乱？

1. *LP Hen VIII, op. cit.*, vol. VI, 1164.
2. *CSP Ven, op. cit.*, vol. V, 575.
3. *LP Hen VIII, op. cit.*, vol. VI, 508.
4. G. R. Elton, *Reform and Reformation: England 1509-1558*, London, Edward Arnold, 1977, p. 122.
5. *LP Hen VIII, op. cit.*, vol. VI, 1164.
6. *Ibid.*, 1164.
7. *LP Hen VIII, op. cit.*, vol. VII, 136.
8. *LP Hen VIII, op. cit.*, vol. VI, 1540.
9. J. J. Scarisbrick, 'Fisher, Henry VIII and the Reformation Crisis', in B. Bradshaw and E. Duffy (eds), *Humanism, Reform and the Reformation: The Career of Bishop John Fisher*, Cambridge, Cambridge University Press, 1989, p. 163.
10. *CSP Spain*, V (i), 86.
11. *LP Hen VIII, op. cit.*, vol. VII, 1095.
12. *Oxford DNB*.
13. *Oxford DNB*.
14. *LP Hen VIII, op. cit.*, vol. XII (i), 576.
15. *LP Hen VIII, op. cit.*, vol. VIII, 35.

第24章 1535—1536年：玛丽公主与白玫瑰

1. *LP Hen VIII, op. cit.*, vol. XIV (i), 200
2. 关于他性格变化最权威的研究是 S. Lipscomb, *1536: The Year that Changed Henry VIII*, London, Lion Hudson, 2009。

3. G. R. Elton, *The Tudor Constitution: Documents and Commentary*, Cambridge, Cambridge University Press, 1960, no. 30, p. 62.
4. 关于克伦威尔经营的间谍网络，见 G.R. Elton, *Policy and Police*, Cambridge, Cambridge University Press, 1972。
5. R. B. Merriman, *Life and Letters of Thomas Cromwell*, 2 vols, Oxford, 1902, vol. 1, no. 113.
6. *LP Hen VIII, op. cit.*, vol. IX, 776.

第25章 1535年夏：一位新白玫瑰？

1. *LP Hen VIII, op. cit.*, vol. V (ii), 72.
2. Mayer, *Reginald Pole: Prince and Prophet*, Cambridge, Cambridge University Press, p. 98.
3. *CSP Ven*, vol. V, 806.
4. T. F. Mayer (ed.), *The Correspondence of Reginald Pole*, Aldershot, Ashgate, 2002, vol. 1, p. 86.
5. 关于《论统一》，详见 T. F. Mayer, *Reginald Pole, Prince and Prophet*, Cambridge, Cambridge University Press, 2000, pp. 13-61; 还可见 *LP Hen VIII*, vol. X, p. 975. 中的概述。
6. *LP Hen VIII, op. cit.*, vol. XIV (i), 200.
7. T. F. Mayer, 'A Diet for Henry VIII: The Failure of Cardinal Pole's 1537 Legation', in *Journal of British Studies* 26 (1987), p. 305.

第26章 1536年秋：求恩巡礼

1. *LP Hen VIII, op. cit.*, vol. XI, (iii), 786.
2. 最权威的研究是 R. W. Hoyle, *The Pilgrimage of Grace and the Politics of the 1530s*, Oxford, Oxford University Press, 2001。作者认为，那些贵族只是为了平息这场骚乱才加入求恩巡礼的。
3. Dodds and Dodds, *The Pilgrimage of Grace, op. cit.*, vol. 1, pp. 88-89.
4. *LP Hen VIII, op. cit.*, vol. XII (i), 900, 901 and 945.

5. *Ibid.*, vol. XI, 780.
6. *LP Hen VIII*, X, 1086; Dodds and Dodds, *The Pilgrimage of Grace, op. cit.*, vol. 1, pp. 300–306.
7. *LP Hen VIII, op. cit.*, vol. XI, 672, 722–723.
8. C. Ross, *Richard III*, London, Eyre Methuen, 1981, p. 212.
9. *LP Hen VIII, op. cit.*, vol. V (ii), 114.
10. *LP Hen VIII*, XI, 957.
11. *Ibid.*, XII (i), 1013.
12. R. B. Merriman, *Life and Letters of Thomas Cromwell*, 2 vols, Oxford, Clarendon Press, 1902, vol. 2, p. 169.
13. *LP Hen VIII, op. cit.*, vol. XI, 1246.
14. *Ibid.*, vol. XII (i), 976.
15. C. Wriothesley, *A Chronicle of England during the Reign of the Tudors from ad 1485–1559*, ed. W. D. Hamilton, vol. 1.
16. Bernard, *The King's Reformation, op. cit.*, p. 344.
17. Dodds and Dodds, *The Pilgrimage of Grace, op. cit.*, vol. 1, p. 305.
18. *LP Hen VIII, op. cit.*, vol. XII (i), 841.
19. 斯卡里斯布里克认为，求恩巡礼者应该公开寻求那些潜藏的约克派的支持，但他们没有这样做。J. J. Scarisbrick, *Henry VIII*, London, Eyre & Spottiswoode, 1968, p. 341.

第27章 1537年春—夏："波尔的叛逆行径"

1. Hall, *op. cit.*, p. 828.
2. *CSP Ven, op. cit.*, vol. V, 575.
3. *LP Hen VIII, op. cit.*, vol. V (i), 131.
4. Dodds and Dodds, *The Pilgrimage of Grace, op. cit.*, vol. II, p. 280.
5. *LP Hen VIII, op. cit.*, vol. XII (i), 779.
6. Mayer, *Correspondence of Reginald Pole, op. cit.*, vol. 1, p. 174.
7. *LP Hen VIII, op. cit.*, vol. XII (i), 1032.
8. *LP Hen VIII, op. cit.*, vol. XIII (ii), 797.

9. Mayer, 'A Diet for Henry VIII', *op. cit.*, p. 323.
10. *LP Hen VIII, op. cit.*, vol. XII (ii), 128.
11. Mayer, *Correspondence of Reginald Pole, op. cit.*, vol. 1, p. 168.
12. *Ibid.*, p. 178.
13. *LP Hen VIII, op. cit.*, vol. XII (i), 809.
14. *CSP Sp, op. cit.*, vol. V (ii), 151.
15. Merriman, *Thomas Cromwell, op. cit.*, vol. II, pp. 87–90.
16. 见 A. Overell, 'Cardinal Pole's Special Agent: Michael Throckmorton, c. 1503–1558', in *History*, 94 (July 2009), p. 315.

第28章 1538年秋："埃克塞特阴谋"

1. Merriman, *Thomas Cromwell, op. cit.*, vol. 2, no. 281
2. M. L. Busch, 'The Tudors and the Royal Race', in *History*, 55 (1971), pp. 37–48.
3. *LP Hen VIII, op. cit.*, vol. XIII (ii), 753.
4. E.W. Ives, 'Faction at the Court of Henry VIII: The Fall of Anne Boleyn', in *History*, 57 (1972), pp. 169–188.
5. Mayer, *Correspondence of Reginald Pole, op. cit.*, vol. 1, pp. 118–119.
6. *Ibid.*, p. 118.
7. T. E. Bindoff, *Tudor England*, Oxford, Oxford University Press, 1950, p. 108.
8. Elton, *Policy and Police, op. cit.*, pp. 350 and 359 n. 4.
9. Dodds and Dodds, *The Pilgrimage of Grace, op. cit.*, vol. 2, p. 293.
10. Bernard, *The King's Reformation, op. cit.*, p. 431.
11. *LP Hen VIII, op. cit.*, vol. XIII (ii), 804.
12. *Ibid.*, 804.
13. 关于赫利亚尔，见 *Oxford DNB*。
14. *LP Hen VIII, op. cit.*, vol. XIII (ii), 797.
15. M. St Clair Byrne, *The Lisle Letters*, 6 vols, Chicago, University of

Chicago Press, 1981, vol. 5, no. 259.
16. Hall, *op. cit.*, p. 826.
17. *LP Hen VIII, op. cit.*, vol. XIII (ii), 924 .
18. R. Morison, *An Invective ayenst [against] Treason*, London, 1539.
19. *CSP Ven., op. cit.*, vol. V, 806.
20. Hall, *op. cit.*, p. 827.
21. *Ibid.*, p. 827.
22. *LP Hen VIII, op. cit.*, vol. XIII (ii), 960.
23. Elton, *Reform and Reformation*, p. 281.
24. J. A. Youings, 'The Council of the West', in *Transactions of the Royal Historical Society*, fifth series, 10 (1960), p. 45.
25. Bernard, *The King's Reformation, op. cit.*, p. 419.
26. *LP Hen VIII, op. cit.*, vol. XIV (i), 280.
27. *Ibid.*, 280.
28. *Ibid.*, 144.

第29章　1538年冬—1539年夏：红衣主教波尔的最后一搏

1. *LP Hen VIII, op. cit.*, vol. XIV (i), 456.
2. Hall, *op. cit.*, p. 823.
3. *LP Hen VIII, op. cit.*, vol. XIV (i), 114.
4. *Ibid.*, 405.
5. *Ibid.*, 456.
6. *Ibid.*, 200.
7. *Ibid.*, 560.
8. Mayer, *Correspondence of Reginald Pole, op. cit.*, vol. 1, p. 222.
9. Hall, *op. cit.*, pp. 828–829.
10. *LP Hen VIII, op. cit.*, vol. XIV (i), 967.
11. Mayer, *Correspondence of Reginald Pole, op. cit.*, vol. 1, p. 228.
12. *LP Hen VIII, op. cit.*, vol. XIV (i), 280.

13. 文本来自英国兰贝斯宫图书馆, in Fletcher and MacCulloch, *Tudor Rebellions*, p. 141.

第30章 1541年5月：最后一位金雀花之死

1. Lord Herbert of Cherbury, *The Life and Reigne of King Henry VIII*, London, 1649, p. 648.
2. H. Pierce, *Margaret Pole, Countess of Salisbury 1473-1541*, Cardiff, University of Wales Press, 2003, p. 14.
3. *LP Hen VIII, op. cit.*, vol. VI, 1126.
4. *LP Hen VIII, op. cit.*, vol. XIII (ii), 855.
5. *Ibid.*, 818.
6. Pierce, *Margaret Pole*, p. 171.
7. St Clare Byrne, *Lisle Letters*, vol. 5, no. 1419.
8. *LP Hen VIII, op. cit.*, vol. XIV (ii), 212.
9. *LP Hen VIII, op. cit.*, vol. XVI, 1011.
10. *Ibid.*, 403.
11. Pierce, *Margaret Pole*, p. 176.
12. Bernard, *The King's Reformation, op. cit.*, p. 574.
13. *CSP Sp, op. cit.*, vol. VI (i), 158. 具体论述可见 A.G. Dickens, 'Sedition and conspiracy in Yorkshire during the latter years of Henry VIII in *Reformation Studies*, London, Hambledon Press, 1982, pp. 5-20。
14. *Ibid.*, 166.
15. *The Life and Reigne of King Henry VIII*, p.648; *CSP Sp*, vol. VI (i), p. 332.
16. Hall, *op. cit.*, p. 842.
17. *CSP Sp, op. cit.*, vol. VI (i), 166.

第31章 1546年冬—1547年：亨利八世最后的恐惧症

1. E. Jones (ed.), *Henry Howard, Earl of Surrey: Poems*, Oxford,

Oxford University Press, 1973, no. 45.
2. Hall, p. 866.
3. "阴险、报复心重、言语粗俗以及资质平庸"是 G. R. 埃尔顿对诺福克公爵的评价, in *Reform and Reformation*, p. 117。
4. 有关萨里的最新研究: W. A. Sessions, *Henry Howard, the Poet Earl of Surrey*, Oxford, Oxford University Press, 1999; and J. Childs, *Henry VIII's Last Victim*, Jonathan Cape, London, 2006。
5. *LP Hen VIII, op. cit.*, vol. XVI (i), 12.
6. G. Constantyne, 'Transcript of an Original Manuscript Containing a Memorial from George Constantine to Thomas, Lord Cromwell', ed. T. Amyot, *Archaeologia* 22, London 1831, p. 62.
7. Jones, *Henry Howard*.
8. *LP Hen VIII, op. cit.*, vol. XXI (ii), 696.
9. *CSP Spain*, VIII, 364.

结　　语

1. D. M. Loades, *Two Tudor Conspiracies*, Cambridge, Cambridge University Press, 1965, pp. 21−23, 45−46.
2. *Ibid.*, p. 225.
3. A. Rowntree (ed.), *History of Scarborough*, London, Dent, 1931, p. 214.
4. *Oxford DNB*: H. Pierce, 'Arthur Pole'.

索 引

（索引中的页码为原书页码，即本书边码。）

Abingdon Abbey 阿宾顿修道院 20, 50

Act of Supremacy (1534)《至尊法案》(1534) 248, 250

Acton, Thomas 托马斯·阿克顿 22

Act of Attainder《褫夺公权法案》12, 32, 36, 46, 64-65, 100, 180, 215, 295, 316, 325, 334, 343, 346

Act of Succession《王位继承法》250, 254

Alamire, Petrus 彼得勒斯·阿拉米来 188, 189, 191-192, 193

Albany, John Stewart, Duke of 奥尔巴尼公爵，约翰·斯图尔特 187, 195, 218, 222

Albon, Robert 罗伯特·阿尔本 86-87

Aldobrandini, Messer 梅塞尔·奥多布兰迪尼 97, 98

Alexander VI, Pope 亚历山大六世，教皇 83-84

Allen, Edward 爱德华·艾伦 218

Anabaptists 再洗礼派 275

Ancrum Moor, Battle of 安克拉姆沼泽战役 335

André, Bernard 伯纳德·安德烈 46-47, 63, 119-120

Anne, Queen of Hungary 安，匈牙利王后 183

Anne of Cleves, Queen 克里夫斯的安，王后 329

anti-clericalism 反教权主义 280

Appowell, Davy 戴维·阿波韦尔 188

Aragonese faction 阿拉贡派 229, 230, 234, 236, 237, 238, 243, 254

army 军队
王军 269, 272, 273, 293

索引

加莱卫戍部队 155
Arthur, Prince of Wales 亚瑟, 威尔士亲王 27, 42, 111, 124, 125, 157, 237
　去世 133-134, 147
　与阿拉贡的凯瑟琳的婚姻 125-126, 127, 134, 141, 230
Arundel, Earl of 阿伦德尔伯爵 165
Ashton, Sir Ralph 拉尔夫·阿什顿爵士 38
Aske, Robert 罗伯特·阿斯克 268, 270-271, 274, 275-276, 277
Askew, Anne 安·艾斯丘 335
assassins 刺客、杀手 285-288, 296, 310, 313, 317, 333-334
Astley, Nicholas 尼古拉斯·阿斯特利 116, 117, 119
Astwood, Thomas 托马斯·阿斯特伍德 77, 128, 129, 130
Atwater, John (Grand Prior's plot) 约翰·阿特沃特（大团长的阴谋）105
Atwater, John (Warbeck's ally) 约翰·阿特沃特（沃贝克的盟友）60-61, 63, 90, 113, 130, 131
Atwater, Philip 菲利普·阿特沃特 130
Audley, Lord 奥德利勋爵 100, 102, 303

Ayala, Don Pedro de 唐佩德罗·德阿亚拉 92
Ayrton, Truce of 艾尔顿停战协定 102

Bacon, Sir Francis 弗朗西斯·培根爵士 3, 11, 16, 19, 39, 44, 47, 48, 57, 62, 65, 75, 78, 81, 88, 93, 99-100, 121, 127, 131, 134, 148, 168, 194
Bainbridge, Cardinal Christopher 克里斯托弗·班布里奇, 红衣主教 186
Bakker, Claus 克劳斯·巴克 188, 190
Band of Pensioners or Spears 长矛卫队 177
Barley, William 威廉·巴利 66-67, 68, 76, 85, 86
Barlow, Bishop of St Asaph 巴罗, 圣阿萨夫主教 323
Barnes, Robert 罗伯特·巴恩斯 275
Barton, Andrew and Robert 安德鲁·巴顿和罗伯特·巴顿 102
Barton, Elizabeth 伊丽莎白·巴顿 230-231, 233, 305
Baudoiche, Chevalier 舍瓦利耶·鲍德里奇 187, 217, 224
Bayard, Chevalier 贝亚德骑士 185, 186

Bayezid, Sultan 巴耶济德，苏丹 106

Beaton, Cardinal David 大卫·比顿，大主教 311, 334

Beaufort, John 约翰·博福特，见 Somerset 萨默塞特

Beaufort, Margaret 玛格丽特·博福特 107, 177-178, 319, 322

Beaufort family 博福特家族 6-7

Beaumont, John 约翰·博蒙特 28, 33

Becket, Thomas 托马斯·贝克特 311

Bedford, Duke of 贝德福德公爵，见 Edmund, Prince; Tudor, Jasper 埃德蒙王子；贾斯帕·都铎

Bembo, Pietro 彼得罗·本博 257

Bergavenny, George Neville, Lord 伯格文尼勋爵，乔治·内维尔 101, 148, 166-167, 212, 214-215, 229, 239, 250, 296

Bergavenny, Lady 伯格文尼夫人 240

Berkeley, Lord 伯克利勋爵 198

Betanson, Thomas 托马斯·贝塔森 12, 22, 23

Bigod, Sir Ralph 拉尔夫·比戈德爵士 244

Black Band 黑军团 190, 223, 224

Blackheath, Battle of 布莱克希思战役 101

Blasset, Sir Walter 沃尔特·布拉塞特爵士 151

Blount, Elizabeth 伊丽莎白·布朗特 227, 230

Blount, Sir John 约翰·布朗特爵士 227

Bluet, Walter 沃尔特·布鲁特 129

Bocking, Dr Edward 爱德华·博金博士 231, 233

Bodrugan, Henry 亨利·博德鲁根 28, 33

Bohun family 博亨家族 195-196, 197

Boleyn, Anne, Queen 安·博林，王后 230, 231, 232, 249, 251, 263, 323

加冕 232

倒台 252-253, 293, 324

被处死 245, 253, 264

与亨利八世的婚姻 232-234

Book of Common Prayer《公祷书》317

The Book of Howth《霍斯之书》29

Borgia family 博尔吉亚家族 295

Borough, Sir Edward a 来自自治市镇的爱德华爵士 136

Bosworth, Battle of 博斯沃思战役 xiii, 3-4, 7, 9, 11, 13, 14, 21, 22, 27, 45, 50, 64, 76, 79, 81, 131, 156, 161, 227, 228, 244, 272, 319, 336, 341

Botery, Ralph 拉尔夫·鲍特里 17
Botolph, Geoffrey 格里高利·博托尔夫 327-328
Botolph Conspiracy 博托尔夫阴谋 327-328
Boulogne 布伦
　攻下布伦 339
　围攻布伦 137
Bourbon, Charles de, Duc de Vendôme 查尔斯·波旁, 旺多姆公爵 219, 220, 222, 224, 258
Bourchier, Cardinal, Archbishop of Canterbury 鲍彻, 红衣主教、坎特伯雷大主教 5-6
Bourchier, Henry 亨利·鲍彻, 见 Essex 埃塞克斯伯爵
Bowles, Robert 罗伯特·鲍斯 273, 274
Bramham Moor, Battle of 巴尔姆汉姆沼泽地战役 38
Brampton, Sir Edward 爱德华·普兰敦爵士 69
Brandenburg, Margrave of 勃兰登堡侯爵 191, 220
Brandon, Charles, Duke of Suffolk 查尔斯·布兰登, 萨福克公爵 186, 199, 234, 269
Brandon, Sir Thomas 托马斯·布兰登爵士 147
Bray, Lord 布雷勋爵 241, 245
Bray, Sir Reginald 雷金纳德·布雷爵士 8, 9, 14, 158
Brittany 布列塔尼 49
Broughton, Sir Thomas 托马斯·布劳顿爵士 16-17, 19, 21, 38, 43, 168, 278
Browne, Sir Anthony 安东尼·布朗爵士 158, 159, 160
Bryan, Sir Francis 弗朗西斯·布莱恩爵士 285-287
Bucer, Martin 马丁·布塞尔 275
Buchan, James Stewart, Earl of 巴肯伯爵, 詹姆斯·斯图尔特 95, 96
Buckingham, Duke of 白金汉公爵, 见 Stafford, Edward; Stafford, Henry 爱德华·斯塔福德; 亨利·斯塔福德
Bulmer, Sir John 约翰·布尔默爵士 277
Bulmer, Sir William 威廉·布尔默爵士 204, 205, 212
Burdett, Richard 理查·伯德特 18
Burgundy, Dowager Duchess of 勃艮第公爵夫人, 见 Margaret of York; Philip, Archduke 玛格丽特·约克; 菲利普大公
Butler family 巴特勒家族 89, 112
Butler, Sir Piers Ruadh 皮尔斯·鲁阿兹·巴特勒爵士 112

Cade, Jack 杰克·凯德 100

Cade, Thomas 托马斯·凯德 203

Calais 加莱 4, 36, 145, 154-155
博托尔夫阴谋 327-328
卫戍部队 155
加莱的约克派 160

Calwodely, Humphrey 汉弗莱·卡尔沃德利 114

Cambrai, Bishop of 康布雷主教 80, 125

Captain Poverty 贫汉指挥 270-271

Carew, Lady 卡鲁夫人 307

Carew, Sir Nicholas 尼古拉斯·卡鲁爵士 254, 292, 306-307

Carew family 卡鲁家族 116

Castillon, Sieur de 卡斯蒂隆 291, 309

Catesby, William 威廉·凯茨比 168

Catherine of France, Queen 法兰西的凯瑟琳, 王后 7

Catholic faction 天主教派 334, 337

Catholicism 天主教、天主教教义 280, 347-348

Caxton, William 威廉·卡克斯顿 51

Chamberlain, Sir Robert 罗伯特·张伯伦爵士 58

Chambre, John 约翰·尚布尔 49

Chambre, Reginald 雷金纳德·尚布尔 186

Chapuys, Eustache 尤斯塔斯·查普斯 235, 237-240, 242, 244-245, 250-251, 251, 252, 253, 254, 256, 258, 272-273, 281, 290, 305, 306, 308, 330, 331

Charles V, Emperor 查理五世, 皇帝 xvii, 190, 220, 221, 228, 281, 285, 311
他与阿拉贡的凯瑟琳 230, 237
他与玛丽·都铎 260, 274
他与雷金纳德·波尔 259, 264, 282, 289, 308, 311, 313-315, 316, 333
他与约克派阴谋 238, 239, 241, 242, 244-246, 251, 307

Charles VIII, King of France 查理八世, 法国国王 51, 58, 59, 63, 65, 66, 74, 95-96

Charles X, King of France 查理十世, 法国国王 312

Châteaubriant, Françoise, Comtesse de 弗朗索瓦, 夏多布里昂伯爵夫人 218

Cheyney, Margaret 玛格丽特·切尼 277

Christian II, King of Denmark 克里斯汀二世, 丹麦国王 190, 192, 221

Chronicle of Calais 《加莱编年史》 167

Chronicle of the Grey Friars《灰衣修士编年史》144, 163

Church of England 英格兰教会 248, 250, 262

Cifuentes, Conde de 西富恩特斯伯爵 281-282, 289

Cinque Ports 五港同盟 138

Clarence, George, Duke of 克拉伦斯公爵，乔治 8, 26, 59, 61, 176, 203, 242, 280, 319

Clement VII, Pope 克莱门七世，教皇 230, 264, 282

Cleobury (schoolmaster) 克劳伯里（教师）347

Cleymonde, John 约翰·克利蒙德 128, 129, 130

Clifford, Lord 克利福德勋爵 38

Clifford, Sir Robert 罗伯特·克利福德爵士 66-68, 74, 78, 79, 80, 83, 84, 93, 109, 115, 159

Clifford, Lord Thomas 托马斯·克利福德勋爵 67

Clyfton, Agnes 埃格尼斯·卡尔富顿 219

Cokesey, Thomas 托马斯·科克塞 18

Colard, John 约翰·科拉德 18-19

Collins, John 约翰·柯林 297, 300, 302, 304

Compton, Sir William 威廉·康普顿爵士 196

Constable, Sir Robert 罗伯特·康斯特布尔爵士 244, 271, 272

Contarini, Cardinal 康塔里尼，红衣主教 264, 294

Conway, Sir Hugh 休·康韦爵士 14-15, 31, 156-160, 161

Cork 科克 112, 113

Cornwall, rising in (1497) 康沃尔叛乱 (1497) 91, 99-102, 111-121, 157

Council of the North 北方委员会 330

Council of Trent 特伦特公会议 347

Counter-Reformation 反宗教改革 348

Court of Augmentations 土地没收法庭 295

Court of First Fruits and Tenths 初熟税和什一税法庭 295

Court of General Surveyors 王室地产调查法庭 236

Court of Wards 监护法庭 236

Courtenay, Edward, Earl of Devon 爱德华·考特尼，德文伯爵 178, 261, 305, 308, 327, 345, 346-347

Courtenay, Gertrude, Marchioness of Exeter 格特鲁德·考特尼，埃克塞特侯爵夫人 229, 231, 234, 236, 249, 250-251, 292,

305, 327, 332
Courtenay, Henry, Marquess of Exeter 亨利·考特尼,埃克塞特侯爵 142, 239, 254, 261, 282
　被捕和受审 302-304
　被处死 304-305, 312, 313
　"埃克塞特阴谋" 290-309
　他的地产 292, 294
　并非是真实的威胁 307-308
　王室血统 xvi, 227, 239
　对他的支持 231-232, 234
Courtenay, William, Earl of Devon 威廉·考特尼,德文伯爵 41, 115, 116-117, 137, 142, 145, 148, 167, 178, 227-228
Courtenay family 考特尼家族 116
　亨利八世决定消灭考特尼家族 290, 308
　与波尔家族的关系 292
　王室血统 viii, 227-228, 290
　支持阿拉贡的凯瑟琳 230
　与白玫瑰派的关系 xvi
Cranmer, Thomas, Archbishop of Canterbury 托马斯·克兰默,坎特伯雷大主教 xvi, 232, 260-261, 269, 270, 329-330, 334, 348
Cressyner, Thomas 托马斯·克雷西内尔 77
Croftes, Dr 克罗夫特斯博士 298, 302, 304

Cromwell, Thomas 托马斯·克伦威尔 xvi, 204, 236, 239, 240, 241, 242, 243, 248, 249, 251, 254, 258-259, 261-262, 265, 271, 273, 274, 275, 292-293, 329
　倒台和被处死 329-330, 337, 338
　他与"埃克塞特阴谋" 290, 294, 297, 300, 302, 307, 308, 309
　他的追随者 334
　他与索尔兹伯里女伯爵玛格丽特 325, 326
　他与雷金纳德·波尔 259, 262, 281, 282, 283, 284, 286, 287, 289, 293, 299, 300, 310, 312, 313
　他与宗教改革 266-267
　他的升迁 258, 261-262
　他的不得人心 262, 269, 270, 272, 277
Croy, Adrian de 艾德里安·德拉科伊 166
Croyland Chronicle《克罗伊兰德编年史》28
Crue, Thomas 托马斯·克鲁 137
Culpeper, Thomas 托马斯·卡尔佩伯 334
Cumberland, unrest in 坎伯兰郡叛乱 269, 276

Curteys, Sir William 威廉·柯特斯爵士 203
Curzon, Sir Robert 罗伯特·柯曾爵士 141, 143, 146-147, 148-149, 151

Dacre, Lord 戴克勋爵 96, 240-241, 245
Darcy, Lord 达西勋爵 241, 243, 244-246, 250, 269-272, 273-274, 276-277, 312, 329
Daubeney, Lord Giles 贾尔斯·多布尼勋爵 8, 9, 101, 113, 117, 118, 156-157, 161
Daubeney, William 威廉·多布尼 77
David, Thomas 托马斯·戴维 4, 33
Davy, Henry 亨利·戴维 53, 55
de la Pole, Edmund, Earl of Suffolk 埃德蒙·德拉波尔，萨福克伯爵 131, 182
　被驱逐 144
　被处死 xv-xvi 180
　亨利七世安排其回国 165-166
　受审 166-167
　与亨利七世谈判 163-164
　对他的支持 153, 156, 157, 160, 161-162, 185
　他所造成的威胁 133, 135-139, 140-152, 153, 163, 165, 176, 177, 320
　被关入伦敦塔 166-167, 168-169, 184
de la Pole, John, Duke of Suffolk 约翰·德拉波尔，萨福克公爵 19, 25, 26, 37, 101, 133, 137
de la Pole, John, Earl of Lincoln 约翰·德拉波尔，林肯伯爵
　死亡 43
　入侵英格兰以及斯托克战役 36-47, 83
　他与洛弗尔 27-28, 33-35
　被理查三世选定为继承人 9, 25-27, 135-136
　他所造成的威胁 xiv, 25-28, 31, 33-35, 36-47, 51, 52, 72, 123-124, 137
de la Pole, Richard, 'Duke of Suffolk' 理查·德拉波尔，"萨福克公爵" xvi, 140, 141, 150, 164, 177, 180, 181-193, 201, 227, 241, 245, 288
　自称萨福克公爵 186
　死于帕维亚 xvi, 224-225, 226
　流亡亚琛 181-182
　他与法国军队 185-186, 223-225
　他在匈牙利 183, 184
　他的入侵计划 187, 191, 218, 219, 221, 222-223, 225
　他在梅茨 187-188, 189, 191-

193, 217-218
他的情妇 219-220
de la Pole, William 威廉·德拉波尔 145, 148, 164, 177
de la Pole family 德拉波尔家族 19, 22, 25-26, 53
其权势被霍华德家族取代 139
丧失土地 137
王室血统 viii
de la Warr, Lord 德拉沃尔勋爵 292
De Pueblade Puebla (Spanish ambassador) 德普埃布拉（西班牙大使）125, 126, 135, 148
De Unitate (Reginald Pole)《论统一》（雷金纳德·波尔）262-265, 282, 283, 284, 293, 324
Debenham, Sir Gilbert 吉尔伯特·德贝汉爵士 67, 68
Delacourt, John 约翰·德拉古 203, 209, 210, 211
Delft, Francis van der 弗朗西斯·凡德代尔夫特 343
Denmark 丹麦 143, 190, 192, 219, 221, 223
Derby, Countess of 德比伯爵夫人 240
Derby, Thomas Stanley, Earl of 德比伯爵，托马斯·斯坦利 xiii-xiv, 29, 41, 76, 221, 245
Desmond, James, Earl of 德斯蒙德伯爵，詹姆斯 222
Desmond, Maurice FitzGerald, earl of 德斯蒙德伯爵，莫里斯·菲茨杰拉德 61, 62, 88-90, 112-113
Deventer, Perpoynte 珀波因特·德温特 219
Devon, Earl of 德文伯爵，见 Courtenay, Edward; Courtenay, William 爱德华·考特尼；威廉·考特尼
Digby, Sir Simon 西蒙·迪格比爵士 128, 129
Dissolution of the Monasteries 解散修道院 259, 263, 266-267, 268, 271, 275, 294-295, 313
Doncaster 唐卡斯特 272, 274, 275, 276, 286
Dorset, Marquess of 多塞特侯爵 30, 37, 142, 167, 178, 218
Dublin, Archbishop of 都柏林大主教 242
Dudley, Edmund 埃德蒙·达德利 168, 176, 243, 345
Dudley, John 约翰·达德利，见 Northumberland 诺森伯兰公爵
Duke of Buckingham's rebellion 白金汉公爵反叛 13, 27, 45, 46, 196

Edgecombe, Sir Richard 理查·埃

奇库姆爵士 28, 48
Edgecumbe family 埃奇库姆家族 116
Edmund, Duke of Bedford 埃德蒙，贝德福德公爵 133, 158
Edward III, King 爱德华三世，国王 196
Edward IV, King 爱德华四世，国王 5, 6, 7, 8, 26, 52, 62, 63, 70, 83, 84, 174, 176
  他的孩子被认定为私生子 230, 239
Edward V, King 爱德华五世，国王 xv, 9, 26, 30, 70, 158
Edward VI, King 爱德华六世，国王 234, 319, 343
  订婚 335
  出生 291, 307, 312
  洗礼 293, 296
  死亡 332, 345
  关于他的未成年统治 340
  继位 300, 308, 336
Eesebeke, Jacques de 雅克·德埃塞贝克 191
Egremont, Sir John 约翰·艾格蒙特爵士 49
Elizabeth, Princess (later Queen Elizabeth I) 伊丽莎白公主（后来的女王伊丽莎白一世）250
  被认定为私生子 253
  无嗣 332
  密谋以她取代玛丽 346
  针对她的阴谋 348-349
  宗教政策 348
Elizabeth of York, Queen 伊丽莎白·约克，王后 6, 7, 30, 47, 137, 319
  王后加冕礼 46
  死亡 134
Elleker, Sir Ralph 拉尔夫·埃勒克爵士 273, 274
Empson, Sir Richard 理查·恩普森爵士 168, 176, 243
Erasmus 伊拉斯谟 175, 237, 238, 257
Essex, Henry Bourchier, Earl of 埃塞克斯伯爵，亨利·鲍彻 142, 240, 245
Essex, Thomas Cromwell, Earl of 埃塞克斯伯爵，托马斯·克伦威尔，见 Cromwell, Thomas 托马斯·克伦威尔
Étaples, Treaty of 《埃塔普勒协定》66
Eure, Sir Ralph 拉尔夫·厄尔爵士 275
evangelicals 福音派信徒 334, 335
'Exeter Conspiracy' "埃克塞特阴谋" 290-309, 316, 325
Exeter, Duke of 埃克塞特公爵，见 Holland, Henry 亨利·霍兰德

Exeter, Marchioness of 埃克塞特侯爵夫人，见 Courtenay, Gertrude 格特鲁德·考特尼
Eyre, Richard 理查·艾尔 299, 300

Ferdinand of Aragon 阿拉贡的斐迪南 124, 125, 127, 164, 179, 185, 237, 260
Field of Cloth of Gold 锦绣田野 201, 207, 211, 217, 228
Fisher, John, Bishop of Rochester 约翰·费舍尔，罗切斯特主教 xvi, 230, 231, 232, 233, 238, 240, 243
被处死 241, 248-249, 261, 313
FitzAlan, Margaret 玛格丽特·菲茨艾伦 26
FitzGerald, Garret Mór 加勒特·莫尔·菲茨杰拉德，见基尔代尔伯爵 Kildare
FitzGerald, Maurice 莫里斯·菲茨杰拉德，见 Desmond 德斯蒙德伯爵
FitzGerald, Silken Thomas 温和的托马斯·菲茨杰拉德 241-242, 282, 328
FitzGerald, Sir Thomas 托马斯·菲茨杰拉德爵士 32, 34, 43, 62
FitzRoy, Henry 亨利·菲茨罗伊，见 Duke of Richmond 里士满公爵

FitzWalter, Lady 菲茨沃尔特夫人 196-197
FitzWalter, Lord 菲茨沃尔特勋爵 67, 77
FitzWilliam, Sir William 威廉·菲茨威廉爵士 222, 254
Flamank, John 约翰·弗拉曼克 153, 155-156, 157, 160-161, 176
Flamank, Thomas 托马斯·弗拉曼克 99, 102, 155
Flanders 弗兰德斯 29, 31, 32, 37, 50, 59, 66, 68-69, 71, 72, 84, 95, 97, 105, 107, 133, 154, 165-166, 283, 313
Flodden Field, Battle of 弗洛登战役 98, 179, 187, 207, 218
Foix-Candale, Comte de 富瓦-康达尔伯爵 222
Foix-Candale family 富瓦-康达尔家族 26, 183, 184, 188, 218, 222
Forrest, Friar John 约翰·佛利斯特，修士 302
Foulcart, Guy 盖伊·福卡特 102
Fox, Bishop Richard 理查·福克斯，主教 8, 9
Foxe, John 约翰·福克斯 348
France 法国
与皇帝结盟 309, 311, 314
驱逐约克派逃亡者 126-127
亨利八世的对法战争 179-180

建立神圣同盟 95
意大利战争 223-224
1518年英法议和 217
《埃塔普勒协定》66
对英格兰战争 (1488) 49
对英格兰战争 (1522) 221, 222
对英格兰战争 (1543-1546) 335, 339
对西班牙战争 185-186
与约克派阴谋 58-63, 65-66, 74, 151, 180, 185-188, 189-192, 217, 219, 221, 222
Francis I 弗朗西斯一世 201, 223-224, 225, 249, 274, 281, 282, 283, 285, 306, 309, 311, 314
作为王太子 186, 187
他与理查·德拉波尔 188, 190-192, 217-218, 221, 222
Francoyse, Captain Symonde 塞蒙德·弗兰克斯队长 189
Franke, Edward 爱德华·弗兰克 22, 38, 53-55
Franke, Geoffrey 杰弗里·弗兰克 22
Frederick I, King of Denmark 弗雷德里克一世, 丹麦国王 223
Frederick III, Holy Roman Emperor 腓特烈三世, 神圣罗马帝国皇帝 72
Frescobaldi, Leonardo 莱昂纳多·弗雷斯科巴尔迪 190

Frundsberg, Georg von 格奥尔格·冯·弗朗兹伯格 223-224
Fryon, Etienne 艾蒂安·弗隆 63
Fulford family 富尔福德家族 116
Fynche, John 约翰·芬奇 128, 130

Gale, Thomas 托马斯·盖尔 59
Gardiner, Bishop Steven 史蒂文·加德纳, 主教 285, 287, 346
Gaunt, John of 冈特的约翰 6
Giberti, Gianmatteo 吉安马泰奥·吉贝蒂 282
Gilbert, Robert 罗伯特·吉尔伯特 206, 209-211
Giustinian, Sebastian 塞巴斯蒂安·朱斯蒂尼 196
Gloucester, Richard, Duke of 格洛斯特公爵, 理查, 见 Richard III 理查三世
Gloucester, Thomas of Woodstock, Duke of 格洛斯特公爵, 伍德斯托克的托马斯 196
Gof, Michael Joseph 铁匠迈克尔·约瑟夫 99, 101
Goghe, John 约翰·戈金 219
Gold, Henry 亨利·戈尔德 234
Goodrich, Bishop of Ely 古德里奇, 伊利主教 324-325
Gordon, Lady Katherine 凯瑟琳·戈登小姐 94, 102, 112, 116, 119-120, 123

Grafton, Richard 理查·格拉夫顿 336

Granvelle (Imperial Chancellor) 格朗维勒（皇帝的首席大臣） 314

The Great Chronicle of London《伦敦大编年史》39, 40-41

Green, Sir Thomas 托马斯·格林爵士 148, 166-167

Grey, Lady Jane 简·格蕾，郡主 345

Grey, Lord Leonard 伦纳德·格雷勋爵 328

Griffiths, John 约翰·格里菲思 164

Griffiths, Thomas 托马斯·格里菲思 151

Guelders, Charles, Duke of 查尔斯，格尔德斯公爵 150

Guildford, Sir Richard 理查·吉尔福德爵士 139, 149, 160, 161-162

Habsburg Empire 哈布斯堡帝国 346

Hall, Edward 爱德华·霍尔 24, 41, 50, 64, 76, 79, 82, 85, 93, 120, 126, 128, 133, 140, 142, 148, 173, 174-175, 181, 187, 215, 230, 232, 233, 279, 302, 305, 307, 311, 331, 336

Hanham, Alison 艾莉森·哈纳姆 147

Hansa League 汉萨同盟 148

Harcourt, Sir Richard 理查·哈考特爵士 13

Harleston, Sir Richard 理查·哈尔斯顿爵士 5, 33

Harrington, Sir James 詹姆斯·哈林顿爵士 22

Haslington, Abbot William 威廉·哈斯林顿，修道院院长 38

Hastings, Sir Edmund 埃德蒙·黑斯廷斯爵士 38, 44

Hastings, Henry, Earl of Huntingdon 亨利·黑斯廷斯，亨廷顿伯爵 348

Hastings, Lord 黑斯廷斯勋爵 218

Hatton, Richard 理查·哈顿 139

Hayes, John 约翰·海耶斯 58-59, 60

Heinrich, Count of Ardek 海因里希，阿德克伯爵 143

Helyar, John 约翰·赫利亚尔 298-299, 300, 321

Henrician revolution 亨利改革 235-236, 278, 283

Henry I, King of Portugal 亨利一世，葡萄牙国王 312

Henry V, King 亨利五世，国王 7, 176, 220

Henry VI, King 亨利六世，国王

6, 173, 176, 240
Henry VII, King 亨利七世，国王 320
即位 xiii-xiv, 4-7
外貌 134-135
博斯沃思战役 xiii, 9, 11, 42, 64
斯托克战役 41-44, 63
给其家族招致诅咒 132, 133
性格特征 7
贪婪 121, 168
宽厚仁慈 44-45, 102, 109, 110, 119-120, 124, 127
他的王位权利 xiv, 4, 6-7, 8, 115
加冕 27
死亡 169
不信任贵族 8, 135, 194
进入伦敦 5
处死沃里克 126-132
流亡法国 8
对外政策 8, 95, 165-166
与皇帝马克西米连的关系 146-147, 148
与弗兰德斯的关系 165-166
与法国的关系 126-127
与苏格兰的关系 95, 96-99, 101-102
与西班牙的关系 124-126
健康
健康恶化 157, 163, 167, 169
精神崩溃 126
肺结核 134

精神错乱 135, 163, 167
加莱对他的重要性 154-155
不安全感 xvii, 8, 11-12, 31, 45-47, 49-50, 64, 68-69, 76-77, 81, 90, 97-98, 110, 112, 120, 121, 126, 135, 148, 163, 167, 169, 349
肃清约克派的努力 144-146, 150
与伊丽莎白·约克的婚姻 6, 46, 47
针对他的阴谋 xiv-xvi, 10
修道院长桑特的阴谋 52-56
康沃尔叛乱（1497）91, 99-102, 111-121
埃德蒙·德拉波尔 133, 135-139, 140-152, 153, 163-167, 168-169
大团长 103-110
兰伯特·西姆内尔 29, 32-35
洛佛尔勋爵和斯塔福德兄弟 12-23
珀金·沃贝克 56, 57-74, 82-90, 112-117
理查·德拉波尔 184
威廉·斯坦利爵士 74-81
约克派入侵（1487）36-47
约克派入侵（1495）82-90
与亨利八世的关系 VIII 167-168, 169
王位继承与王朝存续 133-134,

156, 157-161, 167-168
Henry VIII, King 亨利八世，国王
　他与安·博林 230, 231, 232, 249, 251-253, 263, 264
　外貌 174, 204, 247-248, 264, 329, 336
　爱德华六世出生 291
　性格秉性 174, 176, 226
　残酷无情 178-179, 216
　妄想症 xvii, 307-309, 343, 345
　脾气 248, 329, 336
　不可预测性 unpredictability 204
　加冕 173
　不信任大贵族 194
　与阿拉贡的凯瑟琳离婚 xvi, 134, 230-231, 232, 235, 260-261, 262, 264, 323
　他与白金汉公爵 194-203, 205-216
　作为约克公爵 74, 136, 141
　被革除教籍 282, 311, 314
　在他统治下被处死的人 176-177, 188-189, 277
　安·艾斯丘 335
　安·博林 253, 264
　达德利和恩普森 176
　白金汉公爵 215-216
　埃德蒙·德拉波尔 xv-xvi, 180, 185
　埃克塞特和蒙塔古 304-305
　费舍尔和莫尔 248-249
　佛利斯特修士 302
　萨里伯爵亨利·霍华德 343
　凯瑟琳·霍华德 334-335
　索尔兹伯里女伯爵玛格丽特 318
　尼古拉斯·卡鲁 307
　他与"埃克塞特阴谋" 290-309
　其父对他的看法 167-168
　对外政策 220, 335
　法德联盟 309, 311, 314
　以玛丽的婚姻为外交手段 274
　与法国的关系 179-180, 217, 220-221, 335
　与苏格兰的关系 330, 335
　健康状况 212, 234, 247-248, 296, 300, 328-329, 335-336
　作为王位继承人 134, 147, 158
　作为约克家族的继承人 173
　他与亨利·考特尼 227-228
　他与霍华德家族 336-343
　他的私生子 226-227, 230
　不安全感 176-178, 189, 201, 226, 278, 282, 290, 345, 349
　对入侵的恐慌（1538-1539）311, 315
　他与王朝的合法性 176
　生活方式和兴趣爱好 174-175
　他与索尔兹伯里女伯爵玛格丽特 318-332
　娶安·博林 232-234
　娶克利夫斯的安 329

娶凯瑟琳·帕尔 335
娶简·西摩 253
娶阿拉贡的凯瑟琳 174
娶凯瑟琳·霍华德 327, 329, 334-335, 337
他与求恩巡礼 266-278
他与波尔家族 228-229
他与雷金纳德·波尔 257, 260-261, 262-265, 279-289, 293, 297, 310-317, 319, 324, 327, 329, 333-334
宗教政策 235-236, 238, 248, 266-278, 279-289, 291, 294-295, 298, 313, 334, 335
他与理查·德拉波尔 181-193, 201, 205, 217-225
王位继承问题 xv, 195, 196, 199, 205, 210, 226-227, 236, 260, 291, 300, 336
他与托马斯·克伦威尔 329-330
他与托马斯·沃尔西 199-200, 201
遭受叛乱威胁 236-246
对待反对者 295
不得人心 xvi, 216, 219, 235, 236, 238, 241, 245, 284, 295, 336
被臣民崇敬 336
Herbert, Lord 赫伯特勋爵 318
heretics, burning of 火烧异端 346, 348

Heron, John 约翰·赫伦 93, 116, 117, 118, 119
Hertford, Earl of 哈特福德伯爵, 见 Somerset (Seymour, Edward) 萨默塞特（爱德华·西摩）
Hextall, Edward 爱德华·赫克斯托尔 49
Heynes, Dr Simon 西蒙·海恩斯博士 307, 308
Holgate, Robert, Archbishop of York 罗伯特·霍尔根, 约克大主教 330
Holland, Henry, Duke of Exeter 亨利·霍兰德, 埃克塞特公爵 176
Holland, Hugh 休·霍兰德 286, 298, 300, 304
Holstein-Gottorp, Duke Frederick of 荷尔斯坦因-戈托普公爵弗雷德里克, 218, 220, 221 218, 220, 221, 还可见 Frederick I, King of Denmark 弗雷德里克一世, 丹麦国王
Holy League 神圣同盟 95
Hopkyns, Dan Nicholas 丹·尼古拉斯·霍普金斯 206-207, 209, 210, 211, 215
House of Stuart 斯图亚特王朝 348-349
Howard, Henry 亨利·霍华德, 见 Surrey 萨里

Howard, Katherine, Queen 凯瑟琳·霍华德，王后 327, 329, 334-335, 337, 341

Howard, Mary, Duchess of Richmond 玛丽·霍华德，里士满公爵夫人 337, 341

Howard, Thomas 托马斯·霍华德，见Norfolk诺福克

Howard family 霍华德家族 xvii, 139

Huddleston, Sir John 约翰·赫德尔斯顿爵士 17, 21

Hunteley, Thomas 托马斯·亨特雷 22

Huntley, Earl of 亨特利伯爵 94

Hussey, Archdeacon 赫西，领班神父 107, 109

Hussey, Chief Justice 赫西，首席法官 20

Hussey, Dr John 约翰·赫西博士 103, 105, 107, 108

Hussey, Lord John 约翰·赫西勋爵 243-244, 253, 268-269, 272, 277, 301

Hussey, Lady 赫西勋爵夫人 244, 253-254

Hutton, John 约翰·赫顿 287, 288

Intercursus Magnus《大协约》71

Ireland 爱尔兰
菲茨杰拉德叛乱(1534) 241-242
介入约克派阴谋 29, 32-34, 37, 42-43, 48-49, 50, 59-63, 67, 88-90, 112-114, 222-223, 241-242, 282, 316

Isabella of Castile 卡斯提尔的伊莎贝拉 66, 70, 71, 124, 126, 164

Jacobites 雅各比派 348-349

James I, King of Scotland 詹姆斯一世，苏格兰国王 94

James II, King 詹姆斯二世，国王 349

James III, King of Scotland 詹姆斯三世，苏格兰国王 44, 92, 95

James IV, King of Scotland 詹姆斯四世，苏格兰国王 44, 62, 92-95, 96, 98-99, 101-102
死亡 179, 207

James V, King of Scotland 詹姆斯五世，苏格兰国王 195, 330

Jehan, mestre 梅斯特雷·吉安 105-106

Jenyns, Dr 杰宁斯博士 203

Jersey 泽西 5

John, King of Denmark, Norway and Sweden 约翰，丹麦、挪威及瑞典国王 143, 151

Jones, Simon 西蒙·琼斯 221

Juana, Princess of Spain 乔安娜，西班牙公主 164

Julian of Norwich 诺维奇的朱利安 231

Katherine of Aragon, Queen 阿拉贡的凯瑟琳，王后 164, 292, 306, 307
　阿拉贡派 229, 230, 234, 236, 243
　性格特征 229
　她与查理五世 242, 244-245, 251, 314-315
　死亡 251, 253
　离婚 xvi, 134, 230-231, 232, 235, 260-261, 262, 323
　对谋杀沃里克的愧疚 237
　她与索尔兹伯里女伯爵玛格丽特 320, 322, 323-324
　嫁给亨利八世 VIII 174
　与亚瑟王子的婚姻 125-126, 127, 134, 141, 230, 237
　她的肖像 13
　未能生育男嗣 195, 196, 199, 205, 226, 228, 229-230
　她与白玫瑰派 236, 239, 345

Katherine III, Queen of Navarre 凯瑟琳三世，纳瓦拉女王 185, 224

Keating, Fra' James 法拉·詹姆斯·基廷 85, 86

Kempe, Margery 玛杰里·肯普 231

Kendal, Sir John, Grand Prior 约翰·肯德尔，大团长 103-110, 130

Kendall (Cornishman) 肯德尔（康沃尔人）231

Kildare, Garret Mór FitzGerald, Earl of 基尔代尔伯爵，加勒特·莫尔·菲茨杰拉德 32, 34, 48, 61, 62, 63, 88, 112-113, 189, 241, 282, 316

Killingworth, Thomas 托马斯·基林沃思 131, 143, 147, 151, 152, 164, 168, 182, 183-184

Kingston, Lady 金斯敦夫人 240

Knights of the Garter 嘉德骑士团 177

Knights of Rhodes 罗德岛骑士团 103-104, 107-108

Knights and Squires of the Body 近卫骑士 12, 15, 36

Knyvet, Charles 查尔斯·内维特 207-208, 209, 211-212, 213

Ladislas II, King of Hungary 拉迪斯拉斯二世，匈牙利国王 183, 184

Lalaing, Rodrigue de 罗德里格·德拉莱 84, 85, 97

Lambec, François, Count of 兰姆贝克伯爵弗朗索瓦 223

Lancashire, unrest in 兰开夏郡叛乱 269

Lancaster, House of 兰开斯特家族 6-7, 8

landsknechts 雇佣兵 33, 34, 40, 42-43, 186, 222, 223, 225, 274, 313

Langenmantel, Georg 格奥尔格·兰格曼特尔 223

Langton, Thomas, Bishop of Winchester 托马斯·兰顿，温切斯特主教 108, 109

Latimer, Hugh 休·拉蒂默 270

Latimer, Robert 罗伯特·拉蒂默 189, 193

Latimer, William 威廉·拉蒂默 257

Lautrec, Marshal 洛特雷克，元帅 218

Leigh, Mr 利先生 330

Leo X, Pope 利奥十世，教皇 201

Lewkenor, Jane 简·雷克诺 323

Linacre, Thomas 托马斯·林纳克 257

Lincoln, Earl of 林肯伯爵，见 de la Pole, John 约翰·德拉波尔

Lincolnshire, unrest in 林肯郡叛乱 268-269, 270, 272, 274, 278

Linn, Tom a' 汤姆·林恩 10

Lisle, Lord 莱尔勋爵 301, 315, 326, 327-328

Lollards 罗拉德派 281

Long Roger 长腿罗杰 129

Lorraine, François, Duke of 洛林公爵，弗朗索瓦 187, 223, 224

Louis XII, King of France 路易十二，法国国王 180, 185-187

Lounde, William 威廉·卢德 93, 116, 117, 128

Lovell, Francis, Viscount 弗朗西斯·洛弗尔子爵 12-17, 17, 18, 19, 22-23, 25, 27, 29, 31, 32, 33-35, 51, 158, 243
1487年入侵 37-44

Lucas, Thomas 托马斯·卢卡斯 199

Lucy, Lady Elizabeth 伊丽莎白·露西夫人 160

Luther, Martin 马丁·路德 238, 265, 275

Machado, Roger 罗杰·马查多 118

Machiavelli, Nicolò 尼可罗·马基雅维里 259

Macquereau, R. R. 麦克奎尔 217

Maranecho, Stefano 斯特凡诺·马拉内乔 106, 109

Marck, Everard de la 埃弗拉德·德拉马克 182, 183, 288, 305

Marck, Robert de la 罗伯特·德拉马克 190, 192

Margaret, Archduchess of Austria 玛格丽特，奥地利大公夫人 134

Margaret Tudor 玛格丽特·都铎 95, 136, 195
作为苏格兰王后 195

Margaret of York, Dowager Duchess

of Burgundy 玛格丽特·约克，勃艮第公爵夫人 24-25, 32, 50, 57，98
她与林肯伯爵 39, 46-47
她与埃德蒙·德拉波尔 133, 138, 140, 142, 147, 148
她与兰伯特·西姆内尔 32, 33, 34
她与洛弗尔勋爵 23，25
她与珀金·沃贝克 65, 66-68, 70, 72, 74, 80, 81, 82-84, 93, 95, 109-110

Marignano, Battle of 马里尼亚诺战役 190

Marillac, Charles de 查理·马里亚克 290-291, 329, 332

Marney, Sir Henry 亨利·马尼爵士 209

Mary, Princess (later Queen Mary I) 玛丽, 公主（后来的玛丽一世）
继位 343, 345
外貌 240
被判定为私生子 230, 244, 250, 254, 263, 291
出生 199
火烧异端 346, 348
性格特征 240
她与查理五世 242, 244
无嗣 332
亨利八世对她的态度 251, 252, 253, 254, 263-264
她与索尔兹伯里女伯爵玛格丽特 178, 314, 322, 323-324, 326, 331
与西班牙的菲利普二世结婚 346
针对她的阴谋 349
她可能的丈夫人选 227, 256, 274, 280, 282, 296, 300, 308, 326, 346
她与王位继承 xvi, 228, 234, 236, 239-240, 246, 249, 253-255, 260, 263, 270, 271, 275, 280, 282, 284, 300, 312, 313
她与白玫瑰派 250, 253-254, 280-281, 281, 300, 306，345-346

Mary, Queen of Hungary 玛丽, 匈牙利女王 285

Mary, Queen of Scots 玛丽, 苏格兰女王
卷入阴谋 348, 349
艰难求婚 335

Masborough, Thomas 托马斯·马斯伯勒 128, 130

Master Amend-All 匡正一切的马斯特 10

Matte, Percheval de 珀西瓦尔·德马特 189

Mauleverer, Sir Thomas 托马斯·莫莱弗拉爵士 32, 85

Maximilian I, Holy Roman Emperor 马克西米连，神圣罗马帝国皇帝 32, 33, 71, 72-73, 74, 81, 84, 87, 95, 107, 134, 140, 141, 190
    试图保持中立 146-147, 148
    他与埃德蒙·德拉波尔 142-144, 147-148, 149-150, 163-164, 168-169, 183
    他与理查·德拉波尔 183-184, 184

Mayne, John 约翰·梅恩 52, 53, 54, 55

Melancthon, Philip 菲利普·梅兰克森 275

Meno, Pregent 皮根特·米诺 60-61, 69

Merchant Adventurers' Staple 商业冒险家的主产品市场 71, 73, 154

Metcalfe, Thomas 托马斯·梅特卡夫 38, 44

Mewtas, Peter 彼得·梅韦塔斯 286, 296

Middleton, Richard 理查·米德尔顿 22, 44

Montagu, Marquess 蒙塔古侯爵 160

Montague, Henry Pole, Lord 蒙塔古勋爵，亨利·波尔 xvi, 178, 228, 229, 240, 282, 293, 306, 307, 322, 324, 325, 346
    被捕和受审 302-303
    他的王位权利 256-257
    考虑流亡 297
    被处死 304-305, 312, 313, 314
    卷入"埃克塞特阴谋" 300, 301-302, 309
    直言不讳及反叛的想法 295-296, 303, 307-308

Montague, House of 蒙塔古家族 291

Monypeny, William, Sieur de Concressault 威廉·莫尼彭尼·孔克雷索尔先生 63

More, Thomas 托马斯·莫尔 134, 146, 173, 204, 230, 231, 233, 257, 293, 298
    被处死 249, 261, 313

Morton, Archbishop 莫顿，大主教 8, 9, 29, 34

Moryson, Richard 理查·莫里森 265, 303

Moscroff, Thomas 托马斯·马斯克茹福 203

Mounteagle, Lord 蒙蒂格尔勋爵 219

Mountford, Sir Simon 西蒙·蒙特福德爵士 77, 85

Mountford, Thomas 托马斯·蒙特福德 85

Mountjoy, Lord 蒙乔伊勋爵 188,

190, 229
musters 部队集结 315

Nanfan, Sir Richard 理查·南凡爵士 156, 158-159, 160-161
Nanfan, William 威廉·南凡 156, 161
Nankevell, John 约翰·南凯维尔 114
Navarre 纳瓦拉 185-186
navy, English 英格兰海军 85
Neville, Sir Edward 爱德华·内维尔爵士 292, 297, 302, 304-305
Neville, Sir George 乔治·内维尔爵士 63, 85, 86, 93, 97, 101, 150, 151, 152, 164, 177, 192
Neville, George 乔治·内维尔，见 Bergavenny, Lord 伯格文尼勋爵
Neville, Isabel 伊莎贝尔·内维尔 319, 320
Neville, Sir John 约翰·内维尔爵士 330
Neville, Richard 理查·内维尔，见 Warwick 沃里克
New Learning 新教、新教信仰 244, 249, 299, 337
Norfolk, Duchess of 诺福克公爵夫人 206
Norfolk, Mowbray Dukes of 诺福克公爵，莫布雷 26
Norfolk, rising in 诺福克郡叛乱 281
Norfolk, Thomas Howard, 2nd Duke of 托马斯·霍华德，第二代诺福克公爵 187, 206, 213
Norfolk, Thomas Howard, 3rd Duke of 托马斯·霍华德，第三代诺福克公爵 234, 243, 251, 260, 272, 273, 275, 276, 277, 286, 289, 291, 293, 329, 334, 336-337, 340-343
被判死刑 343
作为萨里伯爵 12, 49, 179, 187
North Country 英格兰北部郡
关闭修道院 267-268
对北部郡叛乱的报复 277, 312, 330
叛乱 269-273, 276, 281
Northumberland, Henry Percy, Earl of 诺森伯兰伯爵，亨利·珀西 4, 16, 37, 39, 49-50, 168, 197, 245
Northumberland, John Dudley, Duke of 诺森伯兰公爵，约翰·达德利 345
Norton, Sir Sampson 辛普森·诺顿爵士 156, 157, 159, 160-161, 188
Novion, Fra' Guillemin de 法拉·吉莱明·德诺维昂 107-108, 109
Nun of Kent 肯特修女，见 Barton, Elizabeth 伊丽莎白·巴顿

Oath of Supremacy 至尊法案宣誓 298

Order of St John 圣约翰骑士团，见 Knights of Rhodes 罗德岛骑士团

Ormond, Sir James of 奥蒙德的詹姆斯爵士 112

Oseney, Richard 理查·奥赛尼 17

Oter, Thomas 托马斯·奥特尔 22

Oxford, Countess of 牛津伯爵夫人 19

Oxford, Earl of 牛津伯爵 8, 41, 42, 43, 125, 130, 138, 144, 145, 240

Pace, Richard 理查·佩斯 212

Packman, John 约翰·帕克曼 190

Paget, Lord 佩吉特勋爵 342

Palmer, Sir John 约翰·帕尔默爵士 329

Palmer, Sir Thomas 托马斯·帕尔默爵士 286-287

Parleben, John 约翰·帕勒本 178-179

Parr, Catherine, Queen 凯瑟琳·帕尔，王后 335

Parron, Guglielmo 古列尔莫·帕龙 126

Paston, Sir John 约翰·帕斯顿爵士 19, 49, 87, 138

Paston, Sir William 威廉·帕斯顿爵士 49

Patrick, Friar 帕特里克修士 125

Paul III, Pope 保罗三世，教皇 248, 279, 280-281, 282, 283, 288, 311, 328

Paul IV, Pope 保罗四世，教皇 xvii, 348

Pavia, Battle of 帕维亚战役 xvi, 223-225

Peasant's Revolt 英国农民起义 100

Percy, Alianore 阿利安诺·珀西 197

Percy, Henry 亨利·珀西，见 Earl of Northumberland 诺森伯兰伯爵

Percy, Sir Robert 罗伯特·珀西爵士 38, 43

Philip, Archduke of Burgundy 菲利普，勃艮第大公 71, 73, 95, 105, 125, 139, 143, 151, 152, 154, 163, 164-166

Philip II, King of Spain 菲利普二世，西班牙国王 346, 347

Phillips, Henry 亨利·菲利普斯 287

Pilgrimage of Grace 求恩巡礼 xvi-xvii, 240, 266-278, 282, 283, 284, 288, 289, 293, 308, 316, 317, 325, 326, 330, 337

Pilkington, Sir Thomas 托马斯·皮尔金顿爵士 38

索引　431

Pio, Rodolfo 鲁道夫·皮奥 284-285, 288
Plantagenet, Catherine 凯瑟琳·金雀花 178
Plantagenet, Edward 爱德华·金雀花，见 Warwick 沃里克
Plantagenet, Elizabeth, Duchess of Suffolk 伊丽莎白·金雀花，萨福克公爵夫人 9, 19, 25, 28, 133
Plantagenet, George 乔治·金雀花，见 Duke of Clarence 克拉伦斯公爵
Plantagenet, Margaret, Countess of Salisbury 玛格丽特·金雀花，索尔兹伯里女伯爵 198, 231, 236, 256, 292, 293-294, 299, 318-332
　外貌 319
　褫夺权利 325
　血统 xvi, 280, 316, 319
　被处死 318, 330-332
　受审和被关押 324-328
　土地和财产 169, 177, 320-322, 346
　她与理查·波尔的婚姻 319-320
　她和玛丽·都铎的关系 178, 228, 234, 235, 314, 322, 323-324, 326, 331, 345-346
　她与白玫瑰派 229, 234, 249, 319
Plantagenet dynasty, heirs to 金雀花王朝的继承人 xiv, xv, 7
Plumpton, Sir Robert 罗伯特·普兰普顿爵士 12, 22, 23
poisoners 下毒者 106-107, 232, 295
Pole, Sir Arthur 亚瑟·波尔爵士 228, 229, 294, 322
Pole, Arthur (Geoffrey's son) 亚瑟·波尔（杰弗里的儿子）348
Pole, Catherine 凯瑟琳·波尔 348
Pole, Dame Constance 康斯坦斯·波尔夫人 301, 305
Pole, Sir Geoffrey 杰弗里·波尔爵士 228, 240, 242, 286, 296, 297-299, 300-301, 307, 322
　被捕和受审 301-302, 305, 308, 324
　定居海外 305
Pole, Henry 亨利·波尔，见 Montague 蒙塔古
Pole, Henry (Montague's son) 亨利·波尔（蒙塔古的儿子）256, 327, 332
Pole, Margaret 玛格丽特·波尔，见 Plantagenet, Margaret 玛格丽特·金雀花
Pole, Reginald 雷金纳德·波尔 127, 178, 228, 229, 237, 242-243, 256-265, 291, 293, 305,

322, 325

《辩解书》247, 259, 313

外貌 280

对他实施的暗杀 285-288, 296, 301, 310, 313, 317, 333-334

他与博托夫阴谋 327-328

他的教会生涯 257, 258, 260, 261

《论统一》中对亨利八世的批评 262-265, 282, 283, 284, 293, 324

谴责亨利八世 313

最后一次试图推翻亨利八世 310-317

晋升坎特伯雷大主教 348

晋升红衣主教 279, 281

作为玛丽·都铎丈夫的可能人选 280, 282, 296, 300, 326, 346

他与英格兰回归罗马教廷 xvi, xvii, 273, 279-289, 299, 303, 347

他的王位权利 238-239, 239-240, 242, 256-257, 265, 278, 280, 312

寻求查理五世的帮助 311-315

Pole, Sir Richard 理查·波尔 178, 256, 319-320

Pole, Ursula 厄休拉·波尔 198, 202, 229, 322-323, 346

Pole family 波尔家族 228, 245, 322

亨利八世决定毁灭波尔家族 290, 291, 299, 308

与考特尼家族的关系 292

王室血统 ix, 228, 290

支持阿拉贡的凯瑟琳 230

该家族与白玫瑰派 xvi

Poley, George 乔治·波利 203

Pomerania, Duke of 波美拉尼亚公爵 151

Pontefract 庞蒂弗拉克特 271, 275, 276, 330

Pounder, Sir William 威廉·庞德爵士 192

Powys, Friar Thomas 托马斯·波伊思，修士 77

Poynings, Sir Edward 爱德华·波宁斯爵士 70, 89, 90, 189

Poytron, Steven 斯蒂文·波特隆 61

Princes in the Tower 塔中王子 xiv, 26, 30, 57, 63, 65, 132, 142, 146, 159

Protestantism 新教 238, 275, 295, 317, 334, 335, 345

Quirini, Vincenzo (Venetian envoy) 文森佐·奎里尼（威尼斯大使）152

Quyntrell (Cornishman) 考特尔（康沃尔人）231

Raleigh, Sir Walter 沃尔特·罗利

爵士 214, 292

Ramsay, Sir James 詹姆斯·拉姆塞爵士 95-98

Ratcliffe, Robert 罗伯特·拉特克利夫 77

Redesdale, Robin of 雷德斯戴尔的罗宾 10, 15

Reformation 宗教改革 238, 275, 280-281, 283, 295, 317

Reformation Parliament 改革议会 235

Reydt, Derick van 德里克·凡德耶德 190, 191, 218

Rich, Sir Richard 理查·里奇爵士 231, 275, 342

Richard III, King 理查三世, 国王
 仍然对他忠诚的人 10, 12, 17
 加冕 26
 死于博斯沃思 xiii, 3-4, 27, 50
 他儿子的死与继承人选择 9, 25, 27
 约克家族被他所毁 24, 47
 白金汉公爵叛乱 45, 46
 作为格洛斯特公爵 12, 26
 反对他的统治 81
 塔中王子 30
 雷金纳德·波尔将亨利八世和他做比较 264
 夺取王位 xiv, 6, 158

Richard IV 理查四世, 见 Richard, Duke of York; Warbeck, Perkin 约克公爵, 理查; 珀金·沃贝克

Richard, Duke of York 理查, 约克公爵 26, 30, 57, 66, 70, 72, 73, 76, 320
 关于假冒他, 见珀金·沃贝克; 拉尔夫·威尔福德
 被谋害/失踪, 见塔中王子

Richford, Friar William 威廉·里奇福德, 修士 77

Richmond, Duchess of 里士满公爵夫人, 见 Howard, Mary 玛丽·霍华德

Richmond, Henry FitzRoy, Duke of 里士满公爵, 菲茨罗伊亨利 227, 230, 252, 337, 338
 死亡 291

Rivers, Earl 里弗斯伯爵 30

Robinson, Rowland 罗兰·罗宾逊 44, 68

Rome 罗马教廷
 英格兰与罗马教廷决裂 xvi, 248, 253, 261, 262, 263, 266, 275, 279-289
 英格兰与罗马教廷和解 347

Ross, Duke of 罗斯公爵 95

Rothwell, Thomas 托马斯·罗斯韦尔 53, 54

Ruthal, Dr Thomas, Bishop of Durham 托马斯·鲁瑟尔博士, 达勒姆主教 207, 209

Ryppon, Charles 查尔斯·里彭 146

Salisbury, Countess of 索尔兹伯里女伯爵，见 Plantagenet, Margaret 玛格丽特·金雀花
Salley, Dan Myles 丹·迈尔斯·萨利 54
Sampson, Bishop of Chichester 辛普森，奇切斯特主教 329
sanctuary rights 圣所避难权 13, 14, 18, 19, 20, 21, 46, 52, 116, 117, 158
Sandys, Lord 桑迪斯勋爵 240, 245
Sant, 'Dan' John, Abbot of Abingdon 丹·约翰·桑特，阿宾顿修道院院长 20, 49, 50-56
Savage, Sir Humphrey 汉弗莱·萨维奇爵士 67
Savage, Sir John 约翰·萨维奇爵士 20
Savonarola, Girolamo 吉罗拉莫·萨沃纳罗拉 206, 238
Savoy, Louise of 萨伏伊的露易丝 190, 222
Savoy, Margaret of 萨伏伊的玛格丽特 184-185
Saxony, Albrecht of Meissen, Duke of 萨克森公爵，麦森的阿尔布雷特 72

Saxony, George, Duke of 萨克森公爵，乔治 150
Scales, Lord 斯凯尔斯勋爵 40
Schwartz, Martin 马丁·施瓦茨 33, 39-40, 42, 43, 74
Scotland 苏格兰
  边境劫掠 10, 49, 91-92
  入侵英格兰（1496）96-99
  入侵英格兰北部（1513）179
  与英格兰的关系 91-93
  对英格兰的战争威胁（1497）99, 101-102
  与约克派阴谋 44, 62, 84, 92-102, 112, 115, 218, 219, 222, 330
Scrope, Lords 斯克罗普勋爵 38, 44
sea travel, dangers of 海上航行的危险 154
Sesia, Battle of 塞西亚战役 223
Seymour, Edward 爱德华·西摩，见 Somerset 萨默塞特
Seymour, Jane, Queen 简·西摩，王后 253, 254, 291, 293, 337, 338
Shakespeare, William 威廉·莎士比亚 xiii-xiv, 204-205, 207, 214, 215, 226
Sherard, Robert 罗伯特·谢拉德 219
Shrewsbury, Earl of 施鲁斯伯里伯爵 41, 272

Simnel, Lambert 兰伯特·西姆内尔 xiv, 29, 32–35, 45, 60, 89

Simonds, Richard 理查·西蒙斯 29, 45

Sittow, Michael 迈克尔·西托 134–135

Skelton, Edward 爱德华·斯凯尔顿 63, 85, 96, 116, 117, 119

Skelton, John 约翰·斯凯尔顿 173

Skelton, Michael 迈克尔·斯凯尔顿 96

Solway Moss, Battle of 索尔威沼泽地战役 335

Somerset, Edward Seymour, Duke of 萨默塞特公爵，爱德华·西摩 280, 334, 337–338, 340

Somerset, John Beaufort, Duke of 萨默塞特公爵，约翰·博福特 211

Somerset, rising in 萨默塞特郡叛乱 267, 281

Soncino, Raimondo de 雷蒙多·松奇诺 111, 114–115, 118, 122, 127

Southampton, Lady 南安普顿伯爵夫人 325

Southampton, William, Earl of 南安普顿伯爵，威廉 301, 324–325

Spain 西班牙
与英格兰联姻 124
与约克派阴谋 151，还可见 Isabella of Castile; Katherine of Aragon; Philip II; Ferdinand of Aragon 卡斯提尔的伊莎贝拉；阿拉贡的凯瑟琳；菲利普二世；阿拉贡的斐迪南

spies 密探、间谍、探子 54–55, 62, 64, 68, 69, 76, 84, 95, 98, 138, 146, 148, 150, 153, 155, 161, 163, 184, 188, 191, 192, 193, 234, 236, 240, 241, 242, 267, 283–284, 287, 289, 299

Spinelly, Sir Thomas 托马斯·斯皮内利爵士 189, 191

Sponer, John 约翰·施波纳 3

Spurs, Battle of the 马刺之役 179

Spynell, Anthony 安东尼·斯皮内尔 191

Stafford, Edward, Duke of Buckingham 爱德华·斯塔福德，白金汉公爵 111, 145, 157, 194–203, 228, 229, 239
倒台 204–216
被处死 215–216, 219, 221, 323
受审 212–214

Stafford, Lady Elizabeth 伊丽莎白·斯塔福德小姐，见 FitzWalter, Lady 菲茨沃尔特夫人

Stafford, Lord Henry 亨利·斯塔福德勋爵 202, 221, 229, 322–323, 346

Stafford, Henry, Duke of Buckingham

亨利·斯塔福德，白金汉公爵 13, 27, 45, 46, 196

Stafford, Sir Humphrey 汉弗莱·斯塔福德爵士 13, 14, 17-19, 19-20, 31, 52

Stafford, John 约翰·斯塔福德 17

Stafford, Thomas (brother of Sir Humphrey) 托马斯·斯塔福德（汉弗莱·斯塔福德的弟弟）13, 14, 18, 19-21, 21, 31, 52

Stafford, Thomas (son of 2nd Duke of Buckingham) 托马斯·斯塔福德（第二代白金汉公爵的儿子）347

Stanley, Sir Richard 理查·斯坦利爵士 218

Stanley, Thomas 托马斯·斯坦利，见 Earl of Derby 德比伯爵

Stanley, Thomas ('bastard of Stanley') 托马斯·斯坦利（私生子斯坦利）186, 192-193

Stanley, Sir William 威廉·斯坦利爵士 xiii, 10, 67, 74-81, 84, 109

Starkey, Thomas 托马斯·斯塔基 262, 279, 286

Stile, John 约翰·斯蒂莱 186

Stillington, Bishop Robert 罗伯特·斯蒂林顿，主教 30-31, 239

Stoke, Battle of (1487) 斯托克战役 41-44, 45-46, 63

Stowe, John 约翰·斯托 215

Strange, Lord 斯特兰奇勋爵 41

Strangwysshe, Thomas 托马斯·斯特里韦舍 129

Straw, Jack 稻草杰克 10, 100

Strewe, John 约翰·斯特里威 69

Suffolk, Duchess of 萨福克公爵夫人，见 Plantagenet, Elizabeth 伊丽莎白·金雀花

Suffolk, Duke of 萨福克公爵，见 Brandon, Charles; de la Pole, Edmund; de la Pole, John; de la Pole, Richard 查尔斯·布兰登；埃德蒙·德拉波尔；约翰·德拉波尔；理查·德拉波尔

Surrey, Henry Howard, Earl of 萨里伯爵，亨利·霍华德 333, 337-343
  被捕和受审 340-343

Surrey, Thomas Howard, Earl of 萨里伯爵，托马斯·霍华德，见 Norfolk 诺福克

Sutton, Dr William 威廉·萨顿博士 77

Swanne, Christopher 克里斯托夫·斯旺尼 52, 54

sweating sickness 汗热病 5

Swynford, Catherine 凯瑟琳·斯温芙德 6

Tait, James 詹姆斯·泰特 31-32

Talbot, Sir Gilbert 吉尔伯特·塔

尔博特爵士 69, 70, 112, 113
taxation 税赋 49, 99–100, 176, 268, 269
Taylor, John 约翰·泰勒 58–62, 63, 66, 68, 127, 130, 177
Tewkesbury, Battle of (1471) 图克斯伯里战役 13
Thérouanne, siege of 围攻泰鲁阿讷 179, 186
Throckmorton, Michael 迈克尔·思罗克莫顿 283–284, 286, 287, 289, 299, 347
Thwaites, Sir Thomas 托马斯·思韦茨爵士 77
Tolhoth, Thomas 托马斯·托尔霍特 19
Tonge, Sir John 约翰·汤奇爵士 103, 105, 108
Torrigiano, Pietro 彼埃特罗·托利贾尼 7, 135, 204, 322
Tournai 图尔奈 179, 188
Towton, Battle of 陶顿战役 70
Treason Act(1534) 叛逆法 xvi, 248, 304
Trémouille, Duc de la 拉特穆耶公爵 219
Trevisano, Andrea 安德里亚·特雷维萨诺 111–112
Tripcony, Walter 沃尔特·特里科尼 114
Tudor, Jasper, Duke of Bedford 贾斯帕·都铎，贝德福德公爵 15, 22, 41
Tudor, Owain 欧文·都铎 7, 115, 176
Tudor Rose 都铎玫瑰 6
Tunstall, Dr Cuthbert 卡斯伯特·坦斯托尔博士 193
Turks, crusade against 对抗土耳其人的十字军 141, 146, 238, 241, 264, 281
Tyndale, Gervaise 热尔韦斯·廷代尔 299–300
Tyndale, William 威廉·廷代尔 275
Tyrell, Sir James 詹姆斯·蒂雷尔爵士 138, 145–146, 148, 159
Tyrell, Sir Thomas 托马斯·蒂雷尔爵士 108
Tyrol 提洛尔 72, 142, 143

Valor Ecclesiasticus《教产估值》 267
Vaughan, Hugh 休·沃恩 325
Vaughan, William 威廉·沃恩 287, 288
Vaux, Sir Nicholas 尼古拉斯·沃克斯爵士 158, 159
Vendôme, Duc de 旺多姆公爵，见 Bourbon, Charles de 查尔斯·波旁
Vergil, Polydore 波利多尔·维吉

尔 xiv, 5, 7, 15, 16, 18, 24–25, 34, 40, 41, 45, 48, 51, 63–64, 65, 66, 67, 68, 76, 79, 85, 86, 91, 93, 98, 99, 114, 120, 122, 125, 126, 132, 137, 141, 145, 146, 148, 165, 166, 167, 195, 201, 205

Vignolles, Bernart de 贝尔纳特·德维诺尔 103, 105–109, 110

Vignolles, Philippe de 菲利普·德维诺尔 219

Waldby, Dr Marmaduke 马默杜克·沃尔德比博士 250, 274

Wallop, Sir John 约翰·沃洛普爵士 249, 329

Warbeck, Perkin 珀金·沃贝克 107, 109, 138, 151, 320

被捕和所受待遇 118–121, 122–124

被判死刑 130

他与康沃尔叛乱 112–117

逃跑和再次被捕 124–126

被处死 131, 135–136, 140, 142

假冒约克公爵理查 xiv, 57–74, 76–81, 82–90, 92–102, 159

他与玛格丽特·约克 65, 66–68, 70, 72, 74, 80, 81, 82–84, 93, 95, 109–110

苏格兰对他的支持 92–102

玛格丽特·约克对他的支持 65, 66–68, 70, 72, 74, 80, 81, 82–84, 93, 95, 109–110

被阴谋利用毁灭沃里克 128–130, 132

Ward, John 约翰·沃德 22

Ward, Thomas 托马斯·沃德 209

Warde, Thomas 托马斯·沃德 128

Warham, Thomas, Archbishop of Canterbury 托马斯·沃勒姆，坎特伯雷大主教 230, 231

Warham, Dr William 威廉·沃勒姆博士 70–71

Wars of the Roses 玫瑰战争

战争中生命遭受威胁 30

对再次爆发玫瑰战争的担忧 194

Warwick, Edward Plantagenet, Earl of 沃里克伯爵，爱德华·金雀花 137–138, 319

他与都铎后嗣所受的诅咒 132, 133, 134, 199, 203, 211, 230, 237, 291, 296, 332

被处死 xv, 131–132, 135, 140, 142, 146, 169, 178, 198, 203, 211, 214, 215, 237, 264, 291, 320, 332

亨利认识到他必须得死 125–127

被阴谋诱入陷阱 127–130

与他有关的阴谋 xv, 14, 17, 23, 29, 32–35, 41, 46, 49, 52, 54, 56, 58, 60, 116

他的王位权利 8

受审 130-131

Warwick, Richard Neville, Earl of 沃里克伯爵，理查·内维尔 160, 319

Waterford 沃特福德 89-90, 113, 119

Welles, Lord 韦尔斯勋爵 41

West Country, unrest in 西部郡叛乱 307, 308, 317

Westmorland, earl of 威斯特摩兰伯爵 347

Westmorland, unrest 威斯特摩兰郡叛乱 269

White, Richard 理查·怀特 58

'The White Rose' "白玫瑰"

    白玫瑰威胁的结束 333, 349

    白玫瑰派 229-234, 236, 238, 243, 249, 253-254, 270, 290-291, 294, 297, 299, 302, 305, 306, 307, 311, 312, 326, 331, 332, 345-346

    称号和权利 142, 153，还可见约克派大业

Wilford, Ralph 拉尔夫·威尔福德 125, 126, 347

Willoughby de Broke, Lord 威洛比·德布洛克勋爵 8, 113, 144

Wiltshire, Sir John 约翰·威尔特爵士 150, 166

Wingfield, Sir Anthony 安东尼·温菲尔德爵士 340

Wingfield, Sir Edward 爱德华·温菲尔德爵士 184

Wolsey, Thomas 托马斯·沃尔西 156, 179, 233, 258, 267, 306

    死亡 260

    倒台 259

    他与白金汉公爵 201-202, 205, 206, 207-208, 209, 212, 215

    联法政策 225

    他与理查·德拉波尔 189, 191, 193, 218, 225

    头衔和权势 199-200, 262

Wooding, Lucy 露西·伍德 xv

Woodville, Elizabeth, Queen 伊丽莎白·伍德维尔，王后 29-31

Worcester, Earl of 伍斯特伯爵 189, 192

Worsley, William, Dean of St Paul's 威廉·沃斯利，圣保罗修道院院长 77

Worth, John 约翰·沃斯 315

Wotton, Thomas 托马斯·沃顿 203

Wriothesley, Sir Thomas 托马斯·里奥思利爵士 310, 312, 340, 343

Wroe, Anne 安·沃诺 69

Wyatt, Henry 亨利·怀亚特 95, 96

Wyatt, Sir Thomas 托马斯·怀

亚特 290, 302, 308, 313, 316-317, 329
Wyatt, Thomas the Younger 小托马斯·怀亚特 346
Wycliffe, John 约翰·威克利夫 275
Wyndham, Sir John 约翰·温德姆爵士 145, 148

Yeomen of the Guard 王廷卫队 11-12, 15, 36, 177
Yolton, John 约翰·约尔顿 105
York 约克 38, 49, 271
York, Henry, Duke of 约克公爵，亨利，见 Henry VIII 亨利八世
York, Richard Duke of 约克公爵，理查，见 Richard, Duke of York 理查，约克公爵

Yorkist cause 约克派大业
 认为约克家族是正统 xv, 9-10, 31, 37, 81, 160, 218-219
 亨利七世清除约克派的举措 144-146
 对约克王朝的怀旧之情 136, 227
 约克派王位要求者 xiv-xv, xvi-xvii
Yorkshire, unrest in 约克郡叛乱 269, 276, 330

Zachtlevant, Paul 保罗·扎克勒文特 151-152
Zouche, Lord 朱什勋爵 12
Zurita (Spanish chronicler) 祖里塔（西班牙编年史家）100

致　谢

十五年前，我出版了《玫瑰战争与15世纪五位男女的生活》（康斯特布尔，1995年）一书。这本书是它的续作，主要讲述了博斯沃思战役和理查三世死后数十年里那些约克派身上发生的故事，以及他们让亨利七世和亨利八世如此惊恐不安的原因。

再次向英国国家图书馆和伦敦图书馆那些耐心的工作人员表示感谢。非常感谢我的经纪人安德鲁·罗尼、编辑利奥·霍利斯、文字编辑伊丽莎白·斯通，感谢萨拉·阿亚德对校样的审读。在此我还要特别感谢两个人，一个是约翰·赫维·巴瑟斯特先生，他阅读了我的打字稿，并且在每一阶段都给予评论，对我帮助很大；另一个是理查·德斯帕德，他让我使用了他尚未出版的关于富瓦-康达尔和德拉波尔家族的成果。此外，我也非常感谢露西亚·辛普森一直以来给予的真诚鼓励。

图书在版编目（CIP）数据

最后的白玫瑰：都铎王朝的秘密之战 /（英）德斯蒙德·苏华德著；李家莉译. —北京：商务印书馆，2023
ISBN 978-7-100-21106-2

Ⅰ.①最… Ⅱ.①德… ②李… Ⅲ.①都铎王朝—历史 Ⅳ.① K561.33

中国版本图书馆 CIP 数据核字（2022）第 077957 号

权利保留，侵权必究。

最后的白玫瑰
都铎王朝的秘密之战
〔英〕德斯蒙德·苏华德 著
李家莉 译

商 务 印 书 馆 出 版
（北京王府井大街36号 邮政编码100710）
商 务 印 书 馆 发 行
北京通州皇家印刷厂印刷
ISBN 978 - 7 - 100 - 21106 - 2

2023年2月第1版 开本 880×1230 1/32
2023年2月北京第1次印刷 印张 14 插页 1

定价：75.00 元